ÉTUDES

SUR

L'HISTOIRE D'ÉTHIOPIE.

PARIS.

ERNEST LEROUX, LIBRAIRE-ÉDITEUR

RUE BONAPARTE, 28.

ÉTUDES

SUR

L'HISTOIRE D'ÉTHIOPIE

PAR

M. RENÉ BASSET,

CHARGÉ DE COURS À L'ÉCOLE SUPÉRIEURE DES LETTRES D'ALGER.

EXTRAIT DU JOURNAL ASIATIQUE.

PARIS.

IMPRIMERIE NATIONALE.

M DCCC LXXXII.

ÉTUDES

SUR

L'HISTOIRE D'ÉTHIOPIE.

PREMIÈRE PARTIE.

CHRONIQUE ÉTHIOPIENNE,

D'APRÈS UN MANUSCRIT DE LA BIBLIOTHÈQUE NATIONALE DE PARIS.

INTRODUCTION.

Lorsque, à la fin du XVIIIe siècle, le voyageur écossais James Bruce visita l'Éthiopie et en rapporta les Annales qu'il traduisit dans la Relation de son voyage, ce pays était presque entièrement inconnu aux savants européens. L'expulsion des Jésuites et des missionnaires portugais sous Fâsiladas (1632-1665), la défiance excitée chez les Éthiopiens contre tout étranger qu'ils supposaient hostile à leur foi nationale, d'un côté; de l'autre, l'échec de la mission de Mourâd et le massacre de l'ambassade française qui avait Du Roule pour chef, firent oublier les relations intimes qui s'étaient établies entre Rome, le Portugal, l'Espagne et la dynastie qui prétend compter Salomon parmi ses ancêtres. Ludolf, dont nous devons encore admirer aujourd'hui l'infatigable ardeur et les travaux considérables, ne trouva pas d'imitateurs, et ce fut avec raison que l'auteur des dissertations insérées à la suite de la *Relation d'Abissinie* put dire de lui : « Il s'y est appliqué (à l'éthiopien), pendant près de soixante ans, avec peu de secours et sans se rebuter. Il n'a pas tenu à lui que cette langue ne soit devenue plus connue qu'elle n'est et apparemment qu'elle ne le sera en Europe..... Avec tout cela, on ne voit pas que, jusqu'ici, il ait fait beaucoup de disciples. » Ni Wansleb, en effet, l'élève de Ludolf, ni Renaudot, ni Piques ne comptent sérieusement dans l'histoire des études éthiopiennes. C'est donc à Bruce que revient l'honneur de les avoir restaurées et particulièrement d'avoir aidé aux études historiques sur l'Éthiopie, grâce aux nombreux manuscrits qu'il rapporta et utilisa.

Avant lui, cependant, d'autres avaient employé avec profit ces matériaux dont il devait se servir deux siècles plus tard. Lorsque les missions catholiques, commencées sous Lĕbna-Dĕngĕl (1508-1540) et Galâoudéouos (1540-1559), puis interrompues jusqu'à la fin du XVIe siècle, devinrent florissantes sous Yâ'qob (1604-1605) et surtout sous Sousnyos (1605-1632), la Compagnie de Jésus, qui avait le privilège de fournir un patriarche et un clergé catholiques à ce pays, songea à l'étudier, comme elle fit plus tard en Chine. C'est à l'un de ses missionnaires, le P. Manoel d'Almeyda, qu'on doit la première histoire complète de l'Éthiopie, d'après les annales indigènes[1]. Cet ouvrage, aujourd'hui perdu et qui ne fut jamais imprimé, ne nous est connu que par l'abrégé qu'en fit le P. Tellez[2]. C'est là que Ludolf puisa une grande partie

[1] Je ne citerai pas, en effet, comme un ouvrage sérieux l'histoire du dominicain Ludovico Urreta, dont les erreurs furent relevées par le P. Godinho (Codigni), de la Société de Jésus, Thévenot et Ludolf.

[2] *Historia geral de Ethiopia a alta ou Preste Joan ed o que nella obraram os padres da Companhia de Jesus*, Coïmbra, 1660. Ce livre, déjà au commencement du siècle, était d'une telle rareté que Salt n'en connaissait que trois exemplaires en Angleterre. J'ai le regret de

des renseignements historiques qu'il inséra dans son Histoire et son Commentaire, mais sans toujours se défier de l'esprit de partialité qui devait animer l'écrivain parlant des ennemis de sa Compagnie.

Après Bruce, rien ne parut plus d'original sur la période historique qui s'étend de Yĕkouno-Amlâk (1268) au milieu du XVIIIe siècle. Les divers voyageurs qui s'aventurèrent plus tard dans ce pays si peu connu, Salt, Pearce, Gobat, Johnston, Rüppel, Harris, parmi les étrangers; les Français Combes, Tamisier, Ferret, Galinier, Lefebvre, Rochet d'Héricourt et même M. Arn. d'Abbadie, se contentèrent de donner le récit détaillé des événements dont ils étaient témoins, empruntant, pour la plupart, à leurs devanciers ou à Ludolf les quelques notions d'histoire allant des temps primitifs à nos jours : l'invasion des Falâchâs, le rétablissement de la dynastie nationale par Takla-Hâïmânot, les guerres de Grâñ, l'expulsion des Jésuites étaient les seuls anneaux d'une chaîne historique s'étendant du Ve siècle aux temps contemporains. J'en dirai encore moins des quelques abrégés d'histoire d'Éthiopie de Desvergers, de l'abbé Pougeois et de M. de Lesseps, puisés à des sources de seconde ou de troisième main.

Tandis que les origines du peuple éthiopien étaient le sujet de nombreux travaux[1] en France et en Allemagne, la période la plus intéressante peut-être était négligée. Cependant, on avait en main de quoi contrôler les assertions des missionnaires du XVIe et du XVIIe siècle, de Ludolf et de Bruce lui-même : les annales indigènes fournissaient un précieux instrument de critique. C'est ici le lieu d'examiner brièvement de quelle nature sont les chroniques que nous possédons, jusqu'à l'époque où fut rédigée celle qui est publiée ici pour la première fois.

n'avoir pu le consulter que dans les passages traduits par Ludolf, d'après lequel je l'ai toujours cité.

[1] Voir particulièrement ceux de M. Dillmann, dont j'ai profité pour la première partie de la Chronique.

Nous n'avons aucun renseignement sur la manière dont l'histoire était écrite à la cour d'Aksoum ni chez les Zâgués. Les ravages exercés par les Falâchâs pendant la courte période de leur domination en Éthiopie suffirent, dit-on, pour anéantir les annales qui avaient été rédigées depuis l'origine de la monarchie. Il ne subsista dans la mémoire des Éthiopiens que quelques listes de noms altérés que les moines de Dabra-Libânos ou de Dabra-Bërhân disposèrent d'une manière arbitraire et qui exercent encore aujourd'hui la critique des érudits. De rares faits, tels que la conversion du pays au christianisme, l'arrivée des neuf saints et les légendes sur Kalèb et Gabra-Masqal, échappèrent également à l'oubli; mais il est bien difficile d'accorder une grande foi à ces traditions incertaines.

Après le rétablissement de la dynastie salomonienne (1268), nous trouvons à la cour un fonctionnaire revêtu de la dignité d'Azâj, portant le titre de secrétaire (ጸሐፌ ፡ ትእዛዝነት ፡) et chargé de garder le sceau du roi[1]. Il avait à sa disposition plusieurs scribes (ጸሐፌ ፡ ዘእምታሕቴሁ ፡) travaillant, sous sa direction, à rédiger, année par année, le corps d'annales connu sous le nom de *Chronique d'Aksoum*, qui commence véritablement à ʿÂmda-Ṣyon Ier (1312-1342). L'invasion de Grâñ au XVe siècle causa quelques dommages à cette branche de la littérature; il faut lui attribuer la perte des annales de plusieurs princes dont les historiens musulmans ont gardé le souvenir. Cependant, à l'aide des indications jetées çà et là dans le récit, on peut reconstituer l'histoire de la composition de cette grande chronique, qui servit de point de départ à toutes les autres.

Les annales de ʿÂmda-Ṣyon Ier, au moins la partie traitant de la guerre d'Adal, furent écrites sous son règne[2]; celles de Zarëa-Yâʿqob (1434-1468), de Baëda-Mâryâm (1468-1478),

[1] Voir fol. 19 de notre Chronique.

[2] Manuscrit de la Bibliothèque nationale, fonds éthiopien, n° 143, fol. 32.

d'Ëskëndër (1478-1495) et de Nâʿod (1495-1508) furent rédigées sous Lëbna-Dëngël[1]. Peut-être pourrait-on rattacher à la même époque la chronique de Lëbna-Dëngël allant jusqu'à l'an 7021 du monde[2]. Un autre annaliste reprit ce travail jusqu'à la dix-huitième année de Sartsa-Dëngël (1563-1595); enfin l'histoire de Sousnyos, de Fâsiladas et de Yoḥannës Ier (1665-1680) fut écrite sous chacun de ces princes.

La 21e année du règne de Iyâsou Ier (1680-1704), l'Azâj Ḥaouâryâ-Kësos, qui rédigea l'histoire de ce roi[3], ayant été tué dans une bataille contre les Gâllâs, fut remplacé dans ses fonctions par Abbâ Za-Oualdl, qui prit le titre d'*Azâj*. Le père du nouvel annaliste, Za-Kësos, était retiré au couvent de Dabra-Bërhân, d'où son fils était probablement sorti; car on peut voir dans l'histoire des dernières années de Iyâsou et dans celle de Takla-Hâïmânot Ier (1704-1706) avec quel soin il note les événements qui concernent ce monastère. Il eut probablement pour successeur l'Azâj Akasi le secrétaire, qui mourut le 5 de ḥamlé, la 3e année du règne de Téouoflos[4] (1706-1709). Après lui, l'histoire des premières années de Bakâfâ et sans doute aussi celle de ses prédécesseurs Yosṭos (1709-1714) et Dâouit IV (1714-1719) est due au secrétaire Arsé qui mourut le 7 de ṭër, l'an 3 du règne de ce prince[5]. Il fut remplacé pendant deux ans par l'Azâj Sinodâ[6], qui eut son fils Kënfa-Mikâèl pour successeur.

C'est à cette époque que fut compilée la *Chronique* qui est publiée ici d'après le manuscrit 142 de la Bibliothèque na-

[1] Cf. Dillmann, *Catalogus codicum Bibl. Bodleian.*, P. VII, p. 77; Zotenberg, *Catalogue des mss. éthiopiens de la Bibliothèque nationale*, p. 217.

[2] Cf. Rüppel, *Reise in Abyssinien*, t. II, p. 337.

[3] Voir notre Chronique, fol. 19.

[4] Ms. 143 de la Bibliothèque nationale, fol. 98.

[5] Ms. 142 de la Bibliothèque nationale, fol. 24.

[6] Mort la cinquième année du règne de Bakâfâ. Ms. 143 de la Bibliothèque nationale, fol. 149.

tionale de Paris. Suivant la coutume des abréviateurs orientaux, l'auteur, qui vivait sans doute sous le règne de Iyâsou II (1729-1753), fils et successeur de Bakâfâ[1] (1719-1729), s'est borné à extraire plutôt qu'à refondre et à contrôler les renseignements que lui fournissaient les annales officielles, peut-être même à reproduire simplement une chronique plus ancienne allant jusqu'au XVIIe siècle dont se serait aussi servi le compilateur du manuscrit 141 de la Bibliothèque nationale. A partir de Sousnyos, il a seulement copié les annales officielles, comme l'a fait Abagâz, l'auteur de la compilation connue sous le nom de *Chronique du dadjazmâtch Ḥaïlou*[2]. C'est grâce à ce système de rédaction qu'on peut suivre la transformation successive de l'ancien gheez, la confusion de certains sons et des voyelles longues avec des brèves, enfin l'introduction des mots et des tournures de phrase amḥariques, qui font du style historique éthiopien une langue particulière[3].

Je me suis attaché à reproduire aussi fidèlement que possible le texte du manuscrit[4], sans chercher à corriger autre chose que les fautes qu'on peut seulement attribuer aux distractions du copiste. J'ai conservé soigneusement toutes les variantes orthographiques; car c'est à l'aide des documents contemporains que l'on pourra étudier la transformation phonétique de l'éthiopien et élucider l'histoire de la formation de l'amḥarique. Pour la traduction, j'ai suivi le texte autant qu'il m'a été possible de le faire, ne laissant de côté que

[1] C'est ce que semble indiquer du moins la phrase qui commence l'ouvrage : « Nous écrivons l'histoire des générations des rois, depuis Adâm jusqu'à nos jours » (fol. 2).

[2] Cf. Zotenberg, *Catal.*, n° 143, et les auteurs cités. C'est celle que Rüppel nomme la grande chronique de Kiratza.

[3] ልሳነ ፡ ታሪክ ፡ Cf. Dillmann, *Prolegomena ad lexicon ling. æth.*, col. X.

[4] Pour la description de ce manuscrit (n° 142 de la Bibliothèque nationale, fonds éthiopien), je renvoie à la notice très exacte qu'en a donnée M. Zotenberg, *op. laud.*

deux ou trois passages obscurs ou corrompus que j'ai toujours pris soin de signaler.

Le manuscrit compte quelques lacunes, principalement depuis le règne de Sousnyos. Pour ces dernières, j'ai mis à profit le manuscrit 143, qui, à partir de ce prince, présente une rédaction identique à celle du manuscrit 142. Quant à la transcription, j'ai suivi, à peu de différences près, le système employé par M. Zotenberg dans son *Catalogue* et la *Chronique de Jean de Nikiou.*

Il me reste à parler du commentaire que j'ai joint à la traduction. Très développé pour les premiers folios, il ne se compose plus à la fin que de courtes notes. L'explication de ce fait est donnée par la nature même de l'ouvrage. Sans parler des premiers temps, l'histoire des XIIIe, XIVe, XVe et XVIe siècles est singulièrement abrégée; j'ai cru devoir, autant qu'il était possible, combler ces lacunes. A la fin, au contraire, les *Annales* racontent en détail les moindres événements; il n'y avait plus qu'un petit nombre de renseignements géographiques à donner. J'ajouterai que Maqrizy ne va pas jusqu'à Zarëa-Yâ^cqob; qu'à partir de Yoḥannës Ier, les Portugais et Ludolf font défaut; que Poncet et Legrand ne fournissent de détails que sur les ambassades françaises au roi Iyâsou; enfin que Bruce lui-même, mon guide ordinaire, n'a donné sur Bakâfâ que des légendes populaires recueillies pendant son voyage. La disette de documents augmente donc de plus en plus, à mesure qu'on se rapproche des temps modernes, jusqu'au moment où recommence la série des explorations. Autant que je l'ai pu, j'ai donné des renseignements sur les noms propres géographiques qui se présentent dans le courant du récit; et, dans ce but, j'ai utilisé les relations des voyageurs contemporains que j'ai eues à ma disposition. Il reste néanmoins un assez grand nombre de points obscurs que je n'ai pu identifier. Après moi, un autre viendra qui fera mieux.

Il m'a semblé utile, à la suite de chaque règne, de placer une note indiquant les principaux monuments littéraires de cette époque. Il n'existe pas, que je sache, d'histoire littéraire de l'Éthiopie, en dehors de ce qu'ont dit Ludolf, Bruce et M. Dillmann. Mais les manuscrits acquis depuis par les bibliothèques de Paris, de Londres, de Francfort et de Berlin, outre celle de M. d'Abbadie, permettent de tracer le cadre d'une littérature qui va du IVe au XVIIIe siècle de notre ère. Je m'empresse de reconnaître ici, et l'on s'en convaincra facilement en parcourant ces notices, ce que je dois aux excellents catalogues rédigés par MM. Zotenberg, Wright et Dillmann.

Pour la chronologie, à partir du XIIIe siècle, j'ai suivi celle de Bruce, d'autant que je l'ai trouvée conforme, à quelques mois près, à celle de Maqrizy (*Historia regum islamiticorum*) qu'il n'a pas connue, et en concordance avec les événements postérieurs. Il semble qu'il est temps de rendre enfin au voyageur écossais, trop exalté par ses contemporains, mais aussi trop rabaissé depuis, la justice qu'il mérite, et de placer son nom à côté des deux principaux historiens de l'Éthiopie : le P. Tellez et Ludolf.

Alger, 9 avril 1881.

CHRONIQUE ÉTHIOPIENNE.

(Manuscrit n° 142 de la Bibliothèque nationale de Paris [1].)

(Fol. 3.) በዝየ ፡ ንጽሕፍ ፡ ዕድሜ ፡ መንግሥቶሙ ፡ ወአስማቲሆሙ ፡ ለነገሥት ፡ ዛጔ ፡ በከመ ፡ ሰማዕነ ፡ እማእምራን ፡ ወግዕ ። ቀዳሚ ፡ መራ ፡ ተክለ ፡ ሃይማኖት ፡ ነግሠ ፡ ፫ ዓመተ ፡ ጠጠድም ፡ ነ ፡ ፵ ዓ ፡ ዠን ፡ ሥዩም ፡ ነ ፡ ፵ ዓ ፡ ግርማ ፡ ሥዩም ፡ ነ ፡ ፵ ዓ ፡ ይምርሀነ ፡ ክርስቶስ ፡ ነ ፡ ፵ ዓ ፡ ቅዱስ ፡ ሐርቤ ፡ ነ ፡ ፵ ዓ ፡ ላሊበላ ፡ ነ ፡ ፵ ዓ ፡ ነአኵቶ ፡ ለአብ ፡ ነ ፡ ፵ወ፳ ዓ ፡ ይትባረክ ፡ ነግሠ ፡ ፵ ዓ ፡ መይራሬ ፡ ነ ፡ ፲ወ፰ ዓ ፡ ሐርበይ ፡ ነ ፡ ፳ ዓመተ ፡ ወኵሉ ፡ ድሙር ፡ ፫፻፵ ወ ፩ ዕድሜ ፡ መንግሥቶሙ ፡ ወውእቶሙ ፡ ፲ወ፩ ።

ንግባዕዘ ፡ ኀበ ፡ ጥንተ ፡ ነገርነ ፡ ወድልነዓድ ፡ ወለዶ ፡ ለማኀበረ ፡ ውድም ፡ ወማኀበረ ፡ ውድም ፡ ወ ፡ ለእግብእ ፡ ጽዮን ፡ ወእግብእ ፡ ጽዮን ፡ ወ ፡ ለጽንፈ ፡ አርዕድ ፡ ወጽንፈ ፡ አርዕድ ፡ ወ ፡ ለነጋሽ ፡ ዛሬ ፡ ወነጋሽ ፡ ዛሬ ፡ ወ ፡ ለአስፍሐ ፡ ወአስፍሐ ፡ ወ ፡ ለያዕቆብ ፡ ወያዕቆብ ፡ ወ ፡ ለባሕር ፡ አስግድ ፡ ወባሕር ፡ አስግድ ፡ ወ ፡ ለእድም ፡ አስግድ ፡ ወእድም ፡ አስግድ ፡ ወ ፡ ለይኩኖ ፡ አምላክ ፡ ዘሜጠ ፡ ሎቱ ፡ አቡነ ፡ ተክለ ፡ ሃይማኖት ፡ መንግሥተ ፡ እምነ ፡ ዛጔ ። እንዘ ፡ መዋዕሊሁ ፡ ለአቡነ ፡ ተክለ ፡ ሃይማኖት ፡ ፺ወ፰ ዓመት ፡ ውእቱኒ ፡ ይኩኖ ፡ አምላክ ፡ ተከየደ ፡ ምስለ ፡ አቡነ ፡ ተክለ ፡ ሃይማኖት ፡ ወወሀበ ፡ ሢሶ ፡ መንግሥት ። ወእምይእዜ ፡ ይሰመይ ፡ ዘመነ ፡

[1] Les folios qui précèdent ne renfermant qu'une aride nomenclature de noms royaux, j'ai cru inutile d'en reproduire ici la liste, qui, d'ailleurs, se retrouve dans le mémoire de M. Dillmann (*Zur Geschichte des Abyssinischen Reiches, Zeitschrift der deutschen Morgenländischen Gesellschaft*, t. VII, p. 340 et suiv.) et dans les Catalogues de MM. Dillmann et Zotenberg.

ዘመኒ ፡ ኪዳን ፡ እስከ ፡ በዝየ ፡ ንትሎልዎ ፡ ዕድሜ ፡ መንግሥቶሙ ።

ይኩኖ ፡ አምላክ ፡ ንግሠ ፲ወ፰ ዓመተ ። ያግብአ ፡ ጽዮን ፡ ወልዱ ፡ ንግሠ ፡ ፱ ዓ ፡ ጽንፈ ፡ አርዕድ ፤ ሕዝበ ፡ አስግድ ፤ ቀድመ ፡ አስግድ ፤ ዝርን ፡ አስግድ ፤ ሰብአ ፡ አስግድ ፡ ፭ ውሉዱ ፡ ለያግብአ ፡ ጽዮን ፡ ነግሡ ፡ ፲ወ፭ ዓ ። በ ፲ወ፱ ዓመተ ፡ መንግሥቱ ፡ አዕረፈ ፡ አቡነ ፡ ተክለ ፡ ሃይማኖት ።

ዓምደ ፡ ጽዮን ፡ ወልዱ ፡ ነግሠ ፡ ፴ ዓ ። ወበመዋዕሊሁ ፡ ነበረ ፡ አቡነ ፡ መድኃኒነ ፡ እግዚእ ፡ ወልዱ ፡ ለአቡነ ፡ ተክለ ፡ ሃይማኖት ፡ በትግሬ ፡ እንተ ፡ ይእቲ ፡ በንኮል ። ወእመንኮሶሙ ፡ በአሐቲ ፡ ዕለት ፡ ለ፯ ከዋክብት ፡ ዘውእቶሙ ፡ አባ ፡ ሳሙኤል ፡ ዘዋልድባ ፤ ሳሙኤል ፡ ዘቈየፃ ፤ ሳሙኤል ፡ ዘጣሬጣ ፤ ዮሐንስ ፡ ዘጕራናቋ ፤ ታዴዎስ ፡ ዘባልታርዋ ፤ ያሳይ ፡ ዘማንዳእምባ ፤ ያፍቅረነ ፡ እግዚእ ፡ ዘጕግቤን ። ወካዕበ ፡ በአሐቲ ፡ ዕለት ፡ አመንኮሶሙ ፡ ለ፰ ከዋክብት ፡ ዘውእቶሙ ፡ አሮን ፡ ዘከትር ፤ መርቆሬዎስ ፡ ዘጌባ ፤ ዘካርያስ ፡ ዘጊፋ ፤ ገብረ ፡ ክርስቶስ ፡ ዘቢታንያ ፤ ዳንኤል ፡ ዘፀዓዳ ፡ አምባ ። ወዓዲ ፡ ተብህለ ፡ ተንሥኡ ፡ በዘመኑ ፡ አባ ፡ ኤዎስጣቴዎስ ፡ ወአባ ፡ ጊዮርጊስ ፡ በአለ ፡ ሳታት ፡ ዘጋስጫ ። ወካዕበ ፡ በመዋዕሊሆሙ ፡ ከነ ፡ ስደት ፡ ዘደብረ ፡ ሊባኖስ ። እስመ ፡ አባ ፡ አኖሬዎስ ፡ ዘጽጋጃ ፡ አውገዘ ፡ ለሐፄ ፡ ዓምደ ፡ ጽዮን ፡ (Fol. 4) ሶበ ፡ ነሥአ ፡ ዕቅብተ ፡ አቡሁ ፡ ቦ ፡ እለ ፡ ይቤሉ ፡ ዘመወ ፡ በእኅቱ ፡ ወቦ ፡ እለ ፡ ይቤሉ ፡ አበሰ ፡ በ ፪ ኤ ፡ አሐት ። ወቀሠፎ ፡ ለአባ ፡ አኖሬዎስ ፡ ዓቢየ ፡ ቅሥፈተ ፡ እስከ ፡ እንደዳ ፡ ወበልዓ ፡ ከተማ ፡ ንጉሥ ፡ ነጠብጣበ ፡ ደሙ ፡ ለአባ ፡ አኖሬዎስ ፡ ከዊኖ ፡ ነበልባለ ፡ እሳት ፡ ወበእንተዝ ፡ ተሰዱ ፡ ሰብአ ፡ ደብረ ፡ ሊባኖስ ፡ ውስተ ፡ አህጉረ ፡ ደምብያ ፡ ወቤገምድር ። እጨጌ ፡ ፊልጶስኒ ፡ ተሰደ ፡ እምህገሩ ፡ ሽዎ ፡ ወነበረ ፡ በአንቆ ፡ ወበግሼና ፤ ወበህየ ፡ አመንኮሰ ፡ ብዙኃነ ፡ ሰብአ ። ወእምኔሆሙ ፡ አባ ፡ ዘዮሐንስ ፡ ዘክብራን ፡ ወአባ ፡ ተክለ ፡ አልፋ ፡ ዘዲማ ፡ ወአባ ፡ ተክሥተ ፡ ብርሃን ፡ ዘደብረ ፡ ጸት ፤ መምህራንሂ ፡ ዘሐነፁ ፡ አድባራተ ፡ እምነ ፡ ቃሮዳ ፡ እስከ ፡ ፍርቃ ፤ መንፈቆሙ ፡ በደሰያተ ፡ ፃና ፡ ወመንፈቆሙ ፡ በበገጸር ። አባ ፡ ዘካርያስኒ ፡

ዘበኣ ፡ ውስተ ፡ ደሴተ ፡ ገሊላ ፡ በመዋዕለ ፡ ሐጼ ፡ ዓምደ ፡ ጽዮን ፡ ውእቱ ።

ንዋየ ፡ ክርስቶስ ፡ ዘውእቱ ፡ ሰይፈ ፡ አርዓድ ፡ ወልዱ ፡ ለሐጼ ፡ ዓምደ ፡ ጽዮን ፡ ነግሠ ፡ ፳ወ፫ ዓ ፡ ወውእቱ ፡ ሰይፈ ፡ አርዓድ ፡ ዘሖረ ፡ እስከ ፡ ትግሬ ፡ ወዓርገ ፡ ደብረ ፡ በንኰል ። ወረከበ ፡ ለአባ ፡ መድኃኒነ ፡ እግዚእ ፡ ከዊኖ ፡ ድቁቀ ፡ አረጋዌ ፡ ወተባፅከ ፡ እምኔሁ ፡ ሖረ ፡ ወፀብዖ ፡ ለላዕለይ ፡ ግብጽ ፡ ሰበ ፡ ሞቅሖ ፡ መስፍነ ፡ መስር ፡ ለአባ ፡ ማርቆስ ፡ ሊቀ ፡ ጳጳሳተ ፡ እስክንድርያ ፡ ፩ እም ፻ወ፱ ፡ ሊቃነ ፡ ጳጳሳት ፡ . . ምክንያተ ፡ ጸባሕት ። ወእምዝ ፡ ፈትሖ ፡ ዝንቱ ፡ መስፍን ፡ ለውእቱ ፡ ሊቀ ፡ ጳጳሳት ፡ ወሜጠ ፡ ውስተ ፡ ሚመቱ ፡ ወዝንቱ ፡ ዜና ፡ ሀሎ ፡ ጽሑፈ ፡ በስንክሳር ፡ አመ ፡ ፲ወ፱ ለጥቅምት ። ወበ ፳ወ፰ ዓመተ ፡ መንግሥቱ ፡ ለሰይፈ ፡ አርዓድ ፡ ኮነ ፡ ፍልሰተ ፡ አጽሙ ፡ ለአቡነ ፡ ተክለ ፡ ሃይማኖት ፡ አመ ፡ ፲ወ፪ ለግንበት ።

ንዋየ ፡ ማርያም ፡ ዘውእቱ ፡ ውድም ፡ አስፈሬ ፡ ወልዱ ፡ ለሰይፈ ፡ አርዓድ ፡ ነግሠ ፡ ፲ ዓመተ ፡ ጠፍ ፡ ውእቱ ።

ዳዊት ፡ ካልእ ፡ ወልዱ ፡ ለሰይፈ ፡ አርዓድ ፡ ነግሠ ፡ ፳ወ፱ ዓመተ ። ወበመዋዕሊሁ ፡ መጽአ ፡ ዕፀ ፡ መስቀሉ ፡ ለክርስቶስ ፡ ወገብረ ፡ ፍሥሐ ፤ ወአሠርገዎሙ ፡ ለካህናት ፡ ካፓ ፡ በአጽገዩ ። ወለውእቱ ፡ ዳዊት ፡ ንጉሥ ፡ ይቤሉ ፡ ቀተለቶ ፡ ባዝራ ፡ ረጊፆ ፡ ወሀሎ ፡ ትእምርተ ፡ ስብረት ፡ ውስተ ፡ ግምባሩ ፡ እስከ ፡ ይእዜ ፡ በደሴተ ፡ ዳጋ ። ዕረፍቱኒ ፡ ኮነ ፡ አመ ፡ ፱ ለጥቅምት ።

ቴዎድሮስ ፡ ቀዳማይ ፡ ወልዱ ፡ ለዳዊት ፡ ነግሠ ፡ ፫ ዓ ፡ ወሞተ ፡ አመ ፡ ፳ወ፱ ለሰኔ ፡ ወመቃብሪሁ ፡ ተድባበ ፡ ማርያም ፡ ጠፍ ፡ ውእቱ ፡

ይስሐቅ ፡ ካልእ ፡ ወልዱ ፡ ለዳዊት ፡ ነግሠ ፡ ፲ወ፰ ዓ ፡ ወውእቱ ፡ ሐጼ ፡ ይስሐቅ ፡ ዘመጽአ ፡ እስከ ፡ ወገራ ፤ ወፀብዖ ፡ ለቤተ ፡ እሹር ፡ ፈለሻ ፡ ዘመረባ ፤ ወሠርዖ ፡ [1] ለ ፳ወ፰ በለዋሞባ ፡ እስመ ፡ ቆሙ ፡ ሎቱ ፡ በዕለተ ፡ ፀብዑ ። ወበመዋዕሊ

[1] Au lieu de ሠርዖ ፡, il faut lire ሠዐሮ ፡, qui est mis lui-même pour ሰዐሮ.

ሁ ፡ ተሐንፃ ፡ ብዙኃት ፡ አብያተ ፡ ክርስቲያናት ፡ በምድረ ፡ ደምብያ ፡ ወወገራ ፤ በከሰጌሂ ፡ ሀሎ ፡ ዘይሰመይ ፡ ይስሐቅ ፡ ደብር ። ወበ ፲ ዓመተ ፡ መንግሥቱ ፡ ተፈጸመ ፡ ፲ወ፫ ቀመር ።

አንድርያስ ፡ ወልዱ ፡ ለይስሐቅ ፡ ነግሠ ፡ ፯ አውራኃ ፡ ወመቃብሪሆሙ ፡ ለ ፪ ኤሆሙ ፡ ተድባበ ፡ ማርያም ፡ ጠፍ ፡ ናችው ።

ተክለ ፡ ማርያም ፡ ዘውእቱ ፡ ሕዝብ ፡ ናኝ ፡ ሚልሳይ ፡ ወልዱ ፡ ለዳዊት ፡ ነግሠ ፡ ፬ ዓ ።

ሠርዌ ፡ ኢየሱስ ፡ ዘስመ ፡ መንግሥቱ ፡ ምህርከ ፡ ናኝ ፤ ወውእቱ ፡ ወልዱ ፡ ለሕዝብ ፡ ናኝ ፡ ነግሠ ፡ ፬ አውራኃ ።

ዓምደ ፡ ኢየሱስ ፡ ዘውእቱ ፡ በድል ፡ ናኝ ፤ ካልእ ፡ ወልዱ ፡ ለሕዝብ ፡ ናኝ ፡ ነግሠ ፡ ፰ አውራኃ ፡ ጠፍ ፡ ናችው ፡ ሠለስቲሆሙ ።

ዘርአ ፡ ያዕቆብ ፡ ራብዕ ፡ ወልዱ ፡ ለዳዊት ፡ ነግሠ ፡ ፴ወ፬ ዓ ፡ ወ ፪ አውራኃ ፡ ወተሰምየ ፡ ስመ ፡ መንግሥቱ ፡ ቈስጠንጢኖስ ፡ ወበመዋዕሊሁ ፡ ኮነ ፡ ተቃሕዎ ፡ በእንተ ፡ ሃይማኖት ፤ ወተዋሥአ ፡ አባ ፡ ጊዮርጊስ ፡ ምስለ ፡ ፩ አፍርንጅ ፡ እስከ ፡ ከሠተ ፡ ወደረሰ ፡ መጽሐፈ ፡ ምስጢር ። ወካዕበ ፡ በ ፲ ፡ ዓመተ ፡ መንግሠቱ ፡ አዕረፈ ፡ አባ ፡ ዮሐንስ ፡ ዘዊፋት ። ዕረፍቱኒ ፡ ለሐዜ ፡ ዘርአ ፡ ያዕቆብ ፡ ኮነ ፡ እመ ፡ ፫ ለጳጕሜን ፡ ወመቃብሪሁ ፡ ደሴተ ፡ ዳጋ ።

በእደ ፡ ማርያም ፡ ወልዱ ፡ ነግሠ ፡ ፲ ዓመተ ፡ ውእቱኒ ፡ አሥዓለ ፡ ሥዕለ ፡ ማርያም ፡ ወሥዕለ ፡ ኢየሱስ ፡ ክርስቶስ ፡ በእደ ፡ አፍርንጅ ፡ ወበእንተዝ ፡ አንጐርጐሩ ፡ ሕዝበ ፡ ኢትዮጲያ ። ወሥዕሉኒ ፡ ነበረ ፡ በአትሮንሰ ፡ ማርያም ፡ (Fol. 5) እስከ ፡ እመ ፡ ፫ ዓመተ ፡ መንግሥቱ ፡ ለሐዜ ፡ ቴዎፍሎስ ። ወእሜሃ ፡ በአ ፡ ጋላ ፡ ሰቢሮ ፡ አናቅጺሃ ፡ ለአትሮንሰ ፡ ማርያም ፡ ወቀተለ ፡ ካህናቲሃ ፡ ወመህረከ ፡ ኵሎ ፡ እደ ፡ ወአንስተ ። ለውእቱኒ ፡ ሥዕል ፡ ወለአስከሬነ ፡ አጽሙ ፡ ለሐዜ ፡ በእደ ፡ ማርያም ፡ ዘረዎሙ ፡ ውስተ ፡ ጸድፍ ፡ ውእቱ ፡ ጋላ ፡ እመ ፡ ፲ወ፱ ለነሐሴ ፡ ወዕለቱ ፡ እሑድ ። ዕለተ ፡ ዕረፍቱኒ ፡ ለሐዜ ፡ በእደ ፡ ማርያም ፡ ኮነ ፡ እመ ፡ ፲ወ፪ ለኅዳር ።

እስክንድር ፡ ወልዱ ፡ ነግሠ ፡ ፲ወ፯ ዓ ፡ ወተብህለ ፡ በእንቲአሁ ፡ ከመ ፡ ቀተሎ ፡ በቀስት ፡ ማያ ፡ ዘየዓቅብ ፡ እልዋ ።

ዕረፍቱኒ ፡ ከነ ፡ አመ ፡ ፲ወ፪ ለግንቦት ፡ ወመቃብሪሁ ፡ ደብረ ፡ ወርቅ ፡ ውእቱ ።

ዓምደ ፡ ጽዮን ፡ ወልዱ ፡ ሕፃን ፡ ዘ ፯ ዓመቱ ፡ ነግሠ ፡ ፯ አውራኀ ፡ ወሞተ ።

ወእምዝ ፡ ነግሠ ፡ ናዖድ ፡ እኁሁ ፡ ለእስክንድር ፡ ፲ወ፫ ዓ ፡ ወስመ ፡ መንግሥቱ ፡ አንበሳ ፡ በፀር ። ወውእቱኬ ፡ ዘደረሰ ፡ መልክአ ፡ እግዝእትነ ፡ ማርያም ። ዕረፍቱኒ ፡ ከነ ፡ አመ ፡ ፯ ለነሐሴ ፡ አሜሃ ፡ ተፈጸመ ፡ ፸፻ ዓመት ፡ ወመቃብሪሁ ፡ ግሼ ፡ አምባ ፡ ነገሠት ።

ወእስከዝ ፡ ጊዜ ፡ ኢተከፍለት ፡ ሀገር ፡ ወኢገብአ ፡ ፀር ፡ ዘይመልካ ፡ ባሕቱ ፡ እሉ ፡ ነገሥታት ፡ ይመውዕዎሙ ፡ ለብዙኃን ፡ ነገሥታት ፡ በከመ ፡ ሞዖሙ ፡ ሐጼ ፡ ዓምደ ፡ ጽዮን ፡ ለ ፲ ነገሥታት ፡ ሰበ ፡ መጽኡ ፡ ቦቱ ፡ ግብተ ፡ እንበለ ፡ ያስተጋብእ ፡ ሠራዊቶ ፡ ባሕቱ ፡ ግብአተ ፡ ሀገርኒ ፡ በእደ ፡ ፀር ፡ ተወጥነ ፡ በዘመነ ፡ ንጉሥ ፡ ልብነ ፡ ድንግል ፡ ወልዱ ፡ ለሐጼ ፡ ናዖድ ፡ ወስመ ፡ መንግሥቱ ፡ ወናግ ፡ ሰገድ ፡ ወናግ ፡ ብሂል ፡ አንበሳ ። በ ፲ወ፱ ዓመተ ፡ መንግሥቱ ፡ ለልብነ ፡ ድንግል ፡ ንጉሥ ፡ ሖረ ፡ ዴገልሀን ፡ መልእክ ፡ ኃይሉ ፡ ምድረ ፡ አደል ፡ ወማህረከ ፡ ንዋዮሙ ፡ ወጼወወ ፡ አንስቲያሆሙ ። ወእምዝ ፡ ዴገና ፡ ግራኝ ፡ ወሜጠ ፡ ፄዋሁ ፡ ወምህርካሁ ፡ ወእምዝ ፡ በ ፪ ዓመት ፡ ወበ ፳ወ፩ ዓመተ ፡ መንግሥቱ ፡ ለልብነ ፡ ድንግል ፡ መጽአ ፡ ግራኝ ፡ እስከ ፡ ሰመርማ ፡ ወተፃብዓ ፡ ንጉሥ ፡ ምስለ ፡ ሠራዊቱ ፡ ወሰደዶ ፡ እስከ ፡ ሽምብራ ፡ ኩሬ ፡ መዲናሁ ፡ ለንጉሥ ፡ ወገብሩ ፡ ፀብዓ ፡ በ(ሀየ ፡) አመ ፡ ፲ወ፩ ለመጋቢት ፡ ወኃልቁ ፡ ብዙኃን ፡ መኳንንት ፡ ወሞቱ ፡ እሰ ፡ እጹግ ፡ ራሰ ፡ መኳዘንቶ ፡ ወገብረ ፡ መድኅን ፡ ሻዋ ፡ ራስ ፡ ዓምዱ ፡ ጳፈላም ፡ ሮቤል ፡ ወአሴር ፡ ወካልኣን ፡ ብዙኃን ፡ ወእምዝ ፡ በ ፪ ዓመት ፡ አመ ፲ወ፮ ለጥር ፡ ተመይጠ ፡ ወተንሥአ ፡ እምብሔረ ፡ አደል ፡ ወበጽሐ ፡ ደዋሮ ፡ አመ ፡ ፲ወ፪ ለየካቲት ፡ በከመ ፡ ነገሩነ ፡ ሰብአ ፡ ውእቱ ፡ ብሔር ፡ ወገብረ ፡ ፀብዓ ፡ ለአይፈርስ ፡ አመ ፡ ፳ ለሚያዝያ ፡ ወሞቱ ፡ ራስ ፡ እስላም ፡ ሰገድ ፡ ወተክለ ፡ ኢየሱስ ፡ ወብዙኃን ፡ መኳንንት ፡ ወመልካ ፡ ለሻዋ ። ወአመ ፡ ፳ወ፱ ለሐምሌ ፡ አውዓያ ፡ ለደብረ ፡

ሊባኖስ ፡ ወአመ ፳ ለነሐሴ ፡ ሞተ ፡ ራስ ፡ ወሰን ፡ ሰገድ ። ወእምዝ ፡ በ ፪ ዓ ፡ ኃለፈ ፡ ንጉሥ ፡ ምድረ ፡ አምሐራ ፡ ወነበረ ፡ በሐኝ ፡ ወአመ ፡ ፳ወ፪ ለጥቅምት ፡ ተሰደ ፡ እምሀየ ። ወአመ ፡ ፯ ለኅዳር ፡ አውዓዮሙ ፡ ግራኝ ፡ በእሳት ፡ ለመካነ ፡ ሥላሴ ፡ ወለደብረ ፡ ነጐድጓድ ፡ ወለአትሮንሰ ፡ ማርያም ፡ ወአመ ፡ ፲ወ፪ ውእየ ፡ ገነተ ፡ ጊዮርጊስ ፡ ወአመ ፡ ፯ ለታኅሣሥ ፡ ውዕየ ፡ ደብረ ፡ እግዚአብሔር ፡ ወአመ ፡ ፲ ለታኅሣሥ ፡ ተበርበረት ፡ ሐይቅ ፡ መካነ ፡ እስጢፋኖስ ፡ ወዘንተ ፡ ገቢሮ ፡ ሖረ ፡ ብሔሮ ፡ ወነበረ ፡ ዓመተ ፡ ወተመይጠ ፡ በወርኃ ፡ ሚያዝያ ፡ ወበርበራ ፡ ለወርወር ፡ ወከረመ ፡ በሀየ ፡ ወከነ ፡ አሜሃ ፡ ፳ወ፫ ዓመተ ፡ መንግሥቱ ፡ ለልብነ ፡ ድንግል ፡ ወካዕበ ፡ በ ፳ወ፬ ዓመተ ፡ መንግሥቱ ፡ ወረደ ፡ ግራኝ ፡ ውስተ ፡ ትግሬ ፡ በወርኃ ፡ ጥቅምት ፡ ወተመጠውዎ ፡ ሲሬ ፡ ወሰራዌ ። ንጉሥኒ ፡ ከረመ ፡ በደምብያ ፡ ወተንሥአ ፡ እምሀየ ፡ በወርኃ ፡ ጥቅምት ፡ ወበጽሐ ፡ ወገራ ፡ ወኃለፈ ፡ እምሀየ ፡ በወርኃ ፡ ታኅሣሥ ፡ ወገብረ ፡ ፍኖተ ፡ እንተ ፡ ጸለምት ፡ ወበጽሐ ፡ አክሱም ፡ ወገብረ ፡ በሀየ ፡ (Fol. 6) በዓለ ፡ ጥምቀት ፡ ወተመይጠ ፡ እምሀየ ፡ ወገብረ ፡ ፍኖተ ፡ እንተ ፡ ጸገዴ ፡ ወግራኝ ፡ ተለዎ ፡ ድኅሬሁ ፡ ወአውዓያ ፡ ለመቅደሰ ፡ አባ ፡ ሳሙኤል ፡ አመ ፡ ፳ወ፫ ለጥር ፡ ወኃለፈ ፡ እምሀየ ፡ ወበጽሐ ፡ መዘጋ ፡ ወተራከበ ፡ ምስለ ፡ መከትር ፡ ወተመጠውዎ ፡ ወመርሀዎ ፡ እስከ ፡ ደምብያ ። ንጉሥኒ ፡ ገብረ ፡ እንተ ፡ ደራ ። ወመለሳይኒ ፡ ተለዎ ፡ ድኅሬሁ ፡ ወተራከቡ ፡ በፈለገ ፡ አባዊ ፡ አመ ፡ ፳ወ፪ ለየካቲት ፡ ወሞቱ ፡ ዓቃቤ ፡ ሰዓት ፡ ነገደ ፡ ኢየሱስ ፡ ወወልዱ ፡ ብእሴ ፡ እግዚአብሔር ፡ ወቀኝ ፡ ጌታ ፡ ወሰንጌ ፡ ወካልኣን ፡ ብዙኃን ፡ ወጠፍአ ፡ ንዋይ ፡ ዘአልበ ፡ ኍልቍ ፡ ወበ ፡ ዘተዼወዉ ። ወበይእቲ ፡ ዓመት ፡ አመ ፡ ፳ወ፮ ለሰኔ ፡ ሞተ ፡ አዶሌ ፡ ወቀተሎ ፡ ተስፋ ፡ ልዑል ፡ አቃፅነ ፡ ሰራዌ ፡ ወለተስፋ ፡ ልዑል ፡ ቀተሎ ፡ አባስ ፡[1] በወርኃ ፡ ሐምሌ ፡ ወሞተ ፡ ብዙኃን ፡ እምሰብእ ፡ ሰራዌ ። ወበ ፳ወ፮ ዓመተ ፡ መንግሥቱ ፡ ተፃብዓ ፡ ንጉሥ ፡ ምስለ ፡ ስምዖን ፡ በአምሐራ ፡ አመ ፡ ፲ወ፱ ለኅዳር ፡

[1] አባክ ፡ عباس.

ወሞተ ፡ ማዕቀ ፡ እግዚእ ፡ ወጽራግ ፡ ማሠሬ ፡ ተክለ ፡ ሥሉ
ስ ፡ ወአቤቶ ፡ ቴዎድሮስ ፡ ወውእየት ፡ አክሱም ፡ ወሃሴሎ ፡
በንከል ፡ ወለጋስ ፡ ወደብረ ፡ ከርቤ ፡ ወካልኣን ፡ ብዙኃን ።
መለሳይኒ ፡ ዓርገ ፡ እንተ ፡ መዘጋ ፡ ወወገራ ፡ ወተፃብዓ ፡ ምስ
ለ ፡ ሳውል ፡ ወልደ ፡ ተስፋ ፡ ኢየሱስ ፡ ወተመውዓ ፡ ሳውል ፡
እመ ፡ ፲ወ፪ ፡ ለሚያዝያ ፡ ወሞቱ ፡ አዝማች ፡ ዮሐንስ ፡ ወገን
ዘይ ፡ ወቡለ ፡ ወመለከን ፡ ለሰሜን ፡ ወለደምብያ ፡ ወለቤገም
ድር ፡ ወነበረ ። ወበ ፳ወ፫ ዓመተ ፡ መንግሥቱ ፡ ዓደወ ፡ ም
ድረ ፡ ጐዣም ፡ ወቀተለ ፡ ብዙኃነ ፡ ወወረደ ፡ ሰራዌ ፡ ወቀተ
ሎሙ ፡ ለሰብአ ፡ ሰራዌ ፡ ወፈጸሞሙ ። ወቀተሎ ፡ አምኃ ፡
ለፈረሻም ፡ እስላም ። ወበ ፳ወ፱ ዓመተ ፡ መንግሥቱ ፡ ቀተ
ሎ ፡ ለወሰና ፡ እመ ፡ ፳ወ፭ ለመስከረም ። ወበውእቱ ፡ ዓ
መት ፡ ውእየት ፡ ገሊላ ፡ ማእካለ ፡ ደሴት ፡ እመ ፡ ፳ወ፫ ለ
ግንቦት ፡ ወሖረ ፡ መለሳይ ፡ ምድረ ፡ ደዋሮ ፡ ወነበረ ፡ ፳ አ
ውራኃ ፡ ወተመይጠ ፡ እምህየ ፡ ወበጽሐ ፡ ምድረ ፡ አንጎት ፡
እመ ፡ ፳ ለግንቦት ፡ በ ፴ ዓመተ ፡ መንግሥቱ ። ወበ ፴ወ፭ ዓ
መተ ፡ መንግሥቱ ፡ ለአከ ፡ ውእቱ ፡ መለሳይ ፡ ኀበ ፡ ንጉሥ ፡
እንዘ ፡ ይብል ፡ ሀበኒአ ፡ ወለተከ ፡ ትኩነኒ ፡ ብእሲተ ፡ ወንግ
ብር ፡ ፍቅረ ፡ ወለእመ ፡ ኢገበርከ ፡ ዘንተ ፡ ነገረ ፡ አልበ ፡
ኀበ ፡ ዘታመሥተኒ ። ንጉሥኒ ፡ ሜጠ ፡ ሎቱ ፡ መልእክተ ፡
እንዘ ፡ ይብል ፡ ኢይሁበከ ፡ እንዘ ፡ አረማዊ ፡ አንተ ፡ ወይ
ኄይሰኒ ፡ ወጹቅ ፡ ውስተ ፡ እዶ ፡ ለእግዚአብሔር ፡ እምእደ
ቀ ፡ ውስተ ፡ እዴከ ፡ እስመ ፡ በከመ ፡ ዕበዩ ፡ ከማሁ ፡ ብዝ
ኃ ፡ ምሕረቱ ፡ ውእቱ ፡ ይሁብ ፡ ኃይለ ፡ ለድኩማን ፡ ወድ
ካመ ፡ ለፅኑዓን ። ወእሜሃ ፡ ከነ ፡ መከራ ፡ ዐቢይ ፡ ወስደት ፡
ብዙኅ ፡ ለንጉሥ ፡ ምስለ ፡ ሠራዊቱ ፡ ረኃብ ፡ ወኲናት ፡ ወ
ፀብዖሙ ፡ ቀጭን ፡ አበከር ፡ በፍኖት ፡ እንተ ፡ ኢተሀዘቡ ፡ እ
መ ፳ ለሚያዝያ ፡ ወዕለቱ ፡ ረቡዕ ፡ ሰሙነ ፡ ሕማማት ፡ ወሞ
ተ ፡ አዛዥ ፡ ተክለ ፡ ጊዮርጊስ ፡ ወአዛዥ ፡ አምኃ ፡ ወሚካ
ኤል ፡ ወዳረጎት ፡ ወያዕቆብ ፡ ወጋድ ፡ ወአባ ፡ ተንሥአ ፡ ክር
ስቶስ ፡ ዘቢዛን ፡ መምህር ፡ ዘደብረ ፡ ሰማዕት ፡ ወአመተ ፡ ል
ሁል ፡ ወካልኣን ፡ ብዙኃን ፡ ወተዼወዉ ፡ ጌዴዎን ፡ ወዮዲት ፡
ሐመተ ፡ ንጉሥ ፡ ወብዙኃን ፡ ሠራዊተ ፡ ንጉሥ ፡ ምስሌሆሙ ፡

ንዋይኒ ፡ ጠፍአ ፡ ዘአልበ ፡ ኍልቍ ፡ ወበውእቱ ፡ ዘመን ፡ ተ
ናፈቀ ፡ ሕዝበ ፡ ኢትዮጵያ ፡ በእንተ ፡ ፋሲካ ፡ እምብዝኃ ፡
ስደት ። በ ፡ እለ ፡ ይቤሉ ፡ ይከውን ፡ ፋሲካ ፡ አመ ፡ ፲ወ፫ ለ
ሚያዝያ ፡ እለሰ ፡ አእመሩ ፡ ሕገ ፡ እግዚአብሔር ፡ ኃበሩ ፡ በየ
ይማኖት ፡ ምስለ ፡ ንጉሥ ፡ ወገብሩ ፡ ፍሥሐ ፡ አመ ፡ ፲ ለ
ሚያዝያ ፡ ወፋሲካ ፡ አመ ፡ ፲ወ፩ ። ወበውእቱ ፡ ጊዜ ፡ በጽ
ሐ ፡ ለንጉሥ ፡ ዐቢይ ፡ ኀዘን ፡ ወሞተ ፡ (Fol. 7) ወልዱ ፡
ዘበኵሩ ፡ ፊቅጦር ፡ አመ ፡ ፲ወ፪ ለሚያዝያ ፡ ቀታሊሁኒ ፡ ገ
ራድ ፡ እስማን ፡ ወእለ ፡ ምስሌሁ ፡ ዮናዳብ ፡ ወከፍሎ ፡ ወዮ
ሴፍ ፡ ወዓምዶ ፡ ወሰልወናግ ፡ ወእምዝ ፡ ካዕበ ፡ ፀብዮሙ ፡
ለንጉሥ ፡ ፩ መለሳይ ፡ ዘስሙ ፡ እመር ፡[1] አመ ፡ ፳ወ፰ ለግንበ
ት ፡ ወተአኀዘ ፡ ወልደ ፡ ንጉሥ ፡ ዘስሙ ፡ ሚናስ ፡ ወበውእ
ቱ ፡ ጊዜ ፡ ሞተ ፡ ዕዝራ ፡ ውሥጥ ፡ ብላቴና ፡ ወጊዮርጊስ ፡
ግራ ፡ ጌታ ፡ ወባሕርይ ፡ ወልደ ፡ ማርታ ፡ ወበዙኃን ፡ ክርስ
ቲያን ፡ ሞቱ ፡ አሜሀ ፡ ወበ ፡ ዘተሠይጡ ፡ ወተዳደቀ ፡ ኀዘን ፡
ለንጉሥ ፡ በተጼውዎተ ፡ ሠራዊቱ ፡ ወተአኀዘተ ፡ ወልዱ ።
ዝ ፡ ዘኮነ ፡ በምድረ ፡ ዋግ ፡ ዘይሰመይ. ፡ ዛታ ። ወካዕበ ፡ እ
ንዘ ፡ ሀሎ ፡ ንጉሥ ፡ በምድረ ፡ ሰለዋ ፡ መጽአ ፡ እመር ፡ ወጼ
ወወ ፡ ኵሎ ፡ ሠራዊቶ ፡ ዘአፍአ ፡ ወወሥጥ ፡ አመ ፡ ፲ወ፯ ለ
ሰኔ ፡ ወአምሠጠ ፡ ንጉሥ ፡ ምስለ ፡ ውሁዳን ፡ ሠራዊት ፡ ወ
በጽሐ ፡ ምድረ ፡ ጸለምት ፡ ወነበረ ፡ መልዕልተ ፡ ደብር ፡ ዘይ
ሰመይ ፡ ጭልምፍራ ፡ ወእምሀየኒ ፡ ካዕበ ፡ ሰደዶ ፡ ኢዮራም ፡
በአለ ፡ ሀገር ፡ ምስለ ፡ ፩ መለሳይ ፡ አመ ፡ ፲ወ፱ ለሐምሌ ፡ ወ
በይእቲ ፡ ዕለት ፡ ገብረ ፡ ሎቱ ፡ እግዚአብሔር ፡ ለንጉሥ ፡ ተ
አምረ ፡ ዓቢይ ፡ ወኃለፈ ፡ ተከዜ ፡ በእግር ፡ እምድኅረ ፡ ጐ
ባዔ ፡ ሐዋርያት ፡ ወከረመ ፡ ንጉሥ ፡ በታብር ፡ ዘውእቱ ፡ ዐ
ቢይ ፡ ወነዊኅ ፡ አምባ ፡ ዘሲሬ ። ወእምዝ ፡ በ ፹ወ፪ ዓመተ ፡
መንግሥቱ ፡ ወሀበ ፡ እግዚአብሔር ፡ መዋኢ ፡ ለንጉሥ ፡ ወ
ቀተሎ ፡ ለአሕመዲን ፡ አመ ፡ ፳ወ፯ ለመስከረም ፡ ወካዕበ ፡ ዴ
ገኖ ፡ እመር ፡ ወተወግዓ ፡ በ ፩ ሙኃዕ ፡ በከመ ፡ ነገሩነ ፡ መ
ዊተሰ ፡ ኢሞተ ፡ ወዝ ፡ ዘኮነ ፡ አመ ፡ ፩ ለጥቅምት ፡ ወበ'ዘ ፡

[1] እመር ፡ ...

ወርኀ ፡ እምአመ ፡ ተንሥአ ፡ እምደምብያ ፡ ወረደ ፡ እመር ፡
ውስተ ፡ ሲሬ ፡ ወአመዝበረ ፡ እለ ፡ ተርፉ ፡ አብያተ ፡ ክርስ
ትያናት ፡ ለመጥበቢላ ፡ አውዓያ ፡ አመ ፡ ፲ ለታኅሣሥ ፡ ወለ
ጕትማን ፡ አጥፍአ ፡ አመ ፡ ፲ወ፰ ፡ ወሞተ ፡ ብዙኃን ፡ መነከሳ
ት ፡ ወተመይጠ ፡ እምህየ ፡ ወበጽሐ ፡ ዘና ፡ በወርኃ ፡ ጥር ፡
ወነሥአ ፡ ንዋየ ፡ ቤተ ፡ ክርስቲያን ፡ ዘክብርቶ ፡ ወአመ ፡ ፲ወ፫
ነሥአ ፡ ንዋየ ፡ ቤተ ፡ ክርስቲያን ፡ ዘደብረ ፡ ክርቤ ፡ ወተመይ
ጠ ፡ ሲሬ ፡ ወነበረ ፡ ኅዳጠ ፡ መዋዕለ ፡ ወተንሥአ ፡ ወሖረ ፡
በለይጢኀ ። ወሰበ ፡ ፈቀደ ፡ እግዚአብሔር ፡ ከመ ፡ ያርኢ ፡
ኃይሎ ፡ ፈነወ ፡ ፩ ንዳየ ፡ ዘአልቦቱ ፡ ስም ፡ ውእቱሰ ፡ ንዳይ ፡
በአ ፡ ኀቤሁ ፡ እንዘ ፡ ሀሎ ፡ ሰኪቦ ፡ ምስለ ፡ ብእሲቱ ፡ ወረገ
ዘ ፡ መልዕልተ ፡ ኅንበርቱ ፡ ወሠጠጠ ፡ መጠነ ፡ ከዝር ፡ በከ
መ ፡ ነገሩነ ፡ እለ ፡ ርእዩ ፡ ገዘኒ ፡ ዘካነ ፡ አመ ፡ ፲ወ፮ ለየካቲ
ት ፡ ዕለተ ፡ ኪዳና ፡ ለእግዝእትነ ፡ ማርያም ፡ ወለዲተ ፡ አም
ላክ ። ርእዩ ፡ ኃይሎ ፡ ወዕንዮ ፡ ለእግዚአብሔር ፡ በከመ ፡ ት
ቤ ፡ ሐና ፡ እመ ፡ ሳሙኤል ፡ አድከመ ፡ ቀስተ ፡ ኃያላን ፡ ወአ
ቅነቶሙ ፡ ኃይለ ፡ ለድኩማን ። አንክር ፡ ኃይሎ ፡ ለእግዚአ
ብሔር ፡ ዘገብረ ፡ ዘንተ ፡ ከመ ፡ ያሰስል ፡ ቍልፈተ ፡ ትዕቢ
ት ፡ እመአልባበ ፡ ክርስቲያን ፡ ወእስላም ። ሰበሰ ፡ ረከበ ፡ ዘከ
መዝ ፡ ዓሥተ ፡ ፩ እመኳንንተ ፡ ክርስቲያን ፡ እመይቤ ፡ በኃ
ይልየ ፡ ገበርክዎ ፡ ወአኮ ፡ በኃይለ ፡ እግዚአብሔር ፡ ወእምኢ
ያብአቶ ፡ ዡለንታሃ ፡ ኢትዮጵያ ፡ ፈድፋደሰ ፡ ለሠየምተ ፡ ት
ግሬ ። እግዚአብሔር ፡ ማእምረ ፡ ኅቡአት ፡ አስተኃፈሮ ፡ ለ
ኃያል ፡ በእደ ፡ ፩ ንዳይ ፡ ዘኢተሐዘብዎ ፡ አኮ ፡ በረምኃ ፡ ወ
በሰይፍ ፡ ዳእሙ ፡ በንስቲት ፡ መጥባሕት ፡ ዘ ፪ አፉሃ ፡ እንተ ፡
ይእቲ ፡ ሾተል ፡ ዘሰደነነ ፡ እምደዋሮ ፡ እስከ ፡ ምጽዋዕ ፡ እን
ተ ፡ ይእቲ ፡ ወሰነ ፡ መስር ፡ ተኃፍረ ፡ በኃይለ ፡ እግዚአብሔ
ር ። ወበይእቲ ፡ ወርኃ ፡ የካቲት ፡ አመ ፫ ተሥዕረ ፡ ወተበ
ርበረ ፡ ግሼ ፡ አመባ ፡ ነገሥት ፡ ወተረክበ ፡ በህየ ፡ ብዙኅ ፡
ልብሰ ፡ ሐሪር ፡ መዛግብተ ፡ ነገሥት ፡ ዘቀደምት ፡ ዘተዘግበ ፡
እምይኩኖ ፡ አምላክ ፡ እስከ (Fol. 8) መንግሥቱ ፡ ለልብነ ፡
ድንግል ፡ ወለካልኣንሰ ፡ መዛግብት ፡ አልቦ ፡ ዘየአምር ፡ ዘእን
በለ ፡ እግዚአብሔር ፡ ባሕቲቱ ። አሜሃ ፡ ኮነ ፡ ወርቅ ፡ ከመ ፡

እእባን ፡ ወልብሰ ፡ ሐፋር ፡ ከመ ፡ ቈጽል ፡ ወከነ ፡ ሜጠ ፡ ኀ
ልቅ ፡ ፴ አምሴ ፡ ወወቄት ፡ ለ ፩ ብዕራይ ፡ ወለእስራኤል ፡
እለ ፡ ነበሩ ፡ ህየ ፡ ቀተልዎሙ ፡ በሰይፍ ፡ ወበ ፡ እለ ፡ ተወር
ዉ ፡ ውስተ ፡ ባሕር ፡ በሃይማኖቶሙ ፡ ወዘንተ ፡ ገብሩ ፡ ወ
ዚር ፡ ሙጃሂድ ፡ ወአምዱሽ ፡ ወእምድኅረዝ ፡ በመዋዕለ ፡ ማ
ቴዎስ ፡ አዕረፈ ፡ ንጉሥነ ፡ ልብነ ፡ ድንግል ፡ እመ ፡ ፳ ለመስ
ከረም ፡ ወሰከበ ፡ ምስለ ፡ አባዊሁ ፡ ወዓመተ ፡ መንግሥቱ ፡ ፴
ወ፪ ቱ ። ወተቀብረ ፡ በዳሞ ፡ በደብረ ፡ አባ ፡ አረጋዊ ።

ወእምድኅረዝ ፡ ነግሠ ፡ ወልዱ ፡ ገላውዴዎስ ፡ ወስመ ፡
መንግሥቱ ፡ አጽናፍ ፡ ሰገድ ፡ እንዘ ፡ ሕፃን ፡ ውእቱ ። ወተ
ንሥአ ፡ ወበጽሐ ፡ ማእከለ ፡ ቡርከሎ ፡ መከዳ ፡ ወተራከበ ፡ ድ
ንገተ ፡ ምስለ ፡ ወዚር ፡ ዓሣ ፡ ወገራድ ፡ እስማን ፡ ወድልበ ፡
ኢየሱስ ፡ ወዮራም ፡ ወካልኣን ፡ ብዙኃን ፡ መለሳይ ፡ ወገብረ ፡
ፀብዓ ፡ ምስሌሆሙ ፡ እመ ፲ወ፩ ለታኅሣሥ ፡ ወቀተለ ፡ ብዙ
ኃን ፡ ወገረሞሙ ፡ ከመ ፡ አንበሳ ፡ መፍርህ ፡ ወከመ ፡ ድብ ፡
ሐራስ ። ሖሩ ፡ ወኢክህሉ ፡ ቀዊመ ፡ ቅድመ ፡ ገጹ ፡ ወይቤሉ ፡
መኑ ፡ ይክል ፡ ፀቢዖቶ ፡ እስመ ፡ እግዚአብሔር ፡ ምስሌሁ ፡
ወዘንተ ፡ ገብረ ፡ በኃይለ ፡ መንፈስ ፡ ቅዱስ ፡ ዘኅዱር ፡ ላዕሌ
ሁ ፡ ወኢተምህረ ፡ ፀብዓ ፡ ወኢወዓለ ፡ ኀበ ፡ ፀብዕ ፡ ዘእንበ
ለ ፡ ይእቲ ፡ ዕለት ፡ ወተንሥአ ፡ እምህየ ፡ ወበጽሐ ፡ ምድረ ፡
ስሜን ፡ ወተቀበልዎ ፡ አገው ፡ ዘስሜን ፡ ዘለዋሬ ፡ ዘሞዓ ፡ ወ
ዘጸለምት ። ወካዕበ ፡ ተጋብዑ ፡ ላዕሌሁ ፡ ወዚር ፡ ሙጃሒድ[1] ፡
ወገረድ ፡ እስማን[2] ፡ ገንዘ ፡ ገራደ ፡ ወነስረዲን[3] ፡ ወሠየምት ፡
ዘሴሬ ፡ ወሠራዊ ፡ ወብዙኃን ፡ መለሳይ ፡ ወኢክህሉ ፡ ፀቢዖ
ቶ ፡ ወነበረ ፡ ማእከሌሆሙ ፡ ፫ አውራኃ ፡ እስከ ፡ ቀተሎ ፡ ለ
ዮናታን ፡ ዓላዊ ፡ ወልደ ፡ ሆኖክ ፡ ሥዩመ ፡ ተምቤን ፡ ወነሥ
አ ፡ እምኃ ፡ ወጋዳ ፡ ዘይትፈቀድ ፡ ለመንግሥቱ ፡ ወተንሥአ ፡
እምህየ ፡ ወኃለፈ ፡ ተከዜ ፡ ወበጽሐ ፡ ምድረ ፡ ሰርድ ፡ ወገብ
ረ ፡ ፋሲካ ፡ ተዝካረ ፡ ትንሣኤሁ ፡ ለመድኃኒነ ፡ ኢየሱስ ፡ ክ
ርስቶስ ። ወእንዘ ፡ ሀሎ ፡ ህየ ፡ መጽአ ፡ ኀቤሁ ፡ ገራድ ፡ እ

[1] ሙጃሒድ ፡ مجاهد.
[2] እስማን ፡ عثمان.
[3] ነስረዲን ፡ نصر الدين.

መር ፡ ወተመጠውዎ ፡ በሰልፍ ፡ ወገብሩ ፡ ፀብዐ ፡ አመ ፳ወ፱
ለሚያዝያ ፡ ወይቤሉ ፡ ኢርኢነ ፡ ወኢሰማዕነ ፡ ዘከመዝ ፡ ኃ
ይለ ፡ ወተባዓ ፡ እንዘ ፡ ሕፃን ፡ ውእቱ ፡ ዘኢይፈርሀ ፡ መዊተ ፡
አከ ፡ በብዙኃ ፡ አላ ፡ በውሁዳን ፡ ወእምዝ ፡ ሖረ ፡ ምድረ ፡
ስሜን ። ወበውእቱ ፡ ዓመት ፡ መጽኡ ፡ አፍርንጅ ፡ እለ ፡ ተ
ገመሰ ፡ እምሀገሮሙ ፡ ብርትጓል ፡ ወግብጣኖሙ ፡ ድንግስ
ቶቡ ፡ ወቀተልዎ ፡ ለአባ ፡ እስማን ፡ ኑር ፡ ወከረሙ ፡ በድባር
ዋ ፡ ግራኝኒ ፡ ከረመ ፡ በደረስጌ ። ወእምዝ ፡ አውረድዎ ፡ ም
ድረ ፡ ሮም ፡ ለሚናስ ፡ ሕፃን ፡ ወዘወፅአሰ ፡ እምደምብያ ፡ በ
ወርኃ ፡ መስከረም ፡ ግራኝኒ ፡ ተንሥአ ፡ በወርኃ ፡ ታኅሣሥ ፡
ወሖረ ፡ ምድረ ፡ ትግሬ ፡ አፍርንጅኒ ፡ ወፅአ ፡ እምድበርዋ ፡
ወምስሌሆሙ ፡ ይቴ ፡ ሰብለ ፡ ወንጌል ፡ እመ ፡ ንጉሥ ፡ እንዘ ፡
ታስተፃንዖሙ ፡ በጥበብ ፡ ወምክር ፡ ወትሜግቦሙ ፡ በሲሳይ ፡
ወንዋይ ፡ ወተራከቡ ፡ ምስለ ፡ ግራኝ ፡ በምድረ ፡ አነጻ ፡ ወገ
ብሩ ፡ ፃብዓ ፡ አመ ፡ ፳ወ፱ ለመጋቢት ፡ ወነደፍዎ ፡ በነፍጥ ፡
ወኢሞተ ፡ ግራኝኒ ፡ ከረመ ፡ በዘብል ። ወከረመት ፡ ንግሥት ፡
ሰብለ ፡ ወንጌል ፡ በአፍላ ፡ ምስለ ፡ አፍርኝጅ ። ወበ ፪ ዓመት ፡
እምዘነግሠ ፡ ገብረ ፡ ፀብዓ ፡ አመ ፡ ፫ ለመስከረም ፡ ወሞተ ፡
ግብጣን ፡ በወርኃ ፡ ጥቅምት ፡ ወመጽአ ፡ አጽናፍ ፡ ሰገድ ፡
ንጉሥ ፡ ወተራከበ ፡ ምስለ ፡ እሙ ፡ ወምስለ ፡ እለ ፡ ተርፉ ፡
አፍርንጅ ፡ በምድረ ፡ ስሜን ፡ ወተማከሩሙ ፡ ገብሩ ፡ በሽ
ዋዳ ፡ በወርኃ ፡ ኅዳር ፡ አመ ፡ ፲ወ፫ ገብሩ ፡ ፀብዓ ፡ በወገራ ፡
ወቀተሉሙ ፡ ለሲድ ፡ መሐመድ ፡[1] ወለእስማን ፡ ወለጠሊላ ፡
ወእለ ፡ ተርፉ ፡ ተዘርዉ ፡ ከመ ፡ ጢስ ፡ ወበ ፡ እለ ፡ ገብኡ ፡
ፀዊሮሙ ፡ እብነ ፡ ወአመ ፡ (Fol. 9) ፲ወ፱ ወረደ ፡ ደረስጌ ፡
ወአውዓየ ፡ በእሳት ፡ አብያቲሆሙ ፡ ወማሀረከ ፡ ንዋዮሙ ፡ ወ
ወተመይጠ ፡ ኀበ ፡ ሽዋዳ ፡ ወነበረ ፡ ፪ አውራኃ ። ግራኝኒ ፡
አተወ ፡ ደምብያ ፡ እምዘብል ፡ ወተንሥአ ፡ ንጉሥ ፡ እምሽዋ
ዳ ፡ ወበጽሐ ፡ ወይና ፡ ደጋ ፡ አመ ፡ ፳ ለየካቲት ፡ ወነበረ ፡ ሀ
የ ፡ ግራኝኒ ፡ ተንሥአ ፡ እምደረስጌ ፡ ወነበሩ ፡ ሠራዊተ ፡ ግ
ራኝ ፡ ቅሩበ ፡ ንጉሥ ። ሠራዊተ ፡ ንጉሥኒ ፡ ወዓሉ ፡ ኀበ ፡

[1] ሲድ ፡ መሐመድ ፡ سيد محمد.

፩ መክን ። ርእዩ ፡ ምሕረቶ ፡ ለእግዚአብሔር ፡ ዘአዕነዮሙ ፡ ለእግብርታውያን ፡ ወለንጉሦሙ ፡ አጽናፍ ፡ ሰገድ ፡ ሕፃን ፡ ወረሰዮሙ ፡ ይትቃረቡ ፡ ወይትረአዩ ፡ ገጸ ፡ በገጽ ፡ አስኩ ፡ ነበሩ ፡ ቀዳሚ ፡ እንዘ ፡ ይፈርሁ ፡ ወይርዕዱ ፡ በሰሚዓ ፡ ስሙ ። ለሊሁ ፡ በሸዋ ፡ ወክርስቲያን ፡ በትግሬ ፡ ኵሉ ፡ ጽንጕፃን ፡ ከመ ፡ ዘበጽሖሙ ፡ ወሰበ ፡ ሐወጸሙ ፡ ምሕረተ ፡ እግዚአብሔር ፡ ይሰሐቅዎ ፡ ወይሣለቅዎ ። ወአመ ፲ወ፯ ለየካቲት ፡ ተንሥአ ፡ በእግረ ፡ ትዕቢት ፡ እንዘ ፡ ይትአመን ፡ በምደፍ ፡ ወበነፍጥ ፡ ወበትርኵ ፡ ወይቤ ፡ ዘመጠነዝ ፡ ዓመታተ ፡ ተጋደልክዎሙ ፡ ወሰደድክዎሙ ፡ ዮምኑ ፡ ይቀውሙ ፡ ቅድመ ፡ ገጽየ ። ንጉሥኒ ፡ ተአሚኖ ፡ በእግዚአብሔር ፡ ወበጸሎተ ፡ ለእግዝእትነ ፡ ማርያም ፡ ወላዲተ ፡ አምላክ ፡ ተመጠዎ ። ሖራሁስ ፡ ለንጉሥ ፡ ዘተቀደሞዎ ፡ ቀተልዎ ፡ ለግራኝ ፡ እምቅድመ ፡ ይብጻሕ ፡ ኀበ ፡ ንጉሥ ፡ ወወድቀ ፡ በዓቀበ ፡ ዛንተራ ፡ ወሞተ ፡ በትእዛዘ ፡ እግዚአብሔር ፡ ጊዜ ፡ ፫ ሰዓት ፡ ወዕለቱ ፡ ረቡዕ ። ሠራዊቱኒ ፡ ተዘርዉ ፡ ከመ ፡ ጢስ ፡ ወሐመደ ፡ እቶን ፡ ወበ ፡ እለ ፡ ጐዩ ፡ እስከ ፡ አትበራ ፡ ምስለ ፡ ብእሲቱ ፡ ድል ፡ ወምበራ ፡ እምብዝኃ ፡ ፍርሀት ፡ ወበ ፡ እለ ፡ ገብኡ ፡ ዓሚሮሙ ፡ ኃብለ ፡ በክሣዶሙ ፡ ኃዲጎሙ ፡ ሰይፈ ፡ ወፈረሰ ፡ ወበ ፡ እለ ፡ ቀተልዎሙ ፡ ለእለ ፡ ነበሩ ፡ በደራ ። ለዮራምኒ ፡ ቀተልዎ ፡ እምድኅረ ፡ ገብአ ፡ ከመ ፡ ኢይትረሳእ ፡ በቀለ ፡ እስራኤል ፡ እሜሃ ፡ ከነ ፡ ትሰብእት ፡ ወትንሣኤ ፡ በ፩ ዕለት ፡ ወሞተ ፡ ግራኝ ፡ እምዘነግሠ ፡ አጽናፍ ፡ ሰገድ ፡ በ፱ ዓመት ፡ ወ፭ አውራኅ ፡ ወበ ፳ወ፱ ዕለታት ። ወእምድኅረ ፡ ሞተ ፡ ግራኝ ፡ በ፱ ዓመት ፡ ቀተሎ ፡ ለአባስ ። ወለአፍርንጅኒ ፡ ሰርዎሙ ፡ ለአህጉር ፡ ብዙኃ ፡ በእንተ ፡ ኪዳኖሙ ፡ ወበእንተ ፡ ሃይማኖቶሙሰ ፡ ከነ ፡ ሁከት ፡ ዐቢይ ፡ ወተቃሐዉ ፡ ምስለ ፡ ሊቃውንት ፡ ወምስለ ፡ እለ ፡ አባ ፡ ዝክሬ ፡ ወአባ ፡ ጳውሎስ ፡ ወምስለ ፡ ኵሎሙ ፡ መነኮሳት ፡ ወአልበ ፡ ንጉሥሰ ፡ አፍቀረ ፡ ሃይማኖቶሙ ፡ ለአፍርንጅ ፡ ወሜሞ ፡ ለእንድርያስ ፡ በትረያርክ ። ባሕቱ ፡ ፈርሀ ፡ ከመ ፡ ኢያምጽአ ፡ ሕዝበ ፡ ኢትዮጵያ ፡ ሁከተ ፡ ላዕለ ፡ መንግሥቱ ፡ ከመ ፡ ዘመነ ፡ ግራኝ ፡ ወቆመ ፡ በሃይማኖተ ፡ እስክንድርያ ። ወበእንተዝ ፡ ኀዘኑ ፡ አፍርንጅ ።

ወእምድኅረ ፡ ነግሠ ፡ በ፳ ዓመት ፡ ወ፰ አውራኅ ፡ ሖረ ፡ አ
ጽናፍ ፡ ሰገድ ፡ ንጉሥ ፡ ብሔረ ፡ አደል ። ወእምዝ ፡ በ፲ወ፫
ዓ ፡ ፀልመ ፡ ፀሐይ ፡ ወሞተ ፡ አዛዥ ፡ ግርማ ። ወእምዝ ፡ በ
፲ወ፯ ዓመት ፡ ሞተ ፡ አቤቶሁን ፡ ያዕቆብ ፡ እኁሁ ። ወበ፲ወ፰
ዓመት ፡ ሞተ ፡ ዌዘሮ ፡ ውስተ ፡ ቅዱሳን ፡ እኅቱ ፡ ወእሞሙ ፡
ለዌዛዝር ፡ ዘሰቀልት ። ወእምዝ ፡ በ፲ወ፱ ዓመት ፡ መጽአ ፡ እ
ስላም ፡ ኑር ፡ እምአደል ፡ ውእቱኬ ፡ ወልደ ፡ እኅቱ ፡ ለግራ
ኝ ። ወምክንያተ ፡ ምጽአቱሰ ፡ ተብህለ ፡ እስመ ፡ ሰበ ፡ ጐየት ፡
ድል ፡ ወምበራ ፡ በዕለተ ፡ ወድቀ ፡ ግራኝ ፡ ብእሲሃ ፡ ውእቱ
ኒ ፡ ኑር ፡ እምሠጠ ፡ ምስሌሃ ፡ ወበጺሆሙ ፡ ውስተ ፡ ሀገሮሙ ፡
አደል ፡ አፍቀረ ፡ ኑር ፡ ከመ ፡ ያውስባ ፡ ለድል ፡ ወምበራ ፡
እስመ ፡ ዝንቱ ፡ ልማዶሙ ፡ ለእስላሞች ። ይእቲኒ ፡ ትቤሎ ፡
እመሰ ፡ ፈቀድከ ፡ አውሰበትየ ፡ ሑር ፡ ቅትሎ ፡ ለገላዉ ፡ ንጉ
ሠ ፡ ክርስቲያን ፡ ቀታሌ ፡ ምትየ ። ወበእንተዝ ፡ መጽአ ፡ ኑር ፡
ወሰበ ፡ ሰምዓ ፡ ንጉሥ ፡ ምጽአቶ ፡ አስተጋብኣ ፡ ሠራዊቶ ፡
ወሖረ ፡ ይግባዕ ፡ ምስለ ፡ ኑር ። ወእንዘ ፡ ሀለዉ ፡ ይትረአዩ ፡
ገጸ ፡ በገጽ ፡ በጽሑ ፡ መነከሳት ፡ ኀበ ፡ ንጉሥ ፡ ገ (Fol. 10)
ላውዴዎስ ፡ አባ ፡ ዮሐንስ ፡ መምህረ ፡ ደብረ ፡ ሊባኖስ ፡ ወው
እቱ ፡ ዘደረሰ ፡ መልክአ ፡ አባ ፡ ተክለ ፡ ሃይማኖት ። ወአባ ፡
መቀርስኒ ፡ ወካልአን ፡ መነከሳት ፡ ብዙኃን ፡ መጽኡ ፡ ወይቤ
ልዎ ፡ ለንጉሥ ፡ ኅረይ ፡ እመንግሥተ ፡ ሰመይ ፡ ወእመንግሥ
ተ ፡ ምድር ፡ እመሰ ፡ ኃደርከ ፡ ትመውዕ ፡ ወለእመ ፡ ኢኃደ
ርከ ፡ ይእዜ ፡ ትመውት ፡ ወትበውእ ፡ ውስተ ፡ መንግሥተ ፡
ሰማያት ፡ ወይቤሎሙ ፡ ይኄይሰኒ ፡ መዊት ፡ በእንተ ፡ መንግ
ሥተ ፡ ሰማያት ፡ ወበውእቱ ፡ ዕለት ፡ ዘውእቱ ፡ እመ ፡ ፳ወ፯
ለመጋቢት ፡ ዕለተ ፡ ስቅለቱ ፡ ለእግዚእነ ፡ ኢየሱስ ፡ ክርስቶ
ስ ፡ አስተቍዕዎ ፡ መኳንንቲሁ ፡ ለንጉሥ ፡ ገላውዴዎስ ፡ ወይ
ቤልዎ ፡ አማኅፀናከ ፡ አእግዚእነ ፡ ከመ ፡ ተዓል ፡ ለነ ፡ ዘንተ ፡
ፋሲካ ፡ ወንትፈሣሕ ፡ ምስሌከ ፡ በመብልዕ ፡ ውእቱ ። ወይ
ቤሎሙ ፡ አንሰ ፡ አይውዕል ፡ ወኢይሬእዮ ፡ ለዝ ፡ ፋሲካ ፡ ዘ
በቱ ፡ በሊዕየ ፡ እኰስሕ ፡ ወሰቲይየ ፡ እሰይን ። ዳእሙ ፡ እ
ውዕል ፡ ውስተ ፡ ፋሲካ ፡ ሰማያዊ ፡ ዘአልቦቱ ፡ ኅስሕ ፡ ወኢ
ስንት ፡ ወእትፈሣሕ ፡ በህየ ፡ ምስለ ፡ እግዚእየ ፡ ኢየሱስ ፡ ክ

ርስቶስ ። ወካዕበ ፡ ሀለወቶ ፡ ለንጉሥ ፡ ገላውዴዎስ ፡ አሐቲ ፡ ዕቅብት ፡ ዘያፈቅራ ፡ ፈድፋደ ፡ በእንተ ፡ ሥን ፡ አርአያሃ ። ወለይእቲ ፡ ነሥአ ፡ ቀዳሚ ፡ እሞን ፡ ምታ ፡ ቀሲስ ፡ በኃይል ፡ ወአስተብቍዓቶ ፡ ይእቲኒ ፡ ወትቤሎ ፡ አእግዚእየ ፡ ኢትሙት ፡ ብየ ፡ አማኅፀንኩከ ፡ በፍቅረ ፡ ዚአየ ። ወይቤላ ፡ ንጉሥ ፡ ገላውዴዎስ ፡ ለብእሲቶ ፡ በእንተ ፡ መኑ ፡ ዘእመውት ፡ ይመስለኪ ፡ አኮኑ ፡ በእንቲአኪ ፡ እመውት ፡ እስመ ፡ ኢያነጽሐ ፡ ምንትኒ ፡ ለርስሐተ ፡ ኃጢአትየ ፡ እንበለ ፡ ደምየ ፡ እስመ ፡ ነሥእኩ ፡ ኪየኪ ፡ ብእሲተ ፡ ቀሲስ ። ወዘንተ ፡ ብሂሎ ፡ በአ ፡ ማእከለ ፡ ፀብዕ ፡ ወረገዘሞ ፡ ተንባላት ፡ በብዙኅ ፡ ኩናት ፡ ወመተሩ ፡ ርእሶ ፡ ወወሰድዎ ፡ ውስተ ፡ አደል ፡ ወሰቀልዎ ፡ ዲበ ፡ ዕፅ ፡ ወኢዘንመ ፡ ዝናም ፡ ፫ ዓመተ ። ወእምድኅረዝ ፡ ወሰድዎ ፡ ነጋድያን ፡ ለውእቱ ፡ ርእሱ ፡ ምቱር ፡ ወአብጽሕዎ ፡ ሀገረ ፡ እንጾኪያ ፡ ወተቀብረ ፡ ውስተ ፡ መቃብሪሁ ፡ ለቅዱስ ፡ ገላውዴዎስ ፡ ሰማዕት ፡ ዐቢይ ። ወዘተርፈሰ ፡ ሥጋሁ ፡ ሀሎ ፡ እስከ ፡ ይእዜ ፡ በተድባበ ፡ ማርያም ። ንግባዕ ፡ ኀበ ፡ ነገርነ ፡ ወበዕለተ ፡ ሞተ ፡ ንጉሥ ፡ ገላውዴዎስ ፡ ሞቱ ፡ ብዙኃን ፡ መነከሳት ፡ ውእቱኒ ፡ እጨጌ ፡ ዮሐንስ ፡ ሞተ ፡ በይእቲ ፡ ዕለት ፡ ወእምሊቃውንትኒ ፡ ዓቂቤ ፡ ሰዓት ፡ ወቴስ ፡ ሐጼ ፡ ሞቱ ፡ ምስሌሁ ፡ ወበኡ ፡ ውስተ ፡ መንግሥተ ፡ ሰማያት ፡ በከመ ፡ ባሕሎሙ ፡ ለማእምራን ፡ ኢትዮጵያ ፡ ወበመዋዕሊሁ ፡ ለዝንቱ ፡ ንጉሥ ፡ ገላውዴዎስ ፡ ተንሥኡ ፡ አዛጋጅ ፡ ጌራ ፡ ወአዛጋጅ ፡ ራጉኤል ፡ ካህናት ፡ ማእምራን ፡ ዜማ ፡ ወወጠኑ ፡ አውጽኦ ፡ ምልክት ፡ ዘድጓ ። ወሠርዖሙ ፡ ካህናተ ፡ በተድባበ ፡ ማርያም ፡ ዘሐነፃ ፡ ለሊሁ ። ወካዕበ ፡ ሐነፀ ፡ ውእቱ ፡ ንጉሥ ፡ ገላውዴዎስ ፡ መቅደሰ ፡ በስመ ፡ ቅዱስ ፡ ገላውዴዎስ ፡ በምድረ ፡ ዳብር ፡ ወሰመያ ፡ መካነ ፡ ሰማዕት ።

ወአንገሥዎ ፡ ለእኁሁ ፡ ሚናስ ። አምጺኦሙ ፡ ኪየሁ ፡ እምኀበ ፡ ተሠይጠ ፡ ውሂቦሙ ፡ ብዙኃ ፡ ወርቀ ፡ ለእስላሞት ። እስመ ፡ አልቦቱ ፡ ለንጉሥ ፡ ገላውዴዎስ ፡ ወልድ ፡ ተባዕት ፡ ዘእንበለ ፡ አሐቲ ፡ ወለት ፡ ዘስማ ፡ ሰበነ ፡ ጊዮርጊስ ፡ ዘአውሰባ ፡ አቤቶ ፡ ዮናኤል ፡ ወልዳ ፡ ለይቴ ፡ ምንይቻሌ ፡ ሺሜ ፡ ወወለዳ ፡ እምኔሃ ፡ ለዌዘሮ ፡ አውቃፎ ፡ ወይእቲ ፡ እሞሙ ፡

ለዌዛዝር ፡ ዘደባረ ። ወከሬኢት ፡ ወለቱ ፡ ለንጉሥ ፡ ገላውዴዎስ ፡ ዌዘሮ ፡ መሲሓዊት ፡ ወይእቲ ፡ እሞሙ ፡ ለዌዛዝር ፡ ዘዳብር ።

ወነግሠ ፡ ሚናስ ፡ ፬ ዓመተ ፡ ወስመ ፡ መንግሥቱ ፡ አድማስ ፡ ሰገድ ። እምዘነግሠ ፡ በ ፩ ዓመት ፡ ሖረ ፡ ምድረ ፡ ሰሜን ፡ ወተፃብዓ ፡ ምስለ ፡ ረድኤት ፡ ፈላሻ ። ወበዳግማይ ፡ ዓመት ፡ ተከፍሉ ፡ ሠራዊቱ ፡ ወእንገሥዎ ፡ ለተዝካሮ ፡ በምድረ ፡ ዳብር ። ወበ ፫ ዓ ፡ ተፃብዓ ፡ ምስለ ፡ ትርዥ ፡ ዝሙር ፡ ባሻ ፡ ወተንሥአ ፡ ድበ ። ወበ ፬ ዓ ፡ ሞተ ፡ አድማስ ፡ ሰገድ ፡ ወተቀብረ ፡ በተድባበ ፡ ማርያም ።

(Fol. 11) ወነግሠ ፡ ወልዱ ፡ ሠርፀ ፡ ድንግል ። ዘስመ ፡ መንግሥቱ ፡ መለክ ፡ ሰገድ ፡ መለክ ፡ ብሂል ፡ በልሳነ ፡ ዓረቢ ፡ ንጉሥ ። ወአመ ፡ ነግሠ ፡ ሠርፀ ፡ ድንግል ፡ ከኖ ፡ ዕድሜሁ ፡ ፲ወ፫ ዓመተ ፡ ወ ፯ አውራኅ ። ወበውእቱ ፡ ዓመት ፡ ዓመፁ ፡ ሠራዊት ፡ ምስለ ፡ እስላም ፡ ወነሥኡ ፡ ንዋየ ፡ እምትዕይንት ፡ ወተደመሩ ፡ ምስለ ፡ አቤቶ ፡ ሐመልማል ፡ ወልዳ ፡ ለሮማነ ፡ ወርቅ ፡ ወላተ ፡ ሐፄ ፡ ናዖድ ፡ ወአውፅአ ፡ አዝመተ ፡ ተከሎ ፡ ለእስፈዲን ፡ ወተፃብኦ ፡ ምስለ ፡ ሐመልማል ። ወበውእቱ ፡ ዓመት ፡ ሞተ ፡ አቤተሁን ፡ ሮም ፡ ሰገድ ። ወበዳግመይ ፡ ዓመት ፡ ሞተ ፡ አቤተሁን ፡ ሐመልማል ። ወበሣልሳይ ፡ ዓመት ፡ ሖረ ፡ ፋሲል ፡ ኀበ ፡ ሐፄጌ ፡ ወሜምዎ ፡ በዳሞት ። ወበ ፬ ዓ ፡ ተፃብዖሙ ፡ ፋሲል ፡ ወሞዕዎ ። ወበ ፭ ዓ ፡ ፀብዕዎ ፡ ለባሻ ። ወበውእቱ ፡ ዓመት ፡ ሞተት ፡ ይቴ ፡ ሰብለ ፡ ወንጌል ፡ እመ ፡ ንጉሥ ። ወበ ፮ ዓ ፡ ተፃብዓ ፡ ንጉሥ ፡ ምስለ ፡ አዜ ፡ ወሞዖ ፡ ወነበረ ፡ ህየ ፡ ፪ ዓ ፡ ወበ ፱ ዓ ፡ መጽአ ፡ ምድረ ፡ ደምብያ ፡ ወተራከበ ፡ ምስለ ፡ ሐርበ ፡ ወይስሐቅ ፡ ወነሥአ ፡ እምኔሆሙ ፡ አምኃ ፡ ብዙኃ ፡ ወገብረ ፡ መዲናሁ ፡ በዶቢት ። ወበ ፲ ዓ ፡ ሖረ ፡ ምድረ ፡ ዝዋይ ፡ ወፀብዕዎ ፡ ለበረን ፡ እንዘ ፡ ሉባሁ ፡ አምቢሳ ። ወበ ፲ወ፩ ዓ ፡ ሞተ ፡ አዝማች ፡ ሐርበ ። ወበውእቱ ፡ ዓመት ፡ ኈልቈ ፡ ንጉሥ ፡ ወዓልያኒሁ ፡ ለዘርአ ፡ ዮሐንስ ፡ ወረሰዮሙ ፡ ሐራ ፡ ወመጽአ ፡ ደምብያ ፡ ወአግብአ ፡ ዞሎ ፡ አህጉራተ ፡ በእደዊሁ ፡ ወሠርዓ ፡ ሎቱ ፡ ጨዋ ። ወበ ፲ወ፫ ዓ ፡ መጽአ ፡ መሐመድ ፡ ወፀንዓ ፡ ዓመፃሁ ፡ ለይስሐቅ ፡

ወሜምዎ ፡ ለዳረጎት ፡ በትግሬ ፡ ወተፃብዓ ፡ ምስለ ፡ ይስሐቅ ፡ ወፃ፡ዖ ። ወበ ፲ወ፬ ዓ ፡ ሖረ ፡ ኀበ ፡ መሐመድ ፡ ወተፃብኦ ፡ በፈለገ ፡ ወቢ ፡ ወሞዖ ፡ ወከረመ ፡ በዘኞን ፡ ዱር ። ወበ ፲ወ፭ ዓ ፡ ፀብኦ ፡ ለበረን ፡ በፈለገ ፡ መጅ ፡ ወሞዖ ፡ ወተመይጠ ፡ ደምብያ ፡ ወረከበ ፡ ለአበጢ ፡ በወይና ፡ ደጋ ፡ ወቀተሎ ፡ እንበለ ፡ አትርፎ ። ወበ ፲ወ፮ ዓ ፡ ሖረ ፡ ምድረ ፡ ስሜን ፡ ወዓሠሮ ፡ ለረድኤት ፡ ወአግዓዘ ፡ በምድረ ፡ ወጅ ። ወበ ፲ወ፯ ዓ ፡ አጥፍኦ ፡ ለሀገረ ፡ ሻት ። ወበ ፲ወ፰ ዓመት ፡ ፀብኦ ፡ ለከሴፍ ። ፈላሻ ፡ ዘስሜን ፡ ወሞዖ ፡ ወካዕበ ፡ አጥፍአ ፡ ለምድረ ፡ በድ ። ወበ ፳ ዓ ፡ አጥፍአ ፡ ለምድረ ፡ ሳርካ ። ወበ ፳ወ፩ ዓ ፡ ሖረ ፡ እናርያ ፡ ወነሥአ ፡ እምኔሆሙ ፡ አምኃ ፡ ወርቀ ፡ ብዙኃ ፡ ወከረመ ፡ በኵሽናይ ፡ በዝንቱ ፡ ሞተ ፡ አባዲር ፡ እኁሁ ፡ ለንጉሥ ፡ ምክንያተ ፡ ሞቱሰ ፡ ተብህለ ፡ አውዓዮ ፡ እሳት ፡ ዘባሩድ ፡ ምስለ ፡ ደቂቁ ፡ ወብእሲቱ ። ወበ ፳ወ፪ ዓ ፡ ቀተሎ ፡ ጋላ ፡ ለአበሊ ፡ ዘውእቱ ፡ ወሎ ፡ በዘመነ ፡ ሢመቱ ፡ ለቢርመጅ ። ወበ ፳ወ፫ ዓ ፡ ወረደ ፡ ንጉሥ ፡ ምድረ ፡ ጐሊና ፡ ወፀብዖ ፡ ለመረዋ ። ወበ ፳ወ፬ ዓ ፡ ወፅአ ፡ ምድረ ፡ ስሜን ፡ ወፀብዖ ፡ ለጉሽን ፡ ፈላሻ ፡ እኁወ ፡ ጌዴዎን ፡ ወቀትሎ ፡ አመ ፡ ፳ወ፭ ለጥር ፡ ወበውእቱ ፡ መዋዕል ፡ ወረደ ፡ በልያ ፡ ወወፅአ ፡ በፍኖተ ፡ ወምበርያ ። ወበ ፳ወ፮ ዓ ፡ ወረደ ፡ ኄራ ፡ ዘውእቱ ፡ ቋራ ፡ ወእንዘ ፡ የኃልፍ ፡ በፍኖተ ፡ ጐዝም ፡ ረከበ ፡ ለውርንጥሻ ፡ ወቀተሎ ፡ እንበለ ፡ አትርፎ ። ወበ ፳ወ፯ ዓ ፡ ወፅአ ፡ ዣን ፡ ሜዳ ። ወበ ፳ወ፯ ዓመት ፡ ሠረቀ ፡ መስከረም ፡ ፀቀዳሚት ፡ ሰንበት ፡ ወንጌላዊ ፡ ሉቃስ ፡ ፳፯ መጥቅዕ ፡ ፩ አበቅቴ ፡ በሚያዝየ ፡ በ ፱ ዕለት ፡ ፋሲካ ። በውእቱ ፡ ዓመት ፡ ወረደ ፡ ደሞጥ ፡ ዘውእቱ ፡ ገጹ ፡ ለምጽዋ ፡ ወተፃብዓ ፡ ምስለ ፡ ትርዠ ፡ ባሻ ፡ ዘስሙ ፡ ከዳውርድ ፡ ወቀተሎ ፡ አቤቶ ፡ ዮናኤል ፡ ወልዳ ፡ ለይቴ ፡ ምን ፡ ይቻሌ ፡ ወለዝንቱ ፡ ጸሐፍዎ ፡ ካህናት ፡ በምልክት ፡ ዘድጓ ፡ እንዘ ፡ ይብሉ ፡ መለከ ፡ ሰገድ ፡ ሎሌ ፡ ዮናኤል ፡ ባሻን ፡ አረደመ ፡ በሾተል ። ወበ ፳ወ፰ ዓ ፡ ወፅአ ፡ አይባ ፡ ወበህየ ፡ ተከለ ፡ ቤተ ፡ ክርስቲያን ፡ በስመ ፡ ኪዳነ ፡ ምሕረት ፡ ወህለወት ፡ እስከ ፡ ዮም ። ወበ ፳ወ፱ ዓ ፡ ፀብዖሙ ፡ ለሰብእ ፡ ገምበ ። ወበ ፴ ዓ ፡ ኢወፅአ ፡

እመዲናሁ ፡ አይባ ። ወበ ፴ወ፩ ዓመት ፡ ሠረቀ ፡ መስከረም ፡ ረቡዕ ፡ ወንጌላዊ ፡ ማርቆስ ፡ በዝንቱ ፡ ወርኃ ፡ ርዕደት ፡ ም ድር ፡ ወሞቱ ፡ ይቱ ፡ ምን ፡ ይቻሉ ፡ ፳፫ መጥቅዕ ፡ ፯ አበቅቴ ፡ በሚያዝያ ፡ በ ፳ ዕለት ፡ ፋሲካ ፡ ወአመ ፡ ፳ወ፩ ለሐምሌ ፡ በ ዕለተ ፡ ሰኑይ ፡ አዕረፈት [1]. . . . .

[2] [ወነግሠ ፡ ሱስንዮስ ፡ ዘስመ ፡ መንግሥቱ ፡ ሥልጣን ፡ ሰገድ ፡ ወውእቱ ፡ ወልደ ፡ አቤቶ ፡ ፋሲለደስ ፡ ወልደ ፡ አቤቶ ፡ ያዕ ቆብ ፡ ወልደ ፡ ወነግ ፡ ሰገድ ፡ በዳግም ፡ እምዘ ፡ ነግሠ ፡ አ ሑድ ፡ ሠረቀ ፡ መስከረመ ፡ ወንጌላዊ ፡ ዮሐንስ ፡ ፲፰ አበቅቴ ፡ ፲፫ መጥቅዕ ፡ በ ፩ ዕለት ፡ በሚያዝያ ፡ ፋሲካ ፡ እምይኩኖ ፡ አ ምላክ ፡ እስከ ፡ ይእዜ ፡ ፫፻፴፫ ዓመት ፡ በውእቱ ፡ ጊዜ ፡ ተ ፃብአ ፡ ምስለ ፡ ጋላ ፡ ዘወቅሮ ፡ ወእምድ] (Fol. 42)[3] ኅረዝ ፡ በእብናት ፡ ሞዖ ፡ ለጋላ ፡ ወወረደ ፡ ምድረ ፡ ትግሬ ፡ ወቀተ ሎ ፡ ለወረኛ ፡ ወካዕበ ፡ ሐረ ፡ ምድረ ፡ ጐዣም ፡ ወቀተለ ፡ ብዙኃ ፡ እንበለ ፡ አተርፎ ፡ ወዳግመ ፡ ነሥአ ፡ ድል ፡ ለሊበን ፡ ፫ ዕለተ ፡ ወቀተለ ፡ ብዙኃ ፡ ወለዴገሉ ። ዓዲ ፡ በዝንቱ ፡ ሞ ተ ፡ ዘሥላሴ ፡ ዓላዊ ፡ አመ ፳ ለሰኔ ። ወበ ፫ ዓመተ ፡ መንግ (ሥቱ ፡) ነሥአሙ ፡ ድል ፡ መረዋ ፡ ለሐፄ ፡ ሥልጣን ፡ ሰገድ ፡ ቅድመ ፡ ውእቱ ፡ ወድኅረ ፡ ሞዕዖ ፡ ሐፄ ፡ ወሜጡ ፡ ፂው ዋነ ፡ እምሰብእ ፡ እስከ ፡ እንስሳ ። ወእምዝ ፡ ወረዱ ፡ ትግሬ ፡ ወአጥፍኡ ፡ ሀከከ ፡ ወገብሩ ፡ ሰላመ ። ወእምዝ ፡ ተንሥአ ፡ መልከ ፡ ጼዴቅ ፡ ሰበ ፡ መጽአ ፡ ሎቱ ፡ ወሬ ፡ ሐሰው ፡ ዘይብ ል ፡ ሞቱ ፡ ሐፄ ፡ በትግሬ ፡ ወአንገሦ ፡ ለአቤቶ ፡ አርዘ ፡ ወል ደ ፡ አቤቶ ፡ ሐዋርያት ፡ ወልደ ፡ ሐፄ ፡ አድማስ ፡ ሰገድ ፡ ዘው እቱ ፡ ሚናስ ። ወቀተሎ ፡ ራስ ፡ የማነ ፡ ክስስ ፡ ለመልከ ፡ ጼ

[1] Le manuscrit présente ici une lacune d'environ deux feuillets, comprenant la fin du règne de Sartsa-Dëngël, ceux de Yâʿqob et de Za-Dëngël, et le commencement de celui de Sousnyos.

[2] Le passage mis entre crochets est emprunté au ms. 143 de la Bibliothèque nationale.

[3] A partir du règne de Sousnyos, le style de la chronique se modifie sensiblement; les mots amhariques se présentent plus fréquemment, et le pluriel respectueux est employé en parlant de ce prince.

ዴቅ ፡ ዕልው ። ወተእኅዘ ፡ አቤቶ ፡ አርዞ ፡ በታሀየ ፡ ወቀተ
ልዎ ፡ ሓዪ ፡ ሥልጣን ፡ ሰገድ ፡ መጺኦሙ ፡ እምትግሬ ። ወበ
፬ ዓመት ፡ ሖሩ ፡ ምድረ ፡ ጐዣም ፡ ወፀብዕዎ ፡ ለበረን ፡ ወዓ
ዲ ፡ ፀብዕዎ ፡ ለዘለባሳ ፡ ለጨራ ፡ ወለኣሹራ ። ወገብሩ ፡
ከተማ ፡ በድኃና ፡ ወከዕበ ፡ ወፅኡ ፡ ቤገምድር ፡ ወነበሩ ፡ በ
እስቴ ፡ ወእምዝ ፡ ሖሩ ፡ ወፀብዕዎ ፡ ለጋላ ፡ በዶራኒ ። ወበ
፭ ዓ ፡ ክነት ፡ ቀጠና ፡ ዘስማ ፡ ማንቲታ ፡ ወበዝንቱ ፡ ተወ
ጥነ ፡ ጥፍአተ ፡ አቸፈር ፡ ወለግ ፡ በእደ ፡ ሥልጣን ፡ ሰገድ ።
ወበ ፮ ዓ ፡ ገብሩ ፡ ከተማ ፡ በጐርጐራ ፡ ወዘመቱ ፡ ደራ ፡ ወ
ሞቱ ፡ እጨጌ ፡ በዕለት ፡ ረቡዕ ፡ አመ ፡ ፲ወ፩ ለግንቦት ። ወእ
ምቅድመ ፡ ዝንቱ ፡ ሖሩ ፡ ጐዣም ፡ ወፀብዕዎ ፡ ለበረን ፡ በ
ሸበል ፡ ወሞዕዎ ። ወዓዲ ፡ ዘመቱ ፡ ምድረ ፡ ወለቃ ፡ ወፀብ
ዕዎ ፡ ለወረንሻ ፡ [1] ወማኅረኩ ፡ ብእሲቶ ፡ ወውሉደ ፡ እንበ
ሳሁ ፡ ወቀተሉ ፡ ብዙኃ ፡ ወተመይጠሙ ፡ ክረሙ ፡ በአቸፈር ።
ወበ ፯ ዓመት ፡ ፀብዕዎ ፡ ለአገው ፡ ለዘለባሳ ፡ ለጨራ ፡ ወለ
ስኩት ፡ ወለአበላ ፡ ወተገብሩ ፡ መዲና ፡ በአቸፈር ። ወክረሙ ፡
ሐዪ ፡ በአቸፈር ። በዝንቱ ፡ ተወጥነ ፡ ነገረ ፡ ፪ ባሕርይ ። ወበ
፰ ዓ ፡ ኢወፅኡ ፡ እማዲናሆሙ ። ወበ ፱ ዓ ፡ ወፅኡ ፡ ስሜን ፡
ወተፃብኡ ፡ ምስለ ፡ ፈላሻ ፡ ጌዴዎን ፡ ወሞዕዎ ፡ ወረከብዎ ፡
ለወረኛ ፡ ተክሉይ ፡ ወሰቀልዎ ። ወበ ፲ ዓመት ፡ ነበሩ ፡ በሌ
በ ፡ ወሞቱ ፡ ይቴ ፡ ሐመልማል ፡ እሞሙ ፡ ወአቤቶ ፡ ክናፍረ ፡
ክስስ ፡ ወዌዘሮ ፡ አመተ ፡ ሚካኤል ፡ ወለተ ፡ ሐዪ ፡ መለክ ፡
ሰገድ ። ወበ ፲ወ፩ ዓመት ፡ ሖሩ ፡ ኀበ ፡ ሸንቅላ ፡ ወእንዘ ፡
ይትመይጡ ፡ ተፀብኡ ፡ ሐዪ ፡ ሥልጣን ፡ ሰገድ ፡ ወደጅ ፡ አ
ዝማች ፡ ዮልዮስ ፡ በጸዳ ፡ ወሞቱ ፡ ዮልዮስ ፡ ወአቡነ ፡ ስም
ዖን ፡ ጳጳስ ፡ ወአባ ፡ ዲዮስቆሮስ ፡ አመ ፯ ለግንቦት ፡ በዕለተ ፡
ሐሙስ ። በ ፲ወ፪ ዓመት ፡ ገብሩ ፡ ከተማ ፡ በደንቀዝ ፡ ወመ
ጽኡ ፡ ሐበታ ። ወበ ፲ወ፫ ዓ ፡ ሖሩ ፡ ጐዣም ፡ ወሰበ ፡ ሰም
ዑ ፡ ከመ ፡ ፀብዓ ፡ ጋላ ፡ ዘቤገምድር ፡ ተመይጡ ፡ ፍጡነ ፡
ወተፀብዕዎ ፡ በመሸለምያ ፡ በፅኑዕ ፡ ሰልፍ ፡ ወሞዕዎ ፡ ወቀ
ተሉ ፡ ብዙኃ ፡ ዘአልበ ፡ ኍልቍ ፡ ወተርፍ ፡ ኅዳጣን ፡ ጋሎ

[1] Peut-être faut-il lire ወረኛ ፡

ች ፡ ወገብኡ ፡ ሀገሮሙ ፡ ለዜና ። በዝንቱ ፡ ዓመት ፡ ሞተት ፡ [1]
ዌዘሮ ፡ መሲሓዊት ። ወበ ፲ወ፬ ዓ ፡ ወፅኡ ፡ ምድረ ፡ አንጎት ፡
ከመ ፡ ይፅብዕዎ ፡ ለዮናኤል ፡ ዘነበረ ፡ ቀዳሚ ፡ ደጅ ፡ አዝማ
ች ፡ ዘቤገምድር ፡ ወዓመፀ ፡ በእንተ ፡ ነገረ ፡ አፍርንጅ ፡ ከመ ፡
ዮልዮስ ። በዝንቱ ፡ ዓመት ፡ ሞተ ፡ በውጨሴ ፡ ደጅ ፡ አዝ
ማች ፡ ወልደ ፡ ሐዋርያት ፡ ምታ ፡ ለዌዘሮ ፡ ወንጌላዊት ። በ
፲ወ፭ ዓ ፡ ወፅኡ ፡ ቤገምድር ፡ ወነበሩ ፡ ንስቲተ ፡ በዙገሬ ፡
ወተመይጡ ፡ ወፋነውዎ ፡ ለመልክዓ ፡ ክርስቶስ ፡ ብሕትወደ
ድ ፡ ከመ ፡ ይፅብዖ ፡ ለዮናኤል ። ወበ ፲ወ፮ ዓ ፡ ዘመቱ ፡ አም
ሐራ ፡ ወአናዘ ፡ ወፀብዕዎ ፡ ለጋላ ፡ ዘውእቱ ፡ ወሎ ፡ ወው
ጨሴ ፡ ወሞዕዎ ፡ ወቀተሉ ፡ ብዙኃ ፡ ወማኅረኩ ፡ አልህምቲ
ሁ ፡ ወዔወዉ ፡ አንስቲያሁ ። ወእምድኅረ ፡ በኡ ፡ ሐዬ ፡ ኀበ ፡
መዲናሆሙ ፡ ቀተሎ ፡ ጋለ ፡ አርከ ፡ ንጉሥ ፡ ለዮናኤል ፡ ወእ
ምጽአ ፡ ሰላባሁ ፡ እስከ ፡ ደንቀዝ ። ወአመ ፡ ፳ወ፬ ለሐምሌ ፡
ሞተ ፡ አባ ፡ ደመ ፡ ክሰስ ፡ ዘእብን ፡ እግሩ ። ወበ ፲ወ፯ ዓ ፡
ኢወፅኡ ፡ እመዲናሆሙ ። በ (Fol. 41) ዝንቱ ፡ ዓመት ፡ ሐ
ልቁ ፡ ሰብእ ፡ በወግ ፡ በእንተ ፡ ነበረ ፡ አፍርንጅ ፡ አመ ፲ወ፰
ለግንበት ፡ ዕለቱ ፡ ቅዳሜ ፡ ሰንበት ። ወበ ፲ወ፰ ዓ ፡ መፅ
ኡ ፡ ቤገምድር ፡ ወነበሩ ፡ በሸማ ፡ ማጻብያ ። ወበ ፲ወ፱ ዓ ፡
ሖሩ ፡ ሰሜን ፡ ወተዔብዑ ፡ ምስለ ፡ ፈላሻ ፡ ወቀተልዎ ፡ ለጌ
ዴዎን ። ወበውእቱ ፡ ጊዜ ፡ መጽአ ፡ አፎንሱ ፡ በትሬ ፡ ያር
ክ ፡ ወሞተ ፡ ቅብርየል ፡ ዓላዊ ፡ ዘነግሥ ፡ በሸዋ ፡ በእንተ ፡
ነገረ ፡ አፍርንጅ ። ወበ ፳ ዓ ፡ ሞቱ ፡ አቤቶ ፡ ማርቆስ ፡ ወ
ልደሙ ፡ ወዌዘሮ ፡ መለከታዊት ፡ ወለቶሙ ። ዓዲ ፡ በዝንቱ ፡
ሞተ ፡ ዮሐንስ ፡ አመ ፡ ፳ወ፫ ለኅዳር ። ወሞተ ፡ አባ ፡ አባለ ፡
ክሰስ ፡ መምህሩ ፡ ለዘመንፈስ ፡ ቅዱስ ፡ ወረኛ ፡ ወልዱ ፡ አ
ቤቶ ፡ አርዞ ፡ ወሖሩ ፡ ሐዬ ፡ ምድረ ፡ ስሜን ፡ ወፀብዕዎ ፡ ለ
ፈላሻ ፡ ወቀተልዎ ፡ ለዝመንፈስ ፡ ቅዱስሂ ፡ ወረኛ ፡ ወልዱ ፡
ለአቤቶ ፡ አርዞ ። ወበ ፳ወ፩ ዓ ፡ ሖሩ ፡ ምድረ ፡ ጨሬ ፡ ወፀ
ብዕዎ ፡ ለአገው ፡ ወዓዲ ፡ ሖሩ ፡ ምድረ ፡ ጐዣም ፡ ከመ ፡ ይ
ፅብዕዎ ፡ ለጋላ ፡ ወሰበ ፡ ጐየ ፡ ጋላ ፡ ነበሩ ፡ በአስኩና ፡ ወፀብ

[1] Ms. ሞተ ፡

ዕዎ ፡ ለአገው ፡ ዘውእቱ ፡ ሰከለ ፡ ወአሰዋ ። ወበውእቱ ፡ ጊዜ ፡ ቀተሎ ፡ ጋላ ፡ ለደጅ ፡ አዝማች ፡ ቡከ ። በዝንቱ ፡ ዘመን ፡ ሠርቀት ፡ መስከረም ፡ በሠሉስ ፡ ፲፱ አበቅቴ ፡ ትስብእት ፡ ወፋሲካ ፡ ተራክቡ ። በዝንቱ ፡ ሞተ ፡ ደጅ ፡ አዝማች ፡ አፈ ፡ ክሶስ ። በዝንቱ ፡ ሞተ ፡ ወልደ ፡ ጊዮርጊስ ። በዝ ፡ ፀብዕዎ ፡ ለሰከለ ፡ ወለአሰዋ ። በ ፳ወ፪ ዓ ፡ ወፅኡ ፡ ቤገምድር ፡ ወነበሩ ፡ በዝርረክትን ፡ ወወፅአ ፡ ወረኛ ፡ በላስታ ፡ በወርኃ ፡ ነሐሴ ። በ ፳ወ፫ ዓ ፡ ሞተ ፡ አቤቶሁን ፡ የማነ ፡ አብ ፡ ዘተመትረ ፡ ልሳኑ ፡ በእንተ ፡ ክርስቶስ ፡ አመ ፡ ፳ወ፬ ለመስከረም ፡ ንጉሥኒ ፡ ኢወፅኡ ፡ እመዲናሆሙ ። በ ፳ወ፭ ዓ ፡ ሖሩ ፡ መንገለ ፡ ላስታ ፡ ወፀብዕዎ ። በዝንቱ ፡ ዘመን ፡ ሞተ ፡ አባለ ፡ ክርስቶስ ፡ ወሞተ ፡ ደጅ ፡ አዝማች ፡ ሠርፀ ፡ ክሶስ ፡ ምስለ ፡ ፳ ወዓልያኒሁ ። ወዓዲ ፡ ሞተ ፡ አቤቶሁን ፡ እኁወ ፡ ክርስቶስ ፡ በእንተ ፡ ፍቅረ ፡ ፩ ባሕርይ ፡ አመ ፫ ለሰኔ ፡ ወዕለተ ፡ ቀዳሚት ፡ ሰንበት ፡ ጊዜ ፡ ፯ ሰዓት ። ንጉሥኒ ፡ ኢወፅኡ ፡ እመዲናሆሙ ። በ ፳ወ፮ ዓ ፡ ሠረቀ ፡ መስከረም ፡ በዕለተ ፡ ሠሉስ ፡ ወንጌላዊ ፡ ዮሐንስ ፡ አበቅቴ ፡ ፯ ፡ መ (ጥቅዕ) ፳፫ ፡ በ ፯ ለሚያዝያ ፡ ፋሲካ ። በዝ ፡ ሖሩ ፡ ሐፄጌ ፡ ኀበ ፡ ላስታ ፡ ዘመቸ ። በዝንቱ ፡ ተፃብዑ ፡ ምስለ ፡ ወረኛ ፡ እስመ ፡ ቀዳሚ ፡ እንዘ ፡ ይትነሥኡ ፡ እመዲናሆሙ ፡ ደንቀዝ ፡ ቀርበ ፡ አቤተሁን ፡ ፋሲል ፡ ወልዶሙ ፡ ዘነበረ ፡ አሜሃ ፡ ሰሜን ፡ ደጅ ፡ አዝማች ፡ ወይቤሎሙ ፡ ለአቡሁ ፡ ሐፄጌ ፡ ኦእግዚእነ ፡ ንጉሥ ፡ ናሁ ፡ ኵሉ ፡ ዓመፀ ፡ ወኵሉ ፡ ተሀውከ ፡ በእንተ ፡ ዝንቱ ፡ ነገረ ፡ አፍርንጅ ፡ ዘኢርኢነ ፡ ወኢሰማዕነ ፡ ወኢሀሎ ፡ በመጽሐፍተ ፡ አባዊነ ። ንሕነኒ ፡ ፈረህነ ፡ ኪያከ ፡ ወኃፈርነ ፡ ገጸከ ፡ ተሰነዓውነ ፡ ምስሌከ ፡ በአፍነ ፡ ወአኮ ፡ በልብነ ። ይእዜኒ ፡ ሀብ ፡ ብፅዓተ ፡ ለእግዚአብሔር ፡ ከመ ፡ ትሚጥ ፡ ሃይማኖተ ፡ እስክንድርያ ፡ ለእመ ፡ ወሀበከ ፡ መዊአ ፡ ላዕለ ፡ ፀላእትከ ። ወይቤ ፡ ንጉሥ ፡ አሆ ። ወእሜሃ ፡ ሠረቀ ፡ ሰኔ ፡ በቀዳሚት ፡ ሰንበት ፡ ወአመ ፡ ፫ ለሰኔ ፡ በዕለተ ፡ ሰኑይ ፡ ገብሩ ፡ ፀብዓ ፡ ሐፄጌ ፡ ሥልጣን ፡ ሰገድ ፡ በወይና ፡ ደጋ ። ወሞተ ፡ ዓማፂ ፡ ርቱዓ ፡ አምላከ ፡ ዋግ ፡ ሹም ። ወቢሆኖ ፡ ኃያል ፡ መልአከ ፡ ኃይሉ ፡ ላመልክአ ፡ ክርስቶስ ፡ ወረኛ ፡ ዘእመኪና ። ውእቱ

ሰ ፡ መልክአ ፡ ክርስቶስ ፡ አምሠጠ ፡ ወኀልቀ ፡ ሠራዊቱ ፡ ብ
ዙኃን ። ወእምዝ ፡ ሜጡ ፡ ንጉሥ ፡ አሚን ፡ እስክንድርያ ፡
በአዋጅ ፡ እንዘ ፡ ይብሉ ፡ አሚን ፡ ይትመይጥ ፡ ወይንግሥ ፡
ፋሲል ፡ ወልድየ ፡ አነሂ ፡ ደከምኩ ፡ ወረሰዕኩ ፡ ወደወይኩ ፡
ዝ ፡ ዝከነ ፡ አመ ፳ ለሰኔ ፡ ወበ ፡ እለ ፡ ይቤሉ ፡ አመ ፡ ፳ወ፩ ።
ወበ ፳ወ፯ ዓ ፡ ሠረቀ ፡ መስከረም ፡ በዕለተ ፡ ረቡዕ ፡ ወንጌላዊ ፡
ማቴዎስ ፡ ፳ አበቅቴ ፡ ፲፪ መጥቅዕ ። አመ ፡ ፲ ለመስከረም ፡
አዕረፈ ፡ ሐፄ ፡ ሥልጣን ፡ ሰገድ ።

ወነግሠ ፡ ወልዱ ፡ ሐፄ ፡ ፋሲለደስ ፡ ወስመ ፡ መንግሥቱ ፡
ዓለም ፡ ሰገድ ። አሜሃ ፡ ከነ ፡ ፋሲካ ፡ በ ፳ወ፯ ለሚያዝያ ።
ወዓዲ ፡ በዝንቱ ፡ መጽአ ፡ ጳጳስ ፡ ዘስሙ ፡ ርዝ (Fol. 28)
ቅ ፡ ወቀደሰ ፡ ታቦተ ፡ ወወሀበ ፡ ዲቁና ፡ ወቅስና ። ወባሕቱ ፡
ከነ ፡ ጳጳስናሁ ፡ ሐሰተ ። ወሖረ ፡ አፍርንጅ ፡ አፎንሱ ፡ ብሔ
ሮ ፡ ወበውእቱ ፡ ፩ ዓመት ፡ ዘነግሠ ፡ በቱ ፡ ሐፄ ፡ ዓለም ፡ ሰ
ገድ ፡ ነበረ ፡ ሌበ ። ወውእቱ ፡ ጊዜ ፡ አግዓዘ ፡ ለራስ ፡ ሥዕለ ፡
ክርስቶስ ፡ ቀዳሚ ፡ መንገለ ፡ ሽዋዳ ፡ ወደኃሬ ፡ ኀበ ፡ ቈለ ፡
ዘአበሮ ፡ አምባ ፡ ወበሀየ ፡ ሰቀልዎ ፡ ዲበ ፡ አርዝ ፡ ወሞተ ፡
ወሜሞ ፡ ለራስ ፡ ዘክርስቶስ ፡ ብሕትወደድነት ። ወበ ፪ ዓመት ፡
አመ ፬ ለታኅሣሥ ፡ ሞተ ፡ መልክአ ፡ ክርስቶስ ፡ ዘነበረ ፡ ቀዳ
ሚ ፡ ብሕትወደድ ፡ ወውእቱ ፡ ምታ ፡ ለወለተ ፡ ዳድቅት ፡
ዘገደመ ፡ ቈራፃ ፡ ንጉሥኒ ፡ ነበረ ፡ በሸማ ፡ ማጸብያ ፡ ወከረ
መ ፡ በዶኪት ። ወበከረምቱ ፡ ከነ ፡ ቀጠና ፡ ዘይሰመይ ፡ ፈን
ግል ። ወበ ፫ ዓ ፡ ተጸብዓ ፡ ንጉሥ ፡ በምድረ ፡ ሌበ ፡ ምስለ ፡
ወረኛ ፡ መልክአ ፡ ክርስቶስ ። ቅድመሰ ፡ ጐየ ፡ ንጉሥ ፡ እኂ
ዘ ፡ ዘውደ ፡ ምስለ ፡ ኅዳጣን ፡ ሠራዊት ፡ መሰተፅዕናነ ፡ አፍ
ራስ ፡ ውእቱ ፡ ወረኛ ፡ በአ ፡ ውስተ ፡ ቤቱ ፡ ለንጉሥ ፡ ወነ
በረ ፡ ዲበ ፡ ምንበሩ ፡ ወአንበሮ ፡ ለመቅረዝ ፡ ላዕለ ፡ ርእሱ ፡
እስመ ፡ መሰሎ ፡ ዘውደ ፡ ወተቀበልዎ ፡ ኵሎሙ ፡ ሰብእ ፡ ቅ
ሬ ፡ ወዶረበ ፡ ቤት ፡ እንዘ ፡ ይዘፍኑ ፡ ወይብሉ ፡ አሁን ፡ ወፃ ፡
ዠሞ ፡ በር ፡ ተሽሽጎ ፡ ነበር ። ወእምዝ ፡ ለአከ ፡ ንጉሥ ፡
ኀበ ፡ ደጅአዝማች ፡ ዳሞ ፡ ዘስሜን ፡ ወኀበ ፡ ራስ ፡ ዘክሶስ ፡
ውስተ ፡ ዳሞት ። ወኀበ ፡ እኁሁ ፡ ዘይንዕስ ፡ አቤቶ ፡ ገ(ላ)
ውዴዎስ ፡ ደጅ ፡ አዝማች ፡ ዘበ(ገም)ድር ፡ ወመጽኡ ፡ ኵሎ

ሙ ፡ እስከ[1] . . . ቲቶሙ ፡ ሠራዊተ ፡ ወአገትዎ ፡ በ ፩ መዓዝን ፡
ወገብሩ ፡ ፀብዓ ፡ በምድረ ፡ ሊበ ፡ እመ ፲ወ፪ ለሐምሌ ፡ ወሞ
ተ ፡ ወረኛ ፡ መልክአ ፡ ክርስቶ. ፡ ወቀትሎ ፡ ቆዝሞስ ፡ ወዓ
ሊሁ ፡ ለአቤቶ ፡ ገላውዴዎስ ፡ ወኃልቁ ፡ ሠራዊቱ ። ወበዝ፡
ዓመት ፡ ሞተ ፡ ደጅ ፡ አዝማች ፡ እደ ፡ ክርስቶስ ፡ ወልደ ፡
ራስ ፡ የማኒ ፡ ክስስ ፡ በ ፲ወ፬ ለየካቲት ። በ ፬ ዓመት ፡ ሖረ ፡
ምድረ ፡ ጐዣም ፡ ወፀብዖሙ ፡ ለአገው ፡ ዘውእቶሙ ፡ አዘና ፡
ወዚገም ። ወውእቱ ፡ ጊዜ ፡ ፈነዎሙ ፡ ለሠራዊቱ ፡ ምስለ ፡
ደጅ ፡ አዝማች ፡ መለክ ፡ ባሕር ፡ ወፀብዕዎ ፡ ለጋላ ፡ ወማ
ሀረኩ ፡ አልህምቲሁ ፡ ወጼወዉ ፡ አንስቲያሁ ፡ ወተመይጠ ፡
ቤገምድር ፡ ወነበረ ፡ በቃንዚላ ። ወውእቱ ፡ ጊዜ ፡ መጽአ[2] ፡
አቡነ ፡ መርቆስ[3] ፡ ጳጳስ ፡ ወገብረ ፡ መዲናሁ ፡ በጐንደር ።
ወበ ፭ ዓ ፡ ሖረ ፡ ምድረ ፡ ጐዣም ፡ ወፀብዖሙ ፡ ለአገው ፡ ዘ
ውእቱ ፡ ዳንግላ ፡ ወሐንካሻ ። በዝንቱ ፡ ዓመት ፡ ሞተ[4] ፡ አባ ፡
እስካል ። ወነበረ ፡ ንጉሥ ፡ ን(ስ)ቲተ ፡ በጋፌት ፡ ወእምዝ ፡
ፀብዖሙ ፡ ለዚገም ፡ ወለሐንካሻ ። ወበ ፮ ዓመት ፡ ሠረቀ ፡ መ
ስከረም ፡ በሠሉስ ፡ አበቅቴ ፡ ፲ወ፬ ። ወመጥቅዕ ፡ ፲ወ፮ ።
እመ ፳ወ፱ ለመጋቢት ፡ ፋሲካ ፡ ተራከበ ፡ ምስለ ፡ ትስብእት ፡
በዝ ፡ ዓመት ፡ ዘመተ ፡ ንጉሥ ፡ ላስታ ፡ ወኃልቁ ፡ ብዙኀ ፡
ሰብእ ፡ በረኀበ ፡ ወቊር ። ወበ ፯ ዓ ፡ ኢወፅአ ፡ ንጉሥ ፡ እመ
ዲናሁ ። እመ ፡ ፯ ለጥቅምት ፡ ሞተ ፡ ደጅ ፡ አዝማች ፡ ዮሐ
ንስ ፡ ወሞተ ፡ ዘማርያም ፡ በዓመፃሁ ። ወሖረ[5] ፡ አቤቶ ፡ ገላ
ውዴዎስ ፡ በሐምሌ ፡ ምድረ ፡ ላስታ ፡ ወአውፅእዎ ፡ በክፍላ
ይ ። ወበ ፰ ዓ ፡ ሰበ ፡ ሰምዓ ፡ ምጽአተ ፡ ጋላ ፡ ነበረ ፡ በዣራ ፡
ወፀብዖሙ ፡ ለአገው ፡ ለዚገሙ ፡ ወለመተከል ። ወበ ፱ ዓ ፡
ሖረ ፡ ጐዣም ፡ ወነበረ ፡ በድርድራ ፡ ወፈነወ ፡ ሠራዊተ ፡ ም
ስለ ፡ ፊት ፡ አውራሪ ፡ ማሞ ፡ ከመ ፡ ይፅብዖ ፡ ለሸንቅላ ፡ ወ
ፀብዕዎ ፡ እስከ ፡ በልያ ። ወበ ፲ ዓ ፡ ሖረ ፡ ምድረ ፡ ጐዣም ፡

[1] Lacune de deux lettres.
[2] Ms. መጽኡ ፡
[3] Ms. ማርኰስ ፡
[4] Ms. ሞቱ ፡
[5] Ms. ሖሩ ፡

ወፀብዕዎ ፡ ለአገው ። ወበ ፲ወ፩ ዓ ፡ ኢ.ወፅአ ፡ እመዲ.ናሁ ።
በ ፲ወ፪ ዓ ፡ ሰበ ፡ ሰምዓ ፡ ምጽአተ ፡ ጋላ ፡ ሖረ ፡ ምድረ ፡ ጐ
ዣም ፡ ወሰበ ፡ ኢ.ረከበ ፡ ለጋላ ፡ ነበረ ፡ በደቤት ፡ ወሞተ ፡
ወልዱ ፡ አቤቶ ፡ ቈስጠንጢኖስ ። በ ፲ወ፫ ዓ ፡ ሖረ ፡ ጐዣም ፡
ወነበረ ፡ በእንዘግድም ፡ ወእምዝ ፡ ተንሥአ ፡ ወሖረ ፡ ዣራ ፡
ወነበረ ፡ በቍይ ። ወተንሥአ ፡ እምህየ ፡ ወሖረ ፡ በፍኖተ ፡ አገ
ው ፡ ወበፍኖተ ፡ ጕማን ፡ ወዓዲዎ ፡ አባዊ (Fol. 29) ሃ ፡ ፀ
ብዓ ፡ ለጋላ ፡ ዘውእቱ ፡ አከበ ፡ በምድረ ፡ ሰቤ ። ወበ ፲ወ፬ ዓ ፡
ፀብዖ ፡ ለሐንካሻ ፡ ወተመይጠ ፡ ወጸመ ፡ በዘጌ ። በ ፲ወ፭ ዓ ፡
ሠረቀ ፡ መስከረም ፡ በቀዳሚት ፡ ሰንበት ፡ ፳፫ አበቅቴ ። ፯ መጥ
ቅዕ ። በ ፳፫ ለኅዳር ፡ በዕለተ ፡ ሐሙስ ፡ ተእኅዘ ፡ አቤቶ ፡ ገላ
ውዴዎስ ፡ ወዓሠርዎ ፡ ወአግዓዝዎ ። ንጉሥኒ ፡ ወፅአ ፡ ወሖ
ረ ፡ ጐዣም ፡ ወነበረ ፡ ንስቲተ ፡ በእንዘግድም ፡ ወእምዝ ፡ በድ
ርድራ ፡ ወጸመ ፡ በዘጌ ። አሜሃ ፡ ከነ ፡ ፋሲካ ፡ አመ ፳ወ፫
ለሚያዝያ ፡ ወሞተ[1] ፡ እመቤት ፡ ገርዚት ። ወበ ፲ወ፮ ዓ ፡ ኢ.
ወፅአ ፡ እመዲ.ናሁ ፡ ወሞተ[2] ፡ አባ ፡ ልብሰ ፡ ክርስቶስ ፡ መም
ህረ ፡ ጽላሎ ፡ ሠርቄ ፡ ሃይማኖት ። በ ፲ወ፯ ዓ ፡ ኢ.ወፅአ ፡ እ
መዲ.ናሁ ፡ ወዘመተ ፡ አቤቶ ፡ ብዕለ ፡ ክርስቶስ ፡ ምድረ ፡ ወም
በርያ ። አሜሃ ፡ ሥርቀተ ፡ መስከረም ፡ ሠሉስ ፡ ወንጌላዊ ፡ ማ
ቴዎስ ፡ ፲ወ፰ አበቅቴ ። ፲ወ፪ መጥቅዕ ። አመ ፳ወ፱ ለመጋቢት ፡
ፋሲካ ፡ ምስለ ፡ ትስብእት ። በዝንቱ ፡ ዘመን ፡ መጽኡ ፡ ፪ ጳጳ
ሳት ፡ አባ ፡ ሚካኤል ፡ ወአባ ፡ ዮ(ሐንስ ፡ ፩ በደ)ንከሌ ፡ ወ ፩ በ
ሰናር ። በደንከሌ ፡ መጽአ ፡ አባ ፡ ዮሐንስ ፡ ውእቱ ፡ ኢ.ሤም
ዎ ፡ ወአግዓዝዎ ፡ ውስተ ፡ ሳርከ ፡ እስመ ፡ ምጽአቱ ፡ በትእ
ዛዘ ፡ አቤቶ ፡ ገላውዴዎስ ፡ ውእቱ ። ወዝንቱ ፡ ውእቱ ፡ ፩
ነቀፈሁ ፡ ለአቤቶ ፡ ገላውዴዎስ ። ወለዘመጽአሰ ፡ በሰናር ፡
አባ ፡ ሚካኤል ፡ ሤምዎ ፡ ጳጳስ ፡ እስመ ፡ መጽአ ፡ በትእዛዘ ፡
ንጉሥ ። በዝንቱ ፡ ዓመት ፡ ሞተት[3] ፡ ዌዘሮ ፡ ወለተ ፡ ክርስ ፡
እኅቱ ፡ በዣንፈቀራ ። በ ፲ወ፰ ዓመት ፡ ሖረ ፡ ምድረ ፡ ጐ
ዣም ፡ ለፀቢዓ ፡ ጋላ ፡ ወበጽሐ ፡ ኀበ ፡ ምድረ ፡ ሐዲስ ። ወ

[1] Ms. ሞቱ ፡
[2] Ms. ሞቱ ፡
[3] Ms. ሞቱ ፡

ሰበ ፡ ጐየ ፡ ጋላ ፡ ሰሚዮ ፡ ምጽአተ ፡ ዚአሁ ፡ ተመይጠ ፡ ወ
ፀብዮ ፡ ለሐንካሻ ፡ ወቀተሎ ፡ ብዙኃ ፡ ወማኅረከ ፡ አልህምቲ
ሁ ፡ ወጼወወ ፡ አንስቲያሁ ፡ ወውሉዶ ፡ ወበአ ፡ ኀበ ፡ መዲና
ሁ ። ወሞታ[1] ፡ እመቤት ፡ አመተ ፡ ኢያሱስ ፡ ወለተ ፡ ራስ ፡
አተናቴዎስ ፡ ወእሙ ፡ ለደጅ ፡ አዝማች ፡ ድሜጥሮስ ። ወእ
መቤት ፡ ወለተ ፡ ሐዋርያት ። ወበ ፲ወ፱ ዓ ፡ ወፅአ ፡ ብገምድ
ር ፡ ወነበረ ፡ በእስቴ ፡ ወፈነወ ፡ ሠራዊተ ፡ ምስለ ፡ ብዕለ ፡
ክርስቶስ ፡ ለፀቢዓ ፡ ላስታ ፡ ወተመይጠ ፡ ወጸመ ፡ በደራ ። ወበ
(፳ ዓ ፡ ሐረ ፡) ጐዣም ፡ ወነበረ ፡ ንስቲተ ፡ በአ. . .ት ፡ ወበ
እንዘግድም ። ወፈነወ ፡ ሠራዊተ ፡ ምስለ ፡ አቤቶ ፡ ብዕለ ፡
ክርስቶስ ፡ ከመ ፡ ይፅብዮ ፡ ለሸንቅ(ላ) ፡ ዘይሰመይ ፡ ዳንግሽ ፡
ወውእተ[2] ፡ ገ. . . .ኡ ፡ እምሠራዊተ ፡ ንጉሥ ፡ . .(ዳ)ንግሽ ፡
ወሞተ ፡ እለ ፡ ዘጋ ፡ ወበትሮ(ስ) ። ንጉሥኒ ፡ ጸመ ፡ በዳ(ጉ)ስማ ።
ወእምዝ ፡ በአ ፡ ኀበ ፡ መዲናሁ ። ወበ ፳ወ፩ ዓ ፡ ወፅአ ፡ ቤገ
ምድር ፡ ወነበረ ፡ በዠረከትን ፡ ወፈነዎ ፡ ለራስ ፡ ወልደ ፡ ጊ
ዮርጊስ ፡ መልአከ ፡ ኀይሉ ፡ ከመ ፡ ይፅብዮ ፡ ለጋላ ፡ ወፀብዮ ፡
ለወሎ ፡ ወበውእቱ ፡ ዘመን ፡ አዕረፈት ፡ ዌዘሮ ፡ ወንጌላዊት ፡
እኅተ ፡ ንጉሥ ፡ ወበክረምቱ ፡ ኮነ ፡ ቀጠና ፡ ዘይሰመይ ፡ ከበ
ብ ። ወበ ፳ወ፪ ዓመት ፡ በዘመነ ፡ ማርቆስ ፡ ወፅአ ፡ ቤገምድ
ር ፡ ወነበረ ፡ በረቻ ፡ ወገብረ ፡ ጉባዔ ፡ በአፎንት ፡ በእንተ ፡
ነገረ ፡ ቅብዕ ፡ ወተመይጠ ፡ ኀበ ፡ መዲናሁ ። ወበ ፳ወ፫ ዓ ፡
ፀብዮ ፡ ለላስታ ፡ ወጸመ ፡ በአፎንት ። ወበ ፳ወ፬ ዓመት ፡ ኢወ
ፅአ ፡ እመዲናሁ ። ወበ ፳ወ፭ ዓ ፡ ወፅአ ፡ ዓብረ ፡ ወተመይ
ጠ ፡ ኀበ ፡ መዲናሁ ። ወበ ፳ወ፮ ዓ ፡ ወፅአ ፡ ረቻ ። ወፈነዎ ፡
ለብላቴን ፡ ጌታ ፡ ላዊስ ፡ ኀበ ፡ አፋራባ ፡ ወዕከዓ ፡ ወካዕበ ፡
ፈነዎ ፡ ለራስ ፡ ወልደ ፡ ጊዮርጊስ ፡ ወፀብዮ ፡ ለሞገ. . ፡ ዘ
ውእቱ ፡ ጐንጋ ፡ ወተመይጠ ፡ ኀበ ፡ መዲናሁ ። ወበ ፳ወ፯ ዓ ፡
ወፅአ ፡ አፎንት ። ወፈነዎ ፡ ለራስ ፡ ወልደ ፡ ጊዮርጊስ ፡ ኀበ ፡
ዠራ ፡ ወተፅብዓ ፡ ምስለ ፡ ጋላ ፡ ወሞዖ ። ወዓዲ ፡ ፀብዮ ፡ ለ
መተከል ። ወካዕበ ፡ ፈነዎ ፡ ለብላቴን ፡ ጌታ ፡ ላዊስ ፡ ኀበ ፡

[1] Ms. ሞቱ ፡
[2] Ms. ውእቱ ፡

እምሐራ ፡ ወፀብዖ ፡ ለጋላ ፡ በምንይጭር ፡ ወተመይጠ ፡ ኀበ ፡ መዲናሁ ። ወበ ፳ወ፫ ዓ ፡ ወፅአ ፡ አፈንጎ ፡ ከመ ፡ ይዕብዮ ፡ ለላኬ ፡ ወልዱ ፡ ለወረኛ ፡ መልክአ ፡ ክርስቶስ ፡ ዘላስታ ። ውእቱስ ፡ ላኬ ፡ መጽአ ፡ በፈቃዱ ፡ ተሞቂሖ ፡ ወተዓረቀ [1] ። ንጉሥኒ ፡ ወሀበ ፡ ብእሲተ ፡ ወለቶ ፡ (Fol. 44) እንተ ፡ ትሰመይ ፡ ዌዘሮ ፡ ታውክልየ ፡ መካን ። ወበ ፳ወ፱ ዓ ፡ ወፅአ ፡ እመዲናሁ ፡ ወነበረ ፡ በሀገረ ፡ ሰላም ። ወውእቱ ፡ ጊዜ ፡ አዕረፈት ፡ እሙ ፡ ኢቴጌ ፡ ወልድ ፡ ሥህላ ፡ አመ ፡ ፩ ለመጋቢት ። ወበውእቱ ፡ ጊዜ ፡ ፀብዖ ፡ ለሐንካሽ ፡ ወተመይጠ ፡ ኀበ ፡ መዲናሁ ፡ በወርኃ ፡ ሐምሌ ። ወበ ፴ ዓ ፡ ሖረ ፡ ምድረ ፡ ጐዣም ፡ ከመ ፡ ይዕብዮ ፡ ለጋላ ። ወሰበ ፡ ሰምዓ ፡ ጋላ ፡ ምጽአቶ ፡ ጐየ ፡ ወነበረ ፡ በዳጉስማ ፡ ወበውእቱ ፡ ዘመን ፡ አዕረፈት ፡ እኅቱ ፡ ዌዘሮ ፡ እኅተ ፡ ክርስቶር ። ወሰበ ፡ ሰምዓ ፡ ምጽአተ ፡ ጋላ ፡ ፈነዎ ፡ ለደጅ ፡ አዝማች ፡ ማኅደረ ፡ ክርስቶስ ፡ ኀበ ፡ ቤገምድር ፡ ከመ ፡ ይዕቀብ ፡ ሀገረ ፡ ወመጽአ ፡ ጋላ ፡ ወሮሜኑ ፡ ወሞዖ ፡ ወቀተሎ ፡ እንበለ ፡ አትርፎ ። ወበውእቱ ፡ ዘመን ፡ ሞተ ፡ ፊት ፡ አውራፊ ፡ ንፃ ፡ ክሰስ ፡ በፀብዕ ፡ ወእምዝ ፡ ተመይጠ ፡ ኀበ ፡ መዲናሁ ። ወበ ፴ወ፩ ዓመት ፡ ቀተሎ ፡ ለአዛጋ ፡ ድምያኖስ ፡ በሾተል ፡ ሜዳ ። ወጸመ ፡ በአፈንጎ ፡ ወተመይጠ ፡ ኀበ ፡ መዲናሁ ። ወበ ፴ወ፪ ዓመት ፡ ኢ.ወፅአ ፡ እመዲናሁ ፡ ወመጽኡ ፡ አቡነ ፡ ክርስቶዶሉ ፡ ወሞተ [2] ፡ በጅሮንድ ፡ ወልዴ ። ወበ ፴ወ፫ ዓ ፡ ሐገየ ፡ በዣራ ፡ ገሜ ። ወተፀሥረ ፡ ራስ ፡ ወልደ ፡ ጊዮርጊስ ፡ ምስለ ፡ አኃዊሁ ፡ ወተሠይመ ፡ ራስ ፡ ላዊስ ። ወበ ፴ወ፬ ዓ ፡ ሞተ ፡ ደጅ ፡ አዝማች ፡ ማኅደረ ፡ ክሰስ ፡ ወአውዓየ ፡ መጻሕፍተ ፡ አፍርንጅ ፡ ወሐገየ ፡ በአፈንጎ ። ወበ ፴ወ፭ ዓመት ፡ ዓመፀ ፡ አቤቶ ፡ ዳዊት ፡ መልዱ ፡ ለንጉሥ ፡ በበልያ ፡ ወተእኅዘ ፡ ወአምጽኦ ፡ ብላቴን ፡ ጌታ ፡ መልክአ ፡ ክርስቶስ ፡ ንጉሥኒ ፡ ፈነዎ ፡ ለአቤቶ ፡ ዳዊት ፡ ውስተ ፡ ወኅኒ ፡ ዓሜሮ ፡ ወገብረ ፡ ጉባኤ ፡ በአፈንጎ ። ወበ ፴ወ፮ ዓመት ፡ ወእምአመ ፡ ተፈጥረ ፡ ዓለም ፡ በ ፸፻ወ፩፻ወ፳ ዓመት ፡ ሠረቀ ፡ መስከረመ ፡

[1] Peut-être vaut-il mieux lire ተዓፊቆ ፡

[2] Ms. ሞተተ ፡

በዕለተ ፡ ዓርብ ፡ ወንጌላዊ ፡ ዮሐንስ ፡ ፲፰ አበቅቴ ፡ ፀንዓ ፡
ደዌሁ ፡ ለንጉሥ ፡ ፋሲለደስ ። ሠረቀ ፡ ጥቅምት ፡ በዕለተ ፡
እሑድ ፡ ወአመ ፡ ፲ ለጥቅምት ፡ በዕለተ ፡ ሠሉስ ፡ አዕረፈ ፡
ንጉሥ ፡ ፋሲለደስ ፡ ወተቀብረ ፡ በአዘዞ ።

ወነግሠ ፡ ወልዱ ፡ ዮሐንስ ፡ ወተሰምየ ፡ ስመ ፡ መንግሥቱ ፡
አእላፍ ፡ ሰገድ ፡ ወሐገየ ፡ በሙይ ፡ ወዘመተ ፡ ጐዣም ። ወበ
፪ ዓመት ፡ ከነ ፡ ጉባኤ ፡ በጐንደር ። ወዘመተ ፡ ብላቴን ፡ ጌ
ታ ፡ ገብረ ፡ ልዑል ፡ ኀበ ፡ ሽንቅላ ፡ ወሞተት ፡ ዌዘሮ ፡ አም
ላካዊት ፡ ወለቱ ፡ ወተሠይሙ ፡ እጨጌ ፡ ሀርያቆስ ፡ ወሰደድ
ዎ ፡ ለአፍርንጅ ፡ ወዘመተ ፡ ሐንካሽ ። ወበ ፫ ዓ ፡ አዘዝዎ ፡
ለእስላም ፡ ከመ ፡ ይትፈለጥ ፡ እማእከለ ፡ ክርስትያን ፡ ወሞተ ፡
ፊት ፡ አውራሪ ፡ ዘሩፋኤል ፡ ዘመተ ፡ ባንጃ ፡ ወሞተት ፡ ዌዘ
ሮ ፡ ቅድስተ ፡ ክርስቶስ ፡ እኅቱ ፡ ዘተዓቢ ። ወሞተ ፡ ደጅ ፡
አዝማች ፡ ሱሩኤ ፡ ክርስቶስ ። ወበ ፬ ዓ ፡ ከነ ፡ ሁከተ ፡ መነ
ከሳት ፡ በይባባ ። ወበ ፭ ዓመት ፡ ተሥዕረ[1] ፡ አቡነ ፡ ክርስቶዶ
ሉ ፡ ወተሠይመ[2] ፡ አቡነ ፡ ሲኖዳ ፡ ወዘመተ ፡ መድር ፡ ጋም ፡
ወኀገየ ፡ በእስኩና ። ወበ ፮ ዓመት ፡ ዘመተ ፡ ዣራ ፡ ወሞተ ፡
ደጅ ፡ አዝማች ፡ አባሲ ፡ ወሐገየ ፡ በአፊንጎ ፡ ወተመይጡ ፡
እጨጌ ፡ ዘክርስቶስ ፡ ውስተ ፡ ሢመቶሙ ። ወበ ፯ ዓመት ፡ ኃ
ገየ ፡ በቁልቢጥ ፡ እምባ ፡ ወመተከል ፡ ወሞተ ፡ ደጅ ፡ አዝማ
ች ፡ ገብረ ፡ ክርስቶስ ፡ ወደጅ ፡ አዝማች ፡ ክፍለ ፡ ጊዮርጊስ ፡
ወአባ ፡ ወልደ ፡ ክርስቶስ ፡ ዘሬማ ። ወበ ፰ ዓመት ፡ ሐገየ ፡
በይባባ ። ወበ ፱ ዓመት ፡ ሐገየ ፡ በጋጄን ፡ ወሞተ ፡ ቀኝ ፡ አ
ዝማች ፡ ሐዋርያ ። ወበወርኃ ፡ ሰኔ ፡ ሞተ ፡ ወልዱ ፡ አቤቶ ፡
ዮስጦስ ። ወበ ፲ ዓመት ፡ ተመይጠ ፡ እምነ ፡ ጨጨሆ ፡ ወሐ
ገየ ፡ (በ)ይባባ ። ወበ ፲ወ፩ ዓመት ፡ ዘመተ ፡ ላስታ ፡ ወሞተ ፡
ዓቃቤ ፡ ሰዓት ፡ አበሞ ፡ ወተሠይመ ፡ ዓቀቤ ፡ ሰዓት ፡ ቈስጠን
ጢኖስ ። ወበ ፲ወ፪ ዓመት ፡ ሐገየ ፡ በምድረ ፡ ሰንቶም ፡ ወኀ
መር ፡ ወሞ (Fol. 43) ተ ፡ አዛዥ ፡ ወልደ ፡ ተንሥኤ ፡ በቃ
ሮዳ ፡ አመ ፡ ፫ ለሚያዝያ ። ወበ ፲ወ፫ ዓመት ፡ ዘመተ ፡ ላስታ ።

[1] Ms. ተሥዕሩ ፡
[2] Ms. ተሠይሙ ፡

ወበ ፲ወ፱ ዓመት ፡ ሖገየ ፡ በዝራ ፡ ወበዌራ ፡ ወአመ ፡ ፳ወ፱ ለታኅሣሥ ፡ ወፅአ ፡ በሌሊት ፡ አቤቶ ፡ ኢያሱ ፡ ወልዱ ፡ ወዓደወ ፡ ፈለገ ፡ ዓባዊ ፡ ወነበረ ፡ በቤተ ፡ ወለቶ ፡ ወዴገኖ ፡ ደጅ ፡ አዝማች ፡ ዓሥራት ፡ እስከ ፡ ዓባዊ ፡ ወኢረከበ ። ወበወርኃ ፡ ግንበት ፡ መጽአ ፡ አቤቶ ፡ ኢያሱ ፡ በመሐላ ፡ ወበግዘት ፡ ወተዓረከ ፡ ምስለ ፡ አቡሁ ። ወበ ፲ወ፰ ዓመት ፡ በዘመነ ፡ መርቆስ ፡ እመ ፡ ፲ ለጥቅምት ፡ ገብረ ፡ ንጉሥ ፡ ጕባዔ ፡ ወተዋሥአ ፡ አባ ፡ ኒቆላዎስ ፡ ምስለ ፡ አባ ፡ አካለ ፡ ክርስቶስ ፡ ወአምጽአ ፡ አባ ፡ ኒቆላዎስ ፡ ስምዓ ፡ እመጻሕፍት ፡ ከመ ፡ ከብረ ፡ ሥጋ ፡ በተዋሕዶተ ፡ ቃል ፡ ወሞዖ ፡ ለአባ ፡ አካለ ፡ ክሰሰ ፡ ወተነግረ ፡ ዓዋጅ ፡ ዘይብል ፡ ከብረ ፡ ሥጋ ፡ በተዋሕዶ ። ወተወግዘ ፡ አባ ፡ አካለ ፡ ክርስቶስ ። ንጉሥኒ ፡ ሖገየ ፡ በአፊንጎ ። ወዳግመ ፡ ከብለለ ፡ አቤቶ ፡ ኢያሱ ፡ ወተእኅዘ ፡ በበቅሎ ፡ ፍላጋ ። ንጉሥኒ ፡ በአ ፡ ውስተ ፡ ጐንደር ፡ ወሐመ ፡ ወአመ ፡ ፲ወ፰ ለሐምሌ ፡ በዕለተ ፡ እሑድ ፡ አዕረፈ ፡ ንጉሥ ፡ ዮሐንስ ፡ ወተቀብረ ፡ በጻዳ ።

ተሪክ ፡ ዘንጉሠ ፡ ነገሥት ፡ ኢያሱ ።

ወነግሠ ፡ ወልዱ ፡ ኢያሱ ፡ ዘስመ ፡ መንግሥቱ ፡ አድያም ፡ ሰገድ ። በ ፩ ዓመተ ፡ መንግሥቱ ፡ ወንጌላዊ ፡ ሉቃስ ፡ ሠረቀ ፡ መስከረም ፡ በዕለተ ፡ ሠሉስ ። ተሥዕረ ፡ ዓቃቤ ፡ ሰዓት ፡ ቈስጠንጢኖስ ፡ ወተሠይመ ፡ ዓቃቤ ፡ ሰዓት ፡ ዓሥረ ፡ ክሶስ ፡ ወዓዲ ፡ ተሥዕረ[1] ፡ እጨጌ ፡ ጸጋ ፡ ክሶስ ፡ ወተሠይመ[2] ፡ እጨጌ ፡ ሀርያቆስ ፡ መጺአሙ ፡ እምኒ ፡ መጐና ። ወከዕበ ፡ ሜሞ ፡ ንጉሥ ፡ ኢያሱ ፡ ለራስ ፡ አንስጣስዮስ ፡ ምስለ ፡ አምሐራ ። ወአመ ፡ ፴ ለኅዳር ፡ በዕለተ ፡ እሑድ ፡ አንገሠ ፡ ንጉሥ ፡ ኢያሱ ፡ ታቦተ ፡ አቡነ ፡ ተክለ ፡ ሃይማኖት ፡ ውስተ ፡ ሰቀላሁ ፡ ለግራ ፡ አዝማች ፡ ጥቁሬ ። ወበወርኃ ፡ ተኅሣሥ ፡ ሖረ ፡ ንጉሥ ፡ ውስተ ፡ ወኅኒ ፡ ወአውረዶሙ ፡ ለዙሎሙ ፡ ዌዛዝር ፡

[1] Ms. ተሥዕሩ ፡

[2] Ms. ተሠይሙ ፡

ደቂቀ ፡ ሐጼ ፡ ሱስንዮስ ፡ ወሐጼ ፡ ፋሲለደስ ፡ (ወ)ለአኃዊሆ
ኒ ፡ አቤቶ ፡ ቴዎፍሎስ ፡ ወአቤቶ ፡ ቅለጅ ። ወገብረ ፡ ሎሙ ፡
ምሳሐ ፡ በእግረ ፡ ደብር ፡ ወአስተፍሥሐሙ ፡ በመብልዕ ፡ ወ
ስቴ ፡ ወወሀበሙ ፡ ክቡራተ ፡ አልባሳተ ፡ ወቀመይስ ፡ ወውቅ
ያታተ ፡ ሠናያተ ። ወባረክዎ ፡ እሙንቱኒ ፡ እንዘ ፡ ይብሉ ፡
እግዚአብሔር ፡ ኢያውፅኦ ፡ ለዝንቱ ፡ መንግሥት ፡ እምቤት
ከ ፡ እስከ ፡ ለዓለም ፡ ቀድመሰ ፡ አመንደበኒ ፡ አቡከ ፡ ሐጼ ፡ ዮ
ሐንስ ፡ ፲ወ፰ ዓመተ ፡ በረኅብ ፡ ወበዕርቃን ። ወተመይጠ ፡
ንጉሥ ፡ ወሐረ ፡ ምድረ ፡ ዳሞት ፡ ወወግዓቶ ፡ ጐሽ ። ወበ
፪ ዓመት ፡ ወንጌላዊ ፡ ዮሐንስ ፡ ዘመተ ፡ ወሎ ፡ ቀተለ ፡ ወመ
ኅረከ ፡ ዘአልበ ፡ ኍለቍ ። ወሞተ ፡ ደጅ ፡ አዝማች ፡ ድሜጥ
ሮስ ። ወበ ፫ ዓመት ፡ በዘመነ ፡ ማቴዎስ ፡ ሐገየ ፡ ይባባ ፡ ወ
እምድኅረ ፡ በዓለ ፡ ፋሲካ ፡ ሖረ ፡ ምድረ ፡ ጐዣም ፡ ከመ ፡ ይ
ፅብዖ ፡ ለጕድሩ ፡ ወሰበ ፡ ተኃጥአ ፡ ጋላ ፡ ገብአ ፡ ኀበ ፡ መ
ዲናሁ ። ወበ ፬ ዓመት ፡ በዘመነ ፡ ማርቆስ ፡ ዓመፀ ፡ ደጅ ፡
አዝማች ፡ ወሴ ፡ ምስለ ፡ ኢባ ፡ ጠብዳን ፡ መምሀረ ፡ ጐንጅ ፡
ወበኡ ፡ ውስተ ፡ ጋላ ፡ ቤት ፡ ወመጽኡ ፡ እንጊሦሙ ፡ ወረኛ ፡
ዘይሰመይ ፡ ይስሐቅ ። ወሰበ ፡ ሰምዐ ፡ ብዙኃ ፡ ሠራዊቱ ፡ ለ
ንጉሥ ፡ በኡ ፡ ዳግመ ፡ ውስተ ፡ ጋላ ፡ ቤት ፡ እኂዘሙ ፡ ው
እተ ፡ ወረኛ ። ወበውእቱ ፡ ዘመን ፡ ሞተ ፡ ደጅ ፡ አዝማች ፡
ምዝሬ ፡ ወአመ ፲ወ፪ ለጥር ፡ ሞተ ፡ ባሻ ፡ አይገበዝ ። ወአመ
፲ወ፯ ለግንቦት ፡ ሞተ ፡ አቤቶ ፡ ዘጊዮርጊስ ፡ ዘናሬ ፡ ካህን ፡
ወልዱ ፡ ለዮሐንስ ፡ ወልደ ፡ ቄስ ፡ ሐጼ ፡ ባሕርይ ። [1] [(Fol. 186)
ወበ ፭ ዓመት ፡ በዘመነ ፡ ሉቃስ ፡ ክነ ፡ ጕ (Fol. 187) ባሔ ፡
፺ወ፯ ፡ መምህራን ፡ አቡነ ፡ ወእጨጌ ፡ ወንጉሥ ፡ ወሊቃው
ንት ፡ አቃሙ ፡ ሃይመኖተ ፡ በግ(?)ዘት ፡ እንዘ ፡ ይብሉ ፡ ተሠ
ርዓ ፡ ወልደ ፡ እግዚአብሔር ፡ በኃይለ ፡ ቅብዓ ፡ መንፈስ ፡ ቅ
ዱስ ፡ ወሐገየ ፡ በዣራ ፡ ወተዓረቀ ፡ ምስለ ፡ ደጅአዝማች ፡
ወሴ ፡ ወአባ ፡ ጠብዳን ፡ ወአመ ፡ ፳ወ፱ ለሚያዝያ ፡ አዕረፈ ፡
ሊቄ ፡ ሱታፌ ፡ በቸንከላ ። ወበ ፯ ዓመት ፡ በዘመነ ፡ ዮሐንስ ፡

[1] Le passage entre crochets est tiré du ms. 143 de la Bibliothèque nationale.

ተንሥአ ፡ ንጉሥ (ኢያሱ) እምጕንደር ፡ ወአዘዘሙ ፡ ለኵሎ
ሙ ፡ ሊቃውንት ፡ ዘደብረ ፡ ሊባኖስ ፡ ወለአባ ፡ ጠብዳን ፡ ወ
ለኀቤቶ ፡ ቆዝሞስ ፡ ዘአረሁና ፡ ከመ ፡ ይንበሩ ፡ በደሴት ፡ ዘይ
ሰመይ ፡ ደብረ ፡ (ማርያም ፡) እንዘ ፡ ያስተሐይጹ ፡ መጻሕፍተ ፡
ቅዱሳት ፡ ወይትዋሥኡ ፡ ነገረ ፡ ሃይማኖት ፡ ተጋቢኦሙ ፡ በ
ፍቅር ፡ በቀድመ ፡ አባ ፡ ሲኖዳ ፡ ጳጳስ ፡ ወዓቃቤ ፡ ሰዓት ፡ ዓ
ሠረ ፡ ክስስ ፡ ንጉሥሰ ፡ ዘመተ ፡ ጊሳ ፡ ወሰበሮ ፡ ለወምባርያ ፡
ወሞተ ፡ ቀኝ ፡ አዝማች ፡ ቈስጤ ፡ ወቀተሉ ፡ ሸንቅላ ፡ ኀበ ፡
ወዓለ ፡ ከዊኖ ፡ ደጅን ፡ እንዘ ፡ ይሰምዕ ፡ ሎቱ (?) ፡ ራስ ፡ አንስ
ጣስዮስ ፡ ወተመይጠ ፡ እምዘመቻ ፡ ጊሳ ፡ ወገብረ ፡ ጉባኤ ፡ በ
ይባባ ፤ ዐተዋሥኡ ፡ አባ ፡ ቤተ ፡ ክርስቶስ ፡ ወአባ ፡ ወልደ ፡
ክርስቶስ ፡ አማሬ ፡ ሊቃውንተ ፡ ጉባኤ ፡ ዘደብረ ፡ ሊባኖስ ፡ ም
ስለ ፡ አባ ፡ ጠብዳን ፡ ወቆዝሞስ ፡ ዘአረሁና ፡ በእንተ ፡ ነገረ ፡
ቅብአት ፡ ወተዋህዶ ፡ ወሜጡ ፡ እለ ፡ አባ ፡ ጠብዳን ፡ ጠዋየ ፡
ነገረ ፡ ወይቤሉ ፡ መቅድመ ፡ ኀብአ ፡ ውስተ ፡ ቤትነ ፡ እስመ ፡
ነበርነ ፡ በስደት ፡ ወተምዓ ፡ ራስ ፡ አንስጣስዮስ ፡ ላእሌሆሙ ፡
ወይቤሎሙ ፡ ሜጡ ፡ ሥጣዌ ፡ በከመ ፡ ተሠዐሉክሙ ፡ ዓበዩ ፡ ወእ
ምድኅረዝ ፡ አውገዝዎሙ ፡ ለእለ ፡ አባ ፡ ጠብዳን ፡ ብዙኃን ፡
ካህናት ፡ ወመምህራን ፡ ወአቡነ ፡ ሲኖዳ ፡ ጳጳስ ፡ ንጉሥኒ ፡
አሰሮሙ ፡ ወአግዓዞሙ ፡ ወበአ ፡ ውስተ ፡ ጎንዳር ፡ ወበወርኃ ፡
ግንቦት ፡ ሞተ ፡ ደጅአዝማች ፡ ደመ ፡ ክስስ ፡ ዘድንቄሰ ፡ ወ
አመ ፡ ፳ወ፱ ለሐምሌ ፡ አዕረፈ ፡ ራስ ፡ አንስጣስዮስ ፡ ወአመ ፡
፴ ለነሐሴ ፡ ሞተ ፡ ግራዝማች ፡ ጥቁሬ ፡ ወተቀብረ ፡ በቀሓ ።
በ ፯ ዓመት ፡ መንግሥቱ ፡ ወንጌላዊ ፡ ማቴዎስ ፡ በወርኃ ፡ ጥ
ቅምት ፡ ሞተት ፡ ይምራይስ ፡ ብእሲቱ ፡ ለራስ ፡ አንስጣስዮስ ፡
ወወለተ ፡ ደጅ ፡ አዝማች ፡ ደሞ ። ምክንያተ ፡ ሞታኒ ፡ ቀተ
ላ ፡ በመጥባሕት ፡ ቍልኤሃ ፡ ገብር ፡ በገፍዕ ፡ እንዘ ፡ ተጌሊ ፡
ቀዊማ ፡ ውስተ ፡ ቤታ ፡ ዘሥዕል ፡ ለውእቱኒ ፡ ገብር ፡ ቀተል
ዎ ፡ በኲናት ፡ ወአመ ፳ ለግንቦት ፡ ዘመተ ፡ ንጉሥ ፡ ደራ ፡
ወማኅረከ ፡ ወቀተለ ፡ ዘአልበ ፡ ኍልቍ ። ወበ ፳ ዓመት ፡ በ
ዘመነ ፡ ማርቆስ ፡ አመ ፩ ለኅዳር ፡ ተርእየ ፡ ኮከብ ፡ ዘበ ፡ ዘነ
ብ ፡ ወተንሥአ ፡ ንጉሥ ፡ እምጕንደር ፡ ወበጺሖ ፡ አመድበር ፡
በሀየ ፡ አዕረፈት ፡ እሙ ፡ ይቴጌ ፡ ሰብለ ፡ ወንጌል ፡ ወለተ ፡

አቤቶ ፡ ገብረ ፡ መስቀል ፡ መደባይ ፡ ዘሰገዴ ፡ (?) በሞት ፡ ግ
ብታዊ ፡ ንጉሥኒ ፡ ተመይጠ ፡ ወበከየ ፡ ብዙኃ ፡ ላእሴሃ ፡ ወአ
ምጽአ ፡ ውስተ ፡ ደቤተ ፡ ምጽራኃ ፡ ወተቀብረት ፡ ሀየ ፡ ወገ
ብረ ፡ ተዝካራ ፡ በከመ ፡ ሕጎን ፡ ለንግሥታት ፡ ወበውእቱ ፡
ጊዜ ፡ ቄስ ፡ ሐጼ ፡ ቀውስጠስ ፡ ሖረ ፡ ምናኔ ፡ ወበአ ፡ ገዳመ ፡
ወርቅ ፡ በብሐ ፡ ወአመ ፡ ፲ወ፪ ለግንቦት ፡ አዕረፈ ፡ ደጅአዝ
ማች ፡ ክርስቶስ ፡ ሞአ ፡ ወአመ ፳ ለሰኔ ፡ አዕረፈ ፡ ዓቃቤ ፡ ሰ
ዓት ፡ አባ ፡ አሰረ ፡ ክርስቶስ ፡ ወተሠይመ ፡ አዛጋ ፡ ዘመንፈ
ስ ፡ ቅዱስ ፡ ወምበር ፡ ዘግራ ፡ ወልደ ፡ አዛጋ ፡ ወልደ ፡ ተን
ሥኤ ፡ ዓቃቤ ፡ ሰዓትነት ። በ ፱ ዓመተ ፡ መንግሥቱ ፡ በዘመ
ነ ፡ ሉቃስ ፡ አዕረፈት ፡ ወይዘሮ ፡ ክሰችኝ ፡ ወለተ ፡ አቤቶ ፡
ገላውዴዎስ ፡] (Fol. 12) ወተንሥአ ፡ ንጉሥ ፡ ኢያሱ ፡ እም
ጐንደር ፡ በሳኒታ ፡ ልደት ፡ ወበአ ፡ አፈንጎ ፡ ወአመ ፡ ፲ወ፰ ለ
ጥር ፡ አንገረ ፡ ንጉሥ ፡ ዓዋጅ ፡ ከመ ፡ ኢይፀዓና ፡ አዋልድ ፡
ዲበ ፡ በቅል ፡ በኰርቻ ፡ እስመ ፡ ነበራ ፡ ቀድመ ፡ እንዘ ፡ ይፄዓ
ና ፡ ዲበ ፡ በቅል ፡ አጢቆን ፡ ሰናፊል ፡ ወተገልቢበን ፡ ፍታለ ፡
ወይእኅዛ ፡ ኀለተ ፡ ወየሐውራ ፡ ፍኖተ ፡ ጉዞ ፡ በአምሳለ ፡
ዕደው ። ወእምዝ ፡ በአ ፡ ይባባ ፡ አመ ፳ወ፭ ለጥር ፡ ወበሳኒታ ፡
ተንሥአ ፡ ንጉሥ ፡ ባሕቲቱ ፡ ተሠዊሮ ፡ ወበአ ፡ ጐንደር ፡ ወ
እምሀየ ፡ ሖረ ፡ ውስተ ፡ አክሱም ፡ ወቀረበ ፡ ቍርባነ ፡ በዕለተ ፡
እሑድ ፡ ወበሳኒታ ፡ ፀአ ፡ ውስተ ፡ መቅደስ ፡ ወአርኃዋ ፡ በእ
ዴሁ ፡ ለታቦተ ፡ ጽዮን ፡ ሰበ ፡ ተስእኖሙ ፡ አርኅዎታ ፡ ለካህ
ናቲሃ ፡ በብዙኅ ፡ መራኁት ፡ ወተመይጠ ፡ እምአክሱም ፡ ወ
በአ ፡ ይባባ ፡ በዕለተ ፡ ጸሎተ ፡ ሐሙስ ፡ ወአመ ፡ ፫ ለሐምሌ ፡
በአ ፡ ጐንደር ። ወአመ ፴ ለሐምሌ ፡ ሞተ ፡ ከንቲባ ፡ ቄርሎ
ስ ። ወበ ፲ ዓመተ ፡ መንግሥቱ ፡ በዘመነ ፡ ዮሐንስ ፡ ተንሥአ ፡
እምጐንደር ፡ ሰበ ፡ መጽአ ፡ ቦቱ ፡ ጨዋሂ ፡ ዘይብል ፡ ናሁ ፡
መጽአ ፡ ጋላ ፡ ወጌሠም ፡ ይፈትሕ ፡ ወራፊ ፡ ውስተ ፡ ዡለ ፡
ምድረ ፡ ጐዣም ። ወጐየ ፡ ጋላ ፡ ሰሚዖ ፡ ምጽአተ ፡ ዚአሁ ።
ወአመ ፡ ፳ወ፫ ለኅዳር ፡ ሞተ ፡ ባሻ ፡ ተንሤ ፡ ወአመ ፡ ፳ወ፱
ለኅዳር ፡ ሞተ ፡ ወይፈን ፡ ወለዴ ፡ ወግዕዘ ፡ እምነ ፡ አፊራ ፡
ወሰፈረ ፡ ውስተ ፡ ዱቄ ። ወይእተ ፡ አሚረ ፡ መጽአ ፡ ስዱዳ
ን ፡ ምስለ ፡ አባ ፡ አርከ ፡ ድንግል ፡ ዘደብረ ፡ ጽሙና ፡ እንዘ ፡

ይብሉ ፡ ለአኩን ፡ ስዱዳን ፡ ብሂሎሙ ፡ ኩነነ ፡ ዳኛ ፡ በእንተ ፡
ነገረ ፡ ሃይማኖት ። ንጉሥኒ ፡ ይቤሎሙ ፡ አሆ ፡ እሁበክሙ ፡
ጉባዔ ፡ አምጺእየ ፡ አባ ፡ ሲኖዳሃ ፡ ጳጳስ ፡ ዘሀሎ ፡ ውስተ ፡
ደብረ ፡ ማርያም ፡ እስመ ፡ ኃጥአ ፡ ጥዒና ፡ ወይምጽኡ ፡ ዝየ ፡
ኵሎሙ ፡ እለ ፡ ለአኩክሙ ። ወይቤሉ ፡ ኢንፈቅዶ ፡ ለጳጳስ ፡
ወኢይከውነነ ፡ ዳኛ ፡ ዳእሙ ፡ አንተ ፡ ንጉሥ ፡ ባሕቲትከ ፡ ኩ
ነነ ፡ ዳኛ ፡ ወግበር ፡ ለነ ፡ ጉባዔ ። ወይቤሎሙ ፡ ንጉሥ ፡ ሰ
በሰ ፡ ትቤሉ ፡ ኢንፈቅዶ ፡ ለጳጳስ ፡ ኢይዶሉ ፡ ሊተ ፡ ከመ ፡
እኩን ፡ ዳኛ ፡ ወእግበር ፡ ጉባዔ ፡ ዘእንበለ ፡ ጳጳስ ። ወኀደጎ
ሙ ፡ ንጉሥ ፡ ለእሉ ፡ መነከሳት ፡ ይሑሩ ፡ ሀገሮሙ ፡ ወኢዓ
ሠሮሙ ፡ ስበ ፡ እምከርዎ ፡ መኳንንት ፡ እንዘ ፡ ይብሉ ፡ ልዑ
ክነኒ ፡ አዓሥር ። ወእምዝ ፡ ገሠጾሙ ፡ ንጉሥ ፡ በዓዋጅ ፡ ለ
ኵሎሙ ፡ ሰብአ ፡ ጐዣም ፡ በእንተ ፡ ተቀብሎቶሙ ፡ ውጉዘ
ነ ። ወበውእቱ ፡ መዋዕል ፡ ጠፍአ ፡ ድምፀ ፡ አፈቻለ ፡ ወጋላ ፡
ወቱለማ ፡ ወመጼ ፡ እንበይነ ፡ ሀልዎተ ፡ ንጉሥ ፡ ህየ ። ወአ
መ ፡ ፳ወ፭ ለጥር ፡ ተንሥአ ፡ እምነ ፡ ዱቄ ፡ ወበአ ፡ ይባባ ፡
ወእምድኅረ ፡ በአለ ፡ ፋሲካ ፡ ተንሥአ ፡ እምነ ፡ ይባባ ፡ እንተ ፡
ፍኖተ ፡ ድልድይ ፡ እስመ ፡ ከነ ፡ ዘመቻሁ ፡ ኀበ ፡ ዚገም ። ወ
እንበይነ ፡ ዝንቱ ፡ ገብረ ፡ ጉዛ ፡ እንተ ፡ ፍኖተ ፡ ቤገምድር ፡
ከመ ፡ ያዘንግዖ ፡ ለዚገም ፡ ወበጽሐ ፡ እስቴ ፡ ወእምነ ፡ እስቴ ፡
ገብረ ፡ ግስገሳ ፡ ውስተ ፡ ዚገም ፡ አመ ፡ ፲ወ፩ ለግንቦት ፡ ወ
ፈትሐ ፡ ወራፊ ፡ ዲበ ፡ ዚገም ፡ ጊዜ ፡ ፫ ሰዓት ፡ ወማህረከ ፡
ወቀተለ ፡ ብዙኃ ። ወለእለ ፡ ተርፉ ፡ ሰብአ ፡ ዚገም ፡ መሐሮ
ሙ ፡ ወሜጠ ፡ ምህርካሆሙ ፡ ንጊሮ ፡ ዓዋጀ ፡ ወተመጠወ ፡
እምኔሆሙ ፡ ፪ ሽሕ ፡ አልህምተ ፡ ካሬሁ ፡ እንበለ ፡ ግብሮሙ ፡
ዘጥንት ። ወለሰብአ ፡ ዳሞትኒ ፡ ወቀሰሙ ፡ ወረትዖሙ ፡ በመ
ሳክርት ፡ ብዙኃን ፡ ከመ ፡ ተመሐሉ ፡ ወተካየዱ ፡ ምስለ ፡ ወ
ረኛ ፡ ወኵሉ ፡ ግብሮሙ ፡ ወንጅል ። ወሞቅሐ ፡ እምኔሆሙ ፡
ዓቢያነ ፡ [1] ሰብአ ። ወውእቱ ፡ ለሀመ ፡ ዘተመጠወ ፡ እምነ ፡
ዚገም ፡ ዘረወ ፡ ወወሀበሙ ፡ ለይጨጌ ፡ ዮሐንስ ፡ ወለኵሎሙ ፡
ካህናት ፡ ዘግምጃ ፡ ቤት ፡ ወኢየሱስ ፡ ወአቡነ ፡ ተክለ ፡ ሃይ

[1] Le manuscrit répète par erreur ዓቢያነ ፡

ማኖት ፡ ወለኵሎሙ ፡ ሊቃውንት ፡ ወአዘዞሙ ፡ ዘግሩ ፡ ወ
ቀኝ ፡ በበ ፯ ወበበ ፶ ። ወሖረ ፡ እንተ ፡ ፍኖተ ፡ አቸፈር ፡[1] ወ
ደንግል ፡ በር ፡ ወአመ ፩ ለሐምሌ ፡ በአ ፡ ጐንደር ፡ ወከረመ ፡
በዳኅና ። ወበ ፲ወ፩ ዓመት ፡ መንግሥቱ ፡ በዘመነ ፡ ማቴዎስ ፡
(ወ)አመ ፯ ለኅዳር ፡ ተሠይመ ፡ ዓቃቤ ፡ ሰዓት ፡ ጥበበ ፡ ክስስ ፡
ወቄስ ፡ ሐጼ ፡ ወልደ ፡ ገብርኤል ። ሠረቀ ፡ ታኅሣሥ ፡ በዕለ
ተ ፡ እሑድ ፡ አመ ፰ ለታኅሣሥ ፡ በእለተ ፡ ሐሙስ ፡ ተንሥአ ፡
እምጐንደር ፡ በሥርዓተ ፡ መንግሥቱ ፡ ወ (Fol. 13) ሰፈረ ፡
ውስተ ፡ ድባ ፡ እስመ ፡ ከነ ፡ ዘመቻሁ ፡ ውስተ ፡ ዱባኒ ፡ ወእ
ምነ ፡ ድባ ፡ ክሰጌ ፡ ወእምነ ፡ ክሰጌ ፡ ጠማሜ ፡ ወበዘከመዝ ፡
ጕዞ ፡ እንዘ ፡ የሐውር ፡ በጽሐ ፡ ውስተ ፡ አሐቲ ፡ ሀገር ፡ ዘ
ስማ ፡ ሰደሬ ። ወአዘዘ ፡ ከመ ፡ ኢይንድዱ ፡ እሳተ ፡ ወኢያብ
ርሁ ፡ ማኅቶተ ፡ ውስተ ፡ ሐይመት ። ወግዕዘ ፡ እምነ ፡ ሰደ
ሬ ፡ ወገብረ ፡ ግስገሳ ፡ እንተ ፡ ፍኖተ ፡ መረብ ፡ ወፅአ ፡ ወሖ
ረ ፡ እንተ ፡ ኋና ። ወአመ ፳ ለጥር ፡ በሀየ ፡ ፈትሐ ፡ ወራዊ ፡
ወቀተለ ፡ ንጉሥ ፡ ፪ ዓቢያነ ፡ ሻንቅላ ፡ ወኵሎሙ ፡ ሰብአ ፡
ከተማ ፡ ቀተሉ ፡ ብዙኃ ። ወኢሞተ ፡ ፩ እምሠራዊተ ፡ ንጉ
ሥ ፡ ዘእንበለ ፡ ፩ ጨዋ ፡ ዘተረግዘ ፡ ዘስሙ ፡ መዝሙር ፡ ወበ
ሀየ ፡ ገብረ ፡ በዓለ ፡ ጥምቀት ፡ በፈለገ ፡ መረብ ። ወዓዲ ፡
ሖረ ፡ ንጉሥ ፡ እንተ ፡ ፍኖተ ፡ ፀዓዳ ፡ አምባ ። ወወግዓ ፡ ኵ
ሎ ፡ ሻንቅላ ፡ እለ ፡ ነበሩ ፡ ውስተ ፡ ዓምበ ፡ ዘከበ ፡ ወፎዶ ፡
ወኵልኩ ፡ ወስሑሴ ፡ ወኢያትረፈ ፡ ነፍሲተ ፡ ወተመይጠ ፡
ውስተ ፡ ፀዓዳ ፡ አምባ ፡ ዘጽንፈ ፡ ፈለገ ፡ መረብ ። ወአኀዘ ፡
በቱ ፡ ፈለገ ፡ መረብ ፡ ፫ ዕለተ ፡ እስከ ፡ ኃልቀ ፡ መብዝኅተ ፡
ሻንቅላ ፡ በፅምዕ ፡ እስመ ፡ አልቦቱ ፡ ማይ ፡ ለሻንቅላ ፡ ዘፀዓ
ዳ ፡ ዓምባ ፡ ዘእንበለ ፡ ፈለገ ፡ መረብ ። ወእምቅድመ ፡ ዝንቱ ፡
አዘዞሙ ፡ ንጉሥ ፡ ለደጃ ፡ አዝማች ፡ ገላውዴዎስ ፡ ዘትግሬ ፡
ወለአደራ ፡ ወለቆቀር ፡ ዘመንፈስ ፡ ቅዱስ ፡ ወለቀኝ ፡ አዝማ
ች ፡ ደመ ፡ ክስስ ፡ ምስለ ፡ ኵሎሙ ፡ ሰብአ ፡ ትግሬ ፡ ዘመጠነ ፡
፺ወ፱ ነጋሪት ፡ ዘበ ፡ ምልክና ፡ ውስተ ፡ እዴሆሙ ፡ ከመ ፡
ይርአዩ ፡ ሙባኢሃ ፡ ወሙፃኢሃ ፡ ለዱብኒ ፡ ከመ ፡ ሰብአ ፡ ዓይ

[1] Ms. አቹፈር ፡

ን ፡ ወከመ ፡ ሀሎ ፡ ማይ ፡ ዘየአክል ፡ ለሠራዊቱ ። ወተመይ
ጡ ፡ ነጺሮሙ ፡ ኵሎ ፡ ወዜነውዎ ፡ ለንጉሥ ፡ ከመ ፡ ሀሎ ፡
ብዙኅ ፡ ማይ ፡ ውስተ ፡ በትከም ፡ ወአንግሀ ፡ ገይሠ ፡ ውስተ ፡
ዱበኒ ፡ ወሰፈረ ፡ ውስተ ፡ በትከም ፡ ዘውእቱ ፡ ፈለገ ፡ ለይዳ ፡
ወበሀየ ፡ ፈትሐ ፡ ወራሬ ፡ ላዕለ ፡ ባይጋዳ ፡ ወዶዳ ፡ ወከተሬ ፡
ወሰይከለዳ ፡ ወማቲራጋ ፡ ወመገደርቤ ፡ ወገና ፡ ወሰሌ ፡ ወሐ
ምታ ፡ ወሸለዳ ፡ ወአልሙ ፡ ወልልቴ ፡ ወሐረ ፡ እንተ [1] ፡ ፍኖ
ተ ፡ ሠመሮ ። ወበሀየ ፡ ቀተለ ፡ ፪ ወራዙተ ፡ በእዴሁ ፡ ወይ
እቲ ፡ አሚረ ፡ ዓገቶ ፡ ሸንቀለ ፡ ለደጀ ፡ አዝማች ፡ ፍሣ ፡ ከ
ሰስ ፡ ዘወዓለ ፡ ውስተ ፡ ደጀን ፡ ወተንሥአ ፡ ሰፈር ፡ ወልደ ፡
ቃከም ፡ ትርኪ ፡ ወቀተለ ፡ በነፍጥ ፡ ፪ ወደንገዐ ፡ ሸንቀለ ፡
ወገብአ ፡ እንተ ፡ ደኅሬሁ ፡ ወቀተሉ ፡ ኵሎሙ ፡ እለ ፡ ሀለዉ ፡
ምስሌሁ ፡ ውስተ ፡ ደጀን ። ወእምኅበ ፡ ወዓለ ፡ ደጅ ፡ አዝ
ማች ፡ ገላውዴዎስ ፡ ወልደ ፡ መስተፉ ፡ እኂዘ ፡ ኵሎ ፡ ሰብ
አ ፡ ትግሬ ፡ ጺጋመ ፡ ጺጋመ ፡ ወተራከቡ ፡ ምስለ ፡ ሸንቀለ ፡
ወተቃተሉ ። ወማእከለ ፡ ዝንቱ ፡ እንዘ ፡ ይትቃተሉ ፡ ምስለ ፡
ሸንቀለ ፡ ዕኑዓ ፡ ቀትለ ፡ አንፍሐ ፡ ደጅ ፡ አዝማች ፡ ገላውዴ
ዎስ ፡ ቀርነ ፡ ዘግበግባት ፡ ወኀደኅሙ ፡ ወተመይጠ ፡ ደኅሬሁ ፡
እኂዞ ፡ ሰንደቀ ፡ ወነጋሪት ። ወበሀየ ፡ ቀተለ ፡ ሸንቀለ ፡ እም
ሰብአ ፡ ትግሬ ። ወሰበ ፡ ነገርዎ ፡ ለንጉሥ ፡ ነገረ ፡ ገላውዴ
ዎስ ፡ ቶሞዓ (?) ፡ ጥቀ ። ወአመ ፡ ፳ወ፯ ለጥር ፡ ሰፈረ ፡ ንጉሥ ፡
ውስተ ፡ ታሕተ ፡ ጥቃ ፡ አምባ ፡ ጼዋ ። ወሐረ ፡ ኅገዝ ፡ በፈቃዱ ፡
ኅዲጎ ፡ ፍኖተ ፡ ንጉሥ ፡ ላዕላየ ፡ ላዕላየ ። ወእንበይነ ፡ ዝ ፡
ተንሥአት ፡ እሳት ፡ ዘቋያ ፡ ወአውዓየት ፡ ፩ ኅብረ ፡ ኅዳጠነ ፡
ሰብአ ፡ እስመ ፡ ዓለዉ ፡ ትእዛዘ ፡ ንጉሥ ። ወግዕዘ ፡ ንጉሥ ፡
እመነ ፡ አምባ ፡ ጼዋ ፡ ወቦአ ፡ አድያበ ፡ ወእምሀየ ፡ ሴሬ ፡ ዘ
ጥቃ ፡ አድመንፌቶ ። ወበሀየ ፡ ሞተ ፡ ዐሐሠርጌ ፡ አርሴ ። ወ
አመ ፡ ፳ ለየካቲት ፡ በጽሐ ፡ አክሱም ፡ ተፅዒኖ ፡ ፈረሰ ፡ ወ
ኵሎሙ ፡ መኳንንት ፡ ተፅዕኑ ፡ ወቦኡ ፡ ውስተ ፡ ጽርሐ ፡ ም
ስለ ፡ አባ ፡ ሲኖዳ ፡ ጳጳስ ፡ ወእጨጌ ፡ አባ ፡ ዮሐንስ ፡ መምሀ
ረ ፡ ደብረ ፡ ሊባኖስ ፡ ወምስለ ፡ ኵሎሙ ፡ መኳንንት ፡ ወሠ

[1] Le manuscrit répète par erreur እንተ ፡

ራዊት ፡ ወተቀበልዎ ፡ ኵሎሙ ፡ ካህናት ፡ አክሱም ፡ ወአዋ
ልዱሃ ፡ ለጽዮን ፡ በይበቤ ፡ ወበመኀሌት ፡ ወአብጽሑ ፡ ሎቱ ፡
ሕገ ፡ በከመ ፡ ልማደ ፡ ነገሥት ፡ ውእቱኒ ፡ ወዓለ ፡ እንዘ ፡ ይ
(Fol. 14) ሠርዕ ፡ ሕጋ ፡ ለጽዮን ፡ ዘከነ ፡ እምአመ ፡ መንግ
ሥተ ፡ ምንይልክ ፡ እስከ ፡ አሜሃ ። ወበውእቱ ፡ መዋዕል ፡ እ
ኂዘ ፡ ንዋየ ፡ እንዘ ፡ ይመጽእ ፡ ፩ ነጋዲ ፡ ግብጻዊ ፡ ዘሰሙ ፡
ሙራድ ፡ ዘይነግድ ፡ እስከ ፡ ሀንድ ፡ ወሰርያ ፡ ወግብጽ ፡ እም
አመ ፡ ሐፄ ፡ ዓለም ፡ ሰገድ ፡ እስከዘ ፡ ጊዜ ። ወውእቱ ፡ ሙ
ራድ ፡ ዘአምጽአ ፡ ዓቢየ ፡ መረዋተ ፡ ዘደብረ ፡ ብርሃን ፡ ዘይሰ
ማዕ ፡ ድምፁ ፡ እስከ ፡ ደምብያ ፡ ወክሰጌ ፡ ወበቱ ፡ ይነቅሕ ፡
ከተማ ፡ በምልዑ ፡ እስመ ፡ ፈነወ ፡ ሎቱ ፡ ንጉሠ ፡ ወለንዳ ፡
እንተ ፡ ይእቲ ፡ ትዕይንተ ፡ ሮም ፡ ዘንተ ፡ መረዋተ ፡ አምኃሁ ፡
ለንጉሥ ፡ ኢያሱ ። አሜሃ ፡ ነሥአ ፡ ናይብ ፡ ሞሳ ፡ ወልደ ፡
እመርቁኑ ፡ ንዋየ ፡ ንጉሥ ፡ ዘሀሎ ፡ በእደ ፡ ሙራድ ። ውእቱ
ኒ ፡ ሙራድ ፡ ለአከ ፡ ኀበ ፡ ንጉሥ ፡ እንዘ ፡ ይብል ፡ ናሁ ፡ ነ
ሥአኒ ፡ ንዋይየ ፡ ናይብ ፡ ሞሳ ፡ በምክንያተ ፡ ቀረፅ ። ንጉሥ
ኒ ፡ ለአከ ፡ ኀበ ፡ አብ ፡ ሥሉስ ፡ ወገብረ ፡ ክሰስ ፡ ወዘርአ ፡
ቡሩክ ፡ ወኀበ ፡ ኵሎሙ ፡ ሰብአ ፡ ሐማሴን ፡ ወይቤሎሙ ፡ አ
ንግሩ ፡ ዓዋጅ ፡ በበበሓውርትክሙ ፡ ከመ ፡ ኢይሑር ፡ መኑ
ሂ ፡ ውስተ ፡ ምጽዋ ፡ እኂዘ ፡ መዓረ ፡ ወቅብዓ ፡ ወእክለ ።
ውእቶሙኒ ፡ አኀዙ ፡ በቱ ፡ ዘንተ ፡ ኵሎ ። ወርእዮ ፡ ናይብ ፡
ሞሰ ፡ ከመ ፡ ተአኀዘ ፡ ሲሳዩ ፡ በትእዛዘ ፡ ንጉሥ ፡ መጽአ ፡ እ
ምነ ፡ ምጽዋ ፡ አመ ፡ ፲ወ፪ ለየካቲት ፡ ኀበ ፡ ንጉሥ ፡ እንዘ ፡
ሀሎ ፡ በአክሱም ፡ እኂዘ ፡ ንዋየ ፡ ዘነሥአ ፡ ቀዳሚ ፡ እሙራድ ፡
ወወሲበ ፡ ፲፻ ምክዕቢተ ፡ ምስለ ፡ ብዙኅ ፡ አሽከር ፡ ዘእምነ
ገደ ፡ ትርኵ ፡ ጸዊሮሙ ፡ እሉ ። ወእምድኅረዝ ፡ ወቀሰዎ ፡
ለደጅ ፡ አዝማች ፡ ገላውዴዎስ ፡ ወወሀብዎ ፡ መሳክርተ ፡ ከመ ፡
ጐየ ፡ በጊዜ ፡ ፀብዕ ፡ ኀዲጎ ፡ ለሰንደቅ ፡ ወነጋሪተ ፡ ወአኀለ
ቀ ፡ ሰብአ ፡ ትግሬ ፡ ወከመ ፡ ቀተለ ፡ ብዙኃነ ፡ ካህናት ፡ በነ
ፍጥ ፡ ሐዊሮ ፡ ውስተ ፡ አክሱም ፡ በዝ ፡ ኵሎ ፡ ረትዕዎ ፡ ወ
ፈትሑ ፡ በቱ ፡ ፍትሐ ፡ ሞት ። ንጉሥሰ ፡ መሐሮ ፡ እሞት ፡ ወ
ሠዓሮ ፡ እምሚመቱ ። ቅድመኒ ፡ በመንግሥተ ፡ ሐፄ ፡ ዮሐንስ ፡
ፈትሑ ፡ ላዕሌሁ ፡ ፈታሕት ፡ ፍትሐ ፡ ሞት ፡ በእንተ ፡ እከዩ ፡

በእንፍራንዝ ፡ ወሰቀልዎ ፡ ዲበ ፡ ዕፅ ። ንጉሥሰ ፡ ሐፄ ፡ ዮሐንስ ፡ ተራኅርኆ ፡ ሎቱ ፡ ወአውረዶ ፡ እምዲበ ፡ ዕፅ ፡ ፍጡነ ፡ ወአሕየዎ ፡ እሞት ፡ ወበህየ ፡ ወቀሰዎሙ ፡ ለሰብአ ፡ ሲሬ ፡ እስመ ፡ ረዐይዎ ፡ በዳ ፡ ለሀገሮሙ ፡ እስከ ፡ ከነ ፡ ምርአየ ፡ አራዊት ፡ ወምሕዋረ ፡ ሽንቅላ ፡ በወጊዓቱ ፡ ምኔተ ፡ ወልድባ ፡ ወፈትሐ ፡ በሙ ፡ ፍትሐ ፡ ሞት ። ንጉሥሰ ፡ ዓሠሮሙ ፡ ለኵሎሙ ፡ ሰብአ ፡ ሲሬ ፡ ዘውእቶሙ ፡ ዘወልደ ፡ አደራ ፡ ወዕሤት ፡ ወሕፃናት ፡ ዘዌዘሮ ፡ ቅድስተ ፡ ክርስቶስ ፡ ወለተ ፡ ሐፄ ፡ ዓለመ ፡ ሰገድ ፡ ወአግዓዘሙ ፡ ውስተ ፡ ደቅ ፡ ወሻዋ ። ወለእለ ፡ ተርፉ ፡ ሰብአ ፡ ሲሬ ፡ አንገረ ፡ ዓዋጅ ፡ ከመ ፡ ይኩን ፡ ጕልቶሙ ፡ ፍቸ ። ወይሠይሙ ፡ ላዕሌሆሙ ፡ ወዓሌ ፡ ሥዩም ፡ ዘትግሬ ፡ መኰንን ፡ ወኢይሠየም ፡ ለሊሆሙ ፡ ሢመተ ፡ ነጋሪት ፡ ዘሲሬ ፡ ዘአቡሆሙ ፡ ከመ ፡ ጥንት ። ወሤሞ ፡ ለራስ ፡ ፋሬስ ፡ ሢመተ ፡ ትግሬ ፡ መኰንን ፡ ዘመጠነ ፡ ፵ወ፬ ነጋሪት ፡ ወእምዝ ፡ ተመይጠ ፡ ንጉሥ ፡ ኢያሱ ፡ እምዘመቻ ፡ ዱበኒ ፡ ወሖረ ፡ አፈንኅ ፡ በፍኖተ ፡ ደንቀዝ ፡ እንዘ ፡ ኢበውአ ፡ ኅዝ ፡ ውስተ ፡ ጐንደር ። እመ ፰ ለማጋቢት ፡ ወነበረ ፡ በአፈንኅ ። ወበውእቱ ፡ ወርኅ ፡ ሖረ ፡ ንጉሥ ፡ ዳግመ ፡ እንተ ፡ ባሕቲቱ ፡ ውስተ ፡ ምድረ ፡ ላስታ ፡ ወዓዲ ፡ አድያሚሃ ፡ ወአእመረ ፡ ሙባኢሃ ፡ ወሙፃኢሃ ፡ ወተመይጠ ፡ አፈንኅ ። ወበውእቱ ፡ ጊዜ ፡ መጽኡ ፡ ቃለ ፡ ገንዶች ፡ ኀበ ፡ ንጉሥ ፡ ተልኢኮሙ ፡ እንዘ ፡ ይብሉ ፡ ነዋ ፡ ኃደርነ ፡ ለከ ፡ ወሰደድናሆሙ ፡ እምሀገርከ ፡ ለነገደ ፡ ቱለማ ፡ ወሊባን ፡ ወቀተልናሆሙ ፡ እኒዘነ ፡ እምነ ፡ ሐልቃ ፡ እስከ ፡ ግንድ ፡ በረት ። ንጉሥኒ ፡ ሰሚዖ ፡ ነገሮሙ ፡ ተፈሥሐ ፡ ወአዘዘ ፡ ሎሙ ፡ እምነ ፡ አምሐራ ፡ መጠነ ፡ ፻ ሽማ ፡ ወእክለ ፡ መጠነ ፡ ፻ ጫን ። ወአስተፍነዎሙ ፡ ውስተ ፡ ብሔሮሙ ፡ በሰላም ። ወእመ ፳ወ፱ ለሚያዝያ ፡ ሞተ ፡ ብላ (Fol. 15) ቴን ፡ ጌታ ፡ ገብረ ፡ ልዑል ። ወእመ ፲ወ፫ ለግንቦት ፡ ሞተ ፡ ባላምበ ፡ ራስ ፡ ዶንዜ ። ወእመ ፡ ፳ወ፯ ለሰኔ ፡ ቀተሎ ፡ መብረቅ ፡ በወኅኒ ፡ ለአቤቶ ፡ ቀለጅ ፡ እኁሁ ፡ ለንጉሥ ፡ ኢያሱ ፡ ወስመ ፡ ክርስትናሁ ፡ ኢሳይያስ ፡ ወቀበርዎ ፡ ውስተ ፡ ደሴተ ፡ ምጽራሐ ፡ ወእመ ፡ ፳ወ፰ ለሰኔ ፡ ተንሥአ ፡ እምአፈንኅ ፡ ወእመ ፯ ለሐምሌ ፡ በአ ፡ ጐንደር ፡ ወእምድኅ

ረገዘ ፡ ለአከ ፡ ንጉሥ ፡ ኀበ ፡ ኵሎሙ ፡ መነከሳት ፡ ዘገዳም ፡
ወዘአድባር ፡ እንዘ ፡ ይብል ፡ ፍጡነ ፡ ንበ ፡ ከመ ፡ ንስማዕ ፡
ነገሮ ፡ ለሊቀ ፡ ጳጳሳት ፡ አባ ፡ ዮሐንስ ፡ ዘእስክንድርያ ፡ ዘአም
ጽኡ ፡ አባ ፡ መዝሙሬ ፡ ዘአግድ ፡ ወአባ ፡ ዲዮስቆሮስ ፡ ዘመ
ጕና ፡ ዘንሕነ ፡ ፈነውናሆሙ ፡ ኀቤሁ ፡ ከመ ፡ ያምጽኡ ፡ ለነጥ
ያቄ ፡ ነገር ፡ እምኔሁ ፡ ዘሚመተ ፡ አባ ፡ ሲኖዳ ፡ ጳጳስ ፡ ወአባ ፡
ማርቆስ ፡ ወመጽኡ ፡ ኵሎሙ ፡ ሰብእ ፡ ማኅበር ፡ ዘአድባራት ።
ወአምጽእዎ ፡ ለአባ ፡ ማርቆስኒ ፡ እምነ ፡ ሳርካ ። ወአመ ፳ወ
፯ ለሐምሌ ፡ በዕለተ ፡ በዓሉ ፡ ለአባ ፡ ሰላማ ፡ ተጋብዑ ፡ ውስ
ተ ፡ ቤተ ፡ ንጉሥ ፡ ኵሎሙ ፡ መኳንንት ፡ ወካህናት ፡ ወፈ
ትሑ ፡ ማኅተመ ፡ ሊቀ ፡ ጳጳሳት ፡ ወአንበብዋ ፡ ለይእቲ ፡ መ
ጽሐፈ ፡ መልእክት ፡ ዘትቤ ፡ ሤምናሁ ፡ ለአባ ፡ ማርቆስ ፡ ወ
ሠዓርናሁ ፡ ለአባ ፡ ሲኖዳ ፡ ወይቤ ፡ ንጉሥ ፡ ይኩን ፡ በከመ ፡
ትእዛዘ ፡ ሊቀ ፡ ጳጳሳት ። ወእምዝ ፡ ተሰዓልዋ ፡ ሃይማኖቶ ፡
ለአባ ፡ ማርቆስ ፡ በእንተ ፡ ነገረ ፡ ተዋሕዶ ፡ ወቅብዓት ፡ ወሥ
ርዓተ ፡ ቍርባን ፡ ወኅብረ ፡ ቃሉ ፡ ምስለ ፡ ቃለ ፡ አሐቲ ፡ ቅ
ድስት ፡ ቤተ ፡ ክርስቲያን ፡ ወሤምዎ ፡ በይእቲ ፡ ዕለት ። ወ
አመ ፡ ፫ ለጳጕሜን ፡ ተበዝበዘ ፡ ገበያ ፡ ወኮነ ፡ ሁከት ፡ በከ
ተማ ፡ እስከ ፡ ቀድሐ ፡ ኵሉ ፡ አጠሬ ፡ ማየ ፡ በሌሊት ፡ እን
በይነ ፡ ኢተረከበቱ ፡ ለንጉሥ ፡ እንዘ ፡ ቀኖና ፡ ወአመ ፬ ለጳ
ጕሜን ፡ ተረከበ ፡ ንጉሥ ፡ በአጸራሽ ፡ ወኮነ ፡ ትፍሥሕት ።
ወበ ፲ወ፪ ዓመተ ፡ መንግሥቱ ፡ በዘመነ ፡ ማርቆስ ፡ አመ ፯ ለ
ኅዳር ፡ ሞተ ፡ ደጅ ፡ አዝማች[1] ፡ ኢያሱ ። ወአመ ፩ ለታኅሣ
ሥ ፡ በዕለተ ፡ ሰኑይ ፡ ጠፍአ ፡ አባ ፡ እደ ፡ ክርስቶስ ፡ ዘመጕ
ና ፡ ወወፅአ ፡ በሌሊት ፡ እንዘ ፡ ሀሎ ፡ በቤቱ ፡ ለአቤቶ ፡ ሱራ
ኄ ፡ ክርስቶስ ፡ ዘኪዮ ፡ ወሖረ ፡ ውስተ ፡ ግብጽ ፡ እኂዞ ፡ ፲
ወ፪ ተ ፡ መነከሳተ ፡ አርድእተ ፡ ወተለውዎ ፡ ማኅበሩሁ ፡ እ
ስከ ፡ ዋልድባ ፡ ወኢረከብዎ ፡ ወተመይጡ ፡ በኀዘን ፡ ወእም
ድኅረዝ ፡ ሤምዎ ፡ ለአባ ፡ ዘወልደ ፡ ማርያም ፡ ሊቀ ፡ ላዕሌ
ሆሙ ፡ ወበውእቱ ፡ ወርኅ ፡ ታኅሣሥ ፡ ተሥዕሩ ፡ እጨጌ ፡ ዮ
ሐንስ ፡ ወተሠይሙ ፡ እጨጌ ፡ ጸጋ ፡ ክርስቶስ ። ወአመ ፳ወ፯

[1] Ms. ደጅ ፡ አዝማት ፡

ለጥር ፡ በዕለተ ፡ እሑድ ፡ አንገሠ ፡ ንጉሥ ፡ ኢያሱ ፡ ታቦተ ፡
ሥሉስ ፡ ቅዱስ ፡ ወተለወ ፡ ኪያሃ ፡ እስከ ፡ ደብረ ፡ ብርሃን ፡ ተ
ዕዲዎ ፡ ፈረሰ ፡ ወእኒዘ ፡ ዘገረ ፡ ምስለ ፡ ኵሎሙ ፡ መኳንንት ፡
ወአባ ፡ ማርቆስ ፡ ጳጳስ ፡ ወእጨጌ ፡ አባ ፡ ጸጋ ፡ ክርስቶስ ፡ በ
ነጋሪት ፡ ወንስር ፡ ቃና ፡፡ ነጋሪቱሂ ፡ ዕዑን ፡ በዲበ ፡ ገመል ፡፡
ወበጺሖ ፡ ንጉሥ ፡ ውስተ ፡ አንቀጸ ፡ ጽርሐ ፡ ቤተ ፡ ክርስቲ
ያን ፡ ወረደ ፡ እምላዕለ ፡ ፈረስ ፡ ወጸረ ፡ ታቦተ ፡ ዲበ ፡ ርእ
ሱ ፡ ወአብአ ፡ ውስተ ፡ መቃረብያ ፡፡ ወበህየ ፡ ቀደሰ ፡ ታቦተ ፡
አባ ፡ ማርቆስ ፡ ጳጳስ ፡ ወተቀንየ ፡ ወወድሰ ፡ ዓቃቤ ፡ ሰዓት ፡
ጥበበ ፡ ክርስቶስ ፡፡ ወዓዲ ፡ መወድስ ፡ ዘኵልክሙ ፡ ተቀንየ ፡
ጸሓፌ ፡ ትእዛዝ ፡ አዘጋጅ ፡ ሐዋርያ ፡ ክርስቶስ ፡ ዘጸሐፈ ፡ ዘን
ተ ፡ ታሪክ ፡ ንጉሥ ፡ ኢያሱ ፡፡ ወዕጣነ ፡ ሞገርሂ ፡ ተቀንየ ፡
አባ ፡ ቀውስጠስ ፡ ዘሜሞ ፡ ንጉሥ ፡ ሊቀ ፡ ላዕለ ፡ ካህናቲሃ ፡
አምጺአ ፡ ኪያሁ ፡ እምገዳመ ፡ ወርቅ ፡ ለብሆ ፡፡ ወበሳኒታ ፡
ተንሥአ ፡ ንጉሥ ፡ እምጐንደር ፡ ወበጺሖ ፡ ውስተ ፡ ዐዳ ፡ አሠ
ርገዎ ፡ ለአባ ፡ ቀውስጠስ ፡ ካፓ ፡፡ ወእመ ፪ ለየካቲት ፡ በእ ፡
አፈንጎ ፡ ወበህየ ፡ ገብረ ፡ መባጃ ፡ እንዘ ፡ የኀሪ ፡ ካህናት ፡ ማ
እምራነ ፡ ብሉይ ፡ ወሐዲስ ፡ ወመዝሙር ፡ ወድርሰት ፡ ወወሀ
በሙ ፡ ሎሙ ፡ ጐልተ ፡ ብዙኃ ፡ ዘውእቱ ፡ በች ፡ ወቆብላ ፡
ጄጎል ፡ ዋዋ ፡ ጐርጐራ ፡ ወወይና ፡ ወሳፋንቀራ ፡ ወከብካምባ ፡
ወሰራቆ ፡ ዘነበረ ፡ በእደ ፡ ጭፍራ ፡ ዘይሰመይ ፡ ኢቱ ፡፡ ወኵ
ሎ ፡ ምድረ ፡ ዳብሎ ፡ ዘነበረ ፡ በእደ ፡ አቤቶ ፡ ኤክድሮስ ፡ ንሢ
አ ፡ ሎ (Fol. 16) ሙ ፡ ፪ እደ ፡ ወ ፩ እደ ፡ ውሂበ ፡ ለድኃ ፡
ዘሲሶ ፡፡ ወምድረ ፡ ሰራባ ፡ ዘነበረ ፡ በእደ ፡ ንጉሥ ፡ ወምድረ ፡
ዋልዋጅ ፡ ዘነበረ ፡ በእደ ፡ ጋላ ፡ እዶ ፡፡ ወእመ ፡ ፳ወ፯ ለሚያ
ዝያ ፡ ሞቱ ፡ ፪ ሆሙ ፡ ኅቡረ ፡ ጸጅ ፡ አዛጋጅ ፡ ሐዋርያ ፡ ክሶስ ፡
መደባይ ፡ ወሊቀ ፡ መኳስ ፡ ገብርኤል ፡፡ ወእመ ፡ ፲ወ፱ ለግንበ
ት ፡ አዕረፈት ፡ እመቤት ፡ ወለተ ፡ ጽዮን ፡ ብእሲቱ ፡ ለንጉ
ሥ ፡ ወእማ ፡ ለዌዘሮ ፡ ወለተ ፡ ሩፋኤል ፡፡ ወበውእቱ ፡ ወር
ኀ ፡ ዓሠሮሙ ፡ ንጉሥ ፡ ለአደራ ፡ ወልደ ፡ ተላይ ፡ ወለአኖሬ ፡
ወልደ ፡ ሹም ፡ ዘእምነገደ ፡ አገው ፡ ጊሳ [1] ፡ ወለውለጅ ፡ አ

[1] Ms. ጊሲ ፡

ድኅኑ ፡ ወወቀስዎሙ ፡ መኳንንት ፡ ወረችዕዎሙ ፡ በወንጌል ፡
ወአጥፍአ ፡ ዓይኖሙ ። ወአመ ፡ ፳ ለሰኔ ፡ ቀተሎ ፡ እስላም ፡ አብ
ድርኅማን ፡ ለአቤቶ ፡ አቡሊድስ ፡ በጸገዴ ፡ ወአመ ፡ ፯ ለሐም
ሌ ፡ ቦአ ፡ ንጉሥ ፡ ውስተ ፡ ጐንደር ፡ ወአመ ፡ ፲ ለሐምሌ ፡
ተወጥነ ፡ ገቢረ ፡ በዓለ ፡ ሥላሴ ፡ ውስተ ፡ ደብረ ፡ ብርሃን ፡ ወ
አሜሃ ፡ ሠዓሮ ፡ ለሻማት ፡ ዮሐንስ ፡ እምነ ፡ ሢመት ፡ ብሕት ፡
ወደድ ፡ ወፈነዎ ፡ ውስተ ፡ ዳሞት ፡ ሠይም ። ወለቡናያ ፡ ባ
ስሌ ፡ ሤሞ ፡ ብሕት ፡ ወደድነት ። ወበውእቱ ፡ ክረምት ፡ ከ
ነ ፡ ፅኑዕ ፡ ቀጠና ፡ ዘይሰመይ ፡ ታናንቄ ፡ ወበ ፲ወ፫ ዓመት ፡
መንግሥቱ ፡ ወንጌላዊ ፡ ሉቃስ ፡ ዘመተ ፡ ንጉሥ ፡ ኢያሱ ፡
ውስተ ፡ ሻንቅላ ፡ ዘውእቱ ፡ በለስ ፡ ቀተሉ ፡ ወማኅረኩ ፡ ሠ
ራዊት ፡ ብዙኃ ፡ ወሞተ ፡ ድል ፡ ሰገድ ፡ ወልደ ፡ አዛዥ ፡ ዕ
ጉሥ ። ወተመይጠ ፡ ኅገየ ፡ ይባባ ፡ ወእምነ ፡ ይባባ ፡ አመ ፡
፫ ለሐምሌ ፡ ቦአ ፡ ንጉሥ ፡ ውስተ ፡ ጐንደር ። ራስ ፡ ፋሬስ
ኒ ፡ ቦአ ፡ እምትግሬ ፡ ውስተ ፡ ጐንደር ። ወበ ፲ወ፬ ዓመት ፡
መንግሥቱ ፡ ወንጌላዊ ፡ ዮሐንስ ፡ ሖረ ፡ ንጉሥ ፡ ኢያሱ ፡ ው
ስተ ፡ ዳሞት ፡ ተሠዊሮ ፡ ወተመሲሎ ፡ ፩ ሐራዌ ፡ ስበ ፡ ሰም
ዓ ፡ ምጽአተ ፡ ጋላ ፡ ወኅጢኦ ፡ ጋላ ፡ ቦአ ፡ ውስተ ፡ ጐንደር ።
ወዓዲ ፡ ሖረ ፡ ንጉሥ ፡ ውስተ ፡ አፈንጉ ። ወበህየ ፡ ኃዲጎ ፡
ኅዝ ፡ ምስለ ፡ ራስ ፡ ፋሬስ ፡ ሖረ ፡ ውስተ ፡ ሀገረ ፡ ችኳይ ፡
ወረሰዮ ፡ ሎቱ ፡ ፊት ፡ አውራሪ ፡ እንተ ፡ ለጊዜሁ ፡ ለውእ
ቱ ፡ . . . . . ዘመቻ ፡ ወበጽሐ ፡ ውስተ ፡ ሀገረ ፡ ውርኪ ፡ ወ
በህየ ፡ ፈትሐ ፡ ወራፊ ፡ ወቀተለ ፡ ኵሎ ፡ ሻንቅላ ፡ ወማኅረ
ከ ፡ ብዙኃ ፡ ወተመይጠ ፡ ገብረ ፡ መባጀ ፡ በአፈንጉ ። ወአመ ፡
፲ወ፩ ለሚያዝያ ፡ በሳኒታ ፡ ሆሣዕና ፡ አውዓየ ፡ እሳት ፡ አብያ
ተ ፡ ሰብአ ፡ ከተማ ፡ ዘጐንደር ፡ ወአብያተ ፡ ክርስቲያናት ፡ ዘ
ቅዱስ ፡ ጊዮርጊስ ፡ ወአቡነ ፡ ተክለ ፡ ሃይማኖት ፡ ወኢያሱስ ።
ወእምድኅረ ፡ በዓለ ፡ ፋሲካ ፡ አዘዘ ፡ ለራስ ፡ ፋሬስ ፡ ከመ ፡
ይዕቀብ ፡ ዘውደ ፡ በአፈንጉ ። ውእቱሰ ፡ ንጉሥ ፡ ኢያሱ ፡ ሖ
ረ ፡ መንገለ ፡ ሻዋ ፡ በፍኖተ ፡ መለክ ፡ ሳንቃ ፡ ወቦአ ፡ ተድባ
ባ ፡ ማርያም ፡ በሥርአተ ፡ መንግሥቱ ፡ ወተቀበልዎ ፡ ኵሎ
ሙ ፡ ክህናቲሃ ፡ በመዝሙር ፡ ወኃደረ ፡ ህየ ፡ ወበዊአ ፡ ውስ
ተ ፡ መቅደስ ፡ ተሳለመ ፡ አዕጽምቲሆሙ ፡ ለሐፄ ፡ ቴዎድሮስ ፡

ወሐፄ ፡ ይጽሐቅ ፡ ወወልዱ ፡ እንድርያስ ፡ ወሐፄ ፡ ገላውዴ
ዎስ ፡ ወሐፄ ፡ ሚናስ ፡ ወበሳኒታ ፡ ወሀበ ፡ ንጉሥ ፡ ኢያሱ ፡
ልብሰ ፡ መንግሥቱ ፡ ዘይኃይድ ፡ ዓይነ ፡ በተድባባ ፡ ማርያም ፡
ወነጺሮ ፡ ኵሎሙ ፡ አህጉራተ ፡ ሽዋ ፡ ወጋላ ፡ ዘይሰመይ ፡ ከ
ረዩ ፡ ወአቡቴ ፡ ዘምረት ፡ ወከዕበ ፡ ሰፈረ ፡ በሙ ፡ ለገነተ ፡ ጊ
ዮርጊስ ፡ ወለመከነ ፡ ሥላሴ ፡ ወተመይጠ ፡ ውስተ ፡ አፈንጎ ፡
አመ ፡ ፩ ለሐምሌ ፡ ወቦአ ፡ ውስተ ፡ ጐንደር ፡ አመ ፡ ፲ ለሐ
ምሌ ፡ በሰላም ። በ፲ወ፰ ዓመተ ፡ መንግሥቱ ፡ በዘመነ ፡ ማ
ቴዎስ ፡ አመ ፡ ፪ ለመስከረም ፡ ተሥዕረ ፡ አዛዥ ፡ ቄርሎስ ፡
ዘአዘዘ ። ወተአሥረ ፡ ሽማት ፡ ዮሐንስ ፡ በዘወቀሰ ፡ ደጅ ፡ አ
ዝማች ፡ ሕዝቅያስ ፡ በምክንያተ ፡ ሰይፍ ፡ ዘመማለጃ ፡ ወወሀ
በ ፡ መሳከርተ ፡ በውንጌል ፡ ማእከለ ፡ መኳንንት ፡ ወአዛዝ
ች ፡ ውስተ ፡ ቤቱ ፡ ለባሻ ፡ ያዕቆብ ። ወበወርኃ ፡ ጥቅምት ፡
ተሥዕሩ ፡ እጨ(ጌ) ፡ ጸጋ ፡ ክርስቶስ ፡ ወተሠይሙ ፡ እጨ
(ጌ) ፡ ዘሚካኤል ፡ ወአመ ፡ ፯ ለጥቅምት ፡ ተኃጥአ ፡ ወከብለለ ፡
ደጅ ፡ አዝማች ፡ ጊዮርጊስ ፡ ወልደ ፡ ራስ ፡ አንጣስዮስ ፡ ወ
ቦአ ፡ ቤተ ፡ እጨጌ ፡ ዘሚካኤል ፡ ለ (Fol. 17) ተማኅፅኖ ።
ወሰበ ፡ ሰምዓ ፡ ቈለኛ ፡ ወልደ ፡ ጊዮርጊስ ፡ ተማኅፅኖተ ፡ ደ
ጅ ፡ አዝማች ፡ ጊዮርጊስ ፡ ወተዓሥሮተ ፡ ሽማት ፡ ዮሐንስ ፡
ሖረ ፡ ምድረ ፡ ላስታ ፡ በምክንያተ ፡ አደን ፡ ኃዲጎ ፡ ሢመቶ ፡
ዘእብናት ፡ ወኃደረ ፡ ለአፈዮ ፡ ዋግ ፡ ሹም ፡ እእሚሮ ፡ ከመ ፡
ተማከረ ፡ ምክረ ፡ ዓመፃ ፡ ምስለ ፡ ሽማት ፡ ወጊዮርጊስ ፡ ወ
ይእተ ፡ አሚሮ ፡ ይቤሎሙ ፡ ንጉሥ ፡ ኢያሱ ፡ ለሰብአ ፡ ደብ
ረ ፡ ሊባኖስ ፡ አምጽኡ ፡ ጊዮርጊስሃ ፡ ወለእመ ፡ አምሠጠ ፡
እምእዴክሙ ፡ አእምሩ ፡ ከመ ፡ እፃበዕ ፡ ወእትበአስ ፡ ምስሌ
ክሙ ፡ ወይትነሠት ፡ ኪዳን ፡ ዘኮነ ፡ እምአመ ፡ ይኩኖ ፡ አም
ላከ ፡ እስከ ፡ ይእዜ ። ውእቶሙ ፡ መኪሮሙ ፡ ወሀብዎ ፡ ለን
ጉሥ ፡ ዓሚሮሙ ፡ እስመ ፡ ኮነ ፡ ዕኑዕ ፡ ነገረ ፡ ዓመፃሁ ፡ ለጊ
ዮርጊስ ፡ ንጉሥኒ ፡ ተቀቢሎ ፡ ዓሠሮ ፡ ውስተ ፡ ቤተ ፡ ፀበኛ ፡
አምሳሌ ። ለቈለኛ ፡ ወልደ ፡ ጊዮርጊስኒ ፡ ፈነዎ ፡ አፈዮ ፡ ዓ
ሢሮ ፡ እስከ ፡ ተከዜ ፡ ወወሀበ ፡ ለግራ ፡ አዝማች ፡ አርሴ ፡
ሰበ ፡ ለአከ ፡ በቱ ፡ ንጉሥ ፡ ተቈጢዖ ፡ ወአብአ ፡ ውስተ ፡ ጐ
ንደር ። ድኅረሰ ፡ ይቤሎሙ ፡ ንጉሥ ፡ ለሰብአ ፡ ደብረ ፡ ሊባ

ኖስ ፡ መሐርኩ ፡ ለክሙ ፡ ጊዮርጊስሃ ፡ ባሕቱ ፡ ኢይንበር ፡
በከተማ ፡ ወይሑር ፡ ውስተ ፡ ሀገሩ ፡ ስማኖ [1] ። አመ ፡ ፲ወ፯
ለጥቅምት ፡ መጽአ ፡ አስከሬነ ፡ (?) አፅሙ ፡ ለአባ ፡ እደ ፡ ክር
ስቶስ ፡ እምነ ፡ ሰዋኪን ፡ ወወበድዌ ፡ ውስተ ፡ መጕና ። ወአመ
፲ወ፱ ለኅዳር ፡ ሞተ ፡ እቤተሁን ፡ ያዕቆብ ፡ ዘበረገዘ ። ወአመ
፳ወ፭ ለኅዳር ፡ ወረደ ፡ ንጉሥ ፡ ውስተ ፡ ቃሐ ፡ ወተከለ ፡ ደ
በና ፡ ወአምስሐሙ ፡ ለመኳንንቲሁ ፡ ሰኑየ ፡ ዕለተ ፡ ዕፁብ ፡
ወመንከረ ። ወበፈጸሜሁ ፡ አዘዘ ፡ ከመ ፡ ያንሥኡ ፡ ምርጓዘ ።
ወአመ ፡ ፲ወ፱ ለጥር ፡ ሖረ ፡ ብላቴን ፡ ጌታ ፡ ባስሌ ፡ በፍኖተ ፡
ቈላ ፡ ዘጫንቃ ፡ ከመ ፡ ያምጽኦ ፡ ለአሚር ፡ ዘእምነገደ ፡ በለው ፡
ቀዳሚ ፡ ዘመጽአ ፡ እስከ ፡ ወሰነ ፡ ምድረ ፡ ክርስቲያን ፡ ተፃቢ
ዮ ፡ ምስለ ፡ ሥዩመ ፡ በለው ፡ ወእኂዘ ፡ ብእሲቶ ፡ ወወልዶ ፡
ላህሞ ፡ ወአግማሊሁ ። ወአመ ፡ ፲ወ፰ ለጥር ፡ ሖረ ፡ ንጉሥ ፡
ባሕቲቱ ፡ እምነ ፡ ጐንደር ፡ ወዘመተ ፡ ቶለ ፡ ቀተለ ፡ ወማኅ
ረከ ፡ ብዙኃ ፡ ወተመይጠ ፡ ኀበ ፡ ጐንደር ። ንግባዕኬ ፡ ኀበ ፡
ነገረ ፡ አሚር ፡ ወበጽሐ ፡ ብላቴን ፡ ጌታ ፡ ባስሉ ፡ ኀቤሁ ፡ አ
ስከቲቶ ፡ ብዙኃ ፡ ሠራዊተ ፡ ንጉሥ ። ወርእዮ ፡ አሚር ፡ ደን
ገፀ ፡ ወለአከ ፡ በቱ ፡ ብላቴን ፡ ጌታ ፡ ባስሌ ፡ እንዘ ፡ ይብል ፡
ነዓ ፡ ወመጽአ ፡ አሚር ፡ ምስለ ፡ ሰብኡ ፡ ወአስምዕዎ ፡ ለአ
ሚር ፡ ድምፀ ፡ ብዙኀ ፡ ነፍጥ ፡ ዘውእቱ ፡ አብድርባሽ ፡ ወእ
ምገዝ ፡ ይቤልዎ ፡ ሠራዊት ፡ ለብላቴን ፡ ጌታ ፡ ባስሌ ፡ ንቅት
ሎ ፡ ለአሚር ፡ ወሚመ ፡ ንዕሥሮ ። ውእቱሰ ፡ ዓበየ ፡ ምክሮ
ሙ ፡ ወይቤ ፡ ንወስዶ ፡ በዓይነ ፡ ቍራኛ ፡ ኀበ ፡ ንጉሥ ። አ
ሚርኒ ፡ ገብረ ፡ ጉዘ ፡ ሰኑየ ፡ ዕለተ ፡ ምስሌሁ ። ወእምድኅረ
ዝ ፡ ክብለለ ፡ አሚር ፡ ውስተ ፡ ሀገሩ ። ወተመይጠ ፡ ብላቴን ፡
ጌታ ፡ ባስሌ ፡ እኂዘ ፡ ላህመ ፡ ወገመለ ፡ ዘተርፈ ፡ እምነ ፡ አ
ሚር ፡ ወበአ ፡ ውስተ ፡ ጐንደር ፡ ባሕቱ ፡ ከተማ ፡ አቀሞ ፡ ለ
ብላቴን ፡ ጌታ ፡ ባስሌ ፡ በመካነ ፡ ሰነፍ ፡ ወተሣለቀ ፡ በቱ ፡
ጐባዝ ። ወበውእቱ ፡ ወርኅ ፡ ሞተት ፡ ዌዘሮ ፡ ላህየ ፡ ድንግ
ል ፡ ብእሲተ ፡ ራስ ፡ ፋሬስ ። ወአመ ፡ ፱ ለሚያዝያ ፡ ገብረ ፡

[1] C'est ici qu'il faut placer, suivant l'ordre chronologique, cette phrase oubliée par le copiste et rétablie par erreur au bas du fol. 16.

ንጉሥ ፡ ጕባዔ ፡ ወእንተ ፡ ነገረ ፡ አባ ወልደ ፡ ተንሥኤ ፡
ዘይቤ ፡ በቅብዕ ፡ ተወሕደ ፡ ወረትዕዎ ፡ ካህናት ፡ በዳኝነቱ ፡
ለንጉሥ ፡ አምጺኦሙ ፡ ሰምዓ ፡ እመጻሕፍት ፡ ወአውገዝዎ ፡
ሎቱ ፡ ወለእኁሁ ፡ አባ ፡ ትምርቴ ። ወበወርኃ ፡ ግንቦት ፡
ሖረ ፡ ንጉሥ ፡ ምድረ ፡ ጋላ ፡ ዓዲዎ ፡ ፈለገ ፡ አባዊ ። ወኃ
ጢኦ ፡ ዘይቀትል ፡ ተመይጠ ፡ ኀበ ፡ ጐንደር ። ወአመ ፡ ፲ወ፪
ለሰኔ ፡ ሞተ ፡ ቸር ፡ ደሞ ፡ በአዘዘ ። ወበ ፲ወ፫ ዓመተ ፡ መን
ግሥቱ ፡ በዘመነ ፡ ማርቆስ ፡ በወርኃ ፡ ጥቅምት ፡ ወፅአ ፡ ን
ጉሥ ፡ ኢያሱ ፡ እምነ ፡ ጐንደር ፡ እንተ ፡ ባሕቲቱ ፡ ወበጽሐ ፡
ምድረ ፡ ቢቡኝ ፡ ወጐንደየ ፡ ህየ ፡ እንዘ ፡ ያጤቅ ፡ ፀአተ ፡ ጋ
ላ ፡ እንተ ፡ ፍኖተ ፡ ጐዣም ፡ ወዳሞት ፡ ወኢረከበ ። ወአመ
፪ ለኅዳር ፡ ሞተ ፡ አቤቶ ፡ እስክንድር ፡ ወልደ ፡ ሐፄ ፡ ዓለም ፡
ሰገድ ፡ በጐንደር ፡ እስመ ፡ ነበረ ፡ ውእቱ ፡ ምስለ ፡ ንጉሥ ፡
ኢያሱ ፡ ወከረመ ፡ ወሪዶ ፡ እምወግኒ ፡ ወቀበርዎ ፡ ውስተ ፡
ምጽራሐ ። ወአመ ፡ ፳ወ፩ ለ (Fol. 18) ኅዳር ፡ ሞተ ፡ ጊዮር
ጊስ ፡ ዘመቅደላ ፡ ወተመይጠ ፡ ንጉሥ ፡ እምነ ፡ ቢቡኝ ፡ ወበ
አ ፡ ውስተ ፡ ጐንደር ። ወአመ ፡ ፲ወ፰ ለጥር ፡ ተንሥአ ፡ ን
ጉሥ ፡ እምጐንደር ፡ ወበአ ፡ አፊንጎ ። ወአመ ፡ ፳ወ፫ በሳኒታ ፡
ሆሣዕና ፡ ተንሥአ ፡ እምአፊንጎ ፡ ወበጽሐ ፡ ምድረ ፡ ገላግይ
ኝ ፡ ከመ ፡ ይዝምት ፡ ላስታ ፡ ወበህየ ፡ ሰበ ፡ ርእየ ፡ ውህደ
ተ ፡ ሠራዊት ፡ ተመይጠ ፡ ውስተ ፡ አፊንጎ ። አመ ፡ ፳ወ፰ ለ
ሚያዝያ ። ወአሜሃ ፡ አስተአኃዘሙ ፡ ንጉሥ ፡ ኢያሱ ፡ በነገ
ር [1] ፡ ዘወንጌል ፡ ለሳቱኒ ፡ ዮሐንስ ፡ ወለጳውሎስ ፡ ወልደ ፡
ብላቴን ፡ ጌታ ፡ ገብረ ፡ ልዑል ፡ ወአንጻረ ፡ ሳቱኒ ፡ ዮሐንስ ፡
በጳውሎስ ፡ ውሂበ ፡ መሳክርተ ፡ ወዓዲ ፡ መስከሩ ፡ በቱ ፡ ጋባ ፡
ዳዊት ፡ ዘመዱ ፡ ገበርማ ፡ ወድሆ ፡ በአለ ፡ በገና ፡ ከመ ፡ ረ
ከብዎ ፡ ሎቱ ፡ በፀዳለ ፡ ጨረቃ ፡ ውስተ ፡ አደባባይ ፡ ዘአፊንጎ ፡
እንዘ ፡ ይትማከር ፡ ምስለ ፡ ሸጉጥ ፡ አይንቴ ፡ ወኢየሱስ ፡ ሞ
ዓ ፡ ወዘመንፈስ ፡ ቅዱስ ፡ ምታ ፡ ለዌዘሮ ፡ እሴኒ ፡ ለሐዊር ፡
ውስተ ፡ ጋላ ፡ ቤት ፡ ወእምዝ ፡ ዓሠሮ ፡ ንጉሥ ፡ ለጳውሎስ ፡
ውስተ ፡ ቤቱ ፡ ለፀበኛ ፡ እምሳሌ ። ድኅረሰ ፡ ወሀበሙ ፡ ንጉ

[1] Ms. ወነገር ፡

ሥ ፡ ጳውሎስሃ ፡ ለእለ ፡ ሳቱኒ ፡ አዝማዲሁ ፡ ገበርሞች ፡ ወይቤሎሙ ፡ አንሰ ፡ ንጹሕ ፡ እምደመ ፡ ገበርማ ፡ ውእቶሙኒ ፡ ወሲዶሙ ፡ ሰቀልዎ ፡ ለጳውሎስ ፡ ውስተ ፡ ሀገሮሙ ፡ ቡሬ ። ወአመ ፡ ፲ወ፱ ለሰኔ ፡ ተንሥአ ፡ ንጉሥ ፡ እምአፊንጎ ፡ ወዘመተ ፡ እንተ ፡ ባሕቲቱ ፡ ውስተ ፡ ሀገረ ፡ ዳንግሽ ፡ እስመ ፡ ውእቱ ፡ ዳንግሽ ፡ ዘሞያ ፡ ለአቤቶ ፡ ብዕለ ፡ ክርስቶስ ፡ ወቀተሎሙ ፡ ለእለ ፡ ዘጋ ፡ ወበትሮ ፡ ወኢያትረፈ ፡ አሜሃ ፡ ሠራዊተ ፡ ዓለም ፡ ሰገድ ። ውእቱኒ ፡ ኢያሱ ፡ ቀተሎ ፡ ለዳንግሽ ፡ ወኢያትረፈ ፡ ነፋሂተ ፡ እምኔሁ ፡ ወአመ ፡ ፲ወ፫ ለሐምሌ ፡ በአ ፡ ውስተ ፡ ጐንደር ፡ በሰላም ። መበ ፲ወ፯ ዓመተ ፡ መንግሥቱ ፡ በዘመነ ፡ ሉቃስ ፡ አመ ፡ ፳ ለመስከረም ፡ ሞተት ፡ ዌዘሮ ፡ ገዳማዊት ፡ ወለተ ፡ ንጉሥነ ፡ ኢያሱ ፡ ወስመ ፡ ክርስትናሃ ፡ ኢዮጵራቅስያ ። ወበሳኒታ ፡ ሞተ ፡ እንዶዬ ፡ ምታ ፡ ለዌዘሮ ፡ ማርታ ፡ ወለተ ፡ ንጉሥ ፡ ኢያሱ ፡ ፪ ሆሙ ፡ ተቀብሩ ፡ በቃሕ ። ወበወርኃ ፡ ኅዳር ፡ ተስእሎሙ ፡ ንጉሥ ፡ ለዙሎሙ ፡ መኳንንት ፡ ነገረ ፡ በር ፡ ዘቀረፅ ፡ እኂዘ ፡ እምነ ፡ እንደርታ ፡ እስከ ፡ ወገራ ፡ ወነገርዎ ፡ ለንጉሥ ፡ ነገረ ፡ ወግዕ ፡ ዘቀረፅ ፡ እም ፡ ራስ ፡ ፋሬስ ፡ ወማኅደረ ፡ ክርስቶስ ፡ ዘተምቤን ፡ እኂዘ ፡ እምነ ፡ እንደርታ ፡ እስከ ፡ ላማ ፡ ይቤ ፡ ንጉሥ ፡ ኢያሱ ፡ እምነ ፡ ፳ በቅል ፡ ዘተፅዕነ ፡ ጼወ ፡ ይኩን ፡ ፩ አሞሌ ፡ ወእምነ ፡ ፳ አእዱግ ፡ ዘተፅዕነ ፡ ጼወ ፡ ይኩን ፡ ፬ አሞሌ ። ወእምነ ፡ ተሸካሚስ ፡ ዘነሥአ ፡ ቀረፀ ፡ ይትበርበር ፡ ቤተ ፡ በርሂ ፡ ይኩን ፡ በ ፩ ሀገር ፡ ፩ በር ። ወለዝ ፡ ሥርዓት ፡ አጽሐፎ ፡ ንጉሥ ፡ በምጽሐፈ ፡ ተፊከ ፡ ወደብዳቤ ፡ ዘዕቀ ፡ ቤተ ፡ ከመ ፡ ይኩን ፡ ለትውልደ ፡ ትውልድ ፡ ወአመ ፡ ፲ ለታኅሣሥ ፡ ተንሥአ ፡ እምጐንደር ፡ ወበአ ፡ ይባባ ፡ ወእምነ ፡ ይባባ ፡ ዘመተ ፡ ሀልቃ ፡ ወእንዘ ፡ ይወርድ ፡ ጓዝ ፡ ውስተ ፡ ሙራድ ፡ ወንጭት ፡ በሀየ ፡ ሰበሮ ፡ መርግ ፡ ለአዛዥ ፡ ሚናስ ፡ ዘቀኝ ፡ ወሞተ ፡ አመ ፡ ፳ወ፯ ለየካቲት ። ወእምዝ ፡ ሖረ ፡ ንጉሥ ፡ ውስተ ፡ ደብረ ፡ ሊባኖስ ፡ መቃብረ ፡ አቡነ ፡ ተክለ ፡ ሃይማኖት ፡ ወርእዮ ፡ ተንሥቶተ ፡ በእደ ፡ ግራኝ ፡ ኀዘነ ፡ ንጉሥ ፡ ወእምዝ ፡ ተመይጠ ፡ እምዘመቻ ፡ ሀልቃ ፡ ወበአ ፡ ይባባ ። ወገብረ ፡ ጕባዔ ፡ በእንተ ፡ ስዱዳን ፡ ዘጐዣም ፡ በዕለተ ፡ ረከብ ፡ ስዱዳን

ሰ ፡ ይቤሉ ፡ ኀድጉኒ ፡ ንክርም ። ወተንሥአ ፡ ፊት ፡ አውራሪ ፡
ነጩ ፡ አዳዋ ፡ በትእዛዘ ፡ ንጉሥ ፡ ወዘለፎሙ ፡ ወእምድኅሬሁ ፡
ተንሥአ ፡ አባ ፡ ቤተ ፡ ክርስቶስ ፡ ወዘለፎሙ ፡ ከመሁ ፡ ወሰ
በ ፡ ርእዩ ፡ ስዱዳን ፡ መጽሐፈ ፡ ቅዱስ ፡ ከልሑ ፡ ኵሎሙ ።
ወይቤልዎሙ ፡ ጋኔንኑ ፡ ብክሙ ፡ ለምንት ፡ ትኬልሑ ፡ ሰበ ፡
ትሬእዩ ፡ መጻሕፍተ ። ወእምዝ ፡ ተዋሥአ ፡ አባ ፡ ቤተ ፡ ክ
ርስቶስ ፡ ምስለ ፡ አባ ፡ አርከ ፡ ድንግል ፡ ሊቀ ፡ ጉባዔሆሙ ፡
ወይቤ ፡ አርከ ፡ ድንግል ፡ ኢንብል ፡ ወል (Fol. 19) ደ ፡ ባ
ሕርይ ፡ በቅብዓት ። ወእምዝ ፡ ከነ ፡ ግዘት ፡ በቃለ ፡ እጬጌ ፡
አግናጥዮስ ፡ ወአቡነ ፡ ማርቆስ ፡ ጳጳስ ። ወአመ ፡ ፴ ለሰኔ ፡ በ
አ ፡ ውስተ ፡ ጐንደር ፡ ወአመ ፡ ፯ ለሐምሌ ፡ በዕለተ ፡ ቀዳሚ
ት ፡ ሰንበት ፡ ዓርገ ፡ ንጉሥ ፡ ኢያሱ ፡ ውስተ ፡ ደብረ ፡ ብር
ሃን ፡ ለገቢረ ፡ በዓለ ፡ ሥለሴ ፡ በሥርዓተ ፡ መንግሥቱ ፡ ወወ
ሀበሙ ፡ ለካህናቲሃ ፡ ዝርግፈ ፡ አውቂአ ፡ እምክዛዱ ። ወመ
ድሎቱ ፡ ለውእቱ ፡ ዝርግፍ ፡ ፻ወ፺ ወቄት ። ወበ ፲ወ፰ ዓመ
ተ ፡ መንግሥቱ ፡ በዘመነ ፡ ዮሐንስ ፡ አመ ፡ ለ ፩ ለኅዳር ፡ አዕ
ረፈ ፡ ዓቀቤ ፡ ሰዓት ፡ ጥበበ ፡ ክሶስ ፡ በጐረባ ፡ ወበውእቱ ፡
ወርኅ ፡ ዘመተ ፡ ራስ ፡ ፋሬስ ፡ ምስለ ፡ ሠራዊተ ፡ ንጉሥ ፡
ወስተ ፡ ደብረ ፡ ገርዛ ። ወአሜሃ ፡ ከነ ፡ ረኀብ ፡ ወቍር ፡ ፅኑ
ዕ ፡ ወተሰእኖ ፡ ለኵሉ ፡ አኂዘ ፡ ልጓም ፡ ወረጊፀ ፡ እርካብ ፡
እምብዝኃ ፡ ድደን ። ወበእንተዝ ፡ ተመይጠ ፡ ፍጡነ ፡ ውስ
ተ ፡ ጐንደር ። ወአመ ፡ ፲ወ፰ ለየካቲት ፡ ተንሥአ ፡ ንጉሥ ፡
እምጐንደር ፡ ወገብረ ፡ ዘመቻሁ ፡ መንገለ ፡ ጕድሩ ፡ ወበአ ፡
አፈንጎ ። ወበሀየ ፡ አመ ፡ ፳ወ፯ ለመጋቢት ፡ አዕረፈት ፡ ዌዘ
ሮ ፡ ወለተ ፡ ጊዮርጊስ ፡ ብእሲቱ ፡ ለአቤቶ ፡ ጳውሎስ ፡ አም
ባሩስ ፡ ወተቀብረት ፡ በጬልማ ። ወእምድኅረ ፡ በዓለ ፡ ፋሲ
ካ ፡ ዓደወ ፡ ንጉሥ ፡ ፈለገ ፡ አባዊ ። ወአመ ፡ ፳ወ፱ ለሚያዝ
ያ ፡ በዕለተ ፡ ረቡዕ ፡ ገብረ ፡ ንጉሥ ፡ ኢያሱ ፡ ፀብዓ ፡ በጕድ
ሩ ፡ ቅድመሰ ፡ ከነ ፡ ድል ፡ ለንጉሥ ። ወእምዝ ፡ በመከነ ፡
ፀባብ ፡ ተንሥአ ፡ ጋላ ፡ ዘገብረ ፡ ሸመቃ ፡ ወአኅለቆሙ ፡ ለቡ
ርሳ ፡ ወጬፈንታ ። መልአከሙሰ ፡ ብላቴን ፡ ጌታ ፡ አሞኔዎ
ስ ፡ አምሠጠ ፡ እምዕፁብ ፡ ወዲቆ ፡ ውስተ ፡ ጸድፍ ። ወእም
ሠራዊተ ፡ ንጉሥኒ ፡ እለ ፡ ሞቱ ፡ በይእቲ ፡ ዕለት ፡ እሉ ፡ እ

ሙንቱ ፡ ሚክያስ ፡ ሥዩመ ፡ መቅደላ ፡ ወኢሳይያስ ፡ ሊቆሙ ፡ ለእለ ፡ ይዘብጡ ፡ ነጋሪተ ። ወኤዎስጣቴዎስ ፡ የሸለቃ ፡ ዘባሕር ፡ አሩሴ ፡ ወልደ ፡ ኳኩራ ፡ ልብስ ፡ ወትምርቴ ፡ ሥዩመ ፡ ጸገዴ ፡ ዘመዱ ፡ ለንጉሥ ፡ ኢያሱ ፡ እመንገለ ፡ መደባይ ። ወዝን ፡ ጽራር ፡ መደሬ ፡ ወባሻ ፡ ቸሬ ፡ ዘእምታሕተ ፡ ባሻ ። ወቆንጠሮ ፡ ጊዮርጊስ ፡ ቡርሳ ፡ ወአዛዥ ፡ ሐዋርያ ፡ ክሱስ ፡ ዘጸሐፈ ፡ ታሪከ ፡ ንጉሥ ፡ ኢያሱ ፡ እስከዝ ፡ ጊዜ ። ወከመ ፡ ወድቀ ፡ አዛዥ ፡ ሐዋርያ ፡ ክርስቶስ ፡ ሀሎ ፡ ኀልቀተ ፡ ማኅተመ ፡ ንጉሥ ፡ ውስተ ፡ አፅባዕቱ ። ወአሜሃ ፡ ሖረ ፡ ጸሓፊ ፡ ዘእምታሕቴሁ ፡ ዘስሙ ፡ አባ ፡ ክፍሌ ፡ ወበጽሐ ፡ ኀበ ፡ ወድቀ ፡ አዛዥ ፡ ሐዋርያ ፡ ክሱስ ፡ ወአምጽአ ፡ ለኀልቀት ፡ አውፂአ ፡ እምአፃብዒሁ ። አባ ፡ ዘወልድኒ ፡ ተረግዘ ፡ እንግድዓሁ ፡ ወሜሞ ፡ ንጉሥ ፡ ለአባ ፡ ዘወልድ ፡ ሢመተ ፡ ጸሓፌ ፡ ትእዛዝነት ፡ ዘአዛዥ ፡ ሐዋርያ ፡ ክሱስ ፡ ወእምአሜሃ ፡ ተሰምየ ፡ አዛዥ ፡ ዘወልድ ። ወበውእቱ ፡ ወርኅ ፡ ሞተ ፡ አቤቶ ፡ አፅመ ፡ ጊዮርጊስ ፡ ሐሚመ ፡ ውስተ ፡ ጓዜ ፡ ወለሀዎ ፡ ንጉሥ ፡ እስመ ፡ ውእቱ ፡ እኁሃ ፡ ለእመቤት ፡ ወለተ ፡ ጽዮን ፡ እማ ፡ ለዌዘሮ ፡ ወለተ ፡ ሩፋኤል ፡ ወለቱ ። መኳንንትኒ ፡ ወሠራዊትኒ ፡ ለሀዉ ፡ አሜሃ ፡ በበሐይመቶሙ ፡ በእንተ ፡ አዝማዲሆሙ ፡ ወሰብአሙ ፡ እለ ፡ ሐልቁ ፡ በዘመቻ ፡ ጕድሩ ። ወእምሀየ ፡ በአ ፡ ይባባ ፡ ወእመ ፡ ፳ወ፱ ለሰኔ ፡ ሞተ ፡ ወልዱ ፡ ዘበዙሩ ፡ አቤቶሁን ፡ ፋሲል ፡ ወተቀብረ ፡ በክብራን ። ወእመ ፡ ፳ወ፱ ለሰኔ ፡ አዕረፈ ፡ አባ ፡ ክፍናሮ ፡ ድወይ ፡ በተንቀል ። ወእመ ፳ ለሐምሌ ፡ በአ ፡ ንጉሥ ፡ ጐንደር ። ወበ ፲ወ፱ ዓመተ ፡ መንግሥቱ ፡ በዘመነ ፡ ማቴዎስ ፡ ተሥዕረ ፡ ባሻ ፡ ያዕቆብ ፡ ወተሠይመ ፡ ወሰነ ፡ አርዕድ ፡ ወተንሥአ ፡ ንጉሥ ፡ እምጐንደር ፡ ኀበ ፡ ጐዝም ፡ እንዘ ፡ የዓውድ ፡ አህጉራተ ። ንጉሥኒ ፡ ኃገየ ፡ በአፈንጉ ። ወእመ ፡ ፳ወ፰ ለሰኔ ፡ ሞተ ፡ ፊት ፡ አውራሪ ፡ ማማ ። ወእመ ፡ ፪ ለሐምሌ ፡ በአ ፡ ንጉሥ ፡ ውስተ ፡ ጐንደር ፡ በሰላም ፡ ወበውእቱ ፡ ወርኅ ፡ ተሠይመ ፡ አባ ፡ ጋምቃ ፡ ዘደሴተ ፡ ክብራን ፡ ሢመተ ፡ ዓቀቤ ፡ ሰዓት ፡ ወስመ ፡ ክርስትናሁ ፡ አብራንዮስ ፡ ወበውእቱ ፡ ክረምት ፡ መጽአ ፡ ዕኑዕ ፡ ቀጠና ፡ ወሰመይዎ ፡ ስሞ ፡ ጕድሩ ። (Fol. 20) በ ፳

ዓመተ ፡ መንግሥቱ ፡ በዘመነ ፡ ማርቆስ ፡ አመ ፴ ለኅዳር ፡ አዕ
ረፈት ፡ ዌዘሮ ፡ ማርታ ፡ ወለቱ ፡ ዘአሜሃ ፡ ከነት ፡ ብእሲተ ፡
ቆቅ ፡ አዳኝ ፡ አትኔ ፡ ወተቀብረት ፡ በደብረ ፡ ብርሃን ። አሜ
ሃ ፡ ተወጥነ ፡ መቃብር ፡ ዘደብረ ፡ ብርሃን ። ወአመ ፡ ፫ ለታ
ኅሣሥ ፡ ሞተ ፡ ደጅ ፡ አዝማች ፡ አቤትዬ ፡ ወተቀብረ ፡ በደ
ብረ ፡ ብርሃን ። ወበወርኃ ፡ የካቲት ፡ ሖ[illegible] ፡ ንጉሥ ፡ ይባባ ፡
ከመ ፡ ይትረከብ ፡ ምስለ ፡ በስ ፡ ዘመጽአ ፡ እምጐድሩ ፡ በእደ ፡
ደጅ ፡ አዝማች ፡ አኖሬ ፡ ለዕርቅ ፡ ንጉሥኒ ፡ ገብረ ፡ ዘመቻ
ሁ ፡ መንገለ ፡ ቱሉ ፡ አማራ ። ወቀተሉ ፡ ሠራዊቱ ፡ ብዙኃ ።
ወተመይጠ ፡ እምሀየ ፡ በአ ፡ ይባባ ። ወአመ ፡ ፫ ለሐምሌ ፡
በአ ፡ ውስተ ፡ ጐንደር ፡ በሰላም ። ወአመ ፡ ፫ ለነሐሴ ፡ አዕ
ረፈ ፡ አባ ፡ ሲብሐት ፡ ለአብ ፡ መነከስ ፡ ዘፃና ፡ ዘደረሰ ፡ መል
ክአ ፡ ሥሉስ ፡ ቅዱስ ፡ በደብረ ፡ ብርሃን ። ወኀዘነ ፡ ንጉሥ ፡
እስመ ፡ ጥቀ ፡ ፍቁሩ ፡ ወወሰዶ ፡ እስከ ፡ ፃና ፡ ደሴተ ፡ ቅዱ
ስ ፡ ቂርቆስ ፡ ወበሀየ ፡ ቀበርዎ ። ወበ ፳ወ፩ ዓመተ ፡ መንግ
ሥቱ ፡ በዘመነ ፡ ሉቃስ ፡ ሠረቀ ፡ መስከረም ፡ በዕለተ ፡ ቀዳሚ
ት ፡ ሰንበት ። አመ ፳ ለጥቅምት ፡ አዕረፈ ፡ አባ ፡ ቤተ ፡ ክስ
ስ ፡ ሊቀ ፡ ጐባዔ ፡ ዘደብረ ፡ ሊባኖስ ፡ ወተቀብረ ፡ ውስተ ፡
ሀገሩ ፡ ሱፍንቀራ ። ወአመ ፡ ፲ወ፯ ለጥቅምት ፡ አዕረጎሙ ፡ ው
ስተ ፡ ደብረ ፡ ወኅኒ ፡ ለደጅ ፡ አዝማች ፡ ጊዮርጊስ ፡ ወለፊ
ት ፡ አውራሪ ፡ ያዕቆብ ፡ ወለኵሎሙ ፡ አኃዊሆሙ ፡ ደቂቀ ፡
ራስ ፡ አንስጣስዮስ ፡ እስመ ፡ ተፀልዐ ፡ በበይናቲሆሙ ፡ ወይ
ቤሉ ፡ ንሕነ ፡ ውሉደ ፡ አቤቶ ፡ ገላውዴዎስ ፡ ወአመ ፡ ፬ ለ
ታኅሣሥ ፡ አዕረፈ ፡ አባ ፡ ወዳጄ ፡ ሊቀ ፡ መዘምራን ፡ በደብ
ረ ፡ ብርሃን ፡ ወስመ ፡ ክርስትናሁ ፡ እደ ፡ ክርስቶስ ። ወአመ ፡
፳ወ፫ ለታኅሣሥ ፡ አዘዘ ፡ ንጉሥ ፡ ከመ ፡ ይግበሩ ፡ በዓለ ፡ ዳ
ዊት ፡ ንጉሥ ፡ ወአመ ፡ ፲ ለመጋቢት ፡ አዕረፈ ፡ እጨጌ ፡ አ
ግናጥዮስ ፡ ወተቀብረ ፡ በአዘዞ ፡ በሰንደቅ ፡ ወነጋሪት ፡ ወበ
ውእቱ ፡ ወርኅ ፡ ክብለለ ፡ በጅሮንድ ፡ ኢያሱስ ፡ ሞዓ ፡ ወል
ደ ፡ አዛዥ ፡ ዕጉሥ ፡ ወበአ ፡ ውስተ ፡ መጕና ። ወበወርኃ ፡
ሚያዝያ ፡ አዕረፈ ፡ ብላቴን ፡ ጌታ ፡ አምሳሌ ፡ ወልደ ፡ ኳዙ
ራ ፡ ልብስ ። ወአመ ፡ ፫ ለሚያዝያ ፡ ተሠይመ ፡ እጨጌ ፡ ወ
ልደ ፡ ሐዋርያት ፡ ወበሳኒቱ ፡ ተንሥአ ፡ ንጉሥ ፡ እምጐንደር ፡

ወዘመተ ፡ ሻንቅላ ፡ ዘውእቱ ፡ ጊሳ ፡ ዳግማዊ ። ወበወርኀ ፡ ግንቦት ፡ አዕረፈ ፡ ፊት ፡ አውራሪ ፡ በትረ ፡ ኃይል ፡ ውስተ ፡ ሀገሩ ፡ አማማ ። ወአመ ፡ ፯ ለሰኔ ፡ በአ ፡ ንጉሥ ፡ ውስተ ፡ ጐንደር ። ወአመ ፡ ፲ወ፩ ለሰኔ ፡ ሞተ ፡ አዛዥ ፡ ገዮርጊስ ፡ ዘነበረ ፡ ቀዳሚ ፡ ከንቲባ ። ወተሠይመ ፡ ዠን ፡ ጽሩር ፡ ቄስጤ ፡ አዛዥነት ፡ ዘእራቅ ፡ ማሠሩ ። ወአመ ፡ ፳ወ፫ ለሐምሌ ፡ ሖረ ፡ ንጉሥ ፡ ውስተ ፡ ደቤተ ፡ ጩቅላ ፡ መንዘ ፡ ለጸዊመ ፡ ጾመ ፡ ፍልሰተ ። ወበ ፳ወ፱ ዓመተ ፡ መንግሥቱ ፡ በዘመነ ፡ ዮሐንስ ፡ ሠረቀ ፡ መስከረም ፡ በዕለተ ፡ ሰኑይ ። ወይእተ ፡ እለተ ፡ ከነ ፡ ድልቅልቅ ፡ ዐቢይ ፡ ውስተ ፡ ትዕይንተ ፡ ጐንደር ፡ እስመ ፡ ተንሥአ ፡ ነፍስ ፡ አውሎ ፡ ፅኑዕ ፡ ዘውእቱ ፡ ጠሮ ፡ ወአፍለሰ ፡ አብያተ ፡ ሰብአ ፡ ከተማ ፡ ወአብያተ ፡ ንጉሥ ፡ ወአውዳቆ ፡ ለማኅፈደ ፡ ዠን ፡ ተቀል ፡ ወአኅለቀ ፡ ብዙኃነ ፡ ሰብአ ፡ እለ ፡ ተፀወኑ ፡ ሀየ ፡ ዘየአክሉ ፡ ፴ አው ፡ ይበዝኁ ። ወሞተ ፡ አቤቶ ፡ ወልደ ፡ ብርሃን ፡ ዐቢይ ፡ ብእሲ ፡ ዘሻዋ ። ወአመ ፡ ፫ ለመስከረም ፡ ሞተ ፡ በጅሮንድ ፡ አሞኔዎስ ፡ ዘዝፍን ፡ ቤት ፡ በሞት ፡ ግብታዊ ፡ እስመ ፡ አስተይዎ ፡ ኀምዘ ፡ ወተቀብረ ፡ በደብረ ፡ ብርሃን ። ወአመ ፡ ፲ወ፱ ለመስከረም ፡ ተመይጠ ፡ ንጉሥ ፡ እምጩቅላ ፡ መንዘ ፡ ወበአ ፡ ጐንደር ። ወአመ ፡ ፩ ለኅዳር ፡ አቅረብዎ ፡ መነከሳተ ፡ መጐና ፡ ለበጅሮንድ ፡ ኢያሱስ ፡ ሞዓ ፡ ከመ ፡ ይትናገር ፡ ነገሮ ፡ በቅድመ ፡ ንጉሥ ። ንጉሚኒ ፡ ከሠተ ፡ በቱ ፡ ምስጢ (Fol. 21) ረ ፡ ዓመፃሁ ፡ ወዓዲ ፡ ተረከበ ፡ በቱ ፡ ነገር ። ወመስከሩ ፡ በቱ ፡ አዛዥ ፡ ዝክሮ ፡ ወምበር ፡ ዘቀኝ ፡ ወእጬግ ፡ ሚካኤል ፡ ወአቤቶ ፡ ጳውሎስ ፡ ወልደ ፡ ሐፄ ፡ መለክ ፡ ሰገድ ፡ ወሻማት ፡ ዮሐንስ ፡ ከመ ፡ ውእቱ ፡ ኢያሱስሞአ ፡ ከነ ፡ ወልደ ፡ አቤቶ ፡ ቴዎዶስዮስ ፡ ወልደ ፡ ሐፄ ፡ ዓለም ፡ ሰገድ ። ወእምዝ ፡ ተዓሥረ ፡ ኢያሱስ ፡ ሞዓ ፡ ውስተ ፡ ቤተ ፡ ፀበኛ ፡ አምሳሉ ፡ ወእምህየ ፡ ወሰድዎ ፡ ውስተ ፡ ድብ ፡ በር ፡ ወተናገረ ፡ ኢያሱስ ፡ ሞዓ ፡ ብዙኃ ፡ ጽርፈተ ፡ ላዕለ ፡ ንጉሥ ፡ ኢያሱ ፡ ወአብጺሖሙ ፡ ውስተ ፡ ድበ ፡ በር ፡ ቀተልዎ ፡ በሰይፍ ፡ ለኢያሱስ ፡ ሞዓ ። ወአመ ፡ ፲ወ፱ ለጥር ፡ አዕረፈ ፡ ሊቀ ፡ ማእምራን ፡ ማሞ ፡ ወስመ ፡ ክርስትናሁ ፡ ዘጊዮርጊስ ። ወአመ ፳ወ፱ ለጥ

ር ፡ ወዕለቱ ፡ ዕለተ ፡ ሠሉስ ፡ ተንሥአ ፡ ንጉሥ ፡ እምኰንደ
ር ፡ ወበጽሐ ፡ ፀዳ ፡ በሥርዓተ ፡ መንግሥቱ ። ወእዘዘ ፡ ለብ
ሐትወደድ ፡ ባሰሌ ፡ ከመ ፡ ይሑር ፡ እስከ ፡ ይባባ ፡ እኂዞ ፡ ዘ
ውደ ፡ ወኵሎ ፡ ሠራዊት ፡ ውእቱሰ ፡ ንጉሥ ፡ ሖረ ፡ ባሕቲ
ቱ ፡ ለተማኅፅኖ ፡ ኀበ ፡ ገዳማት ፡ ወአድባራት ፡ እስመ ፡ ከነ ፡
ዘመቻሁ ፡ ፅኑዓ ፡ ዘውእቱ ፡ ጊቤ ፡ ወእናርያ ፡ ወውእቱ ፡ ፍ
ጻሜ ፡ ዘመቻሁ ። ወሖረ ፡ ንጉሥ ፡ በፍኖተ ፡ ደንግል ፡ በር ፡
ወበጽሐ ፡ ባር ፡ ከንታ ፡ እስመ ፡ ደዋየት ፡ ዕቅብቱ ፡ ዌዘሮ ፡
ቅድስቴ ። ወእምሀየ ፡ በእ ፡ ይባባ ፡ ወተራከበ ፡ ምስለ ፡ ኀ
ዝ ፡ ወነበረ ፡ ሀየ ፡ ንስቲተ ፡ እንዘ ፡ ይትመከር ፡ ምክረ ፡ ዘ
መቻ ፡ ምስለ ፡ ደጅ ፡ አዝማች ፡ ቱሉ ፡ ዘዳሞት ፡ ምታ ፡ ለዌ
ዘሮ ፡ ወለተ ፡ ሥላሴ ፡ ወለቱ ፡ ወደጅ ፡ አዝማች ፡ አኖሬ ፡
ዘጐዣም ፡ ወቲጊ ፡ ወኵሎሙ ፡ ጋሎች ፡ በስ ፡ ወሊባን ፡ ወ
ቃለ ፡ ግንዳ ፡ ወአንገረ ፡ ዓዋጅ ፡ እንዘ ፡ ይብል ፡ ኵሉ ፡ ሰብ
እ ፡ ዘኢጸረ ፡ ማዕፀደ ፡ ወማኅዬ ፡ ወስንቀ ፡ ዘየአክሎ ፡ ለ ፲
ወርኀ ፡ ያእምር ፡ ከመ ፡ አነ ፡ እትቤቀሎ ። ወአመ ፡ ፩ ለመጋ
ቢት ፡ ዓደወ ፡ ንጉሥ ፡ ምስለ ፡ ሠራዊቱ ፡ ፈለገ ፡ ዓባዊ ።
ራስ ፡ ፋሬስሰ ፡ ኢነበረ ፡ በዝ ፡ ጊዜ ፡ አለ ፡ ሖረ ፡ በትእዛዘ ፡
ንጉሥ ፡ ውስተ ፡ ሀገረ ፡ ሚመቱ ፡ ትግሬ ። ወአመ ፡ ፲ ለመ
ጋቢት ፡ ተጋብሁ ፡ ኵሉ ፡ ትውልደ ፡ መጫ ፡ ላዕለ ፡ ንጉሥ ፡
እንዘ ፡ ሀሎ ፡ ሰፈሮ ፡ በቱሉ ፡ አማራ ፡ ወኀደጉ ፡ አደጋ ፡ በመ
ንፈቀ ፡ ሌሊት ፡ ወበጽሑ ፡ በአንጻረ ፡ ቤልማ ፡ ወማያ ፡ ወቄ
ሮ ፡ እንዘ ፡ አባጋዳሆሙ ፡ ዲላሞ ፡ ኃያል ፡ ወፀንሁ ፡ ሐራ ፡
ንጉሥ ፡ ወአሰምዑ ፡ ድምፀ ፡ ነፍጥ ፡ ብዙኀ ፡ ዘውእቱ ፡ አብ
ድርባሻ ። ወወድቁ ፡ ኵሉ ፡ ኃያላነ ፡ መጫ ፡ በአፈ ፡ ኵናት ፡
ወአላማ ፡ ነፍጥ ፡ ወቅድመ ፡ ኵሉ ፡ ወድቀ ፡ ዲላሞ ፡ ወእኀ
ዘ ፡ ዘሞባቴ ፡ ዘእምነገደ ፡ ባሶ ፡ ወመተረ ፡ ዕልገቶ ። ለዝንቱ
ሰ ፡ ዲላሞ ፡ ነዊኀ ፡ ቆሙ ፡ ወሰፍሐ ፡ ግድሙ ፡ ወከመዝ ፡
ገቢሮ ፡ ንጉሥ ፡ ኢያሱ ፡ ወበርቢሮ ፡ ኵሎ ፡ አህጉራተ ፡ ጊ
ቤ ፡ ወጥቁር ፡ ምድር ። ወበጺሖ ፡ እስከ ፡ እናርያ ፡ ወርእዮ ፡
ቤተ ፡ ክርስቲያነ ፡ እናርያ ፡ ወምሥያጠ ፡ እናርያ ፡ ወተመ
ጢዎ ፡ እምንጉሠ ፡ እናርያ ፡ አምኃሁ ፡ ገስላ ፡ ወፈረሰ ፡ ተ
መይጠ ፡ ንጉሥነ ፡ ኢያሱ ፡ ወበወርኃ ፡ መጋቢት ፡ አዕረፈት ፡

ዕቅብቱ ፡ ዌዘሮ ፡ ቅድስቴ ፡ በባርከንታ ፡ ወዓዲ ፡ መኀረከ ፡ ን
ጉሠ ፡ ኢያሱ ፡ ብዙኃ ፡ ጋላ ፡ እደ ፡ ወእንስተ ፡ ወአብአሙ ፡
ክርስትና ፡ እሜሃ ፡ መጽሑ ፡ ደጅ ፡ አዝማች ፡ ሳታ ፡ ወወሴ ፡
ሕዝበ ። ንጉሥኒ ፡ ሠርዖሙ ፡ ለነገደ ፡ ባሶ ፡ ኀበ ፡ ጽንፈ ፡
ዓባዊ ፡ ዘመንገለ ፡ አፃፃሜ ፡ ወለነገደ ፡ ጃዊ ፡ ኀበ ፡ ጽንፈ ፡
ዓባዊ ፡ ዘመንገለ ፡ ዳሞት ፡ ከመ ፡ ይዕቀቡ ፡ ሀገረ ፡ እምሆናተ ፡
ጋላ ፡ ዘማዶ ፡ ወአዕረፈ ፡ ጐዣም ፡ ወዳሞት ፡ እምድንጋጼ ።
ንግባእኬ ፡ ኀበ ፡ ነገረ ፡ ንጉሥ ፡ ወተመይጠ ፡ እምዘመቻ ፡
ጊቤ ፡ ወኀዲጎ ፡ ጓዝ ፡ ኀበ ፡ ቢትወደድ ፡ ባስሴ ፡ ገብረ ፡
ግስገሳ ፡ ወበጽሐ ፡ ባርከ(ን)ታ ፡ ወምስሌሁ ፡ ሀሎ ፡ ፊት ፡ አ
ውራሪ ፡ አግኜ ፡ እኁሃ ፡ ለዌዘሮ ፡ ቅድስቴ ፡ ወረከበ ፡ በዘ
ዕረፈት ፡ ወበከየ ፡ ብዙኃ ፡ ሐዊሮ ፡ ውስተ ፡ መቃብሪሃ ፡
ምስለ ፡ እኅታ ፡ ዌዘሮ ፡ ባዩበ ፡ ወደቂቀ ፡ ዳዊት ፡ ወዮሐንስ ፡
ወወለተ ፡ ፍቅር ፡ ወሰብለ ፡ ወንጌል ፡ ወወልደ ፡ ማህለ ።
(Fol. 35) ዌዘሮ ፡ ወለተ ፡ ሐዋርያት ፡ ኄርት ፡ ወፈራኂተ ፡
እግዚአብሔር ፡ ወለተ ፡ ንጉሥ ፡ ሱስንዮስ ፡ ወበውእቱ ፡ ወ
ርኀ ፡ ሞተ ፡ በሳርባኩ ፡ ባለምባራስ ፡ ተክለ ፡ ሃይማኖት ፡ ወ
ልደ ፡ ደጅ ፡ አዝማች ፡ ኢዮብ ። ወአመ ፡ ፲ወ፯ ለየካቲት ፡
ሞተ ፡ አዛጋ ፡ ዝክሮ ፡ በቃሮዳ ። ወበውእቱ ፡ ወርኅ ፡ እን
ዘ ፡ ሀሎ ፡ ንጉሥ ፡ ኢያሱ ፡ በባርከንታ ፡ አዘዘ ፡ ለበጅሮንድ ፡
ዮስጦስ ፡ ወልደ ፡ ደጅ ፡ አዝማች ፡ ድልበ ፡ ኢያሱስ ፡ ዘትግ
ሬ ፡ ወይቤሎ ፡ ሑር ፡ ኀበ ፡ ጐንደር ፡ ወነዓ ፡ በሎ ፡ ለተክለ ፡
ሃይማኖት ። ወካዕበ ፡ ይምጽኡ ፡ ፬ ቤት ፡ ጭፍራ ፡ ወመጺ
አ ፡ ዮስጦስ ፡ ነገረ ፡ ዘንተ ፡ ትእዛዘ ፡ ንጉሥ ። ወአመ ፡ ፩
ለመጋቢት ፡ በዕለተ ፡ ሰኑይ ፡ ሳኒታ ፡ ደብረ ፡ ዘይት ፡ ተማከ
ረ ፡ ተክለ ፡ ሃይማኖት ፡ ምስለ ፡ እለ ፡ እራስ ፡ ፋሬስ ፡ ወደ
ጅ ፡ አዝማች ፡ ወልደ ፡ ጊዮርጊስ ፡ ዘሰሜን ፡ ምታ ፡ ለዌዘሮ ፡
ወለተ ፡ ሩፋኤል ፡ ወምስለ ፡ ብላቴን ፡ ጌታ ፡ ኪዳኔ ፡ ወበጅ
ሮንድ ፡ አብሬ ፡ ዘዕቃ ፡ ቤት ፡ ወካልኣን ፡ መኳንንት ፡ ሥዩ
ማን ፡ ወሠዑራን ። ወይቤሎሙ ፡ ተክለ ፡ ሃይማኖት ፡ እሑ
ርኑ ፡ ኖሁ ፡ ይጼዑኒ ፡ ሐጼጌ ። ወይቤልዎ ፡ መኳንንት ፡ በአ
ፎ ፡ ተሐውር ፡ አኮኑ ፡ ጸውዑከ ፡ ከመ ፡ ይዕሥሩከ ፡ ወያዕር
ጉከ ፡ ላዕለ ፡ ደብረ ፡ ወኀኒ ፡ ወያንግሥዎ ፡ ለሕፃን ፡ ወልዶ

ሙ ፡ ዳዊት ። ይእዜኒ ፡ ናዓ ፡ ናንግሥከ ፡ ወዘንተ ፡ ብሂሎ
ሙ ፡ አብእዎ ፡ ለተክለ ፡ ሃይማኖት ፡ ውስተ ፡ ማከል ፡ ግም
ብ ፡ ወአንገሥዎ ፡ በይእቲ ፡ ዕለት ። ዘውደሂ ፡ አምጽአ ፡ በ
ጅሮንድ ፡ አብሬ ፡ እምኀበ ፡ ተኀብአ ። ወአሠርዎ ፡ ለዮስጠ
ስኒ ። ወለእኩ ፡ ኀበ ፡ ንጉሥ ፡ ኢያሱ ፡ አዛጋር ፡ ገላውዴዎ
ስሃ ፡ ሰይፍ ፡ እጃግሬ ፡ እንዘ ፡ ይብሉ ፡ ናሁ ፡ አንገሥናሁ ፡
ለዘየዓቢ ፡ ወልደከ ፡ ተክለ ፡ ሃይማኖት ። እስመ ፡ አእመርነ ፡
ጥዩቀ ፡ ከመ ፡ ኢትበውእ ፡ አንተ ፡ እግዚእነ ፡ ውስተ ፡ ዘቲ ፡
መንግሥት ፡ እለ ፡ በአማን ፡ መነንከ ፡ ዓለመ ፡ ከመ ፡ ካሌብ ፡
ንጉሠ ፡ ኢትዮጵያ ፡ መነና ፡ ለዓለም ፡ ወኃደጋ ፡ ለመንግሥ
ት ፡ ወመንኰሰ ፡ በእደ ፡ አባ ፡ ጰንጠሌዎን ። ወሰሚዖ ፡ ንጉ
ሥ ፡ ኢያሱ ፡ ዘንተ ፡ (ነ)ገረ ፡ ለአከ ፡ ኀበ ፡ መኳንንት ፡ እንዘ ፡
ይብል ፡ በእፎ ፡ አስሐትክምዎ ፡ ለፍቁር ፡ ወልድየ ። ይእዜ
ኒ ፡ መጸእኩ ፡ እገሥፅክሙ ፡ በዘዘዚአሁ ፡ ተግሣፅ ፡ ሎቱሁ ፡
ወለክሙሂ ። ወሰበ ፡ አምጽአ ፡ አዛጋር ፡ ገላውዴዎስ ፡ ዘንተ ፡
መልእክተ ፡ ንጉሥ ፡ ኢያሱ ፡ ተሀውኩ ፡ ኵሉ ፡ ትዕይንተ ፡
ጐንደር ፡ መኳንንትኒ ፡ ወሠራዊትኒ ፡ ተካየዱ ፡ ወተመሐሉ ፡
በሥዕለ ፡ ኵርዓተ ፡ ርእሱ ፡ ከመ ፡ ይመውት ፡ ምስለ ፡ ንጉ
ሥ ፡ ተክለ ፡ ሃይማኖት ፡ ወመጽአ ፡ ደጅ ፡ አዝማች ፡ ቱሉ ፡
እምዳሞት ፡ ወአዘዘ ፡ ተክለ ፡ ሃይማኖት ፡ ከመ ፡ ያርእይዎ ፡
ግብአተ ፡ ኵሉ ፡ አጣፊ ፡ ወእስላም ፡ ወጫዋ ፡ ዘወገሬ ፡ ወስ
ሜን ፡ ወእመ ፡ ፲ወ፪ ለመጋቢት ፡ ተንሥአ ፡ ንጉሥ ፡ ተክለ ፡
ሃይማኖት ፡ እምጐንደር ፡ በሥርዓተ ፡ መንግሥቱ ፡ ታቦታት
ሂ ፡ ዘግምጃ ፡ ቤት ፡ ወኢየሱስ ፡ ወአቡነ ፡ ተክለ ፡ ሃይማኖት ፡
ሖሩ ፡ ምስሌሁ ፡ በፍኖተ ፡ አዘዞ ፡ ወበጽሑ ፡ ባርጫ ፡ መካነ ፡
ቅትለቱ ፡ ለሐፄ ፡ ዘድንግል ። ንጉሥኒ ፡ ኢያሱ ፡ አስተጋብአ ፡
ሠራዊተ ፡ ለጊዜሁ ፡ ከመ ፡ ይፃብዕ ፡ ምስለ ፡ ወልዱ ፡ ተክለ ፡
ሃይማኖት ፡ ወመጽአ ፡ እስከ ፡ ደንገል ፡ በር ። ድኅረሰ ፡ ተመ
ይጠ ፡ ሰበ ፡ ሐመ ፡ ወይቤ ፡ ይመስለኒ ፡ ፈቀዱ ፡ ለእግዚአብ
ሔር ፡ መንግሥቱ ፡ ለተክለ ፡ ሃይማኖት ፡ ወልድየ ። ሊተኒ ፡
ይኄይሰኒ ፡ መንግሥት ፡ ሰማያዊ ፡ ወዘንተ ፡ ብሂሎ ፡ ዓሠሮ
ሙ ፡ ለኵሎሙ ፡ ውሉዱ ፡ በእደ ፡ ደጅ ፡ አዝማች ፡ ፍሣ ፡ ክ
ሰስ ፡ ወብሕትወደድ ፡ ባስሌ ፡ ወፈነዎሙ ፡ ኀበ ፡ ተክለ ፡ ሃይማ

ኖት ፡ ከመ ፡ ያዕርጎሙ ፡ ውስተ ፡ ወኅኒ ። ውእቱሰ ፡ ንጉሥ ፡ ኢያሱ ፡ በአ ፡ ውስተ ፡ ደቅ ። ወእምድኅረዝ ፡ ተንሥአ ፡ ንጉሥ ፡ ተክለ ፡ ሃይማኖት ፡ እምኒ ፡ ባርጫ ፡ ፁጡኑ ፡ እስመ ፡ ተንሥአ ፡ ሀየ ፡ ፅኑዕ ፡ ጉንፋን ፡ ወሐሙ ፡ ብዙኃን ፡ ወበ ፡ እለ ፡ ሞቱኒ ፡ በዝንቱ ፡ ጉንፋን ፡ ወሖረ ፡ አፊንጎ ። ወበሀየ ፡ (Fol. 36) ተጋብኡ ፡ ስዱዳን ፡ ዘጐዣም ፡ ወይቤልዎ ፡ ለንጉሥ ፡ ተክለ ፡ ሃይማኖት ፡ ሚጥ ፡ ለነ ፡ ሃይማኖተ ፡ በዓዋጅ ፡ እንዘ ፡ ትብል ፡ በቅብዓት ፡ ወልደ ፡ ባሕርይ ፡ እስመ ፡ አቡከ ፡ ንጉሥ ፡ ኢያሱ ፡ አውጽአነ ፡ አውጊዞ ፡ በቃላ ፡ ጳጳሳት ፡ ወቀሳውስት ፡ ወእጨጌ ፡ ወብዙኃን ፡ መነከሳት ። ወነበርነ ፡ ንሕነኒ ፡ በስደት ፡ ፳ወ፱ ተ ፡ ዓመት ። ውእቱኒ ፡ ንጉሥ ፡ ተክለ ፡ ሃይማኖት ፡ ይቤሎሙ ፡ እፎ ፡ እመይጥ ፡ ሃይማኖተክሙ ፡ በዓዋጅ ፡ ከመ ፡ ርስት ፡ ወጕልት ። ዳእሙ ፡ እመ ፡ ትፈቅዱ ፡ እሁበክሙ ፡ ጉባዔ ። እሙንቱሰ ፡ ስዱዳን ፡ ተማከሩ ፡ በቤተ ፡ ቄዘሮ ፡ እሴኒ ፡ ወደጅ ፡ አዝማች ፡ ቱሉ ፡ ወይቤሉ ፡ ለምንት ፡ አንገሥክምዎ ፡ ለዝንቱ ፡ ንጉሥ ፡ አኮኑ ፡ ይፀንዕ ፡ እምአቡሁ ፡ በሃይማኖቱ ፡ ዘይብል ፡ በተዋህዶ ፡ ወልደ ፡ ባሕርይ ፡ ወአንሥኡ ፡ ብዙኃ ፡ ሁከተ ፡ በአፊንጎ ። ውእቱኒ ፡ ንጉሥ ፡ ተክለ ፡ ሃይማኖት ፡ ተመከረ ፡ ምስለ ፡ ራስ ፡ ፋሬስ ፡ ወሞቅሐ ፡ ለቱሉ ፡ ወፈነዎ ፡ መንገለ ፡ ትግሬ ፡ ሀገረ ፡ አብ ፡ ሥሉስ ። ወአግዕዛ ፡ ለቄዘሮ ፡ እሴኒ ፡ ውስተ ፡ ተንከል ። እሉኒ ፡ ስዱዳን ፡ ተዘርዉ ፡ በበብሔሮሙ ፡ ወአመ ፡ ፳ወ፰ ለመጋቢት ፡ ከነ ፡ ፋሲካ ፡ ወበይእቲ ፡ ዕለት ፡ አዕረፈ ፡ እጨጌ ፡ መተከ ፡ ወተቀብረ[1] ፡ በጽጋጃ ። ወበወርኃ ፡ ሚያዝያ ፡ ተፃብኡ ፡ ወዓልተ ፡ ራስ ፡ ፋሬስ ፡ ወወዓልተ ፡ ደጅ ፡ አዝማች ፡ እኖሬ ፡ በንዑስ ፡ ምክንያት ፡ ዘውእቱ ፡ ዶርሆ ፡ ዘገበያ ፡ ወተመውዑ ፡ ወዓልቱ ፡ ለእኖሬ ፡ ወሞቱ ፡ ፬ ውሉዱ ፡ ወኃልቁ ፡ ብዙኃን ፡ በአፊንጎ ። ንግባእኬ ፡ ኀበ ፡ ዘቀዳሚ ፡ ነገረ ፡ ወፈነዎሙ ፡ ንጉሥ ፡ ለአኃዊሁ ፡ ፄዛዝር ፡ ውስተ ፡ ወኅኒ ፡ በእደ ፡ ቡርሳ ፡ ወጫፈንታ ፡ በ ፴ ለሚያዝያ ፡ ሞተ ፡ ከንቲባ ፡ ማሞ ፡ በጎንደር ፡ ወተሠይመ ፡ ከንቲባ ፡ ማቴዎስ ። ወነበረ ፡

[1] Ms. ተቀብሩ ፡

ንጉሥ ፡ ተክለ ፡ ሃይማኖት ፡ በአፊንጎ ፡ እንዘ ፡ ይሥዕር ፡ ወይሠይም ፡ ወሠዓሮ ፡ ለሽማት ፡ ዮሐንስ ፡ እምነ ፡ ሢመተ ፡ ደጅ ፡ አዝማች ፡ ዘአምሐራ ፡ ወሤሞ ፡ ለሙጫ ፡ ማም ፡፡ ወበቤገምድር ፡ ሤሞ ፡ ለማማስ ፡፡ ወለራስ ፡ ፋሬስኒ ፡ ደመረ ፡ ሎቱ ፡ ብሕት ፡ ወደድንት ፡ ለአምኃ ፡ ጊዮርጊስኒ ፡ ወልደ ፡ ደጅ ፡ አዝማች ፡ ድምያኖስ ፡ ሴሞ ፡ በጅሮንድነት ፡ ወአመ ፡ ፳ ወ፫ ለግንቦት ፡ አዕረፈ ፡ በአዘዞ ፡ መጋቢ ፡ ወልደ ፡ ኢያሱስ ፡ ወእምዝ ፡ ተንሥአ ፡ ንጉሥ ፡ ተክለ ፡ ሃይማኖት ፡ እምአፊንጎ ፡ ወነበረ ፡ ጎዳጠ ፡ መዋዕለ ፡ በእንፍራዝ ፡ ወአመ ፡ ፬ ለሐምሌ ፡ አዕረፈ ፡ በዳብሎ ፡ አቤቶ ፡ ዶንዞ ፡ እኁሆ ፡ ለዌዘሮ ፡ ወለተ ፡ ዮሐንስ ፡ ወለተ ፡ ሐዴ ፡ ፋሲል ፡፡ ንጉሥኒ ፡ በአ ፡ ውስተ ፡ ጐንደር ፡ አመ ፰ ለሐምሌ ፡ ወተሰምየ ፡ ስማ ፡ መንግሥቱ ፡ ልዑል ፡ ሰገደ ፡፡

ሠረቀ ፡ መስከረም ፡ በዕለተ ፡ ሐሙስ ፡ በ ፸፻ወ፩፻፺ወ፱ ዓመት ፡ እምፍጥረተ ፡ ዓለም ፡ በዘመነ ፡ ሉቃስ ፡ ወንጌላዊ ፡፡ ወበወርኃ ፡ መስከረመ ፡ ተሥዕረ ፡ ባሻ ፡ ወሰነ ፡ አርዕድ ፡ ወተሠይመ ፡ ቄለኛ ፡ ወልደ ፡ ጊዮርጊስ ፡፡ ወሤሞ ፡ ለቀበሮ ፡ አርሴ ፡ አዘጋዥነት ፡፡ ወበወርኃ ፡ ጥቅምት ፡ ኮነ ፡ ሁከት ፡ በጐንደር ፡ እስመ ፡ መጽኡ ፡ እምጐዣም ፡ ደጅ ፡ አዝማች ፡ እኖሬ ፡ ወፊት ፡ አውራሪ ፡ ያዕቆብ ፡ ዘአሸማን ፡ ወበጽሑ ፡ ኀበ ፡ ጽንፈ ፡ ባሕረ ፡ ፃና ፡ ዘውእቱ ፡ ሰይጭለ ፡ ከመ ፡ ያውፅእዎ ፡ ለንጉሥ ፡ ኢያሱ ፡ እምደሴተ ፡ ጨቅላ ፡ መንዘ ፡ እስመ ፡ ሀየ ፡ ከረመ ፡ ንጉሥ ፡ ኢያሱ ፡ መጺአ ፡ እምነ ፡ ደቅ ፡፡ ወሰሚዖ ፡ ተክለ ፡ ሃይማኖትኒ ፡ ፈነዎሙ ፡ ለአዝማዲሁ ፡ እመንገለ ፡ ደረቤ ፡ ዘውእቶሙ ፡ ደርምን ፡ ወጳውሎስ ፡ ወለአልበት ፡ ተሰፋ ፡ ነፍጠኛ ፡ ወካልኣን ፡ እስላሞች ፡ ነፍጠኞች ፡ ወጋሎች ፡ ወበሀየ ፡ ሰበ ፡ ዓፀበሙ ፡ ነገረ ፡ ንጉሥ ፡ ኢያሱ ፡ ይቤሉ ፡ እመ ፡ ኃደግናሁ ፡ ያወፅእዎ ፡ እለ ፡ እኖሬ ፡ ወይወስድዎ ፡ ንው ፡ ይእዜኒ ፡ ንምክር ፡ ዘይኄይሰነ ፡፡ ወዘንተ ፡ ብሂሎሙ ፡ አመ ፡ ፰ ለጥቅምት ፡ ቀዳሚ ፡ ዘበጥዎ ፡ በነፍ(ጥ) ፡ ወደኃሪ ፡ ረገዘ ፡ ደርምን ፡ በኵናት ፡ ወአውዓይዎ ፡ በእሳት ፡፡ ወዘንተ ፡ ርእዮሙ ፡ ጠፍኡ ፡ እለ ፡ እኖሬ ፡ ወያዕቆብ ፡፡ ገዝ ፡ ዙሉ ፡ ኮነ ፡ በጨቅላ ፡ መንዘ ፡፡ ወሰሚዖሙ ፡ ሞቶ ፡ ለንጉሥ ፡

ኢያሱ ፡ ተገብሥ ፡ ኵሉ ፡ ካህናት ፡ ዘደሴት ፡ ወዘገጸር ፡ ወ
ወሰድዎ ፡ በታንኳ ፡ በክብር ፡ ዐቢይ ፡ ወቀ[1] [በርዎ ፡ ውስተ ፡
መቃብረ ፡ አቡሁ ፡ ወእሙ ፡ ዘይእቲ ፡ ደሴተ ፡ ምጽራሐ ፡ ወ
ከነ ፡ ዓቢይ ፡ ክላህ ፡ ወብዙኅ ፡ ኀዘን ፡ በጎንደር ፡ ፈድፋደሰ ፡
በካህናተ ፡ ደብረ ፡ ብርሃን ። አሠነዩ ፡ ሥርዓተ ፡ ልቅሶ ፡ ወአ
ውፃዋሙ ፡ ለንዋያተ ፡ ቅድሳቲሆሙ ፡ ዘወሀበሙ ፡ ውእቱ ፡
ንጉሥ ፡ (ኢያሱ ፡) ወሖሩ ፡ እስከ ፡ መከበቢያ ፡ ተሠፊዮሙ ፡
እንዘ ፡ ያረግዱ ፡ ወርእዩ ፡ ከተማ ፡ ወሰከ ፡ ሐዘኑ ፡ በዲበ ፡ ኀ
ዘን ፡ ወእምዝ ፡ አኀዙ ፡ ፍትሐተ ፡ ፵ መዓልተ ፡ እንዘ ፡ ያወ
ፅኡ ፡ በክትቻ ፡ ወእመ ፡ አሚሩ ፡ ለታኅሣሥ ፡ ሞተት ፡ ወይ
ዘሮ ፡ ወለተ ፡ ንግሥት ፡ ወለተ ፡ ሐፄ ፡ ፋሲል ፡ ብእሲቱ ፡
ለደጅ ፡ አዝማች ፡ ፍሣ ፡ ክሶስ ፡ ወእመ ፡ ፫ ለታኅሣሥ ፡ አዕ
ረፈ ፡ በደብረ ፡ ብርሃን ፡ አቡየ ፡ አዛጋር ፡ ዘክሶስ ። ንጉሥኒ ፡
ሐገየ ፡ በጎንደር ፡ በሐዘን ፡ ወደዌ ፡ እንዘ ፡ ኢይወፅእ ፡ ወበው
እቱ ፡ ወርኀ ፡ ተእኀዙ ፡ አባ ፡ አኖሬ ፡ ወያዕቆብ ፡ ወአምጽእ
ዎሙ ፡ እስከ ፡ ጎንደር ። ወሤሞሙ ፡ ንጉሥ ፡ ለደርምን ፡ በ
ጐዣም ፡ ወለጳውሎስ ፡ በቤገ ፡ ምድር ፡ ወበወርኃ ፡ መጋቢ
ት ፡ ገብረ ፡ ንጉሥ ፡ (ተክለ ፡ ሃይማኖት ፡) ጉባዔ ፡ በፍቅር ፡
ግምብ ፡ በእንተ ፡ አባ ፡ ወልደ ፡ ተንሥኤ ፡ ወእኁሁ ፡ አባ ፡
ትምርቴ ፡ ወአብያጺሆሙ ፡ አባ ፡ ፀዳል ፡ ወቆሚጥ ፡ አባ ፡ ማ
ደሬ ፡ እለ ፡ ይብሉ ፡ በቅብዕ ፡ ተወሐደ ፡ ወተጋብኡ ፡ ካህናት ፡
ወመጽኡ ፡ አቡነ ፡ ማርቆስ ፡ ጳጳስ ፡ ወተንሥኡ ፡ አባ ፡ አው
ሰግንዮስ ፡ ወአባ ፡ መዝሙሬ ፡ ዘአግድ ፡ ወተዋሥእዎሙ ፡ ለ
እሉ ፡ መናፍቃን ፡ ወይቤልዎሙ ፡ እሙንቱ ፡ ዘቀዳሚ ፡ ነገር
ክሙ ፡ ወይእዜ ፡ ለወውክሙ ፡[2] በቱ ፡ ወተሰጥወ ፡ አባ ፡ ወ
ልደ ፡ ተንሥኤ ፡ ወይቤ ፡ ነወ ፡ ሀለውነ ፡ በቱ ፡ ወየአምሩ ፡
ለነ ፡ አቡነ ፡ ሀሎ ፡ መጽሐፍ ፡ ዘግብጽ ፡ ወይብል ፡ በቅብዕ ፡
ተወሐደ ፡ ወአሜሃ ፡ ተንሥአ ፡ ጳጳስ ፡ አባ ፡ ማርቆስ ፡ በመአ
ት ፡ ወአውገዘሙ ፡ ለአባ ፡ ወልደ ፡ ተንሥኤ ፡ ወለአብያጺሁ ።
ንጉሥኒ ፡ ፈነዎሙ ፡ ውስተ ፡ ቤተ ፡ ሞቅሕ ፡ ወእመ ፡ ፴ሁ ፡

[1] Le passage qui suit entre crochets, jusqu'à la fin du règne de Téouoflos, est tiré du ms. 143 de la Bibliothèque nationale.

[2] Ms. ወለውእክሙ ፡

ለግንቦት ፡ በዕለተ ፡ ዕሁድ ፡ አውዓየ ፡ መብረቅ ፡ ለደብረ ፡ ብርሃን ፡ ወበወርኃ ፡ ሰኔ ፡ ተንሥአ ፡ ወረኛ ፡ ዘይሰመይ ፡ ድሆ ፡ ወአስተጋብአ ፡ ብዙኃ ፡ ሠረዊተ ፡ ወገብረ[1] ፡ ሁከተ ፡ በአምሐራ ፡ ወእምድኅረ ፡ ፩ አውራኅ ፡ ሞተ ፡ ውእቱ ፡ ወረኛ ፡ ድሆ ፡ በጊዜሃ ፡ ወቀተሎ ፡ ዝግን ፡ ጽራር ፡ አጽሜ ፡ ወአምጽአ ፡ ቸበቸበሁ ፡ እስከ ፡ ጎንደር ፡ ወሰቀሎ ፡ መልዕለተ ፡ ዕፅ ፡ በአደባባይ ፡ ወአመ ፡ ፯ ለሐምሌ ፡ ተሰይመ ፡ እጨጌ ፡ ዮሐንስ ፡ እምድኅረ ፡ ጠፍአ ፡ እጨጌ ፡ ግንት ፡ ፭ ዓመተ ፡ ወ ፩ አውራኃ ፡ ወእንዘ ፡ ይትፌጸም ፡ ዝንቱ ፡ ወርኃ ፡ ክረምት ፡ አመ ፡ ፫ ለጳጕሜን ፡ ተጋብኡ ፡ ኵሉ ፡ ሰብአ ፡ ጐጃም ፡ በይባባ ፡ ወአንገሡ ፡ ወረኛ ፡ ዘይሰመይ ፡ ዓምደ ፡ ጽዮን ፡ ወተሀውከት ፡ ኵሉ ፡ ሀገር ፡ ወስቤሃ ፡ ሠረቀ ፡ ወርኃ ፡ መስከረም ፡ በዕለተ ፡ ቀዳሚት ፡ ወንጌላዊ ፡ ዮሐንስ ፡ ሰምዓ ፡ ንጉሥ (ተክለ ፡ ሃይማኖት ፡) ዘንተ ፡ ሁከተ ፡ ወለአከ ፡ ኀበ ፡ ደርምን ፡ ደጅ ፡ አዝማች ፡ ዘጐዝም ፡ ከመ ፡ የስተጋብእ ፡ ደረቤሃ ፡ አዝማዲሁ ፡ ወመጽአ ፡ ደርምን ፡ እስከ ፡ ይባባ ፡ ለተቃትሎ ። ወረኛሂ ፡ አንጸረ ፡ ገጸ ፡ ኀበ ፡ ጎንደር ፡ ወመጽአ ፡ በፍኖተ ፡ አገው ፡ ምድር ፡ ወበጺሖ ፡ ውስተ ፡ ቤተ ፡ ቹሐይ ፡ አብፅሐ ፡ ሥርዓተ ፡ መንግሥቱ ፡ ሄመ ፡ ወሠዓረ ፡ ወሰሚዖ ፡ ወረኛ ፡ ምጽአተ ፡ ደርምን ፡ እንዘ ፡ ያውዒ ፡ አብያተ ፡ ወይቀትል ፡ እደ ፡ ወአንስተ ፡ ዘረከበ ፡ ተመይጠ ፡ ውእቱ ፡ ወረኛ ፡ እስከ ፡ ይባባ ፡ ወአመ ፡ ፳ወ፩ ለመስከረም ፡ ተዝከረ ፡ በዓላ ፡ ለእግዚእትነ ፡ (ማርያም ፡) ወዕለቱ ፡ ዓርብ ፡ ገብሩ ፡ ፀብዓ ፡ ዓቢየ ፡ በቀበሮ ፡ ሜዳ ፡ ወከነ ፡ ድል ፡ ለደርምን ፡ መቅድመ ፡ ኵሉ ፡ ሐለቁ ፡ መነከሳት ፡ ዘጎጃም ፡ ዘነበሩ ፡ ስዱዳነ ፡ እምአመ ፡ መንግሥተ ፡ ሐጼ ፡ ፋሲል ፡ ወኢያሱ ፡ እስ.. ፡ አሜሂ ፡ አባ ፡ አከበ ፡ ክርስቶስኒ ፡ ዘወጠነ ፡ ቀዳሚ ፡ ብሂለ ፡ በቅብዐት ፡ ወልደ ፡ ባሕርይ ፡ ወተበአሰ ፡ ምስለ ፡ እኁሁ ፡ አባ ፡ ኒቆላዎስ ፡ እመ ፡ ዘመነ ፡ ሐጼ ፡ ዮሐንስ ፡ ራትዕ ፡ ንጉሥ ፡ ወእምሠረዊተ ፡ ንጉሥኒ ፡ ዘውእቶሙ ፡ አልማና (?) ፡ ወዴንሰ ፡ ሞቱ ፡ ብዙኃን ፡ ወእምዓበይት ፡ ሠራዊትኒ ፡ ዘሞቱ ፡ በይእቲ ፡ ዕለት ፡ እሉ ፡ እሙንቱ ፡

[1] Ms. ወብረ ፡

አቤቶ ፡ እንስጤ ፡ ወልዳ ፡ ለወይዘሮ ፡ ሰብለ ፡ ወንጌል ፡ ወማ
ጕራ ፡ ማሞ ፡ ቤልማሃ ፡ ወደጅአዝማች ፡ ወልዴ ፡ ወቈኃይ ፡
ወአቤቶ ፡ ባስልዮስ ፡ እስና (?) ንተ ፡ እኄልቁ ፡ ዘሞተ ፡ በይ
እቲ ፡ ዕለት ፡ ዳእሙ ፡ ይኄልቆ ፡ ቤቱ (?) ፡ ወከመዝ ፡ ገቢሮ ፡
ደርሞን ፡ ወፈጺሞ ፡ ኵሎ ፡ እለ ፡ ነበሩ ፡ መስለ ፡ ወረኛ ፡ ለ
እከ ፡ ብስራተ ፡ ፍሥሐ ፡ ኀበ ፡ ጎንደር ። ወአመ ፡ ፳ወ፫ ለመ
ስከረም ፡ በዕለተ ፡ እሑድ ፡ ተንሥአ ፡ ንጉሥ ፡ (ተክለ ፡ ሃይ
ማኖት ፡) እምጎንደር ፡ በሥርዓተ ፡ መንግሥቱ ፡ ወሠዓሮ ፡ ለ
ቄስ ፡ ሐፄ ፡ ሚካኤል ፡ ወሴሞ ፡ ለቄስ ፡ ልብኔ ፡ ወፈነዎ ፡
ንጉሥ ፡ (ተክለ ፡ ሃይማኖተ ፡) ለራስ ፡ ፋሬስ ፡ ቅድመ ፡ ም
ስለ ፡ ሠራዊት ፡ ካልኣን ፡ በፍኖተ ፡ ደንግልበር ። ውእቱ
ሰ ፡ ንጉሥ ፡ ሖረ ፡ በፍኖተ ፡ ፀዳ ፡ ወበጺሖ ፡ ወይንአረብ ፡
ሰምዓ ፡ ከመ ፡ ፈጸሞሙ ፡ ደርሞን ፡ ለሰብእ ፡ ጎዣም ፡ ወከ
መ ፡ ሞተ ፡ ወረኛ ፡ ዓምደ ፡ ጽዮን ፡ ወተፈሥሐ ፡ ፈድፋደ ፡
ወበበጕዜሁ ፡ ዘውትር ፡ በሰሐ ፡ ይባባ ፡ ወተራከበ ፡ ምስለ ፡
ራስ ፡ ፋሬስ ። ለእጨጌ ፡ አባ ፡ ዮሐንስሰ ፡ ወለሊቃውንት ፡
ዘአዘዘ ፡ አስተሰነእኵሙ ፡ (?) ከመ ፡ ይነብሩ ፡ በጨልማ ፡ ለ
እኖሬ (Fol. 197) ወለያዕቆብ ፡ አቅተሎሙ ፡ በአባዊ ፡ ወእ
ምነ ፡ ይባባ ፡ ሖረ ፡ ምድረ ፡ ገሜ ፡ ወገብረ ፡ መባጃ ፡ ወበው
እቱ ፡ ምድረ ፡ ገሜ ፡ ሞቱ ፡ በጽማሞ ፡ ወአዛጋዥ ፡ አሰረ ፡ ክር
ስቶስ ፡ ወበሀየ ፡ ቀተሎ ፡ ንጉሥ ፡ ለወረኛ ፡ ወልደ ፡ ይስ(ይ) ፡
ያስ ፡ ወረኛ ፡ እስመ ፡ አምጽአ ፡ ሎቱ ፡ ደጅ ፡ አዝማች ፡ ለ
ታ ፡ ዘዳሞት ፡ ወበጋዝጌ ፡ ሞተ[1] ፡ አባ ፡ ሲኖዳ ፡ ዘገጅጌ ፡ ወ
በሀየ ፡ ሜሞ ፡ ለቲጊ ፡ ብሕትወደድነት ፡ ወለራስ ፡ ፋሬስ ፡ ደ
ጅአዝማችነት ፡ ወለደጅአዝማች ፡ ወሴ ፡ ወሜሞ ፡ ለስምቡሴ ፡
ገላውዴዎስ ፡ አዛዝነት ፡ ዘራቀማሰሬ ፡ ወአመ ፡ ፳ ለሰኔ ፡ ሞ
ተ ፡ ደጅአዝማች ፡ ወልደ ፡ ጊዮርጊስ ፡ ምታ ፡ ለወይዘሮ ፡ ወ
ለተ ፡ ሩፋኤል ፡ ወበውእቱ ፡ ወርኅ ፡ እንዘ ፡ ይትመየጥ ፡ ን
ጉሥ (ተክለ ፡ ሃይማኖት ፡) እምነ ፡ ገሜ ፡ በፍኖተ ፡ አገው ፡
ተኃሕለውዎ ፡ ገበርዎች ፡ ወአምከርዎ ፡ ከመ ፡ ይንዓው ፡ አ
ራዊተ ፡ ውስተ ፡ ሀገሮሙ ፡ ወሖረ ፡ ውእቱ ፡ አንተ ፡ ባሕቲ

[1] Ms. ሞቱ ፡

ቱ ፡ አማሰቂበ ፡ ኵሎ ፡ ከተማ ፡ ወነዓወ ፡ ወቀተሎ ፡ ለጕሽ ፡ ዘ ውእቱ ፡ የዲ ፡ ወአትረፎ ፡ በ ፩ ሙጋዕ ፡ ወአንከሩ ፡ ወይቤሉ ፡ እመ ፡ ኀደግናሁ ፡ ይበውእ ፡ ውስተ ፡ ጎንደር ፡ ወይቀትለነ ፡ ለኵልነ ፡ ወኢይትፈነ ፡ ናሁ ፡ ይእዜ ፡ ንቅትሎ ። ዘንተ ፡ ምክረ ፡ መከረ ፡ ሳቱኒ ፡ ዮሐንስ ፡ ባላምበራስ ፡ ወካልኣን ፡ ገበርዎች ፡ አኃዊሁ ፡ ዘውእቶሙ ፡ ስምበን ፡ ወዘወልድ ፡ ወልደ ፡ ሰከ ፡ ወዕንቁላል ፡ ወገበርማ ፡ ካሳ ፡ ወወረፍ (?) ፡ ወዘንተ ፡ ብሂሎሙ ፡ ረገዝዎ ፡ በኵናት ፡ ወአውደቅዎ ፡ እምዲበ ፡ በቅል ፡ ወለፀዋሬ ፡ ንዋየ ፡ ሐቅሉ ፡ ዘይሰመይ ፡ ጊዮርጊስ ፡ ቀተልዎ ፡ ምስሌሁ ፡ ወኃለፉ ፡ ወተዘርዉ ፡ ገበርዎች ፡ ፍጡነ ፡ ተፀዊኖሙ ፡ በበአፍራሲሆሙ ። ዝዘከነ ፡ እመ ፡ ፳ወ፭ ለሰኔ ፡ በዕለተ ፡ ቀዳሚት ፡ ሰንበት ፡ ወአእቀብዎ ፡ ለንጉሥ ፡ ውስተ ፡ ቤቱ ፡ ለአዘና ፡ ሚካኤል ፡ ወበጊዜሃ ፡ ወፅአት ፡ ነፍሱ ፡ እምሥጋሁ ፡ ወእምዝ ፡ ወሰድዎ ፡ ፍቁራኒሁ ፡ መኳንንት ፡ ዘውእቶሙ ፡ ለጋባ ፡ ወልደ ፡ ጊዮርጊስ ፡ ወነጨ ፡ ማሞ ፡ ግራዝማች ፡ ወበጅሮንድ ፡ ዮስጦስ ፡ ወልደ ፡ ደጅአዝማች ፡ ድልበ ፡ ኢየሱስ ፡ ወቀበርዎ ፡ ለንጉሥ ፡ ተክለ ፡ ሃይማኖት ፡ ውስተ ፡ ደሴተ ፡ ክብራን ። አሜሃ ፡ ከነ ፡ ሁከት ፡ ወግርግታ ፡ ውስተ ፡ ትዕይንት ፡ ወመጽኡ ፡ ሰብአ ፡ ገበርማ ፡ ወአገው ፡ ወበዝበዙ ፡ ንዋየ ፡ ኀዝ ፡ ወሰለብዎሙ ፡ አልባሲሆሙ ፡ ለእድ ፡ ወአንስት ፡ ወበ ፡ ዘቀተሉ ፡ አሚራ ፡ ሚካኤልኒ ፡ ቤልማሃ ፡ ሞተ ፡ አሜሃ ፡ ወመጽኡ ፡ መኳንንት ፡ ወሠራዊት ፡ ወውላጆች ፡ እኊዘሙ ፡ ዘውደ ፡ ወ ፩ ሐጼኒ ፡ ወልደ ፡ ንጉሥ ፡ ተክለ ፡ ሃይማኖት ፡ ዘ ፱ ዓመቱ ፡ ዘስሙ ፡ ናዖድ ፡ ምስለ ፡ ራስ ፡ ፋሬስ ፡ እስከ ፡ እንፍራዝ ፡ በጅሮንድ ፡ ዮስጦስሰ ፡ መጽአ ፡ በፍኖተ ፡ ድንግል ፡ በር ፡ እስከ ፡ ወኅኒ ፡ ወአውረዶ ፡ ለአቤቶ ፡ ቴዎፍሎስ ፡ ወልደ ፡ ሐጼ ፡ ዮሐንስ ፡ ወአንገሥዎ ፡ በእንፍራዝ ፡ እመ ፡ ፱ ለሐምሌ ።

ወነግሠ ፡ ቴዎፍሎስ ፡ ወስመ ፡ መንግሥቱ ፡ አጽራር ፡ ሰገድ ፡ ወእመ ፡ ፳ወ፩ ፡ ለሐምሌ ፡ ሞተ ፡ በጅሮንድ ፡ አምኃ ፡ ጊዮርጊስ ፡ ወልደ ፡ ደጅአዝማች ፡ ድምያኖስ ፡ ወተቀብረ ፡ በአበራ ። ወእመ ፡ ፳ወ፱ ለሐምሌ ፡ በዕለተ ፡ ዓርብ ፡ አስተገብአሙ ፡ ንጉሥ ፡ ቴዎፍሎስ ፡ ለመኳንንት ፡ ወለወይዛዝር ፡ ወአ

ንገረ ፡ አዋጅ ፡ እንዘ ፡ ይብል ፡ ሃይማኖትየ ፡ በቅብዓት ፡ ወ
ልደ ፡ ባሕርይ ፡ ወኮነ ፡ ሁከት ፡ ለእለ ፡ ሰብአ ፡ ደብረ ፡ ሊባኖ
ስ ፡ ወይቤልዎ ፡ በምንት ፡ ትማይጥ ፡ ሃይማኖት ፡ በአዋጅ ፡
ከመ ፡ ርስት ፡ ወጕልት ፡ እንበለ ፡ ጉባኤ ፡ ወይቤሎሙ ፡ አኮ ፡
ጳሊእየ ፡ ኪነኳሙ ፡ አለ ፡ ከመ ፡ ይትአኀዝ ፡ ሊቀ ፡ ጐዣም ፡
ወእምዝ ፡ ሠዓሮ ፡ ለእጨ(ጌ ፡) ዮሐንስ ፡ ወለራስ ፡ ፋሪስኒ ፡
ሠዓሮ ፡ ወሤሞ ፡ ለደጅአዝማች ፡ ሕዝቅያስ ፡ ራስነት ፡ ምስለ ፡
ቤገምድር ፡ ወለዮሰጦስኒ ፡ ደጅአዝማች ፡ ለሰሜን ፡ ወትግሬ ፡
ወለቡናየ ፡ ባስሴ ፡ ብሕትወደድነት ፡ ወአመ ፡ ፳ወ፰ ፡ ለናሐ
ሴ ፡ ዓሠሮሙ ፡ ንጉሥ ፡ ለራስ ፡ ፋሪስ ፡ ወለሰቱኒ ፡ ዮሐንስ ፡
ወለቷጌ ፡ ወለብላቴንጌታ ፡ ኪዳኔ ፡ ወቀበሮ ፡ አርሴ ፡ ወፈነዎ
ሙ ፡ ውስተ ፡ ሀገረ ፡ አብሰሉስ ፡ ወለራስ ፡ ፋሪስ ፡ ፈነዎ ፡
ውስተ ፡ ደሴተ ፡ ምጽራሐ ፡ ወበውእቱ ፡ ክረምት ፡ ኮነ ፡ ሑከ
ት ፡ ወስዴት ፡ በደብረ ፡ ሊባኖስ ፡ ሠረቀ ፡ መስከረም ፡ በዕለተ ፡
እሑድ ፡ ወንጌላዊ ፡ ማቴዎስ ፡ አመ ፡ ፳ ለጥቅምት ፡ አምጽ
እዎሙ ፡ ኀበ ፡ ንጉሥ ፡ ቴዎፍሎስ ፡ ሎቱ ፡ ሰብአ ፡ ጐዣ
ም ፡ ለደርምን ፡ ወለጳውሎስ ፡ እኑሃ ፡ ለእቴጌ ፡ መለኮታዊ
ት ፡ እመ ፡ ንጉሥ ፡ ኢያሱ ፡ ወለወልዴ ፡ ንጉሥ ፡ ተክለ ፡ ሃ
ይማኖት ፡ ወአውዕእዎሙ ፡ ውስተ ፡ አደባባይ ፡ ወአዘዘ ፡ ይ
ስቅልዎሙ ፡ በፍትሕ ፡ ወሰቀልዎሙ ፡ በተረዳ ፡ ለመለኮታዊ
ት ፡ ወለእኍሃ ፡ ጳውሎስ ፡ ወለደርምንኒ ፡ ወለገበርማ ፡ ካሣ ፡
ቀታሌ ፡ ንጉሥ ፡ ተክለ ፡ ሃይማኖት ፡ ረገዝዎሙ ፡ በኵናት ፡
ወካዕበ ፡ ቀተልዎሙ ፡ በነፍጥ ፡ ወበሰይፍ ፡ ለእልበት ፡ ተሰ
ፍ ፡ ወ ፱ እስላሞች ፡ ነፍጠኞች ፡ እለ ፡ ቀትልዎ ፡ ለንጉሥ ፡
ኢያሱ ፡ ውስተ ፡ ደሴተ ፡ ጨቅላ ፡ መንዘ ፡ ወበይእቲ ፡ ዕለት ፡
ተወጥነ ፡ ገቢረ ፡ በዓሉ ፡ ለንጉሥ ፡ ኢያሱ ፡ ወነጋሪት ፡ ው
ስተ ፡ ደብረ ፡ ብርሃን ፡ ወምሳሕ ፡ በሞላሌ (?) ፡ ግምብ ፡ ወ
አመ ፡ ፳ወ፯ ለኅዳር ፡ ተንሥአ ፡ ንጉሥ ፡ ቴዎፍሎስ ፡ በሥር
ዓት ፡ እምጎንደር ፡ ወነበረ ፡ በአፈንጉ ፡ ወበወርኃ ፡ ተኀሣሥ ፡
ሠዓሮ ፡ ለዓቃቤ ፡ ሰዓት ፡ አባ ፡ ጋምች ፡ ወሴሞ ፡ ለአባ ፡ ዲ
ዮስቆሮስ ፡ ዘይብሰን ፡ ወበእንተዝ ፡ ኀዘኑ ፡ ሰብአ ፡ ደብረ ፡
ሊባኖስ ፡ ወይቤሉ ፡ ለምንት ፡ ይሠየም ፡ ሢመተ ፡ እንበለ ፡
ቤቱ ፡ መነኮስ ፡ ዘቤተ ፡ አባ ፡ ኤዎስጣቴዎስ ፡ ወእምዝ ፡ ሖረ ፡

ንጉሥ ፡ ቴዎፍሎስ ፡ ይባባ ፡ ወበሀየ ፡ አዕረፈ ፡ ዓቃቤ ፡ ሰዓት ፡ ዘመንፈስ ፡ ቅዱስ ፡ አመ ፡ ፲ ለመጋቢት ፡ ወተቀብረ ፡ ውስተ ፡ ሀገሩ ፡ ውዶ ። ንጉሥኒ ፡ ተመይጠ ፡ በፍኖተ ፡ ደንግልበር ፡ ወከረመ ፡ በጎንደር ፡ ወሠዓሮ ፡ [1] ለራስ ፡ ሕዝቅያስ ፡ ወሤሞ ፡ ለድሜጥሮስ ፡ ዘሻዋ ፡ ራስነት ፡ ወዓዲ ፡ ሠዓሮ ፡ ለብሕትወደድ ፡ ባስሌ ፡ ወሤሞ ፡ ለአርከሌድስ ፡ ዘቡርሳ ። ወበውእቱ ፡ ክረምት ፡ ከነ ፡ ጽኑዕ ፡ ቀጠና ። ወበ ፡ ፪ ዓመተ ፡ መንግሥቱ ፡ ሠረቀ ፡ መስከረም ፡ በዕለተ ፡ ሰኑይ ፡ ወንጌላዊ ፡ ማርቆስ ፡ ወአመ ፡ ፱ ለኅዳር ፡ ዓሠሮሙ ፡ ንጉሥ ፡ ቴዎፍሎስ ፡ ለደጃአዝማች ፡ ዮስጦስ ፡ ወልደ ፡ ደጃአዝማች ፡ ድልበ ፡ ኢየሱስ ፡ ወለብሕትወደድ ፡ አርከሌድስ ፡ ወሤሞ ፡ ለበሮ ፡ ሕዝቅያስ ፡ ሐሙሑ ፡ ብሕትወደድነት ፡ ወለፀበኛ ፡ አምሳሌ ፡ ሤሞ ፡ ደጃአዝማችነት ፡ ዘሰሜን ፡ ወአመ ፡ ፳ወ፱ ለኅዳር ፡ አንገሠ ፡ ንጉሥ ፡ ቴዎፍሎስ ፡ ታቦተ ፡ ፫፻፲ወ፳ ርቱዓነ ፡ ሃይማኖት ፡ ውስተ ፡ ማኅፈዱ ፡ ለብሕትወደድ ፡ ባስሌ ፡ ወሰመያ ፡ ሐመረ ፡ ኖኅ ፡ ወአመ ፡ ፲ወ፫ ለታኅሣሥ ፡ አዕረፈት ፡ በአለፉ ፡ ወይዘሮ ፡ ወለተ ፡ ጴጥሮስ ፡ እንዘ ፡ የዓውድ ፡ አህጉረተ ፡ ደምብያ ፡ ወወገሩ ፡ ምስለ ፡ ደጅ (አዝማች ፡) አምሳሌ ፡ ለገሥጹተ ፡ በለድ ፡ (Fol. 198) ወለአውዕዮት ፡ አብየተ ፡ ሠረቀት ፡ ወአመ ፡ ፳ወ፯ ለመጋቢት ፡ ተሠይመ ፡ እጨጌ ፡ ተክለ ፡ ሃይማኖት ፡ እምዘጠፍአ ፡ ሢመተ ፡ እጨግነት ፡ በ ፩ ዓመት ፡ ወ ፳ አውራኅ ፡ ወበወርኃ ፡ ሰኔ ፡ ፈትሖሙ ፡ ለዮስጦስ ፡ ወለአርከሌድስ ፡ ወአመ ፡ ፲ወ፱ ለሐምሌ ፡ ሰቀሎ ፡ ንጉሥ ፡ ለሰቱኒ ፡ ዮሐንስ ፡ ለዘመዱ ፡ ማሞ ፡ የሻለቃ ፡ ዘበጅና ፡ ወለ(ይ)ካልአን ፡ ዕደው ፡ እለ ፡ ነበሩ ፡ [2] በአመፃ ፡ እስመ ፡ ተመስከረ ፡ በሙ ፡ ከመ ፡ ያነግሡ ፡ ወረኛ ፡ ዘስሙ ፡ ነባሕኒ ፡ ዮሐንስ ፡ ውእቱኒ ፡ ወረኛ ፡ ተእኅዘ ፡ በካልእ ፡ ዕለት ፡ በምድረ ፡ እብናት ፡ እንዘ ፡ ይጐይይ ፡ ወመተርዎ ፡ አእናፊሁ ፡ ወአዕዛኒሁ ፡ ወፈነውዎ ፡ ወከረመ ፡ ንጉሥ ፡ በደሀና ። ወበ ፫ ዓመተ ፡ መንግሥቱ ፡ ሠረቀ ፡ መስከረም ፡ በዕለተ ፡ ሠሉስ ፡ ወንጌላዊ ፡

[1] Ms. ሠሮ ፡

[2] Ms. ንብሩ ፡

ሉቃስ ፡ አመ ፡ ፳ ለጥቅምት ፡ ተንሥአ ፡ ንጉሥ ፡ እምጎንደር ፡
ወ፡ብአ ፡ እፉንን ፡ ወአመ ፡ ፲ወ፯ ለጥቅምት ፡ ሞተ ፡ ፀበኛ ፡ አ
ምሳሌ ፡ ወተቀብረ ፡ በደብረ ፡ ብርሃን ፡ በሰንደቅ ፡ ወበኑጋፊት ፡
ንጉሥኒ ፡ ጐንደየ ፡ በእፉንን ፡ ወበህየ ፡ ሞተ ፡ ሊቀ ፡ መኳስ ፡
ሚካኤል ፡ ንጉሥኒ ፡ ሖረ ፡ ይባባ ፡ ወአንበሮ ፡ ዘውደ ፡ በይባ
ባ ፡ ምስለ ፡ መኳንንት ፡ ሖረ ፡ ባሕቲቱ ፡ ከመ ፡ የሐወጽ ፡ ደ
ሰያተ ፡ ወእንዘ ፡ ሀሎ ፡ በጽንፈ ፡ ደሴት ፡ ሰምዓ ፡ ከመ ፡ ዓመ
ፀ ፡ ቴጌ ፡ ፍዳ ፡ እምጽአ ፡ ፈቲሖ ፡ እምሐገረ ፡ አብ ፡ ሥሉስ ፡
ዘውእቱ ፡ ሐማሴን ፡ ወአስተጋብአ ፡ ቴጌ ፡ ብዙኃ ፡ ጋላ ፡ ዘ
ውእቱ ፡ ሊበን ፡ ወቃለ ፡ ገንዳ ፡ ወባሶ ፡ ወአንገው ፡ ወረኛ ፡
ወተንሥአ ፡ ንጉሥ ፡ በጕጕዓ ፡ ወበፅሐ ፡ ወአዘዘ ፡ በአወጅ ፡
ከመ ፡ ይኩን ፡ ከትቻ ፡ ዘዙሉ ፡ ጨዋ ፡ ፍጡነ ፡ ወእምድኅረ
ዝ ፡ እርትዓ ፡ ንጉሥ ፡ ሐዊረ ፡ መንገለ ፡ ሀገረ ፡ ባሶ ፡ ውእቱ
ሰ ፡ ቴጌ[1] ፡ በአ ፡ ይባባ ፡ ወቀተለ ፡ ብዙኃ ፡ ሰብአ ፡ ወማኅረ
ከ ፡ ወነበረ ፡ ህየ ፡ ንጉሥኒ ፡ ተንሥአ ፡ እምኅበ ፡ ሖረ ፡ ወገ
ብረ ፡ ፀብዓ ፡ በይባባ ፡ አመ ፡ ፪ ለሚያዝያ ፡ ወዕለቱ ፡ ረቡዕ ፡
(በ)ሰሙኑ ፡ ሕማማት ፡ ወከነ ፡ ድል ፡ ለንጉሥ ፡ ወተመውዑ ፡
ኃይላኒ ፡ ባሶ ፡ ወሊበን ፡ ወቀተሉ ፡ ሐራ ፡ ንጉሥ ፡ ወውላጆ
ች ፡ ብዙኃ ፡ ጋላ ፡ ዘአልበ ፡ ኍልቍ ። ተከለ ፡ ሃይማኖትኒ ፡
ወልደ ፡ ድንቁሳ ፡ ደመ ፡ ክርስቶስ ፡ ቀተለ ፡ ፪ ጋላ ፡ ወዓዲ ፡
አበዞችኒ ፡ ቀተለ ፡ ፺ ወበ ፡ እለ ፡ ሞቱኒ ፡ እምወራዊተ ፡ ንጉ
ሥ ፡ በእደ ፡ ጋላ ፡ ወእምኔሆሙ ፡ ብላቴንጌታ ፡ ስና ፡ ድንግል ፡
ወብላቴንጌታ ፡ ኪሩቤል ፡ ዘነበሩ ፡ ቀዳሚ ፡ ወዓልተ ፡ ራስ ፡
ፉሬስ ፡ ወዓዲ ፡ ሞተ ፡ አቤቶ ፡ እስጢፋኖስ ፡ ወልዱ ፡ ለወይዘ
ሮ ፡ ሳላ ፡ ዘናራ ። ወረኛሰ ፡ ጠፍአ ፡ ወኢተረከበ ፡ ቴጌኒ[2] ፡
ጐየ ፡ ምስለ ፡ ፪ ውሉዱ ፡ ወተረክበ ፡ ፩ በዓለ ፡ ሀገር ፡ ዘወ
ራሚት ፡ አኀዞ ፡ ወቀተሎ ፡ ወወሰደ ፡ ቸብቸበሁ ፡ ውስተ ፡
ይባባ ። ወከዕበ ፡ ሀለወት ፡ ቤተ ፡ ክርስቲያን ፡ በጥቃ ፡ ይባባ ፡
ዘትሰማይ ፡ ደብረ ፡ መዊዕ ፡ ወተጋብአ ፡ ውስቴታ ፡ ብዙኅ ፡
ጋላ ፡ ዘይበዝኅ ፡ እመ ፡ ፳፱ ወሰሚዖ ፡ ንጉሥ ፡ (ቴዎፍሎ

[1] Ms. ቴጊ ፡
[2] Ms. ቴጊኒ ፡

ስ ፡) አዘዘ ፡ ያውዕይዋ ፡ በነፍዋ ፡ ለይእቲ ፡ ቤተ ፡ ክርስቲ ያን ፡ ወይቤ ፡ ኣሐንጽ ፡ እን ፡ ደኃሪ ፡ ወአውእይዋ ፡ ወሐልቀ ፡ ኵሉ ፡ ጋላ ፡ ዘሀሎ ፡ ተኃቢኦ ፡ ውስቴታ ፡ በእሳት ፡ ወኢተርፈ ፡ ፩ ጋላ ፡ ዘይነግር ፡ ዜና ፡ ወከመዝ ፡ ገቢሮ ፡ በአ ፡ ንጉሥ ፡ ውስተ ፡ ጎንደር ፡ አመ ፡ ፳ወ፩ ለሰኔ ፡ ወአመ ፡ ፳ ለ ሐምሌ ፡ አዕረፈ ፡ አዛጋ ፡ አከሴ (?) ፡ ጸሐፌ ፡ ትእዛዝ ፡ በአ ዘዘ ። ንጉሥኒ ፡ ከረመ ፡ በደዌ ፡ ወኢተረከበ ፡ ለመኑሂ ፡ ወ አመ ፡ ፩ ለነሐሴ ፡ አዕረፈ ፡ አዛጋ ፡ ቈስጤ ፡ በሞት ፡ ግብታ ዊ ፡] (Fol. 33) ወተቀብረ ፡ በደብረ ፡ ብርሃን ፡ ወአመ ፡ ፯ ለ ነሐሴ ፡ ሤሞ ፡ ንጉሥ ፡ በእልፍኝ ፡ ለዮስጦስ ፡ ራስነት ። ወ አመ ፡ ፲ወ፯ ለነሐሴ ፡ ሞተ ፡ ራስ ፡ ሕዝቅያስ ፡ በሞት ፡ ግብ ታዊ ፡ ወተቀብረ ፡ በጸዳ ። ወአመ ፡ ፳ወ፪ ለነሐሴ ፡ ተሥዕረ ፡ እጨጌ ፡ ተክለ ፡ ሃይማኖት ። ሠረቀ ፡ መስከረም ፡ በዕለተ ፡ ሐሙስ ፡ ወንጌላዊ ፡ ዮሐንስ ፡ አመ ፡ ፳ ለጥቅምት ፡ በዕለተ ፡ ረቡዕ ፡ አዕረፈ ፡ ንጉሥ ፡ ቴዎፍሎስ ፡ ወተቀብረ ፡ በፀዳ ፡ ወ ዓመተ ፡ መንግሥቱ ፡ ፫ ዓመት ፡ ወ ፫ አውራኅ ።

ወነግሠ ፡ ራስ ፡ ዮስጦስ ፡ በኃይል ፡ እንዘ ፡ ኢደልዎ ፡ መን ግሥት ፡ እስመ ፡ ውእቱ ፡ ወልደ ፡ ድጅአዝማች ፡ ድልበ ፡ ኢያሱስ ፡ ወወልዳ ፡ ለዌዘሮ ፡ ወለተ ፡ ሐዋርያት ፡ ወለተ ፡ ዌ ዘሮ ፡ አምላካዊት ፡ ወለተ ፡ ዌዘሮ ፡ ዮሐንስ ፡ ወተሰምየ ፡ ስ መ ፡ መንግሥቱ ፡ ፀሐይ ፡ ሰገድ ። ወሤሞ ፡ ለደጅ ፡ አዝማ ች ፡ ፍሣ ፡ ክርስ ፡ ርእሰ ፡ ምስለ ፡ ቤገምድር ፡ ወለአጋፅ ፡ ወ ልደ ፡ ጊዮርጊስ ፡ ብሕትወደድነት ። ወላቡናየ ፡ ባስሉ ፡ ደጅ አዝማችነት ፡ ዘሰሜን ፡ ወለአርካሌድስ ፡ ጥቀቅን ፡ ብላቴንጌታ ነት ፡ ወለያሬድ ፡ ባጅሮንድነት ፡ ዘዘፋን ፡ ቤት ፡ ወአመ ፡ ፳ ወ፯ ለጥቅምት ፡ ተሠይመ ፡ እጨጌ ፡ ዘሚካኤል ፡ ወሐገየ ፡ ን ጉሥ ፡ እንዘ ፡ ይሠይም ፡ ወይሥዕር ፡ ወሖረ ፡ ኀበ ፡ አደን ፡ ወቀተለ ፡ ወአመ ፡ ፳ወ፱ ለመጋቢት ፡ አዕረፈ ፡ ጸበቴ ፡ ወልደ ፡ ዮሐንስ ፡ በአዘዘ ፡ ወአቤቶ ፡ ያዕቆብ ፡ በዋልዋጅ ። ወበወር ኃ ፡ ሰኔ ፡ ዓሠሮሙ ፡ ንጉሥ ፡ ዮስጦስ ፡ ውስተ ፡ ቤተ ፡ ደጅ ፡ አዝማች ፡ አጽሜ ፡ ለ ፯ መኳንንት ፡ ዘውእቶሙ ፡ ብላቴን ፡ ጌታ ፡ አርካሌድስ ፡ ወደጅ ፡ አዝማች ፡ ማማስ ፡ ወግራ ፡ አዝ ማች ፡ ከቤ ፡ ወበጅሮንድ ፡ አብሬ ፡ ወሬት ፡ አውራፊ ፡ ሎፊ

ስ ፡ ወደጅ ፡ አዝማች ፡ ዘወልድ ፡ ወልደ ፡ ለከ ፡ ወአጥፍአ ፡
ዓይኖሙ ። ለቢትወደድ ፡ ባስሴሰ ፡ ዓሥሮ ፡ ወአንበሮ ፡ ውስ
ተ ፡ ቤተ ፡ ሞቅሕ ፡ እስመ ፡ እሙንቱ ፡ ቀዳሚ ፡ አንገሥዎ ፡
ወደኃሬ ፡ መከሩ ፡ ከመ ፡ ይሥዓርዎ ። ወለደራሲ ፡ ሕዝቅያስ
ኒ ፡ ዓሠሮ ፡ ወአጥፍአ ፡ ዓይኖ ፡ በካልእ ፡ ጊዜ ፡ ወበዳግም ፡
ዓመተ ፡ መንግሥቱ ፡ ወንጌላዊ ፡ ማቴዎስ ፡ ሐገየ ፡ በጐንደ
ር ፡ ባሕኑ ፡ ፭ ጊዜ ፡ ሖረ ፡ ኀበ ፡ አደን ፡ ወቀተለ ፡ ወማህረከ ፡
ብዙኃ ። አሜሃ ፡ እመ ፡ ፳ ለሰኔ ፡ አዕረፈት ፡ ዌዘሮ ፡ አመተ ፡
ኢያሱስ ፡ መከነ ፡ ወለታ ፡ ለዌዘሮ ፡ ሰብለ ፡ ወንጌል ፡ ወተቀ
ብረት ፡ በአዘዘ ። ወእመ ፡ ፴ ለሐምሌ ፡ አዕረፈ ፡ ራስ ፡ ፍጣ ፡
ክሰስ ። ወበ ፡ ፫ ዓመተ ፡ መንግሥቱ ፡ ወንጌላዊ ፡ ማርቆስ ፡
ወፅአ ፡ ባሕቲቱ ፡ ኀበ ፡ አደን ፡ ውስተ ፡ ሀገር ፡ እንተ ፡ ትሰ
መይ ፡ ቤት ፡ መሎ ፡ ወቀተሎሙ ፡ ለጐሽ ፡ ወለዘኖን ፡ ወተ
መይጠ ፡ ወኃገየ ፡ በጐንደር ፡ እንዘ ፡ የሐንፅ ፡ ቤተ ፡ ክርስቲ
ያን ፡ ልደታ ፡ አሜሃ ፡ ሞተ ፡ ብሕት ፡ ወደድ ፡ ባስሴ ፡ እንዘ ፡
ሀሎ ፡ በሙቃሔ ፡ ወለወልደኒ ፡ ገላውዴዎስ ፡ አኃዝዎ ፡ ወአ
ምጽእዎ ፡ ኀበ ፡ ንጉሥ ፡ ወአጥፍአ ፡ ዓይኖ ። ወእመ ፡ ፲ወ፪
ለጥቅምት ፡ አዕረፈ ፡ አባ ፡ ሐርቃኖስ ፡ ዘአዘዘ ። ወበ ፡ ፬ ዓ
መተ ፡ መንግሥቱ ፡ ወንጌላዊ ፡ ሉቃስ ፡ ሖረ ፡ ባሕቲቱ ፡ ይባ
ባ ፡ ወተመይጠ ፡ ወዓዲ ፡ ሖረ ፡ ውስተ ፡ ቊንቊን ፡ ለአደን ፡
አሜሃ ፡ ቀተለቶ ፡ ዘኖን ፡ ለበጅሮንድ ፡ ያሬድ ፡ ወአምጽእዎ ፡
ወቀበርዎ ፡ ውስተ ፡ ቃሐ ። ወበዝ ፡ ዓመት ፡ ፈነዎ ፡ ለዮሐን
ስ ፡ ወልደ ፡ ችኳ ፡ ምስለ ፡ ባብሳ ፡ ወደገብሳ ፡ ለተቃተሎ ፡ ሽ
ንቀላ ። ንጉሥኒ ፡ ከረመ ፡ በጐንደር ። ወበኃምሳይ ፡ ዓመት ፡
ወንጌላዊ ፡ ዮሐንስ ፡ እንዘ ፡ ይሰዕም ፡ ንጉሥ ፡ ዮስጦስ ፡ ቤ
ተ ፡ ክርስቲያን ፡ አባ ፡ እንጦንስ ፡ እመ ፡ ፳ወ፪ ለጥር ፡ ደወየ ፡
ደዌ ፡ ፅኑዓ ፡ ወወፅአ ፡ ፍጡነ ፡ ወሰበ ፡ ፀንዓ ፡ በቱ ፡ ሕማም ፡
ተከሉ ፡ ሐይመተ ፡ ማእከለ ፡ ፍኖት ፡ ወወዓለ ፡ ሀየ ፡ ወሰበ ፡
መሰየ ፡ ጾርዎ ፡ በአራት ፡ ወአእተውዎ ፡ ቤቶ ። ወእመ ፪ ለየ
ካቲት ፡ ተሰምዓ ፡ ፅንዓ ፡ ደዌሁ ፡ ለዮስጦስ ፡ ውስተ ፡ ኵሉ ፡
ከተማ ፡ ወተሀውከት ፡ ኵሉ ፡ ሀገር ። ወበኡ ፡ መኳንንቲሁ ፡
ከመ ፡ ይርአይዎ ፡ ወረከብዎ ፡ ደዌነ ፡ ወወዓሉ ፡ በምክር ፡ እ
ንዘ ፡ ይውይሙ ፡ ወይሥዕሩ ፡ ወተከየድዎ ፡ ለዮ (Fol. 34)

ስጠስ ፡ እንዘ ፡ ይብሉ ፡ ኦግዚእነ ፡ እመኒ ፡ ሞትከ ፡ ናንግሥ ፡ ለወልድከ ፡ ፋሲል ። ወሰምዑ ፡ ውላጆች ፡ ዘንተ ፡ ምክሮሙ ፡ ለመኳንንት ። ወመሲዮ ፡ ብሔር ፡ አውጽኡ ፡ ውላጆች ፡ ኵሎ ፡ ሰብአ ፡ እምነ ፡ መክበብያ ፡ ወዓፀዉ ፡ አናክጸ ፡ ዣን ፡ ተከል ፡ ወጣረሰምባ ፡ በር ፡ ወነሰጉ ፡ ወቀትሩ ፡ እንተ ፡ ኵለሄ ፡ ወተመክሩ ፡ ወይቤሉ ፡ ቀዳሚ ፡ ሰቀየነ ፡ ዮስጠስ ፡ ወአመንደበነ ፡ በዊአ ፡ እንበለ ፡ ቤቱ ። ዮምኒ ፡ ዳግመ ፡ ነጊሦ ፡ ወልዱ ፡ ያነብረነ ፡ በከተማ ። ወእንዘ ፡ ይትማከሩ ፡ ዘንተ ፡ እሉ ፡ ውላጆች ፡ ወፅኡ ፡ መኳንንት ፡ ዘወዓሉ ፡ በምክር ፡ ምስለ ፡ ንጉሦሙ ። ወአንሥኡ ፡ ውላጆች ፡ ኵያንዊሆሙ ፡ ወረገዝዎሙ ፡ ለ ፳ መኳንንት ፡ ዘውእትዎሙ ፡ ቢትወደድ ፡ ትምርቴ ፡ ወጥቃቅን ፡ ብላቴን ፡ ጌታ ፡ ቈስጤ ፡ ዘዋልዋጅ ። ወአዮ ፡ የሻለቃ ፡ ዘስቢላ ፡ ወእንዚራ ፡ የሻለቃ ፡ ዘቤልማ ፡ ወጎርጎርዮስ ፡ አጋፋሪ ፡ ወሱሬ ፡ ወምክሩ ፡ ለባላምበራስ ፡ መሥመሬ ፡ ዓ(ቃቤ ፡) ሰዓት ፡ ዲዮስቆሮስሰ ፡ ወሰንዱን ፡ በጅሮንድ ፡ ዘዕቃ ፡ ቤት ፡ ወባሻ ፡ ወልደ ፡ ጊዮርጊስ ፡ ቈላኛ ። ወባላምበራስ ፡ መሥመሬ ፡ አምሠጡ ፡ ቀኒጸሙ ፡ ቅጽረ ። ወከነ ፡ አውያት ፡ ወተነግረ ፡ አዋጅ ፡ በሌሊት ፡ ወይቤሉ ፡ ውላጆች ፡ ንግሠ ፡ ንጉሥነ ፡ ዳዊት ፡ ወልደ ፡ ንጉሥነ ፡ ኢያሱ ። ዝዘከነ ፡ አመ ፡ ፫ ለየካቲት ፡ ወዕለቱ ፡ እሑድ ። ወእምቅድመ ፡ ዝንቱ ፡ ሰምዑ ፡ ዌዛዝር ፡ ዘወኅኒ ፡ ከመ ፡ ደወየ ፡ ዮስጠስ ፡ እስከ ፡ ለሞት ፡ ወከመ ፡ መከሩ ፡ መኳንንቲሁ ፡ ከመ ፡ ያንግሥዎ ፡ ለወልዱ ፡ ወአኃዙ ፡ ይረዱ ፡ እምደብረ ፡ ወኅኒ ፡ እንዘ ፡ ይብሉ ፡ ቀዳሚ ፡ አመንደበነ ፡ ዮስጠስ ፡ በንዴት ፡ ወበ ፡ እምኔነ ፡ ዘመተረ ፡ አዕናፊሆሙ ፡ ነሚአ ፡ ርስተነ ፡ ዘውእቱ ፡ መንግሠት ። እመሰ ፡ ነግሠ ፡ ወልዱ ፡ ዳግመ ፡ ኢያተረፈነ ፡ ወይፌጽምነ ፡ ለኵልነ ፡ ከመ ፡ ይኩን ፡ መንግሥት ፡ ለውሉዱ ፡ ወለውሉደ ፡ ውሉዱ ፡ እስከ ፡ ለዓለም ። ወወረዱ ፡ ፶ ዌዛዝር ። ለዓቃቤ ፡ ሀገርኒ ፡ ዮስጠስ ፡ እኁሁ ፡ ለቢትወደድ ፡ ትምርቴ ፡ ኢተክህሎ ፡ ከመ ፡ የአኃዞሙ ። ወሐሩ ፡ እለ ፡ ያወርድዎ ፡ ለዳዊት ፡ እምወኅኒ ። ወተእኅዙ ፡ እሉኒ ፡ ዌዛዝር ፡ እለ ፡ ወረዱ ፡ እምወኅኒ ፡ ዘእንበለ ፡ ይሑሩ ፡ አሐተ ፡ ሰኰተ ፡ አቤቶ ፡ በካፋሰ ፡ ጠፍአ ፡ ወኢተረከበ ፡ እስከ ፡ ጊዜ

ሁ ። ወአምጽእዎ ፡ ለዳዊት ፡ ውስተ ፡ ጐንደር ፡ ወአንገሥዎ ፡ አመ ፡ ፳ ለየካቲት ፡ በዕለተ ፡ ሠሉስ ፡ ወተፈትሑ ፡ ሙቁሓን ፡ ወከነ ፡ ትፍሥሕት ፡ ውስተ ፡ ኵሉ ፡ ከተማ ።

ወነግሠ ፡ ንጉሥ ፡ ዳዊት ፡ ወልደ ፡ ንጉሥ ፡ አድያም ፡ ሰገድ ፡ ወአሜሃ ፡ ዕድሜሁ ፡ ለዳዊት ፡ ፳ወ፭ ዓመት ፡ ወተሰምየ ፡ ስመ ፡ መንግሥቱ ፡ አደባር ፡ ሰገድ ፡ ወአመ ፡ ፲ወ፪ ለየካቲት ፡ ሰኒታ ፡ በአተ ፡ ጸሙ ፡ ለእኩ ፡ ዳዊት ፡ ንጉሥ ፡ ወመኳንንት ፡ ወአጨጌ ፡ ዘሚካኤል ፡ ወአቡነ ፡ ማርቆስ ፡ ጳጳስ ፡ ኀበ ፡ ሀሎ ፡ ንጉሥ ፡ ዮስጦስ ፡ እንዘ ፡ ይብሉ ፡ ለእፎ ፡ ነገሥከ ፡ ወምንት ፡ አንተ ። ወአውሥአ ፡ ዮስጦስ ፡ እንዘ ፡ ሀሎ ፡ በደዌ ፡ ዕኑዕ ፡ ሰኪቦ ፡ ውስተ ፡ ጽርሑ ፤ አደይ [1] ። ወይቤ ፡ እወ ፡ ነገሥኩ ፡ ዘኢይደልወኒ ፡ እንዘ ፡ አነ ፡ ወልደ ፡ ደጅ ፡ አዝማች ፡ ድልበ ፡ ኢያሱስ ፡ ዕበ ፡ ተውህበኒ ፡ ጊዜ [2] ። ወአመ ፡ ፲ወ፫ ለየካቲት ፡ በዕለተ ፡ ረቡዕ ፡ ሞተ ፡ ዮስጦስ ። ምክንያተ ፡ ሞቱ ፡ እንደኢ ፡ የአምር ፡ እግዚአብሔር ፡ እመኒ ፡ መተርዎ ፡ እግር ፡ አው ፡ ሐነቅዎ ፡ እመኒ ፡ ሞተ ፡ በደዌሁ ። ወበሳኒታ ፡ ወሰድዎ ፡ ውስተ ፡ ደብሩ ፡ ልደት ፡ ወቀበርዎ ፡ ህየ ፡ በሰንደቅ ፡ ወነጋሪት ፡ ከመ ፡ ሥርዓተ ፡ ፄዛዝር ፡ ወአከ ፡ ከመ ፡ ንጉሥ ፡ ወእምድኅረዝ ፡ ሤሞ ፡ ንጉሥ ፡ በአዳራሽ ፡ ለፊት ፡ አውራሪ ፡ እግኔ ፡ እኁወ ፡ እሙ ፡ ብሕትወደድነት ፡ ወለቡር ፡ ሕዝቅያስ ፡ ጥቃቅን ፡ ብላቴንጌታነት ፡ ወለአዛጋ ፡ ቄርሎስ ፡ ዘባረሰምባ ፡ ባሻነት ፡ ወለእጉግ ፡ ተስፋ ፡ ባላምበራስነት ፡ ወለኩሾ ፡ በበጅሮንድነት ፡ ዘዕቃ ፡ ቤት ። ወለዙሉሙ ፡ ሠርዖሙ ፡ በበሚመቶሙ ። ወአመ ፡ ፳ወ፯ ለየካቲት ፡ ኮነ ፡ ጉባኤ ፡ በአሻዋ ፡ በእንተ ፡ ፫ እፍርንጆች ፡ [[3] ዘአምጽአሙ ፡ ቀዳሚ ፡ ንጉሥ ፡ ዮስጦስ ፡ ለጥበብ ፡ ወምክር ፡ ወአንበሮሙ ፡ ሠዊር ፡ ውስተ ፡ ሀገረ ፡ አይና ፡ እግዚእ ፡ እስመ ፡ ተሐውከ ፡ በቱ ፡ ኵሉ ፡ ዓለም ፡ በእንቲአሆሙ ፡ ንጉሥሰ ፡ ዳዊት ፡ አዘዘ ፡ ያምጽእዎሙ ፡ እምሀገረ ፡ አይና ፡ እግዚእ ፡ ወአቀምዎሙ ፡ በአሻዋ ፡ ቅድመ ፡ ጉባኤ ፡ ወሐተትዎሙ ፡ አ

[1] Peut-être faut-il lire አደባባይ ፡

[2] Ms. 143. ኃይል ፡ Passage correspondant du discours de Yosṭos.

[3] Le passage entre crochets est emprunté au ms. 143, fol. 199.

ባ ፡ መዝሙሬ ፡ ወእጹግ ፡ ተሰፋ ፡ በልሳነ ፡ ዓረቢ ፡ ሃይማና ቶሙ ፡ ወይሴልዎ ፡ እሉሂ ፡ አፍርንጅ ፡ እወ ፡ በአማን ፡ አቲ ኢሁ ፡ [1] ንሕነ ፡ ለልዮን ፡ ወኬልቄዶን ፡ ጉባኤ (?) ፡ ይእቲ ። ወፈትሑ ፡ በሙ ፡ ፍትሐ ፡ ሞት ፡ ወቆመ ፡ ሊቀ ፡ ክፍሉ ፡ ማእከለ ፡ ጉባኤ ፡ ወእግብእ ፡ ፍትሐ ፡ ወአገርዎሙ ፡ በታሕ ታይ ፡ ጽንፈ ፡ ከተማ ፡ ወአስማቲሆሙ ፡ ለእሉ ፡ ሰሙኤል ፡ ዳዊት ፡ ሚካኤል ። ለአባ ፡ ጎርጎርዮስ ፡ መተርጉመ ፡ ልሳኖ ሙ ፡ መሀሮ ፡ ንጉሥ ፡ እሞት ፡ እስመ ፡ ይቤ ፡ አልብየ ፡ ሱታ ፌ ፡ ምስለ ፡ እሉ ፡ አፍርንጅ ፡ በሃይማኖት ፡ ወበቁርባን ፡ አ ለ ፡ ሰበ ፡ አዘዘኒ ፡ ንጉሥ ፡ ዮስጦስ ፡ አንበርኩ ፡ ሎሙ ፡ በቤ ትየ ፡ ንዋይቲሆሙ ፡ ወከንኩ ፡ እተረጉ (Fol. 200) ም ፡ ሎ ሙ ፡ ልሳናቲሆሙ ፡ ወአመ ፡ ፲ ለመጋቢት ፡ ሰምዓ ፡ (ዳዊት ፡) ንጉሥ ፡ ከመ ፡ ሀሎ ፡ አቤቶ ፡ በካፋ ፡ በምድረ ፡ ዋሰተን ፡ እ ንተ ፡ ይእቲ ፡ እምአህጉረ ፡ ቤገ ፡ ምድር ፡ [2] ፈነዎሙ ፡ ለበጅ ሮንድ ፡ ወልደ ፡ ልዑል ፡ ወለአሳላፊ ፡ ገብረ ፡ መድኅን ፡ ወተ ክለ ፡ ሃይማኖት ፡ ወልደ ፡ ንጭት ፡ ወአኀዝዎ ፡ ለአቤቶ ፡ በካ ፋ ፡ ወአምጽእዎ ፡ እስከ ፡ ወኅኒ ፡ ወአዕረግዎ ፡ ሀየ ፡ ወአመ ፡ ፳ ለሚያዝያ ፡ ከነ ፡ ፋሲካ ፡ ወተሥዕረ ፡ እጨጌ ፡ ዘሚካኤል ። ወአመ ፡ ፲ወ፰ ለግንበት ፡ አሠርዎ ፡ ሰብእ ፡ ደብረ ፡ ሊባኖስ ፡ ለቄስ ፡ ሐፄ ፡ ሚካኤል ፡ ከመ ፡ ይሢምዎ ፡ ሢመተ ፡ እጨግነ ት ፡ ውእቱሰ ፡ ዓበየ ፡ ዘንተ ፡ ወነበረ ፡ ተዓሚሮ ፡ ፱ አውራ ኃ ፡ ወበውእቱ ፡ ወርኅ ፡ ሜሞ ፡ ዳዊት ፡ ለአባ ፡ እውስግንዮ ስ ፡ ቄስ ፡ ሐፄነት ፡ ወአመ ፡ ፳ ለሰኔ ፡ አዕረፈ ፡ በደብረ ፡ ብር ሃን ፡ አቤቶ ፡ ድሜጥሮስ ፡ ካህን ፡ በዓለ ፡ ቅኔ ፡ ወልዳ ፡ ለወ ይዘሮ ፡ እስክንድረዊት ፡ ወለተ ፡ ሐፄ ፡ ፋሲል ። ወአመ ፡ ፲ ወ፪ ለሰኔ ፡ ቀደሰ ፡ ንጉሥ ፡ ታቦተ ፡ ቅዱስ ፡ ሚካኤል ፡ ዘአጻ ጹሜ ። ወአመ ፡ ፴ ለሰኔ ፡ አዕረፈ ፡ አቡነ ፡ ማርቆስ ፡ ጳጳስ ፡ ወሰድዎ ፡ ወቀበርዎ ፡ ዝንዳ ። ወአመ ፡ ፳ወ፩ ለሐምሌ ፡ አዕ ረፈ ፡ ራስ ፡ ፋሪስ ፡ በርስአን ፡ ጥዑል ፡ ወተቀብረ ፡ በአበራ ። ወአመ ፡ ፲ወ፫ ለነሐሴ ፡ ተሠይመ ፡ ቄስ ፡ ሐፄ ፡ ሚካኤል ፡ እ ጨግነት ። ንጉሥኒ ፡ ከረመ ፡ በደሀና ። ሠረቀ ፡ መስከረም ፡

[1] ለቲኒ ፡?

[2] Ms. ቤገ ፡ ምድረ ፡ ምድር ፡

በዕለተ ፣ ረቡዕ ፣ ወን(ጌ)ላዊ ፣ ማቴዎስ ፣ ወበወርኃ ፣ ጥር ፣
ሞቱ ፣ በወኅኒ ፣ አቤቶ ፣ ቆስጠ ፣ ወአቤቶ ፣ በአደ ፣ (ሚርያ
ም ፣) ውሉደ ፣ ንጉሥ ፣ ኢያሱ ። ንጉሥኒ ፣ ግዕዘ ፣ እምጎን
ደር ፣ ወሐገየ ፣ አፈንጎ ፣ ወከረመ ፣ በጎንደር ። ወእመ ፣ ፲ወ፩
ለሰኔ ፣ አዕረፈ ፣ እዛጋ ፣ መዝሙሬ ፣ ማእምረ ፣ ቅኔ ፣ ወልሳነ ፣
ዓረቢ ፣ ወተቀብረ ፣ በደሴተ ፣ (ክ)ብራን ። ወበ ፣ ፪ ዓመት ፣
ወንጌላዊ ፣ ማርቆስ ፣ ግዕዘ ፣ ንጉሥ ፣ እምጎንደር ፣ ወበጺሖ ፣
እንፍራዝ ፣ አዘዘ ፣ ያውርድዎሙ ፣ እምወኅኒ ፣ ለደጅአዝማ
ች ፣ ጊዮርጊስ ፣ ወለዘሎሙ ፣ ደቂቀ ፣ ራስ ፣ አንስጠስዮስ ፣
ወበአ ፣ አፈንጎ ፣ ወሤሞ ፣ ለጊዮርጊስ ፣ ደጅአዝማችነት ፣ ዘ
ጐዣም ፣ ወበውእቱ ፣ ዓመት ፣ ከነ ፣ ኩፍኝ ፣ ወሐልቁ ፣ ሕፃ
ናት ፣ ወሞተት ፣ ወይዘሮ ፣ ወለተ ፣ ጽዮን ፣ ወለታ ፣ ለወይዘ
ሮ ፣ ወለተ ፣ ሩፋኤል ፣ ወተቀብረት ፣ በግራፊያ ። ወእመ ፣ ፲ወ
፪ ለሰኔ ፣ አዕረፈት ፣ ወይዘሮ ፣ ወለተ ፣ ዮሐንስ ፣ መካን ፣ ወ
ለተ ፣ ሐዬ ፣ ፋሲል ፣ ወተቀብረት ፣ በጋና ። ወእመ ፣ ፳ወ፱ ለ
ወርኃ ፣ ሰኔ ፣ አዕረፈ ፣ እዛጋ ፣ ቄርሎስ ፣ ዘአዘዞ ፣ ወተቀብረ ፣
ውስተ ፣ ሀገሩ ፣ እንገር ። ወተመይጠ ፣ ንጉሥ ፣ እምአፈንጎ ፣
ወከረመ ፣ በጎንደር ። ወበ ፫ ዓመተ ፣ መንግሥቱ ፣ ወንጌላዊ ፣
ሉቃስ ፣ ግዕዘ ፣ ንጉሥ ፣ እምጎንደር ፣ ወበፅሐ ፣ አፈንጎ ፣ ወእ
መ ፣ ፲ወ፪ ለሚያዝያ ፣ አዕረፈ ፣ ብሕትወደድ ፣ እግኔ ፣ ውስ
ተ ፣ ሀገሩ ፣ ባርከንታ ፣ ወከነ ፣ ጽኑዕ ፣ ኀዘን ፣ በአፈንጎ ። ወ
ተሥዕረ ፣ እጨጌ ፣ ወሖረ ፣ ውስተ ፣ ተንከል ፣ እንዘ ፣ ሀሉ ፣
በደዌ ፣ ወተወይመ ፣ እጨጌ ፣ ተክለ ፣ ሃይማኖት ፣ መጺአ ፣
እምደቂ ፣ ውስተ ፣ ጎንደር ፣ ወጸውዖ ፣ ለደጅአዝማች ፣ ጊዮ
ርጊስ ፣ እምሀገረ ፣ ሢሚቱ ፣ ጐዣም ፣ ወሤሞ ፣ ሢመተ ፣ ብ
ሕትወደድ ። ወእመ ፣ ፳ወ፪ ለሐምሌ ፣ አዕረፈ ፣ እጨጌ ፣ ሚ
ካኤል ፣ በተንከል ፣ ወእመ ፣ ፳ወ፪ ለነሐሴ ፣ አዕረፈት ፣ ወይዘ
ሮ ፣ ወለተ ፣ ቀማዕት ፣ ጸሰርጌ ፣ ርትዕተ ፣ ሃይማኖት ፣ ወተቀ
ብረት ፣ በደብረ ፣ ብርሃን ፣ በሰንደቅ ፣ ወበነገፊት ። ወእመ ፣ ፴
ሁ ፣ ለሰኔ ፣ አዕረፈ ፣ ባሻ ፣ ያዕቆብ ፣ ውስተ ፣ ሀገሩ ፣ ዝማኃ ።
ወበ ፬ ዓመተ ፣ መንግሥቱ ፣ ሠረቀ ፣ መስከረም ፣ . . . . . ወን
ጌላዊ ፣ ዮሐንስ ፣ እመ ፣ ፲ወ፰ ለመስከረም ፣ አዕረፈት ፣ ወይዘ
ሮ ፣ ወለተ ፣ ጳውሎስ ፣ መካን ፣ ወለተ ፣ ሐጼ ፣ ፋሲል ፣ ወተ

ቀብረት ፡ በፀዳ ። ወአመ ፡ ፲ወ፰ ለመስከረም [1] ፡ ቀደሰ ፡ ታቦ
ተ ፡ አባ ፡ አዎስጠቴዎስ ። ወአመ ፡ ፳ ለተኅሣሥ ፡ አዕረፈት ፡
ይቴ ፡ እስክንድራዊት ፡ ብእሲቱ ፡ ለሊቄ ፡ ክፍሌ ። ወአመ ፡
፳ወ፫ ለጥር ፡ አርትዓ ፡ ሐዊረ ፡ መንገለ ፡ ይባባ ፡ በፍኖተ ፡ ደ
ንግል ፡ በር ፡ ወዘእንበለ ፡ ይብጽሕ ፡ ወድቀ ፡ እምላእለ ፡ ፈ
ረስ ፡ ወደወየ ፡ ወሐገየ ፡ ይባባ ። ወአመ ፡ ፳ወ፰ ለመጋቢት ፡
አዕረፈ ፡ ፀበቴ ፡ ፈለስኪኖስ ፡ እንዘ ፡ ሥዩም ፡ ውእቱ ፡ በሐ
መረ ፡ ኖኅ ፡ ወተቀብረ ፡ በደብረ ፡ ብርሃን ። ወአመ ፡ ፰ ለሚ
ያዝያ ፡ ሞተ ፡ ደጅአዝማች ፡ አፅሜ ፡ ወልዱ ፡ ለፀበኛ ፡ እም
ሳሌ ፡ በይባባ ፡ ወተቀብረ ፡ በድንጅ ። ንጉሥኒ ፡ አተወ ፡ ው
ስተ ፡ ጎንደር ። ወአመ ፬ ለሐምሌ ፡ አዕረፈ ፡ ሊቄ ፡ ማሞ ፡
ዘግራ ፡ ወተቀብረ ፡ ውስተ ፡ ሀገሩ ፡ ጃርጃር ፡ ወስመ ፡ ክርስ
ትናሁ ፡ ሥልጣኔ ፡ ክርስቶስ ፡ እግዚአብሔር ፡ ያዕርፍ ፡ ነፍ
ሰ ፡ ውስተ ፡ ሕፀነ ፡ አብርሃም ። ንጉሥኒ ፡ ዳዊት ፡ ሤሞ ፡ ለ
ወልዱ ፡ ባትሬ ፡ ሊቀ ፡ መኳንንት ፡ ወከረመ ፡ ንጉሥ ፡ በጎን
ደር ፡ በሰላም ። ወበ ፡ ፳ ዓመተ ፡ መንግሥቱ ፡ ወንጌላዊ ፡ ማ
ቴዎስ ፡ አመ ፡ ፯ ለኅዳር ፡ መጽአ ፡ አቡነ ፡ ክርስቶዶሉ ። ወ
አመ ፡ ፳ወ፰ ለታሕሣሥ ፡ ተሥዕረ ፡ ወልደ ፡ ጊዮርጊስ ፡ ወፈነ
ውዎ ፡ ውስተ ፡ ሀገሩ ፡ አጋፅ ፡ ወሤምዎ ፡ ለቢትወደድ ፡ ጊ
ዮርጊስ ፡ ራስነት ። ወበወርኃ ፡ መጋቢት ፡ ከነ ፡ ጉባኤ ፡ በእ
ንተ ፡ ነገረ ፡ ቅብዓት ፡ ወተወሕዱ ፡ ወተጋብኡ ፡ ኵሉ ፡ መነ
ከሳት ፡ ዘጐጃም ፡ ወለአምሐራ ፡ ወቤገምድር ፡ ወእምዝ ፡ አ
ዘዘ ፡ ንጉሥ ፡ ዳዊት ፡ ኀበ ፡ መነከሳት ፡ ዘደብረ ፡ ሊባኖስ ፡
እንዘ ፡ ይብል ፡ ሰሚዖ ፡ ነገረ ፡ ሃይማኖትክሙ ፡ ምስለ ፡ መነ
ከሳተ ፡ አባ ፡ ኤዎስጠቴዎስ ፡ ይንግረኒ ፡ ጊዮርጊስ ፡ ወይቤሉ ፡
መነከሳት ፡ ዘደብረ ፡ ሊባኖስ ፡ ኢንትፋታሕ ፡ ነገረ ፡ ሃይማኖ
ት ፡ በብሕትወደድ ፡ ጊዮርጊስ ፡ ዘእንበለ ፡ ንጉሥ ፡ ወአዘዘ ፡
ንጉሥ ፡ እንዘ ፡ ይብል ፡ ኵልክሙ ፡ መኳንንት ፡ ወካህናት ፡
ሑሩ ፡ ተሠዓልዎሙ ፡ ለአቡነ ፡ ነገረ ፡ ሃይማኖት ። ወሖረ ፡
ብሕትወደድ ፡ ጊዮርጊስ ፡ ምስለ ፡ ኵሎሙ ፡ መኳንንት ፡ ወ
ተሥዕልዎሙ ፡ ለአቡነ ፡ ወነገርዎሙ ፡ አቡነ ፡ ወይቤልዎሙ ፡
(Fol. 201) ሃይማኖትየ ፡ ከመ ፡ ሃይማኖቶሙ ፡ ለአባ ፡ ሲኖ

[1] Le manuscrit porte ኅዳር ፡ dans l'interligne.

ዳ ፡ ወአባ ፡ ማርቆስ ፡ ኢላ ፡ እምቅድሜየ ፡ ጳጳሳት ። ወተመይ
ጡ ፡ ወነገርዎ ፡ ለንጉሥ ፡ ወይቤሎሙ ፡ ዘሰማዕክሙ ፡ ነገረ ፡
ሃይማኖት ፡ (እ)ምቃለ ፡ ጳጳስ ፡ ሑሩ ፡ ንግሩ ፡ በአዋጅ ፡ ማ
እከለ ፡ አደባባይ ። ወመጽኡ ፡ መኳንንት ፡ ወተነግረ ፡ አዋጅ ፡
እንዘ ፡ ይብል ፡ በቅብዐት ፡ ወልደ ፡ ባሕርያ ፡ እመ ፪ ለሚያ
ዝያ ፡ በዕለተ ፡ ሥሉስ ። ወሰሚዖሙ ፡ መነከሳተ ፡ ደብረ ፡ ሊ
ባኖስ ፡ ኀዘኑ ፡ ወበሳኒታ ፡ ተጋብኡ ፡ ውስተ ፡ ቤተ ፡ እጨጌ ፡
ተክለ ፡ ሃይማኖት ፡ ወመከሩ ፡ እንዘ ፡ ይብሉ ፡ ንሙት ፡ በእን
ተ ፡ ሃይማኖት ፡ ቅድመ ፡ ንሰአሎ ፡ ለጳጳስ ፡ ወሖሩ ፡ ኀበ ፡
ጳጳስ ፡ አባ ፡ ክርስቶዶሉ ፡ ወበኡ ፡ እጨጌ ፡ ወአባ ፡ ዘወልደ
(ማርያም ፡) ዘመጕና ፡ ወአባ ፡ ኒቆላዎስ ፡ ጉባኤ ፡ ወልደ ፡ አ
ዛጋ ፡ ወልደ ፡ ተንሥኤ ፡ ወአባ ፡ ኤዎስጣቴዎስ ፡ ዘአዘዞ ፡ ወ
እኁሁ ፡ አባ ፡ ኅ(?)ፅፎ ፡ ወቄስ ፡ ሐጼ ፡ አውስግኖዮስ ፡ ወአ
ዛጋ ፡ ዘወልድ ፡ ወካልአንሂ ፡ ኅዳጣን ፡ ሊቃውንት ፡ ወተሥ
ዕልዎ ፡ ለጳጳስ ፡ ነገረ ፡ ሃይማኖት ፡ ወይቤ ፡ ጳጳስ ፡ ዘውእቱ ፡
ሃይማኖትየ ፡ በተወህዶ ፡ ወልድ ፡ ዋሕድ ፡ ወበቅብዓት ፡ ከነ ፡
መሲሐ ። ወሰሚዖሙ ፡ ሰብአ ፡ ደብረ ፡ ሊበኖስ ፡ ይቤሉ ፡ ንሴብ]
(Ms. 142, fol. 37) ሖ ፡ ለእግዚአብሔር ፡ ወደምፀ ፡ ድም
ፀ ፡ ማኅሌቶሙ ፡ ከመ ፡ ድምፀ ፡ ቀርን ፡ ወአድለቅለቅት ፡ ኵ
ሉ ፡ ትዕይንት ፡ እጨጌሂ ፡ በድባብ ፡ ወሊቃውንት ፡ በድኅሬ
ሆሙ ፡ ወበጽሑ ፡ እስከ ፡ ቤተ ፡ ክርስቲያኑ ፡ ለአቡነ ፡ ተክ
ለ ፡ ሃይማኖት ፡ ወወፂአሙ ፡ መኳንንት ፡ ባሻ ፡ ወልደ ፡ ጊ
ዮርጊስ ፡ ወልደ ፡ አዛጋ ፡ ዝክሮ ፡ ወአዛጋ ፡ ተክለ ፡ ሃይማ
ኖት ፡ ወልደ ፡ አዛጋ ፡ ሚናስ ፡ ወበጅሮንድ ፡ ወልደ ፡ ዳዊት ፡
ይቤልዎሙ ፡ ተመይጡ ፡ ውስተ ፡ ቤትክሙ ፡ እጨጌሂ ፡ ወሊቃ
ውንትሂ ፡ ተመይጡ ፡ ወበኡ ፡ ቤተ ፡ እጨጌ ። ወእምድኅረዝ ፡
መጽአ ፡ ጋላ ፡ ዘይሰመይ ፡ ጃዊ ፡ ወበአ ፡ ቤተ ፡ እጨጌ ፡ በኃ
ይል ፡ ወቀተለ ፡ መነከሳተ ፡ ዘመጕና ፡ ወዘአዘዞ ፡ ወዘኵሎን ፡
ገዳማት ። ወዓዲ ፡ ቀተሎሙ ፡ ለአባ ፡ ኒቆላዎስ ፡ ወለአባ ፡ አ
ስፎ ፡ ወለቄስ ፡ ሐጼ ፡ አውስግንዮስ ፡ ወለአባ ፡ ርእሰ ፡ ቃል ፡
፩ እምካህናተ ፡ አቡነ ፡ ተክለ ፡ ሃይማኖት ። ወሰለበዎሙ ፡ አ
ልባሲሆሙ ፡ ለእጨጌ ፡ ተክለ ፡ ሃይማኖት ፡ ወለአባ ፡ ኤዎስ
ጣቴዎስ ፡ ዘአዘዞ ፡ ወለአባ ፡ ዘወልደ ፡ ማርያም ፡ ዘመጕና ፡

ወለአባ ፡ አርቃዴዎስ ፡ ማኅበር ፡ ዘወርቅ ፡ ለብሆ ፡ ወለአዛጋ ፡
ዘወልድ ፡ ወለመልአከ ፡ ብርሃናት ፡ እልፍዮስ ፡ ወለጸባቲ ፡
ሥዕለ ፡ ክሶስ ፡ ወመጋቢ ፡ ወልደ ፡ ሐዋርያት ፡ ወለብዙኃን ፡
መነከሳት ፡ ወመምህራን ፡ ዘአልበሙ ፡ ኍልቍ ፡ እለሰ ፡ ተቀ
ትሉ ፡ በይእቲ ፡ ዕለት ፡ በእደ ፡ ጃዊ ፡ የአክሉ ፡ ፶ ተ ፡ አው ፡
ይበዝኁ ፡፡ ዝ ፡ ዘከነ ፡ አመ ፡ ፫ ለሚያዝያ ፡ ወዕለተ ፡ ረቡዕ ፡፡
ወሰበ ፡ ሰምዖ ፡ ዳዊት ፡ ንጉሥ ፡ አዘዘ ፡ በአዋጅ ፡ እንዘ ፡ ይ
ብል ፡ ኢትቅትሉ ፡ እምይእዜ ፡ ወዙሉ ፡ ዘቀተለ ፡ ሞተ ፡ ለ
ይሙት ፡ ወከነ ፡ ዘኁን ፡፡ ወበሰኒታ ፡ አመ ፡ ፱ ለሚያዝያ ፡ አ
ዘዘ ፡ ንጉሥ ፡ ከመ ፡ ያምጽእዎ ፡ ለጳጳስ ፡ እስከ ፡ አዋጅ ፡
መንገርያ ፡ ወተነግረ ፡ ዓዋጅ ፡ በቅድመ ፡ ጳጳስ ፡ እንዘ ፡ ይ
ብል ፡ በቅብዓት ፡ ወልደ ፡ ባሕርይ ፡፡ ወእምዝ ፡ ከነ ፡ ሁከት ፡
ወሰደት ፡ በደብረ ፡ ሊባኖስ ፡፡ ንጉሥኒ ፡ ደጠየ ፡ ብዙኃ ፡፡ ወ
አመ ፡ ፲ወ፱ ለሚያዝያ ፡ በዕለተ ፡ ጸሎተ ፡ ሐሙስ ፡ ተጋብኡ ፡
መኳንንት ፡ በትእዛዘ ፡ ንጉሥ ፡ ወአንሥኡ ፡ እደዊሆሙ ፡ ከ
መ ፡ ይዕሥርዎ ፡ ለደጅ ፡ አዝማች ፡ ለታ ፡፡ ውእቱሰ ፡ ዐበየ ፡
ትእኅዞተ ፡ ወወፅአ ፡ ቀኒጸ ፡ ቅጽረ ፡ ወረግዘ ፡ ለ ፩ ቍልዔ
ሁ ፡ ለራስ ፡ ጊዮርጊስ ፡ ሎቱኒ ፡ ረገዝዎ ፡ ንስቲተ ፡ ውስተ ፡
ተኬሳሁ ፡ ወሖረ ፡ ፍጡነ ፡ ውስተ ፡ ቤቱ ፡ ወአምጽእዎ ፡ በአ
ራት ፡ ወፈትሑ ፡ በቱ ፡ ወአዋፍዕዎ ፡ ዓይኖ ፡ በዕለተ ፡ ቀዳ
ሜ ፡ ሹር ፡ በትእዛዘ ፡ ንጉሥ ፡ ውስተ ፡ ቤቱ ፡ ለቢት ፡ ወደ
ድ ፡ ጊዮርጊስ ፡፡ ወአመ ፡ ፲ወ፪ ለግንበት ፡ አቅተሎሙ ፡ በሹ
ፍት ፡ በጅሮንድ ፡ ኩቾ ፡ ለኪዳኔ ፡ ቀሚስ ፡ አሳለፊ ፡ ወለ ፡ ፩
እስላም ፡ ዓቀቤ ፡ ሥራይ ፡፡ ወበልዕዎሙ ፡ አክልብት ፡ በአደ
ባባይ ፡ እስመ ፡ እሙንቱ ፡ ተሐምዩ ፡ ከመ ፡ ወሀብዎ ፡ ለንጉ
ሥ ፡ ሥራየ ፡ በዘይደዊ ፡ ወበዘይመውት ፡፡ ወበይእቲ ፡ ዕለት ፡
ዕለተ ፡ እሑድ ፡ አዕረፈ ፡ ዳዊት ፡ ንጉሥ ፡ በጊዜ ፡ ፮ ሰዓት ፡፡
ወበሳኒተ ፡ በዕለተ ፡ ሰኑይ ፡ አመ ፡ ፲ወ፫ ለግንቦት ፡ አስተጋብ
ዖሙ ፡ ራስ ፡ ጊዮርጊስ ፡ ውስተ ፡ ቤቱ ፡ ለደጅ ፡ አዝማች ፡
ባሕርይ ፡ ወለደጅ ፡ አዝማች ፡ ሚካኤል ፡ ወሰገዶ ፡ ማሞ ፡
ዘነበረ ፡ ደጅ ፡ አዝማች ፡ ዘሰሜን ፡ ወለደጅ ፡ አዝማች ፡ ተ
ክለ ፡ ጊዮርጊስ ፡ ምታ ፡ ለወይዘሮ ፡ ወለተ ፡ ፍቅር ፡ እኀተ ፡
ንጉሥ ፡ ዳዊት ፡ ወለደጅ ፡ አዝማች ፡ ሰንዱን ፡ ወለደጅ ፡ አ

ዝማች ፡ ዮስጦስ ፡ ወልደ ፡ ወሴ ፡ ወለባሻ ፡ ወልደ ፡ ጊዮርጊ
ስ ፡ ወልደ ፡ አዛጋር ፡ ዝከሮ ፡ ወለገብረ ፡ መድኅን ፡ ወልደ ፡
ራስ ፡ ሕዝቅያስ ፡ ወለአስከናፍር ፡ አጽሜ ፡ ወለካልአን ፡ ብዙ
ኃን ፡ መኳንንት ፡ ሥዩማን ፡ ወሥሁራን ፡ ወለ ፱ አዛዦች ፡ ወ፱
ሊቃውንት ፡ ዘቀኝ ፡ ወግራ ፡ ወባሕቲቱ ፡ ያዕቆብ ፡ በጅሮንድ ፡
ኩቻ ፡ መኀፈደ ፡ ንጉሥ ፡ ምስለ ፡ ውላጆች ፡ ዓሊዎሙ ፡ አናቅ
ጸ ፡ ዝግን ፡ ተክል ፡ ወጣረስአምባ ፡ በር ፡ ነሲኆሙ ፡ ወቀቲሮሙ ፡
ኵሎ ፡ አንቀጸ ፡ ወያዓቅቡ ፡ ዘውደ ፡ ተደሊዎሙ ፡ በኵናት ፡
ወቀስት ፡ ወአላማ ፡ ንፍጥ ። ወይቤሎሙ ፡ ራስ ፡] (Fol. 3o)
ጊዮርጊስ ፡ ለኵሎሙ ፡ መኳንንት ፡ አንግሡ ፡ ሌተ ፡ አቤቶ ፡
ወልደ ፡ ጊዮርጊስሃ ፡ ወልደ ፡ ንጉሥነ ፡ ኢያሱ ፡ ዘወለዶ ፡
እምነ ፡ ዌዘሮ ፡ ማሚት ፡ ዘነገላ ፡ እስመ ፡ ውእቱ ፡ እኁሃ ፡
ለብእሲትየ ። ወይቤልዎ ፡ ኵሎሙ ፡ ለራስ ፡ ጊዮርጊስ ፡ እወ ፡
ይኩን ፡ በከመ ፡ ትቤ ፡ ዘንተሰ ፡ ዘይቤሉ ፡ ፈሪሆሙ ፡ ኪያሁ ።
ወተንሥአ ፡ ሌቄ ፡ ዮናታን ፡ በትእዛዘ ፡ ራስ ፡ ጊዮርጊስ ፡ ወ
ቆመ ፡ ወነገረ ፡ አዋጅ ፡ እንበለ ፡ ነገሬት ፡ በውጣጤ ፡ ቤት ፡
ወይቤ ፡ ይንግሥ ፡ ወልደ ፡ ጊዮርጊስ ፡ ወካዕበ ፡ አዘዘ ፡ ራስ ፡
ጊዮርጊስ ፡ ከመ ፡ ይሑር ፡ ብዙኃ ፡ ጭፍራ ፡ እስከ ፡ አደባባይ ፡
ወይትነገር ፡ ዝንቱ ፡ ዓዋጅ ፡ ለሀየ ፡ ውላጆችሰ ፡ እለ ፡ ሀለ
ዉ ፡ ምሉዓነ ፡ በመካበብያ ፡ ተቀዳዲሞሙ ፡ ነገሩ ፡ ዓዋጅ ፡
እንዘ ፡ ይብሉ ፡ ነግሠ ፡ ንጉሥነ ፡ በካፋ ፡ ወልደ ፡ ንጉሥነ ፡
ኢያሱ ፡ ወእምዝ ፡ ከነ ፡ ትፍሥሕት ፡ ውስተ ፡ ኵሉ ፡ ትዕ
ይንተ ፡ ጐንደር ፡ ወመጽኡ ፡ ኵሎሙ ፡ መኳንንት ፡ ወኵሉ ፡
ሕዝብ ፡ እስከ ፡ ቤተ ፡ ንጉሥ ፡ ወኃደግዎ ፡ ለራስ ፡ ጊዮርጊ
ስ ፡ ወሠምሩ ፡ መንግሥቶ ፡ ለንጉሥ ፡ በካፋ ። ወመከሩ ፡ ወ
ኃረዩ ፡ ዕደወ ፡ ፅኑዓነ ፡ ወመስተቃትላነ ፡ ወመኳንንት ፡ ወ
ጭፍራ ፡ ብዙኃ ፡ እለ ፡ ያወርድዎ ፡ ለበካፋ ፡ እምወኅኒ ፡ ወ
ሖሩ ፡ እሉ ፡ ኵሎሙ ፡ አኃዊሁ ፡ ይቤሉ ፡ ኢናወርዶ ፡ ለበካ
ፋ ፡ እለ ፡ ንሕነ ፡ ንኅረይ ፡ በፈቃድነ ፡ ዘይኄይስ ፡ ለመንግ
ሥት ፡ ወይቤልዎሙ ፡ መኳንንት ፡ ኢይከውን ፡ ዝንቱ ፡ ነገር .
ክሙ ፡ እስመ ፡ ሠምረ ፡ ኵሉ ፡ ዓለም ፡ መንግሥቶ ፡ ለበካፋ ።
ወእንዘ ፡ ይትዋሀሉ ፡ ዘንተ ፡ ነገረ ፡ ኃደሩ ፡ በእግረ ፡ ደብር ፡
፫ ዕለተ ።

ንግባእ ፡ ኀበ ፡ ዘቀዳሚ ፡ ነገር ። ወሰበ ፡ ርእየ ፡ ራስ ፡ ጊዮርጊስ ፡ ከመ ፡ ኢተፈጸ(መ) ፡ ሎቱ ፡ ፈቃዱ ፡ ዘውእቱ ፡ መንግሥት ፡ አቤቶ ፡ ወልደ ፡ ጊዮርጊስ ፡ ወፅአ ፡ በምሴተ ፡ ሰኑይ ፡ ዘውእቱ ፡ አመ ፡ ፲ወ፫ ለግንቦት ፡ ዘዘከርናሃ ፡ ቀዳሚ ፡ ወከብለለ ፡ ቀኒጸ ፡ (ኧም ፡?) ቅጽር ፡ ወበአ ፡ ውስተ ፡ ቤተ ፡ አቡነ ፡ ክርስቶዶሉ ፡ ምስለ ፡ ብእሲቱ ፡ ወደቂቁ ፡ ወተበርበረ ፡ ቤቱ ፡ በእደ ፡ ውላጆች ። ወዓዲ ፡ ሐሙሁ ፡ ባሻ ፡ ገብረ ፡ መድኅን ፡ ወልደ ፡ ራስ ፡ ሕዝቅያስ ፡ ወደጅ ፡ አዝማች ፡ ዮስጠስ ፡ ወልደ ፡ ወሴ ፡ ወሊቀ ፡ መኳስ ፡ ማሞ ። ጠፍኡ ፡ በይእቲ ፡ ሌሊት ፡ ወሖሩ ፡ በፍናተ ፡ ውስተ ፡ ጐዣም ፡ እንተ ፡ ፍኖተ ፡ አዘዞ ፡ እስመ ፡ ኢያፈቅሩ ፡ መንግሥቶ ፡ ለበካፋ ፡ ወተበርበረ ፡ ቤቶሙ ። አመ ፡ ፲ወ፬ ለግንቦት ፡ ቀበርዎ ፡ ለዳዊት ፡ በፀዳ ።

ንግባእ ፡ ኀበ ፡ ነገረ ፡ መንግሥቱ ፡ ለበካፋ ። ወመጽአ ፡ ደጅ ፡ አዝማች ፡ አምኃ ፡ ኢየሱስ ፡ እምነ ፡ ቤገምድር ፡ በግርማ ፡ እንዘ ፡ ያድለቀልቃ ፡ ለምድር ። ወበእንተዝ ፡ ፈሪሆሙ ፡ አዝማዲሁ ፡ ኀደግዎ ፡ ለበካፋ ፡ ወወረደ ፡ በካፋ ፡ እምወኅኒ ፡ አመ ፡ ፲ወ፯ ለግንቦት ፡ ለአዝማዲሁኒ ፡ እለ ፡ ተቃወምዎ ፡ መሐለ ፡ ሎሙ ፡ ከመ ፡ ኢትቄየሞሙ ፡ ወኀደረ ፡ በእግረ ፡ ደብር ፡ ውስተ ፡ ቤቱ ፡ ለአዛጋዥ ፡ አሥራት ፡ ዘወኅኒ ፡ እስመ ፡ ምሴት ፡ ውእቱ ። ወበሳኒታ ፡ ተንሥአ ፡ እምህየ ፡ ወኀደረ ፡ ሳርባኩሳ ። ወበቀዳሚት ፡ ዕለት ፡ ዘውእቱ ፡ አመ ፡ ፲ወ፰ ለግንቦት ፡ ተንሥአ ፡ እምነ ፡ ሳርባኩሳ ፡ ወበጽሐ ፡ ፀዳ ። አሜሃ ፡ ተቀበልዎ ፡ ሊቃውንት ፡ ወአዘዞች ፡ ዘቀኝ ፡ ወግራ ፡ ዘውእቶሙ ፡ ሊቄ ፡ ክፍሌ ፡ ወወልዱ ፡ አዛጋዥ ፡ ጊዮርጊስ ፡ ወሊቄ ፡ ቤተ ፡ ክርስቶስ ፡ ወአዛጋዥ ፡ ቴዎዶስዮስ ፡ ዘቀኝ ። ሊቄ ፡ ዮናታን ፡ ወሊቄ ፡ በትሬ ፡ አዛጋዥ ፡ ጊዮርጊስ ፡ ወአዛጋዥ ፡ ዘጊዮርጊስ ፡ ዘግራ ። ወበአ ፡ በካፋ ፡ ውስተ ፡ ጐንደር ፡ ወመጽኡ ፡ አቡነ ፡ ክርስቶዶሉ ፡ ወእጨጌ ፡ ተክለ ፡ ሃይማኖት ፡ ወኵሎሙ ፡ ሊቃውንተ ፡ ቤተ ፡ ክርስቲያን ፡ ወአንገሥዎ ፡ ለንጉሥ ፡ በካፋ ፡ ወኮነ ፡ ትፍሥሕት ።

ወነግሠ ፡ በካፋ ። ወመሐሮ ፡ ለራስ ፡ ጊዮርጊስኒ ፡ ወኢተበቀሎ ፡ ወይቤሎ ፡ ኅረይ ፡ መካነ ፡ ዘትነብር ፡ በቱ ፡ ወኀረየ ፡

ራስ ፡ ጊዮርጊስ ፡ ወይቤ ፡ ኦ (Fol. 22) ንጉሥ ፡ አዝዘኒ ፡ ከመ ፡ እንበር ፡ ውስተ ፡ መኰና ፡ ወሖረ ፡ ራስ ፡ ጊዮርጊስ ፡ ውስተ ፡ መኰና ፡ ምስለ ፡ ውሉዱ ፡ ወብእሲቱ ። መነከሳትሰ ፡ ዘምኔተ ፡ መኰና ፡ ተቀብልዎ ፡ በመርግ ፡ ወዓበዩ ፡ ተወከፎቶ ፡ እስመ ፡ ሖረቱ ፡ በትዋባበ ፡ ነገር ፡ ወይቤሉ ፡ መነከሳት ፡ ዝውእቱ ፡ እድው ፡ ደምነ ፡ ዘቀተለ ፡ መነከሳት ፡ አኃዊነ ፡ ወሰለበ ፡ ልብሰ ፡ ለአባ ፡ ዘወልደ ፡ ማርያም ፡ አቡነ ፡ በእደ ፡ ጃዊ ፡ ውስተ ፡ ቤተ ፡ እጨጌ ፡ በእንተ ፡ ሃይማኖት ። ወተመይጠ ፡ ራስ ፡ ጊዮርጊስ ፡ እምነ ፡ መኰና ፡ በኃሣር ፡ ወፈነዎ ፡ ንጉሥ ፡ በካፋ ፡ ውስተ ፡ ቈላ ፡ ዘአዳጋት ፡ ወነበረ ፡ ህየ ። ንግባእ ፡ ኀበ ፡ ነገረ ፡ ንጉሥ ፡ በካፋ ። ወአመ ፡ ፳ወ፱ ለግንቦት ፡ ሜሞ ፡ ለደጅ ፡ አዝማች ፡ አምኃ ፡ ኢያሱስ ፡ ቢትወደድነት ፡ ወአመ ፡ ፳ወ፯ ለግንቦት ፡ ሜሞ ፡ ለደጅ ፡ አዝማች ፡ ኤራቅሊስ ፡ ራስነት ፡ ወለነገዴ ፡ ማሞ ፡ ደጅ ፡ አዝማች ፡ ዘስሜን ። ወካዕበ ፡ ሜሞሙ ፡ በካልእት ፡ ዕለት ፡ ለምእናም ፡ ሊጋባነት ፡ ወለብንያም ፡ ወልደ ፡ አባተ ፡ ክሰስ ፡ ሊቀ ፡ መኳስነት ፡ ወለአ(ቤ)ቶ ፡ ወሰን ፡ ሰገድ ፡ ወልደ ፡ ራስ ፡ ወልደ ፡ ጊዮርጊስ ፡ ጥቃቅን ፡ ብላቴን ፡ ጌታነት ፡ ወለሀላዌ ፡ ክርስቶስ ፡ ወግዴ ፡ ዘመዱ ፡ ደጅ ፡ አዝማችነት ፡ ዘጐዣም ፡ ወለውዳጅ ፡ ደጅ ፡ አዝማችነት ፡ ዘዳሞት ፡ ወለጸጥፊቃ ፡ ሴፍሬም ፡ ባሻነት ፡ ወለአስከናፍር ፡ አጽሜ ፡ ፊት ፡ አውራሪነት ፡ ወለብላቴን ፡ ጌታ ፡ ወልደ ፡ አብ ፡ ግራ ፡ አዝማችነት ፡ ወለቆቀ ፡ አዳኙ ፡ ማሞ ፡ ቀኝ ፡ ለአዝማችነት ፡ ወለተንሜ ፡ ማሞ ፡ የሻለቃነት ፡ ዘወግዴ ፡ ወለአቡሊድስ ፡ አዛዥነት ፡ ዘአልፍኝ ። ወለኩሎሙ ፡ ሠርዖሙ ፡ በሢመቶሙ ፡ ወነበረ ፡ ንጉሥ ፡ በካፋ ፡ እንዘ ፡ ይሠይቆ ፡ ወይሥዕር ፡ በትፍሥሕት ። ባሕቱ ፡ ንስቲተ ፡ ሕማመ ፡ ሐመ ፡ ንጉሥ ፡ በካፋ ፡ በወርኃ ፡ ሰኔ ፡ ወሐሞሴ ፡ ወአዘዘ ፡ ለሊጋባ ፡ ምእናም ፡ ከመ ፡ ይሑር ፡ ውስተ ፡ ወኅኒ ፡ ወያውርዶ ፡ ለፍቁሩ ፡ አቤቶ ፡ ዮሐንስ ፡ አገው ፡ ወልደ ፡ ንጉሥ ፡ ኢያሱ ፡ ዮጊ ፡ እመ ፡ ይመውት ፡ ውእቱ ፡ በካፋ ፡ (ያ)ነግሥ ፡ ለዝኩ ፡ አቤቶ ፡ ዮሐንስ ፡ (ሀ)የንቴሁ ። ወመጽአ ፡ አቤቶ ፡ ዮሐንስ ፡ እምወኅኒ ፡ ወከረመ ፡ በጐንደር ፡ ምስለ ፡ ንጉሥ ፡ በፍቅር ። ንጉሥነ ፡ ጥዕየ ፡ እምሕማሙ ። ወበወርኃ ፡ ነሐሴ ፡

ሜሞሙ ፡ ለአባ ፡ እልፍዮስ ፡ ቄስ ፡ ሐዴንት ፡ ወለአባ ፡ ረብሐ ፡ ክርስቶስ ፡ ሊቀ ፡ ማእምራንት ፡ ወለአባ ፡ ርቱ ፡ አለቃንት ፡ ዘ ሐመረ ፡ ኖኅ ፡ ወለአባ ፡ አርሴ ፡ ጸሓፌ ፡ ትእዛዝንት ። ወእ ምድኅረዝ ፡ አስተፋነዎ ፡ ለአቤቶ ፡ ዮሐንስኒ ፡ ወሖረ ፡ ውስ ተ ፡ መካኑ ፡ ርስቱ ፡ እንተ ፡ ይእቲ ፡ ወኅኒ ። ወአመ ፡ ፪ ለጳ ጕሜን ፡ በዕለተ ፡ ዓርብ ፡ ወረደ ፡ ንጉሥ ፡ ውስተ ፡ ቃሐ ። ወተመይጠ ፡ ፍጡነ ፡ በማዓት ፡ ወበአ ፡ ቤቶ ፡ ወአዘዘ ፡ ለተ ንሜ ፡ ማሞ ፡ የሻለቃ ፡ ዘወግዶ ፡ ከመ ፡ የአኀዝ ፡ ቤታ ፡ ለ ዌዘሮ ፡ ወለተ ፡ ሩፋኤል ፡ ወተአኀዘት ፡ ይእቲኒ ፡ ወተዓሥ ረ ፡ ወልዳ ፡ አቤቶ ፡ ሱስንዮስ ፡ ወአግዓዘሙ ፡ ንጉሥ ፡ ለአቤ ቶ ፡ ሱስንዮስ ፡ ውስተ ፡ ደቅ ፡ ወለይእቲኒ ፡ ዌዘሮ ፡ ወለተ ፡ ሩፋኤል ፡ እኅቱ ፡ ውስተ ፡ ሀገረ ፡ አይና ፡ እግዚእ ፡ እንተ ፡ ይእቲ ፡ ዋልቃይት ። ምክንያተ ፡ ዕልዮሙሰ ፡ ለንጉሥ ፡ በካ ፍ ፡ ወለእኅቱ ፡ ዌዘሮ ፡ ወለተ ፡ ሩፋኤል ፡ እንዳኢ ፡ የአምር ፡ እግዚአብሔር ፡ ማእምረ ፡ ኅቡአት ።

እምዝ ፡ ነግሠ ፡ ንጉሥ ፡ በካፋ ፡ በ ፩ ዓመት ፡ ሠረቀ ፡ መ ስከረም ፡ በዕለተ ፡ ሥሉስ ፡ በ ፸፻ወ፪፻፲ወ፱ ዓመት ፡ እምፍጥ ረተ ፡ ዓለም ፡ ወንጌላዊ ፡ ማርቆስ ፡ አበቅቴ ፡ ፲ወ፱ ፡ አመ ፡ ፳ ወ፩ ለጥቅምት ፡ ሞቅሖሙ ፡ ንጉሥ ፡ ለበጅሮንድ ፡ ወልደ ፡ ዳዊት ፡ ወለነገዶ ፡ ማሞ ፡ ወለደጅ ፡ አዝማች ፡ ባሕርይ ፡ ወ ለደጅ ፡ አዝማች ፡ ዮስጦስ ፡ ወልደ ፡ ወሴ ፡ ወለገብረ ፡ መ ድኅን ፡ ወልደ ፡ ራስ ፡ ሕዝቅያስ ፡ ወፈነዎሙ ፡ ውስተ ፡ ሀገ ረ ፡ ሙቃሔ ፡ ወሤሞሙ ፡ ለደጅ ፡ አዝማች ፡ ሰንዱን ፡ በስ ሜን ፡ ወለምእናም ፡ በጅሮንድነት ፡ ዘዝፋን ፡ ቤት ፡ ወአመ ፡ ፲ወ፫ ለኅዳር ፡ አንገሠ ፡ ታቦተ ፡ ቅዱስ ፡ ሩፋኤል ፡ ውስተ ፡ ሰቀላሃ ፡ (Fol. 23) ለዌዘሮ ፡ ወለተ ፡ ሩፋኤል ፡ ወኃረየ ፡ ማ እምራነ ፡ ካህናት ፡ ወሤሞ ፡ ለአባ ፡ ድሜጥሮስ ፡ ሊቀ ፡ ላዕ ሌሆሙ ። ወአመ ፡ ፲ወ፮ ለጥር ፡ ተንሥአ ፡ ንጉሥ ፡ እምጐን ደር ፡ ወሖረ ፡ ውስተ ፡ እፈንጉ ፡ ወነበረ ፡ ሀየ ፡ ወሤሞ ፡ ለኤ ፍሬም ፡ ወልደ ፡ አቤቶ ፡ በርሰማ ፡ ደጅ ፡ አዝማች ፡ ለአም ሐራ ። ወአመ ፡ ፲ ለያካቲት ፡ ሰኒተ ፡ በአተ ፡ ጾም ፡ አምጽኡ ፡ ወረኛ ፡ እምነ ፡ አምሐራ ፡ ንጉሥኒ ፡ አዘዘ ፡ ከመ ፡ ይምትሩ ፡ እዴሁ ፡ ለዝኩ ፡ ወረኛ ፡ በፍትሕ ፡ ወበይእቲ ፡ ዕለት ፡ ተነ

ግረ ፡ ዓዋጅ ፡ በትእዛዘ ፡ ንጉሥ ፡ በካፋ ፡ ወተሰምየ ፡ ስመ ፡ መንግሥቱ ፡ መሲሕ ፡ ሰገድ ። ወአመ ፡ ፲ ለያካቲት ፡ ሞተት ፡ ዕቀብቱ ፡ ዌዘሮ ፡ ወለተ ፡ ጴጥሮስ ፡ ወለተ ፡ ባሻ ፡ ማሞ ፡ በቃሐ ፡ በሞት ፡ ግብታዊ ፡ ዘውእቱ ፡ ብዝኃት ፡ ደም ፡ እንዘ ፡ ትወልድ ፡ ወልዳ ። ወወሰዳ ፡ ካንቲባ ፡ ማቴዎስ ፡ ውስተ ፡ ሀገሩ ፡ ሰቀልት ፡ ወተቀብረት ፡ ህየ ። ንጉሥኒ ፡ ሰሚዖ ፡ ሞተ ፡ በከየ ፡ ብዙኃ ፡ በአፈንጉ ። ወዓዲ ፡ መጽአ ፡ እስከ ፡ ጐንደር ፡ ባሕቲቱ ፡ ምስለ ፡ ኅዳጣን ፡ መኳንንት ፡ ለአስቆቅዎታ ፡ ወተመይጠ ፡ ውስተ ፡ አፈንጉ ። ወአመ ፡ ፲ ለመጋቢት ፡ አዕረፈ ፡ ደጅ ፡ አዝማች ፡ ለታ ፡ በደሴተ ፡ ክብራን ፡ ወአመ ፡ ፳ወ፩ ለመጋቢት ፡ አዘዘ ፡ ንጉሥ ፡ በካፋ ፡ ከመ ፡ ይምትሩ ፡ እግሮ ፡ ለአቤቶ ፡ ናዖድ ፡ ወልደ ፡ ሐፄ ፡ ተክለ ፡ ሃይማኖት ፡ በወኅኒ ፡ ወመተርዎ ፡ እግሮ ፡ ወሞተ ፡ ወአመ ፡ ፳ወ፪ ለመጋቢት ፡ በዕለተ ፡ ሆሣዕና ፡ ዓሠሮሙ ፡ ንጉሥ ፡ ለቢትወደድ ፡ አምኃ ፡ ኢያሱስ ፡ ወለወይኖ ፡ ማሞ ፡ ወለጽዮን ፡ ትውንሀ ፡ ወሊጋባ ፡ ወልደ ፡ ጊዮርጊስ ፡ ወአመ ፡ ፳ወ፱ ለመጋቢት ፡ ክን ፡ ፋሲል ፡ ምስለ ፡ ትሰብእት ፡ ወሜሞ ፡ ለተንሜ ፡ ማሞ ፡ ቢትወደድነት ፡ ወለምእ፡ም ፡ ጥቃቅን ፡ ብላቴን ፡ ጌታነት ። ወለገበርማ ፡ አብሳዲ ፡ በጅሮንድነት ፡ ዘዘፋን ፡ ቤት ። ወበወርኃ ፡ ጸንጣቈስጤ ፡ ሜሞሙ ፡ ለብንያም ፡ አዘጋዥነት ፡ ዘይባባ ፡ ወለገብረ ፡ ልዑል ፡ ሊቀ ፡ መኳስነት ። ወለአርክሌድስ ፡ ግራ ፡ አዝማችነት ፡ ወለሀላዌ ፡ ክሶስ ፡ ወግዱ ፡ ዘመዱ ፡ ባሻነት ፡ ወለጋባ ፡ ዳዊት ፡ ደጅ ፡ አዝማችነት ፡ ዘሰሜን ፡ ወለተሰፋ ፡ ኢየሱስ ፡ እኁሁ ፡ ለእመቤት ፡ ማርያማዊት ፡ ደጅ ፡ አዝማችነት ፡ ዘጐዣም ፡ ወለኤሬቅሌስ[1] ፡ ዘቤገምድር ። ወካዕበ ፡ ዓሠሮሙ ፡ ንጉሥ ፡ ለበጅሮንድ ፡ ኵቻ ፡ በአፈንጉ ፡ ወለደጅ ፡ አዝማች ፡ ውደጅ ፡ ወለመልከአ ፡ ክሶስ ፡ ዘጸገዴ ፡ በጎንደር ፡ ወፈነዎሙ ፡ ውስተ ፡ ዋልቃይት ፡ በአደ ፡ አያና ፡ ኦግዚእ ። ወሜሞ ፡ ለወልደ ፡ ክርስቶስ ፡ ወግዱ ፡ ዘመዱ ፡ ደጅ ፡ አዝማችነት ፡ ዘዳሞት ። ወአመ ፡ ፳ወ፮ ለግንቦት ፡ አዕረፈት ፡ ዌዘሮ ፡ ወለተ ፡ ድንግል ፡ ወለተ ፡ አቤቶ ፡ ከሣዴ ፡ ወተቀብረ

[1] ለኤሬቅሊስ ፡?

ት ፡ ውስተ ፡ ሀገረ ፡ ወግራ ። ወአመ ፡ ፳ወ፱ ለግንቦት ፡ በአ ፡
ንጉሥ ፡ ውስተ ፡ ጐንደር ። ወአመ ፡ ፱ ለሰኔ ፡ ተሠይመ ፡ በ
ጅሮንድ ፡ አቡሊድስ ። ወበ ፱ ዓመት ፡ እምዘነግሠ ፡ ሠረቀ ፡
መስከረም ፡ በዕለተ ፡ ረቡዕ ፡ ወንጌላዊ ፡ ሉቃስ ፡ እመ ፡ ፲ወ፩
ለመስከረም ፡ ሠዓሮ ፡ ንጉሥ ፡ ለብላቴን ፡ ጌታ ፡ ምእናም ፡
ተቈጢዖ ፡ ወፈነዎ ፡ ውስተ ፡ ሀገሩ ፡ እንቆ ፡ ምስለ ፡ ብእሲ
ቱ ፡ ዌዘሮ ፡ ዮዲት ፡ ወለተ ፡ ንጉሥ ፡ አድያም ፡ ሰገድ ፡ ዘነ
በረት ፡ ቅድመ ፡ ብእሲተ ፡ ደጅ ፡ አዝማች ፡ ለታ ፡ ወሤሞ ፡
ንጉሥ ፡ ለማሞዬ ፡ ጥቃቅን ፡ ብላቴን ፡ ጌታነት ፡ ወወሀበ ፡
ብእሲተ ፡ ወለቶ ። ወዓዲ ፡ ሤሞሙ ፡ ንጉሥ ፡ ለበጅሮንድ ፡
ወልደ ፡ ጊዮርጊስ ፡ ወለቴዎዶስዮስ ፡ ማሞ ፡ ጽራግ ፡ ማሠር
ነት ፡ ወበክልኤ ፡ ዕለት ፡ ሤሞሙ ፡ ለተንሤ ፡ ማሞ ፡ ደጅ ፡
አዝማችነት ፡ ዘዳሞት ፡ ወለራስ ፡ ኤራቅሊስ ፡ ብሕትወደድነ
ት ፡ ወአመ ፡ ፳ወ፮ ለመስከረም ፡ ተሥዐረ ፡ ዓቃቤ ፡ ሰዓት ፡
ድዮስቆሮስ ፡ ወተሠይመ ፡ ዓቃቤ ፡ ሰዓት ፡ ወልደ ፡ ሐዋርያት ፡
ወአመ ፡ ፯ ለኅዳር ፡ ሤሞ ፡ ለቆቅ ፡ አዳኝ ፡ ማሞ ፡ በጅሮንድ
ነት ፡ ዘዓቃ ፡ ቤት ፡ ወአመ ፡ ፲ወ፱ ለታኅሣሥ ፡ አዕረፈ ፡ ራ
ስ ፡ ወልደ ፡ ጊዮርጊስ ፡ ዘአገዕ ። ወአመ ፡ ፲ወ፰ ለጥር ፡ ተን
ሥአ ፡ ንጉሥ ፡ እምጐንደር ፡ አማዕቂበ ፡ ዘውደ ፡ ወኵሎ ፡
ከተማ ፡ ለቢትወደድ ፡ ኤራቅሊስ ፡ ወለበጅሮንድ ፡ ማሞ ፡ ወ
በአ ፡ አፈንጉ ፡ (Fol. 24) ወእምሀየ ፡ ሖረ ፡ ምድረ ፡ ዳሞት ፡
እስመ ፡ አጽረረ ፡ ጠላታ ፡ ጃዊ ፡ ከመ ፡ ይፅበዮ ፡ ወለአከ ፡ ኀ
በ ፡ ተንሥኤ ፡ ማሞ ፡ ደጅ ፡ አዝማች ፡ ዘዳሞት ፡ ወኀበ ፡
አዛዣ ፡ ብንያም ፡ ዘይባባ ፡ ከመ ፡ ይፅበዕዎ ፡ ለጃዊ ። ወዓዲ ፡
ለአከ ፡ ንጉሥ ፡ ኀበ ፡ ደጅ ፡ አዝማች ፡ ተስፋ ፡ ኢየሱስ ፡ ዘ
ጐዣም ፡ ከመ ፡ ይኅልፍ ፡ ውስተ ፡ ሀገረ ፡ ጃዊ ፡ እኂዞ ፡ ኵ
ሎ ፡ ባሰ ። ወፀብዕዎ ፡ ለጃዊ ፡ ወማህረኩ ፡ አልህምቲሁ ፡ ዘአ
ልበ ፡ ኍልቍ ። ውእቱሰ ፡ ጃዊ ፡ ተቀንየ ፡ ወመሐሮ ፡ ንጉሥ ፡
ወተመይጠ ፡ ወበአ ፡ ይባባ ። ወበሀየ ፡ አስተሰነዓ ፡ ሎሙ ፡
ለኵሉ ፡ ጨዋ ፡ በዓዋጅ ፡ ከመ ፡ ይሑሩ ፡ በበሀገሮሙ ። መኳ
ንንትሰ ፡ መጽኡ ፡ እንተ ፡ ፍኖተ ፡ ቃሮዳ ። ንጉሥኒ ፡ በአ ፡
ውስተ ፡ ደሴተ ፡ ክብራን ፡ ባሕቲቱ ፡ ምስለ ፡ አዛዣ ፡ ብንያ
ም ፡ ወእምዝ ፡ አተወ ፡ ውስተ ፡ ጐንደር ፡ በወርኃ ፡ ጾም ።

ወአመ ፡ ፲ ለመጋቢት ፡ አዕረፈት ፡ በአንቆ ፡ ዌዘሮ ፡ ዮዲት ፡
ብእሲቱ ፡ ለብላቴን ፡ ጌታ ፡ ምእናም ። ወአመ ፡ ፲ወ፱ ለሚ
ያዝያ ፡ ከነ ፡ ፋሲካ ። ወአመ ፡ ፳ወ፰ ለግንቦት ፡ በዕለተ ፡ ዕ
ርገት ፡ አዕረፈት ፡ ዌዘሮ ፡ ማሚት ፡ በአፊንጎ ፡[1] ወስመ ፡ ክ
ርስትናሃ ፡ ወለተ ፡ ጊዮርጊስ ፡ ወተቀብረት ፡ በደብረ ፡ ብርሃ
ን ። ወአመ ፡ ፪ ለሰኔ ፡ አዘዘ ፡ ንጉሥ ፡ ለላሄን ፡ ማሞ ፡ ከመ ፡
ይሑር ፡ ውስተ ፡ ባርጫ ፡ እንዚዘ ፡ ኵሎ ፡ ጭፍራሁ ፡ ዘይሰ
መይ ፡ ጠንቀኛ ፡ ወበህየ ፡ ቀተሎሙ ፡ ለውላጆች ፡ እለ ፡ ተወ
ርሙ ፡ በገዢጌ ። ወአመ ፡ ፯ ለሰኔ ፡ ኃልቁ ፡ ውላጆች ፡ እለ ፡
ይሰመዩ ፡ ከኒስት ፡ በአንጸ ፡ በእደ ፡ ኤልማና ፡ ወዴንሳ ፡ እስ
መ ፡ እሉ ፡ ውላጆች ፡ ከኑ ፡ ጸዋጋነ ፡ ፈድፋደ ፡ ወየሀውከዋ ፡
ለዓለም ፡ በትዕቢቶሙ ። ወአመ ፡ ፳ወ፫ ለነሐሴ ፡ አዕረፈት ፡
እመ ፡ ንጉሥ ፡ በካፋ ፡ እመቤት ፡ ማርያማዊት ፡ ወለተ ፡ አ
ቤቶ ፡ ሚካኤል ፡ ወልደ ፡ ራስ ፡ ወልደ ፡ ጊዮርጊስ ፡ ወግዴ ፡
ወተቀብረት ፡ በደብረ ፡ ብርሃን ፡ ወኀዘነ ፡ ንጉሥ ፡ ወሖረ ፡
ውስተ ፡ ደሴተ ፡ ብርጊዳ ፡ ለተማኅፅኖ ፡ ወተመይጠ ፡ ወገብ
ረ ፡ ተዝካራ ፡ ለእሙ ፡ ከመ ፡ ሥርዓተ ፡ ንግሥታት ። ወበ ፫
ዓመተ ፡ መንግሥቱ ፡ ሠረቀ ፡ መስከረም ፡ በዕለተ ፡ ዓርብ ፡ ወ
ንጌላዊ ፡ ዮሐንስ ። ወአመ ፡ ፲ወ፪ ለጥቅምት ፡ አዕረፈ ፡ በር
ስዓን ፡ ጥሉል ፡ መልአከ ፡ ብርሃናት ፡ አባ ፡ ቀውስጠስ ፡ እንዘ ፡
መዋዕሊሁ ፡ ፹ወ፰ ዓመት ፡ ወተቀብረ ፡ ለደብረ ፡ ብርሃን ።
ወበይእቲ ፡ ዕለት ፡ አንገሣ ፡ ንጉሥ ፡ በካፋ ፡ ለይቴጌ ፡ አዋል
ደ ፡ ንግሥት ፡ ዘእምቤተ ፡ ገበርማ ፡ ወበአት ፡ ቤተ ፡ ይጫጌ ፡
ወአምሰየት ፡ እንዘ ፡ ታመስሕ ፡ ኢበልዓት ፡ እክለ ፡ ወኢሰት
የት ፡ ወይነ ፡ ወኢርየት ፡ ተድላሃ ፡ እስመ ፡ በይእቲ ፡ ሌሊ
ት ፡ ደወየት ፡ ደዌ ፡ ፅኑዓ ፡ ወአመ ፡ ፴ ለጥቅምት ፡ አዕረፈ
ት ፡ ወተቀብረት ፡ በደብረ ፡ ብርሃን ። ወአመ ፡ ፳ወ፯ አዕረፈ ፡
ባሻ ፡ አደራ ፡ ዘመደ ፡ ገበርማ ፡ ወተቀብረ ፡ በቃሐ ። ወአመ ፡
፯ ለጥር ፡ አዕረፈ ፡ ጸሓፌ ፡ ትእዛዝ ፡ አርሴ ፡ ወተቀብረ ፡ በ
አዘዘ ፡ ወእምድኅረዝ ፡ ጸውዖ ፡ ለቢትወደድ ፡ አምኃ ፡ ኢየ
ሱስ ፡ እምነ ፡ ገራድያ ። ወአመ ፡ ፲ወ፫ ለየካቲት ፡ ሜሞ ፡ ር

[1] Ms. ብርንጎ ፡

እሰ ፡ ምስለ ፡ ቤገምድር ፡ ወአሰተዋቀሰ ፡ ምስለ ፡ ማሞዬ ፡ ወቢ
ትወደድ ፡ ኤራቅሊስ ፡ እስመ ፡ ጋዕዝ ፡ በሙ ፡ እምቅድመ ፡
ወአስተዓረቆሙ ፡ ወአስተሰነዓሎ ፡ ሎቱኒ ፡ ውስተ ፡ ቤገምድ
ር ። ወአመ ፡ ፲ ለመጋቢት ፡ አዕረፈት ፡ ዌዘሮ ፡ ሰበኔ ፡ መን
ትያ ፡ ወለተ ፡ ንጉሥ ፡ አድያም ፡ ሰገድ ፡ ወተቀብረት ፡ በደብ
ረ ፡ ብርሃን ፡ በሰንደቅ ፡ ወነገፊት ፡ ወአመ ፡ ፲ወ፱ ለመጋቢት ፡
አዕረፈ ፡ በርስዓን ፡ ጥሉል ፡ አባ ፡ ተለይ ፡ ጠቢብ ፡ ወማእም
ረ ፡ ነገረ ፡ ወግዕ ፡ ወተቀብረ ፡ በደብረ ፡ ብርሃን ። ወአመ ፡
፳ወ፩ ለመጋቢት ፡ አዕረፈት ፡ ዌዘሮ ፡ ብስለንትያ ፡ ወለተ ፡
ንጉሥ ፡ ኢያሱ ፡ ወብእሲቱ ፡ ለፊት ፡ አውራሪ ፡ ያዕቆብ ፡
ዘአሽመን ። ወአመ ፡ ፳ወ፯ ለመጋቢት ፡ ተሠዕረ ፡ እጨጌ ፡
ተክለ ፡ ሃይማኖት ። ወአመ ፡ ፳ወ፯ ለሚያዝያ ፡ ተሠይመ[1] ፡
እጨጌ ፡ ዮሐንስ ። ወአመ ፡ ፲ወ፪ ለሰኔ ፡ ተረከበ ፡ ወረኛ ፡ በ
ፊት ፡ ውስተ ፡ ቤቱ ፡ ለአዛጋር ፡ ዘርአ ፡ ጽዮን ፡ እንዘ ፡ ሀሎ ፡
ንጉሥ ፡ አሜሃ ፡ ወጺአ ፡ ውስተ ፡ ፀዳ ። ወአኀዝዎ ፡ ለውእ
ቱ ፡ ወረኛ ፡ በዕፁብ ፡ ግብር ፡ ወአምጽእዎ ፡ ውስተ ፡ ቤቱ ፡
ለብላቴን ፡ ጌታ ፡ ማሞዬ ። ወሰሚዖ ፡ ንጉሥ ፡ መጽአ ፡ እም
ፀዳ ፡ ወቦአ ፡ ፍጡነ ፡ ውስተ ፡ ጐንደር ፡ ወሐተቶ ፡ ለወረኛ ፡
ወይቤ (Fol. 25) ሎ ፡ ወልደ ፡ መኑ ፡ አንተ ፡ ወምስለ ፡ መ
ኑ ፡ ተማከርከ ፡ አውሥአ ፡ ወይቤ ፡ ወልደ ፡ ሐጼ ፡ ያዕቆብ ፡
አነ ። ስምዮሂ ፡ ሕዝቅያስ ፡ ውእቱ ፡ ወመጻእኩ ፡ እንግሥ ፡
በፈረቅየ ። ወተረከበ ፡ ክታብ ፡ ውስተ ፡ እዴሁ ፡ ለወረኛ ፡
ዘጽሑፍ ፡ ውስቴቱ ፡ አስማቲሆሙ ፡ ለእደው ፡ እለ ፡ ኀደሩ ፡
ሎቱ ። ዘንተሰ ፡ ኵሎ ፡ ምሥጢሮሙ ፡ ዘአውዕአ ፡ ኩርፋድ ፡
ማሞ ፡ ውእቱ ። ወአመ ፡ ፳ወ፩ ለሰኔ ፡ መተሩ ፡ እዴሁ ፡ ለ
ወረኛ ፡ ወሞተ ። ወአመ ፡ ፳ወ፫ ለሰኔ ፡ አዕረፈት ፡ ዌዘሮ ፡
ሲኖዲቃዊት ፡ ወለተ ፡ ሐጼ ፡ ፋሲል ። ወአመ ፡ ፳ወ፭ ለሰኔ ፡
ረገዝዎሙ ፡ በኵናት ፡ ለወዓልቱ ፡ ማሞዬ ፡ እለ ፡ ኃብሩ ፡
ምስለ ፡ ወረኛ ፡ ወውኅዘ ፡ ደሞሙ ፡ ከመ ፡ ማይ ፡ በአደባባይ ፡
ወአስማቲሆሙ ፡ ዘመንፈስ ፡ ቅዱስ ፡ ሲንጡ ፡ ገላውዴዎስ ፡
ክፍሌ ፡ አሞኔዎስ ፡ ማርያም ፡ ወደድ ፡ ዘወልደ ፡ ማርያም ።

[1] Ms. ተሠይሙ ፡

ወዓዲ ፡ ቀተልዎሙ ፡ ምስሌሆሙ ፡ ለወልደ ፡ ጊዮርጊስ ፡ ወልደ ፡ አቤቶ ፡ ደብረ ፡ ጽዮን ፡ ዘሰራምኔ ፡ ወለዮሴፍ ፡ አጋፋረ ፡ ዘወግዴ ፡ ወለወልደ ፡ ገብርኤል ፡ ገብር ፡ ዘዕቃ ፡ ቤት ። እሉ ፡ ኵሎሙ ፡ ኃቢሮሙ ፡ ምስለ ፡ ወረኛ ። ወዓዲ ፡ ሞቅሖሙ ፡[1]...(ወለ)ፌት ፡ አውራሪ ፡ ከ...(ወለቢት)ወደድ ፡ ኤራቅሊስ ፡ ......ወካዕበ ፡ አምተረ ፡ እደ(ዊሆ)ሙ ፡ ለሸፋጭ ፡ ይማኔ ፡ ወ..... (ለ)ጳውሎስ ፡ ይማኔስ ፡ ሞተ ... ወፈንጠሬ ፡ ጳውሎስ ፡ ከረመ ፡ ...ይ ፡ ዘእንበለ ፡ ምጽላል ፡ እንዘ ፡ ይወርድ ፡ ላዕሌሁ ፡ ብዙኀ ፡ ዝናም ። ወበውእቱ ፡ ወርኃ ፡ ክረምት ፡ ተሰምዓ ፡ ዓመፃሁ ፡ ለራስ ፡ አምኃ ፡ ኢያሱስ ፡ ወለእክ ፡ ንጉሥ ፡ ሊሊቂ ፡ ዮስጦስ ፡ ኀበ ፡ አምኃ ፡ ኢያሱስ ፡ እንዘ ፡ ይብል ፡ እሙንቱ ፡ ዝንቱ ፡ ዘሰማዕኩ ፡ ብከ ፡ ወሚመ ፡ አልቦ ። ወሜዋ ፡ ለበርሰመ ፡ ኤፍሬም ፡ ሚመተ ፡ ደጅ ፡ አዝማች ፡ ዘቤገምድር ፡ ወፈነዎሙ ፡ ንጉሥ ፡ እስከ ፡ አፊንጎ ፡ ለብላቴን ፡ ጌታ ፡ ማሞዬ ፡ ወለፊት ፡ አውራሪ ፡ ገብረ ፡ መድኅን ፡ ወልደ ፡ ራስ ፡ ሕዝቅያስ ፡ ወለባሻ ፡ ምእናም ፡ በወርኃ ፡ ጳጕሜን ። በራብዕ ፡ ዓመት ፡ እምዘነግሠ ፡ ማረቀ ፡ መስከረም ፡ በዕለተ ፡ ቀዳሚት ፡ ሰንበት ፡ ወንጌላዊ ፡ ማቴዎስ ፡ እመ ፡ ፯[2] (ለመስከረም ፡ ተንሥአ ፡ ን)ጉሥ ፡ እም(ጕንደር ፡ በሥርዓተ ፡) መንግሥቱ ፡ ወበ......ሊቂ ፡ ዮስጦስ ፡ ....ዘ ፡ ወተዓውከ ፡ ዓመ(ፃሁ ፡ ለራስ ፡) አምኃ ፡ ኢያሱስ ፡ ወግዕዘ (፡ ንጉሥ ፡ እ)ምፀዳ ፡ ወበጽሐ ፡ አፊንጎ ፡ (እመ ፡) ፳ወ፫ ለመስከረም ፡ በዕለተ ፡ (እ)ሑድ ፡ ተንሥአ ፡ እምአፊንጎ ። ወፈነዎሙ ፡ ቅድመ ፡ ለብላቴን ፡ ጌታ ፡ ማሞዬ ፡ ወለፊት ፡ አውራሪ ፡ ገብረ ፡ መድኅን ፡ ወለደጅ ፡ አዝማች ፡ ኤፍሬም ። ደጅ ፡ አዝማች ፡ ለጋስኒ ፡ ኃለፉ ፡ በካልእ ፡ ፍኖተ ፡ እኒዘ ፡ ኵሎ ፡ ጫዋ ፡ ዘጕዝም ፡ ምስለ ፡ ባሴ ፡ ወዓገትዎ ፡ ለአምኃ ፡ ኢያሱስ ፡ እንዘ ፡ ሀሎ ፡ ተኃቢኦ ፡ በግብጻዊት ፡ ዋሻ ፡ እመ ፡ ፩ ለጥቅምት ። ወሰሚዖ ፡ ንጉሥ ፡ ከመ ፡ ተዓግተ ፡ አምኃ ፡

[1] Une partie du folio ayant été arrachée, il manque la fin des huit premières lignes de la seconde colonne du recto et de la première du verso du fol. 25.

[2] Voir la note 1.

ኢያሱስ ፡ እንዘ ፡ ሀሎ ፡ በመለይ ፡ አዘዘ ፡ በቃለ ፡ ቀርን ፡ ከመ ፡ ይትርፍ ፡ ኅዝ ፡ ምስለ ፡ ቀኝ ፡ አዝማች ፡ ጴጥሮስ ፡ ወገብረ ፡ ግስገሳ ፡ ወበጽሐ ፡ ስንዴና ፡ ወአዘዘ ፡ ከመ ፡ ይዝበጡ ፡ ነጋሬት ። ወእመ ፡ ፩ ለጥቅምት ፡ ወድቀ ፡ እምኃ ፡ ኢያሱስ ፡ ወብዙኃን ፡ እምነ ፡ ወዓልቱ ፡ ወድቁ ፡ ምስሌሁ ። ውእቱ ፡ እምኃ ፡ ኢያሱስ ፡ ቀቲሎ ፡ ብዙኃ ፡ ሞተ ፡ ግብጻዊት ፡ ወበሰኒተ ፡ ሖረ ፡ ንጉሥ ፡ በፈረስ ፡ ምስለ ፡ ኅዳጣን ፡ መኳንንት ፡ ከመ ፡ ይርአያ ፡ ለግብጻዊት ፡ ወተመይጠ ፡ ወተከለ ፡ መለጅን ፡ ወነበረ ፡ ዲበ ፡ መንበር ፡ ወነበሩ ፡ በበሥርዓቶሙ ፡ ፪ አዛዦች ፡ ወ፪ ፡ ሊቃውንት ፡ ዘቀኝ ፡ ወግራ ። ወመጽኡ ፡ ሠራዊተ ፡ ፀብዕ ፡ ወገደፉ ፡ ቸበቸበሆሙ ፡ ለእምኃ ፡ ኢያሱስ ፡ ወለአቡሁ ፡ ክኒስ ፡ ወለአሳላፌ ፡ ኤልያስ ፡ ወልደ ፡ ባሻ ፡ ያዕቆብ ፡ ወለደርዬ ፡ ወኵሎ ፡ ሰለባ ፡ ወማሀረከዋ ፡ ለብእሲተ ፡ እምኃ ፡ ኢያሱስ ፡ እንተ ፡ ይእቲ ፡ ዌዘሮ ፡ እንዶሬ ፡ ምስለ ፡ ካልእት ፡ አንስት ። ወከነ ፡ ፍሥሐ ፡ ወመጽአ ፡ ኅዝ ። ወእመ ፡ ፯ ለጥቅምት ፡ ወረደ ፡ ንጉሥ ፡ ምደረ ፡ ድብክ ፡ ወበእ ፡ ውስተ ፡ ቤተ ፡ አዮ ፡ ወተበርበረ ፡ ንዋዮ ፡ ለአዮ ፡ እስመ ፡ ኃበረ ፡ በዓመፃ ፡ ምስለ ፡ ራስ ፡ እምኃ ፡ ኢያሱስ ። ወእመ ፡ ፲ወ፫ ለጥቅመት ፡ ዐደወ ፡ ንጉሥ ፡ (Fol. 3) ፈለገ ፡ ተከዜ ፡ ወበጽሐ ፡ ዌራ ፡ በር ፡ ዘውእቱ ፡ ምድረ ፡ ላስታ ። ወፈነወ ፡ ንጉሥ ፡ ወራሬ ፡ በበዕለቱ ። ወእመ ፡ ፳ወ፪ ለጥቅምት ፡ በዕለተ ፡ ሰኑይ ፡ እውዓዩ ፡ እለ ፡ ማሞዬ ፡ አሀጉሪሁ ፡ ለጉባላ ፡ እስከ ፡ መትሕቴሃ ፡ ለእመኪና ፡ እንተ ፡ ይእቲ ፡ መዲናሁ ፡ ለጉባላ ፡ ወከነ ፡ ዐቢይ ፡ ሰልፍ ፡ በጎሽ ፡ መውጊያ ፡ ወተኃየሉ ፡ ኃያላነ ፡ ላስታ ፡ ወቀተልዎሙ ፡ ለፊት ፡ አውራሪ ፡ ገብረ ፡ መድኅን ፡ ወለእኁሁ ፡ ያበ ፡ ባርያ ፡ ወለመድባይ ፡ አግኔ ፡ ምስለ ፡ ውሉዱ ፡ ለዦን ፡ ጽራር ፡ ኢያሱ ፡ ወለ ፫ አኃው ፡ ዋልዋጆች ፡ ደቂቃ ፡ ለዌዘሮ ፡ ቡሲ ፡ ዘውእቶሙ ፡ ማሞ ፡ ኤውስጤ ፡ ሊባኖስ ፡ ወ ፪ እኁሆሙ ፡ እልፍዮስ ፡ ወልደ ፡ አቤቶ ፡ ያዕቆብ ፡ ዘዋልዋጅ ። ወበይእቲ ፡ ዕለት ፡ ሞቱ ፡ ብዙኃን ፡ እጀግሮች ፡ ወሞተ ፡ ወልደ ፡ ሥለሴ ፡ አገፋሪሆሙ ። ወእምነ ፡ ቡርሳሂ ፡ ወጨፈንታ ፡ ሞቱ ፡ ብዙኃን ፡ ወሞተ ፡ አዘኔ ፡ እኁሁ ፡ ለብላቴን ፡ ጌታ ፡ ኪሩቤል ፡ ዘበለሳ ፡ ወደጋሬ ፡

ጌታ ፡ ማሞ ፡ ወሚናስ ፡ ወልዱ ፡ ለአቤቶ ፡ አጽሜ ፡ ዘደባሪ ፡
ወእትኔ ፡ ወልዱ ፡ ለቆቅ ፡ አዳኘ ፡ ማሞ ። ወለሰንደቅ ፡ ዮሐ
ንስሰ ፡ መተርዋ ፡ ቸ[[1] በቸበሁ ፡ እሉ ፡ ኃ]ያላን ፡ ለስታ ፡ እስ
መ ፡ መሰሎሙ ፡ አምሳለ ፡ ማሞዬ ፡ ውእቱስ ፡ [ማሞየ [2] ፡ ጐ
የ ፡] ወወለጠ ፡ በቀላሁ ፡ ወ[ለብሰ ፡ አነዳ ፡] በግዕ ፡ ወሰሚዖ ፡
ን[ጉሥ ፡ (በካፋ ፡)] ኃዘነ ፡ ወተምዖ ፡ ወመከረ ፡ ከመ ፡ ይሑ
ር ፡ ውስተ ፡ እመኪና ፡ ወይፅብዖ ፡ ለጉባላ ። መኳንንትሰ ፡
ይቤ[ልዎ ፡ ኢ]ትሑር ፡ ኦንጉሥ ፡ እስመ ፡ ጠዋ[ይ ፡ ፍ]ኖቱ ፡
ለእመኪና ። ንግሥታትኒ ፡ ቀደ..ት ፡ አባዊከ ፡ ሐጼ ፡ ሱስንዮ
ስ ፡ ወሐጼ ፡ ፋሲል ፡ ወሐጼ ፡ ዮሐንስ ፡ ኢክህሉ ፡ በዊአቶ ።
ንግባእ ፡ ኀበ ፡ ዝከረቶሙ ፡ ለእለ ፡ ተቀትሉ ፡ እጃግሮች ፡ በ
ይእቲ ፡ ዕለት ፡ መርትያኖስ ፡ ሰገባሔልያስ ፡ እምኔቴ ፡ ይኩኖ ፡
ወልዱ ፡ ለማሞ ፡ ዘጐይ ፡ እስፍንተ ፡ እኋልቆ ፡ ዘሞተ ፡ በይ
እቲ ፡ ዕለት ፡ እምነ ፡ እጃግሬ ፡ ወጨፈንታ ፡ [3] (ወቡርሳ ።
ዳእሙ ፡ ይጐልቆ ፡ በቱ ። ወ)እምዝ ፡ ለአከ ፡ ጉባላ ፡ ኀበ ፡
ንጉሥ ፡ እንዘ ፡ ይብል ፡ መሐረኒ ። ንጉሥኒ ፡ በካፋ ፡ መሐሮ ፡
ለጉባላ ፡ ወተመይጠ ፡ ውስተ ፡ አፈንጉ ። ወእምህየ ፡ ሖረ ፡
ሀገረ ፡ ሰላም ፡ ባሕቲቱ ። ወአዘዘሙ ፡ ለቢትወደድ ፡ ተስፋ ፡
ኢያሱስ ፡ ወለበጅሮንድ ፡ ማሞ ፡ ከመ ፡ ይሰዱ ፡ ዘውደ ፡ እስ
ከ ፡ ጐንደር ። ወወሰዱ ፡ ወተመይጠ ፡ ተስፋ ፡ ኢያሱስ ፡ ባ
ሕቲቱ ፡ ውስተ ፡ አፈንጉ ። [ወነበረ ፡ ህየ ፡ ወ]ኃገየ ፡ እስከ ፡
ሰኔ ፡ [ምስለ ፡ መኳን]ንት ፡ በተእዛዘ ፡ ንጉ[ሥ ፡ ወአመ ፡] ፳
ለታኅሣሥ ፡ በዕለ[ተ ፡ ሐሙስ ፡]በአ ፡ ንጉሥ ፡ ውስተ ፡ ጐ[ንደ
ር ፡ ወተ]ቀበልዎ ፡ ኵሎሙ ፡ ካ[ህናት ፡] በዝማሬ ፡ ወበማኅሌ
ት ፡ በ[ከመ ፡] ሥርዓቶሙ ፡ ወአመ ፡ ፲ወ፱ [ለ]የካቲት ፡ አዕረ
ፈ ፡ ብላቴን ፡ ጌታ ፡ አሞኔዎስ ፡ በአፈንጉ ፡ ታበተትሂ ፡ ዘግ
ምጃ ፡ ቤት ፡ ወኢያሱስ ፡ መጽኡ ፡ በወርኃ ፡ መጋቢት ። ወአ
መ ፡ ፳ወ፪ ለሚያዝያ ፡ አዕረፈ ፡ እጨጌ ፡ ዮሐንስ ፡ ወተቀብረ ፡
በአዘዞ ፡ በሰንደቅ ፡ ወነገሬት ። ወአመ ፡ ፳ወ፰ ለሰኔ ፡ ተሠይ

[1] Les passages entre crochets sont tirés du ms. 143, fol. 204.

[2] C'est ainsi que le ms. 143 nomme ce personnage, que le ms. 142 appelle Mâmoyo.

[3] Ce passage manque dans le ms. 143.

መ ፡ እጨጌ ፡ ዘወልደ ፡ ማርያም ፡ ወበውእቱ ፡ ወርኅ ፡ ክብ
ለለ ፡ ብላቴን ፡ ጌታ ፡ ማሞዬ ፡ ወማኅፀኒ ፡ ውስተ ፡ ቤተ ፡ ጳ
ጳስ ፡ አባ ፡ ክርስቶዶሉ ። ወአዘዘሙ ፡ ንጉሥ ፡ ለአዛዦች ፡ ወ
ለሊቃውንት ፡ ከመ ፡ ይሑሩ ፡ ውስተ ፡ ቤተ ፡ አቡነ ፡ ወይፍ
ትሐሙ ፡ ላዕለ ፡ ማሞዬ ፡ በዳኝነቱ ፡ ለአቡነ ፡ ወፈትሑ ፡ እሙ
ንቱሂ ፡ ላዕሌሁ ፡ እስመ ፡ ውእቱ ፡ ማሞዬ ፡ ገፍዓ ፡ ብእሲቶ ፡
እንተ ፡ ይእቲ ፡ ወለተ ፡ ንጉሥ ፡ በከፉ ። እንዘ ፡ የሐውር ፡
ኀበ ፡ ም[illegible]ዓት ፡ ወዓዲ ፡ አምጽአ ፡ ዘንተ ፡ ኵሎ ፡ ሁከተ ፡ ዘ
ላስታ ፡ ወዘከተማ ። ወእምዝ ፡ ተዓሥረ ፡ ማሞዬ ፡ ዕሥረተ ፡
ፅኑዓ ፡ ውስተ ፡ ቤተ ፡ ሞቅሕ ፡ ወፈነዎ ፡ ንጉሥ ፡ ውስተ ፡
ሀገረ ፡ ዋልቃይት ፡ ወሞተ ፡ በህየ ፡ በኃሣር ። ወሤሞ ፡ ንጉ
ሥ ፡ ለኩኞ ፡ ጥቃቅን ፡ ብላቴን ፡ ጌታነት ።

በ ፳ ዓመተ ፡ መንግሥቱ ፡ ሠረቀ ፡ መስከረም ፡ በዕለተ ፡ እ
ሑድ ፡ ወንጌላዊ ፡ ማርቆስ ፡ አመ ፡ ፻ወ፷ ለመስከረም ፡ ተን
ሥአ ፡ ንጉሥ ፡ እምጎንደር ፡ በሥርዓተ ፡ መንግሥቱ ፡ ቃበ
ታትሂ ፡ ዘግምጃ ፡ ቤት ፡ ወኢየሱስ ፡ ተርፉ ፡ በጎንደር ፡ ወ
ባሕቲቱ ፡ ሥዕለ ፡ ኵርዓተ ፡ ርእሱ ፡ ሖረ ፡ ምስሌሁ ። ወበበ
ጕዘሁ ፡ ዘወትር ፡ በጽሐ ፡ አፈንጎ ፡ ወተንሥአ ፡ እምአፈንጎ ፡
ወአንጸረ ፡ ገጸ ፡ ኀበ ፡ ላስታ ፡ ውስተ ፡ ልቡ ፡ ወበጽሐ ፡ አ
ግረት ፡ ወተጋብዑ ፡ ብ (Fol. 32) ዙኃን ፡ ሠራዊት ። ወር
እየ ፡ ግብአተ ፡ ጃዊ ፡ ወባሶ ፡ ወአገው ፡ ወጎዣም ፡ ወኵሉ ፡
ጩዋ ፡ ወዓደወ ፡ ፈለገ ፡ ተከዚ ፡ አመ ፡ ፻ወ፷ ለጥቅምት ፡
በዕለተ ፡ ሰኑይ ፡ ወበጽሐ ፡ ዝብጋዝ ፡ ዘውእቱ ፡ ምድረ ፡ ላ
ስታ ፡ ወሰሚዖሙ ፡ ሰብአ ፡ ገለሰት ፡ ዘውእቱ ፡ ምድረ ፡ ላስ
ታ ፡ ተጋብኡ ፡ ውስተ ፡ ጸላዕት ፡ ወዓገቶሙ ፡ ደጅ ፡ አዝማ
ች ፡ ኤፍሬም ። ንጉሥኒ ፡ ሖረ ፡ እስከ ፡ አፈ ፡ ዋሻ ። ጃዊኒ ፡
ሖረ ፡ እስከ ፡ ብሔረ ፡ እልፍዮስ ፡ ዓመፂ ፡ ዘላስታ ፡ እንዘ ፡
ይቀትል ፡ ሰብአ ፡ ወያውዒ ፡ አብያተ ፡ ወእምነ ፡ ውእቱ ፡
ጃዊ ፡ ዘሞተ ፡ ብዙኃ ፡ ውእቱ ፡ ወሰአሉ ፡ ሰብአ ፡ ገለሰት ፡
ምሕረተ ፡ እምኀበ ፡ ንጉሥ ፡ ወመሐሮሙ ፡ ንጉሥኒ ፡ ወወፅ
ኡ ፡ እምነ ፡ ዋሻ ፡ እንዘ ፡ ይዘፍኑ ፡ እድ ፡ ወአንስት ፡ ምስ
ለ ፡ ሊቆሙ ፡ ፩ ያርብሐዊ ፡ ዘስሙ ፡ አየ ። ወተመይጠ ፡ ንጉ
ሥ ፡ ኀበ ፡ መስፍርያሁ ፡ ዘውእቱ ፡ ዝብጋዝ ፡ በፍሥሐ ፡ ባ

ሕቱ ፡ ሆኩቶ ፡ [1] [ወካዕበ ፡ ፈነወ ፡ ጕባላ ፡ እመኄ ፡ ዘውእቱ ፡ ዝፋን ፡ ወብዙኀ ፡ ገቾ ፡ ወመጽሐፈ ፡ ታሪክ ፡ ወሰንተል ፡ ነጋ ፊት ፡ ዘተሐይደ ፡ ቅድመ ፡ እምእዴሁ ፡ ለአደበ ፡ ዘማርያም ፡ በመን(ግ)ሥተ ፡ ሐጼ ፡ ሱስንዮስ ፡] ንስቲት ፡ ዓውሎ ፡ ነፍስ ፡ ወአውደቀቶ ፡ ለጸዋሬ ፡ ተድባቡ ፡ ወወረደ ፡ ፍጡነ ፡ እምነ ፡ በቅሉ ፡ ወወረዱ ፡ ኵሎሙ ፡ መኳንንት ፡ እለ ፡ ይትለውዎ ፡ እምነ ፡ በቅሎሙ ፡ ወእምዝ ፡ ተንሥአ ፡ ንጉሥ ፡ ፍጡነ ፡ ወ ተፅዕነ ፡ ላዕለ ፡ በቅሉ ፡ ወበአ ፡ ውስተ ፡ ሀይመቱ ። ወእም ዝ ፡ ፈነወ ፡ ጕባላ ፡ ወለቶ ፡ ወኵሎ ፡ ንዋየቲሁ ፡ ወንብቲራ ቲሁ ፡ ለራስ ፡ አምኃ ፡ ኢያሱስ ። ወዓዲ ፡ ፈነወ ፡ ጕባላ ፡ ወል ዶ ፡ ኀበ ፡ ንጉሥ ፡ ወይቤ ፡ አነኒ ፡ እመጽእ ፡ ኀበ ፡ እግዚእየ ፡ ንጉሥ ፡ ወእንሥእ ፡ እዴሆሙ ። ንጉሥኒ ፡ ተመይጠ ፡ ውስ ተ ፡ አፊንጎ ። ወእምህየ ፡ በአ ፡ ውስተ ፡ ጐንደር ፡ አመ ፡ ፩ ለታኅሣሥ ፡ በቀዳሚት ፡ ሰንበት ። ወአመ ፡ ፪ ለታኅሣሥ ፡ አዕረፈ ፡ እጨጌ ፡ ዘሚካኤል ፡ ወተቀብረ ፡ በጫልማ ። ወአ መ ፡ ፫ ለጥር ፡ በኡ ፡ መኳንንትኒ ፡ ውስተ ፡ ጐንደር ፡ ወበይ እቲ ፡ ዕለት ፡ አዕረፈ ፡ ብላቴን ፡ ጌታ ፡ ወሰን ፡ ሰገድ ፡ እኁ ወ ፡ አቡሃ ፡ ለእመቤት ፡ ማርያማዊት ፡ እመ ፡ ንጉሥ ፡ ወአ መ ፡ ፲ወ፪ ለጥር ፡ አዕረፈ ፡ መልአከ ፡ ብርሃናት ፡ እልፍዮስ ፡ ቸመኒ ፡ ወተቀብረ ፡ በደብረ ፡ ብርሃን ፡ ወአመ ፡ ፳ወ፫ አዕረ ፈ ፡ በአዘዘ ፡ አባ ፡ ኤዎስጣቴዎስ ፡ መምህረ ፡ ዓለም ። ወአ መ ፡ ፯ ለየካቲት ፡ አስተዓረቅዎ ፡ መነከሳተ ፡ ዋልድባ ፡ ለአያ ና ፡ እግዚእ ፡ እስመ ፡ በይእቲ ፡ ወርኀ ፡ አጽረረ ፡ አያና ፡ እግ ዚእ ፡ ወተፃልዓ ፡ ሕጻጠ ፡ ምስለ ፡ ንጉሥ ፡ ወተመኀፀነ ፡ ኀበ ፡ ወልድባ ፡ ወእምዝ ፡ ሖረ ፡ ንጉሥ ፡ ውስተ ፡ ጭርቂን ፡ ለአ ደን ፡ ወቀተላ ፡ ለአወራሪስ ፡ ወገብአ ፡ ኀበ ፡ መዲናሁ ። ወ አመ ፡ ፳ወ፰ ለየካቲት ፡ አዕረፈ ፡ አቤቶ ፡ ቄስጤ ፡ ወልደ ፡ ራስ ፡ ወልደ ፡ ጊዮርጊስ ፡ ወወልዱ ፡ ለዌዘሮ ፡ እስክንድራዊ ት ፡ ወለተ ፡ ሐጼ ፡ ፋሲል ፡ ወተቀብረ ፡ በደብረ ፡ ብርሃን ፡ በ ሰንደቅ ፡ ወነጋሪት ፡ ወአመ ፡ ፳ወ፱ ለየካቲት ፡ አምጽአ ፡ በ

[1] Les lignes entre crochets ont été intercalées par une erreur du copiste en cet endroit. Il est probable qu'elles doivent être reportées un peu plus haut, après ዘስሙ ፡ አየ ።

ጅሮንድ ፡ ወልደ ፡ ጊዮርጊስ ፡ ለአያና ፡ እግዚእ ፡ ወነሥአ ፡ እደ ፡ ንጉሥ ። ወአመ ፡ ፲ወ፱ ለመጋቢት ፡ መጽአ ፡ ጉባላ ፡ ወአንበሮ ፡ ንጉሥ ፡ በቃሑ ፡ ስሙኑ ፡ መዋዕለ ፡ እንዘ ፡ ይትሜገብ ፡ በእደ ፡ አዛጋር ፡ ጐሼ ፡ ወእምዝ ፡ በአ ፡ ንጉሥ ፡ ውስተ ፡ አዳራሽ ፡ ወጸውዖ ፡ ለጉባላ ፡ እምነ ፡ ቃሑ ፡ ወነሥአ ፡ እዶ ፡ ምስለ ፡ ፪ ውሉዱ ፡ ንጉሥኒ ፡ ወሀበ ፡ ጕልት ፡ ብዙኃ ፡ ወአሠርገዎሙ ፡ በሠናይ ፡ ሥርገዌ ፡ ሎቱ ፡ ወለውሉዱ ። ወፈነዎ ፡ በሰላም ፡ ብሔሮ ፡ እንተ ፡ ይእቲ ፡ እመኪና ። ወአመ ፡ ፳ ለሚያዝያ ፡ በዕለተ ፡ ሆሣዕና ፡ አንሥኡ ፡ ጋዕዘ ፡ በቅድመ ፡ ንጉሥ ፡ ዳዊት ፡ ዳጋሚ ፡ ሕዝቅያስ ፡ ወአዛጋር ፡ ወልደ ፡ ጊዮርጊስ ፡ ወልደ ፡ አዛጋር ፡ ዝክሮ ። ወአዘዘ ፡ ንጉሥ ፡ ለቢትወደድ ፡ ተስፋ ፡ ኢያሱስ ፡ ከመ ፡ ይስማዕ ፡ ነገሮሙ ፡ ከዊኖ ፡ ዳኛ ። ወበሰኒታ ፡ አስተገብኦሙ ፡ ቢትወደድ ፡ ተስፋ ፡ ኢያሱስ ፡ ውስተ ፡ ቤቱ ፡ ለኵሎሙ ፡ መኳንንት ፡ ወለ ፩ አዛዦች ፡ ወ ፩ ሊቃውንት ። ወወቀስ ፡ ዳዊት ፡ ዳጋሚ ፡ ሕዝቅያስ ፡ ለአዛጋር ፡ ወልደ ፡ ጊዮርጊስ ፡ ማእከሌሆሙ ። ወእምዝ ፡ ተዓሥረ ፡ አዛጋር ፡ ወልደ ፡ ጊዮርጊስ ፡ ወፈነዎ ፡ ንጉሥ ፡ ውስተ ፡ ሀገረ ፡ ሙቃሔ ፡ እንተ ፡ ይእቲ ፡ ዋልቀይት ። ወአመ ፡ ፪ ለግንቦት ፡ አዕረፈ ፡ ከንቲባ ፡ ማቴዎስ ፡ ወተቀብረ ፡ ውስተ ፡ ሀገሩ ፡ ድብለላ ። [1 (Fol. 206) ወአመ ፡ ፲ወ፬ ለግንቦት ፡ አውዓዮ ፡ እሳት ፡ ለቤተ ፡ ክርስቲያን ፡ ቅዱስ ፡ ሚካኤል ፡ ዘሀሎ ፡ በፊት ፡ ወአመ ፡ ፮ ለነሐሴ ፡ አዕረፈ ፡ በደብረ ፡ ብርሃን ፡ ጸሓፌ ፡ ትእዛዝ ፡ ሲኖዳ ፡ እንዘ ፡ መዋዕሊሁ ፡ ፶ወ፰ ዓመት ።

በ ፮ ዓመተ ፡ መንግሥቱ ፡ ሠረቀ ፡ መስከረም ፡ በዕለተ ፡ ሠኑይ ፡ ወንጌላዊ ፡ ሉቃስ ፡ አመ ፡ ፳ወ፫ ለመስከረም ፡ ሞተ ፡ ከንቲባ ፡ አርሴ ፡ በልደታ ፡ ወአመ ፡ ፫ ለጥቅምት ፡ አዕረፈ ፡ ሊቄ ፡ ከፍሎ ፡ ማእምረ ፡ ፍትሕ ፡ ወለባዊ ፡ ነገር ፡ በርስዓን ፡ ጥሉል ፡ እንዘ ፡ መዋዕሊሁ ፡ ፹ ዓመት ፡ ፈቀዳዊ ፡ ወፍቁር ፡ በኀበ ፡ ነገሥታት ፡ ወውዱስ ፡ በፍትሑ ፡ እምድኅረ ፡ በሚመተ ፡ ሊቀ ፡ መኳንንት ፡ ፴ወ፪ ዓመት ፡ ወተቀብረ ፡ ውስተ ፡

[1] Le passage entre crochets est tiré du ms. 143.

ሀገሩ ፡ አርባምባ ፡ ወእምዝ ፡ ሤሞ ፡ ንጉሥ ፡ ለዘየዓቢ ፡ ወልዱ ፡ ጊዮርጊስ ፡ ሊቀ ፡ መኳንንት ፡ ወለዘይንዕሰ ፡ ወልዱ ፡ ተክለ ፡ ሃይማኖት ፡ አዘዝነት ፡ ዘቀኝ ፡ ወከኑ ፡ ከመዝ ፡ ወአመ ፡ ፲ወ፪ ለጥር ፡ አዕረፈ ፡ ደጅ ፡ አዝማች ፡ ርቱ ፡ በጋና ። አመ ፡ ፳ወ፰ ለየካቲት ፡ አዕረፈ ፡ ደጅ ፡ አዝማች ፡ ሀለዌ ፡ ዘቋራ ፡ ወበወርኃ ፡ ሐምሌ ፡ ሤሞ ፡ ንጉሥ ፡ ለብሕት ፡ ወደድ ፡ ተስፋ ፡ ኢየሱስ ፡ ራስነት ፡ ምስለ ፡ ስሜን ።

በ ፯ ዓመተ ፡ መንግሥቱ ፡ ሠረቀ ፡ መስከረም ፡ በዕለተ ፡ ረቡዕ ፡ ወንጌላዊ ፡ ዮሐንስ ፡ አመ ፡ ፬ ለመስከረም ፡ ተሠይመ ፡ ስኩት ፡ ብሕትወደድነት ። አመ ፯ ለመስከረም ፡ በጊዜ ፡ ፫ ሰዓት ፡ ወዕለቱ ፡ ሰኑይ ፡ ፀልመ ፡ ፀሐይ ፡ ወተርእዩ ፡ ከዋክብት ፡ ወተሐውኩ ፡ ኵሉ ፡ ሰብእ ፡ ወተማኅለሉ ፡ ወከነት ፡ ከመ ፡ ቀዳሚሁ ፡ ብርሀት ። ሠረቀ ፡ ጥቅምት ፡ በዕለተ ፡ ዓርብ ፡ ወሰበ ፡ ጐንደየ ፡ ንጉሥ ፡ በከፋ ፡ ውስተ ፡ ቤቱ ፡ እንዘ ፡ ይትረአይ ፡ ለሰብእ ፡ ተሐውከት ፡ ኵሉ ፡ ትዕይንት ፡ በብሂለ ፡ ሐመ ፡ ንጉሥ ፡ ወሞተ ፡ ብላቴን ፡ ጌታ ፡ ኵቾኒ ፡ ሠርዓ ፡ ወዓልያኒሁ ፡ ለፀብዕ ፡ ለጐመ ፡ ነፍጥ ፡ ወፀአኑ ፡ ፈረሰ ፡ ወሰበ ፡ መጽአ ፡ በቱ ፡ እዙዝ ፡ ተቈጥዕዎ ፡ ወዓልያኒሁ ፡ ወእንሥኡ ፡ በቱ ፡ ኵናተ ፡ ውእቱኒ ፡ ኰኾ ፡ ይአፅር ፡ ነቢሮ ፡ መልዕልተ ፡ ከተማ ፡ ደርብ ፡ ዘአደራሽ ፡ ወአመ ፡ ፯ ለጥቅምት ፡ ወፅአ ፡ ንጉሥ ፡ በፈረስ ፡ ውስት ፡ ደብረ ፡ ብርሃን ፡ ወተለውዎ ፡ መኳንንትኒ ፡ በበአፍራሲሆሙ ፡ በርኁቅ ፡ እስመ ፡ ኢያቀርበሙ ፡ ጋሻ ፡ ጃግሬ ፡ ኀበ ፡ ንጉሥ ፡ ወከነ ፡ ፍሥሐ ፡ ውስተ ፡ ኵሉ ፡ ካህናትኒ ፡ በበፃቲሆሙ ፡ ይቤሉ ፡ ንሴብሖ ፡ ለእግዚአብሔር ፡ ስቡሐ ፡ ዘተሰብሐ ፡ ወበኡ ፡ ሊቃውንት ፡ ወአዛዦች ፡ ውስተ ፡ መክበቢያ ፡ ወወድቁ ፡ አንጻረ ፡ ገጹ ፡ ፈረሱ ፡ ለንጉሥ ፡ እንዘ ፡ ይበውእ ፡ ወሰዓሙ ፡ ምድረ ። ንጉሥኒ ፡ ለአከ ፡ ኀቤሆሙ ፡ እንዘ ፡ ይብል ፡ እፎ ፡ ሀለውክሙ ፡ ወዓልትየ ፡ ፍቁራንየ ፡ ወእምዝ ፡ አስተሰነአ ፡ ሎሙ ፡ ለመኳንንት ፡ ወይቤሎሙ ፡ ሑሩ ፡ በበአብያቲክሙ ፡ እስመ ፡ ትሬእዩኒ ፡ ወበሰኒታ ፡ በዕለተ ፡ ዓርብ ፡ ጸውዖሙ ፡ ንጉሥ ፡ ለመኳንንት ፡ ወለፈታሕት ፡ እንዘ ፡ ሀሎ ፡ ቤወርቅ ፡ ሰቅላ ፡ ወነበረ ፡ ዲበ ፡ መንበር ፡ በዓቢይ ፡ ግርማ ፡ ወአዘዘ ፡ ለአዛጋ ፡ ዮሴፍ ፡ ዘአልፍንጅ ፡

እንዘ ፡ ሀሎ ፡ ገጸ ፡ በገጽ ፡ ተሥእሎሙ ፡ ወይቤሎሙ ፡ ለም
ንት ፡ አደንገፅክምዋ ፡ ለከተማየ ፡ መኳንንትኒ ፡ ተናገሩ ፡ በበ
ነገሮሙ ፡ ወበፅሐ ፡ ጥያቄ ፡ ኀበ ፡ አዛዥች ፡ ወይቤ ፡ ንጉሥ ፡
ኅድጎሙ ፡ ለእሉሰ ፡ አእምኖሙ ፡ ከመ ፡ አልቦ ፡ እከይ ፡ ውስ
ተ ፡ ልበሙ ፡ ኲቻኒ ፡ ይቤ ፡ እወ ፡ ተደለውኩ ፡ ለፀብዕ ፡
እመ ፡ ይቤሉኒ ፡ የአሥሩክ ፡ ራስ ፡ ተሰፋ ፡ ኢየሱስ ፡ ወቢት
ወደድ ፡ ስኵት ፡ ወይቤሎሙ ፡ ንጉሥ ፡ ለፈታሒት ፡ ፍትሑ ፡
ላእለ ፡ ኲቻ ፡ በከመ ፡ ፍትሕከሙ ፡ ወፈትሑ ፡ ቦቱ ፡ ፍት
ሐ ፡ ሞት ፡ ወተዓሥረ ፡ ኲቻ ፡ ምስለ ፡ ፪ ወዓሊቱ ፡ ወዓዲ ፡
ተአኀዘት ፡ ወይዘሮ ፡ ወለተ ፡ ሥላሴ ፡ እኅቱ ፡ ለንጉሥ ፡ ም
ስለ ፡ ሞታ ፡ ነጨ ፡ ዘውእቱ ፡ ወልደ ፡ እኅቱ ፡ ለደጅ ፡ አዝ
ማች ፡ ባሕርይ ፡ ወተበርበረ ፡ ቤታ ፡ በእደ ፡ ጋሻ ፡ እጅግሬ ፡
ወካዕበ ፡ ተእኅዘት ፡ ወይዘሮ ፡ ዑፅፍት ፡ እኅቱ ፡ ወተበርበረ ፡
ቤታ ፡ ከመሁ ። ወእመ ፡ ፲ወ፭ ለጥቅምት ፡ በዕለተ ፡ ሠኑይ ፡
አውፅእዎሙ ፡ ውስተ ፡ አደባባይ ፡ ለኲቻ ፡ ወለወዓየልቱ ፡ ፪
ወለሐሙሁ ፡ ማርቆስ ፡ ለ..ንሲታ ፡ ወጊ ፡ ወለቴዎድሮስ ፡
ጋዲሰ ፡ ወለቋድ ፡ ሰሬ ፡ ኤምስጤ ፡ ወለአትኔ ፡ አለቃ ፡ ዘቅዱ
ስ ፡ ሚካኤል ፡ ፊት ፡ ወለአባ ፡ አብሳዲ ፡ ዘአዘዘ ፡ ወለነጨ ፡
ሞታ ፡ ለወይዘሮ ፡ ወለተ ፡ ሥላሴ ፡ ወለ ፪ አውሮች ፡ ዘአስ
ማቲሆሙ ፡ ብሌ ፡ ወማርያምባርያ ፡ ወረገዝዎሙ ፡ ጋሽ ፡ ጃ
ግሮት ፡ ወቀተልዎሙ ፡ ወኃደሩ ፡ አብድንቲሆሙ ፡ ግዱፋን ፡
በአደባባይ ፡ ወአንሥእዎሙ ፡ ዕሩቃኒሆሙ ፡ ዘእንበለ ፡ መግ
ነዝ ፡ ወገደፍዎሙ ፡ እፍኦ ፡ ትእይንት ፡ ወበልዕዎሙ ፡ አራ
ዊት ፡ ወኢቀበርውሙ ። ወእመ ፡ ፫ለኅዳር ፡ ወፅአ ፡ ንጉሥ ፡
እምጐንደር ፡ ወሖረ ፡ ወኅኒ ፡ ወይቤሎሙ ፡ ለወይዛዝር ፡ ዘ
ወኅኒ ፡ ለምንት ፡ ተሐውኩኒ ፡ ወገሠጸሙ ፡ ብዙኃ ፡ ዳኅረሰ ፡
መሀሮሙ ፡ ወተመይጠ ፡ በሰላም ። ወእመ ፡ ፳ ለታሕሣሥ ፡
አዕረ (Fol. 207) ፊት ፡ ወይዘሮ ፡ አመተ ፡ ኢየሱስ ፡ ኤር
ት ፡ ወርትዕተ ፡ ሃይማኖት ፡ ወለተ ፡ ሐፄ ፡ ፋሲል ፡ ወተቀ
ብረት ፡ በደብረ ፡ ብርሃን ። ወበውእቱ ፡ ዘማን ፡ ሜሞ ፡ ለ
አሥራት ፡ ዘጐጃም ፡ ጥቃቅን ፡ ብላቴንጌታነት ፡ ወበውእ
ቱ ፡ ተጋብኡ ፡ ወዓሊቱ ፡ ለኲቻ ፡ ወአውየዉ ፡ ኀበ ፡ ንጉ
ሥ ፡ እንዘ ፡ ይብሉ ፡ ሀብነ ፡ እግዚእ ፡ እምከመ ፡ ሞተ ፡ እግ

ዚአነ ፡ ንጉሥሰ ፡ ተሞያሙ ፡ ወዘረዎሙ ፡ በአዋጅ ፡ እንዘ ፡ ይብል ፡ ኢትንበሩ ፡ በከተማየ ፡ ወአመ ፡ ፲ወ፩ ለየካቲት ፡ አዕረፈት ፡ ወለተ ፡ መንግሥት ፡ ወለት ፡ ሐፄ ፡ ፋሲል ፡ ወብእሲቱ ፡ ለአፍርንጅ ፡ ፋሲል ። ንጉሥኒ ፡ ሖረ ፡ ውስተ ፡ ጭርቂን ፡ ለአደን ፡ ወቀተለ ፡ በዙኃን ፡ ወተመይጠ ፡ ወሐገየ ፡ በሰላም ፡ ወአመ ፡ ፳ወ፯ ለሚያዝያ ፡ ክነ ፡ ፋሲክ ፡ ወበወርኃ ፡ ግንቦት ፡ ሞተ ፡ ጥቃቅን ፡ ብላቴን ፡ ጌታ ፡ ዓሥረት ። ወ፳ወ፩ ለሰኔ ፡ ሤሞሙ ፡ ለሶሊቄ ፡ ዮስጦስ ፡ ራስነት ፡ ወእጬግ ፡ ኤፍሬም ፡ ጥቃቅን ፡ ብላቴንጌታነት ፡ ወተሥዕረ ፡ ቢትወደድ ፡ ስኩት ፡ ወተሠይመ ፡ ብሕት ፡ ወደድ ፡ ተስፋ ፡ ኢየሱስ ። ወአመ ፡ ፲ወ፰ ለሐምሌ ፡ አዕረፈ ፡ ሊቄ ፡ ዮናጣን ፡ ወተቀብረ ፡ ውስተ ፡ ሀገሩ ፡ ሰልጅ ። ወ፳ወ፩ ለነሐሴ ፡ አዕረፈት ፡ ወይዘሮ ፡ ብስላንትያ ፡ ወለተ ፡ ሐጼ ፡ ፋሲል ፡ መካን ፡ ወተቀብረት ፡ በቃሐ ።

በ ፳ ዓመተ ፡ መንግሥቱ ፡ ሠረቀ ፡ መስከረም ፡ በዕለተ ፡ ሐሙስ ፡ ወንጌላዊ ፡ ማቴዎስ ፡ አመ ፡ ፳ ለጥቅምት ፡ ተሥዕረ ፡ እጨጌ ፡ ዘወልደ ፡ ማርያም ፡ ወነበረ ፡ በሜልማ ፡ ወአመ ፡ ፳ወ፪ ለጥቅምት ፡ ተሠይመ ፡ እጨጌ ፡ ተክለ ፡ ሃይማኖት ፡ መጺአ ፡ እምኒ ፡ ደቋ ፡ ወአመ ፡ ፲ወ፰ ለየካቲት ፡ በዕለተ ፡ ቀበላ ፡ አዕረፈት ፡ ወይዘሮ ፡ ኀትርኒ ፡ መካን ፡ ወለተ ፡ ሐፄ ፡ ፋሲል ፡ ወብእሲቱ ፡ ለደጅ ፡ አዝማች ፡ ርቱ ፡ ወተቀብረት ፡ በዋጀታ ። ወበወርኃ ፡ መጋቢት ፡ መጽአ ፡ ወረኛ ፡ እልፍዮሰ ፡ ዘላስታ ፡ ተዓሚሮ ፡ በእደ ፡ አቤቶ ፡ ድዮናስዮስ ፡ ዘነገለ ። ንጉሥኒ ፡ በአ ፡ ውስተ ፡ ራስጌቤት ፡ ወጼውዖሙ ፡ ለፈታሕት ፡ ወለመኳንንት ፡ ወይቤሎሙ ፡ ፍትሑ ፡ ወተወጥነ ፡ ፍትሕ ፡ እስከ ፡ በዕሐ ፡ ኀበ ፡ አዛዦች ፡ ወጸሐፍተ ፡ ትእዛዝ ፡ በብሂለ ፡ እንተ ፡ ቅድም ፡ ወእምዝ ፡ ተሰእለ ፡ ንጉሥ ፡ ነገረ ፡ ወግዕ ፡ ዘቀዳሚ ፡ ወተረከበ ፡ ወግዕ ፡ ዘይብል ፡ እመንግሥተ ፡ ሐፄ ፡ ፋሲል ፡ እስከ ፡ ሐፄ ፡ አድያም ፡ ይፈትሑ ፡ አዛዦች ፡ በላእለ ፡ ጸሐፍተ ፡ ትእዛዞች ፡ በመንግሥተ ፡ ሐፄ ፡ አድያም ፡ ሰገድሰ ፡ ይፈትሑ ፡ [1] ጸሐፍተ ፡ ትእዛዝ ፡ በላእለ ፡ አዛዦች ፡

[1] Le manuscrit répète ici par erreur ይፈትሑ ፡

ወሰሚዖ ፡ ንጉሥ ፡ ዘንተ ፡ ነገረ ፡ ወግዕ ፡ ይቤ ፡ ይኩን ፡ ከመ ፡ ዘቀዳሚ ፡ ዘሐጼ ፡ ዓለም ፡ ሰገድ ፡ ወፈትሐ ፡ ጸሐፍት ፡ ትእዛዝ ፡ ቅድመ ፡ ወበላዕሌሆሙ ፡ አዛዦች ። ውእቱኒ ፡ ወረኛ ፡ እልፍዮስ ፡ ተሰቅለ ፡ በአደባባይ ። ወእመ ፡ ፲ወ፭ ለሚያዝያ ፡ ከነ ፡ ፋሲካ ። ወበወርኃ ፡ ግንቦት ፡ ሞት ፡ ብሕት ፡ ወደድ ፡ ስኩት ፡ ውስተ ፡ ሀገሩ ። ወእመ ፡ ፴ ለሰኔ ፡ ሠዐሮ ፡ ንጉሥ ፡ ለብሕት ፡ ወደድ ፡ ተስፋ ፡ ኢየሱስ ፡ ወሤሞ ፡ ለበጅሮንድ ፡ ሕዝቅያስ ፡ ቢትወደድነት ፡ ወእመ ፡ ፲ወ፫ ለሰኔ ፡ አስተአኀዘሙ ፡ ንጉሥ ፡ በነገረ ፡ (ወ)ንጅል ፡ ለውእቶሙ ፡ ሕዝቅያስ ፡ ወተስፋ ፡ ኢየሱስ ፡ ወተመይጠ ፡ ሕዝቅያስ ፡]
(Fol. 26) ወተሠዕረ ፡ እምዘተሠይመ ፡ ሢመተ ፡ ብሕትወደድ ፡ በ ፲ ዕለት ፡ ብሕትወደድነት ፡ ወሤሞ ፡ ንጉሥ ፡ ለገፍቶ ፡ ብሕት ፡ ወደድነት ፡ ወእመ ፡ ፴ ለሐምሌ ፡ ተሠዕረ ፡ ራስ ፡ ዮስጦስ ፡ ወተሠይመ ፡ ራስ ፡ ኤልያስ ፡ ወእመ ፡ ፳ወ፭ ለሐምሌ ፡ አዕረፈ ፡ በ.ገላ ፡ አቤቶ ፡ ድዮናስዮስ ፡ ወከረመ ፡ ንጉሥ ፡ በዳኅና ።

በ ፱ ዓመተ ፡ መንግሥቱ ፡ ሠረቀ ፡ መስከረም ፡ በዕለተ ፡ ዓርብ ፡ ወንጌላዊ ፡ ማርቆስ ፡ ወእመ ፡ ፲ወ፭ ለጥቅምት ፡ ሞተ ፡ ደጅ ፡ አዝማች ፡ ማሞ ፡ ዘሐማሴን ፡ ውስተ ፡ ጽርሐ ፡ ንጉሥ ፡ ወአውፅእዎ ፡ በሰንደቅ ፡ ወነጋሪት ፡ ወቀበርዎ ፡ በቃሐ ። ወእመ ፡ ፲ወ፱ ለጥቅምት ፡ ጸውዖሙ ፡ ንጉሥ ፡ ለመኳንንት ፡ ወለፈታሕት ፡ ወይቤሎሙ ፡ ምንተ ፡ ትብሉ ፡ በእንተ ፡ ነገረ ፡ ተክሌ ፡ ወልዳ ፡ ለክርስቶስዊት ፡ እስመ ፡ ቀዳሚ ፡ ወቀሰ ፡ ባሻርቱ ፡ ወወሀበ ፡ መሳክርተ ፡ ከመ ፡ ውእቱ ፡ ተክሌ ፡ ከነ ፡ ወልደ ፡ ንጉሥ ፡ አድያም ፡ ሰገድ ፡ እኑኒ ፡ አንበርክዎ ፡ ውስተ ፡ ጭርቃን ፡ ሀገረ ፡ ሙቃሔ ፡ ወይእዜ ፡ አምጻእክዎ ። ወፈትሑ ፡ በቱ ፡ በበርእሶሙ ፡ ወመተርዎ ፡ ለተክሌ ፡ እዴሁ ፡ ዘየማን ፡ በትእዛዘ ፡ ንጉሥ ፡ ውስተ ፡ ቤት ፡ ዘማዕዶተ ፡ ቃሐ ፡ ዘውእቱ ፡ አባ ፡ እንጦንስ ፡ ወኢሞተ ፡ ወእመ ፡ ፭ ለታኅሣሥ ፡ በዕለተ ፡ ሐሙስ ፡ ተንሥአ ፡ ንጉሥ ፡ በከፋ ፡ እምጐንደር ፡ በሥርዓተ ፡ መንግሥቱ ፡ ወበአ ፡ አፈንጎ ፡ ንጉሥሰ ፡ ባሕቲቱ ፡ ነበረ ፡ በሀገረ ፡ ሰላም ፡ ወእመ ። ፳ ለታኅሣሥ ፡ ጸውዖሙ ፡ ንጉሥ ፡ ለአዛጋር ፡ ቴዎዶስዮስ ፡ ዘቀኝ ፡ ወለሊቁ ፡ በ

ትሬ ፡ ዘግራ ። ወአዘዘ ፡ ለአዛጋ ፡ ቴዎዶስዮስ ፡ ከመ ፡ ያው
ፅአ ፡ ለደጅ ፡ አዝማች ፡ ጊዮርጊስ ፡ እምነ ፡ ሀገሩ ፡ ስማዮ ፡
ወይሰዶ ፡ ውስተ ፡ ቄለ ፡ ዘአዳጋት ፡ ምስለ ፡ ብእሲቱ ፡ ወደ
ቂቁ ። ወወሰዶ ፡ አዛጋ ፡ ቴዎዶስዮስ ፡ ወገብረ ፡ ዘከመ ፡ አዘ
ዞ ፡ ንጉሥ ። ወዓዲ ፡ አዘዞ ፡ ንጉሥ ፡ ለሊቄ ፡ በትሬ ፡ ኅበ ፡
ገዳመ ፡ ቈራፃ ፡ ከመ ፡ ያውፅኦሙ ፡ በሰላም ፡ ለኵሎሙ ፡ ተ
ማኅፃንያን ፡ ዘሀየ ። ወሖረ ፡ ሊቄ ፡ በትሬ ፡ ከመ ፡ ገዳመ ፡
ቈራፃ ፡ ወነገሮሙ ፡ ኵሎ ፡ ትእዛዘ ፡ ንጉሥ ፡ ወወጽኡ ፡ ተ
ማኅፃንያን ፡ ወነበሩ ፡ በበሀገሮሙ ፡ ወኮነ ፡ ሰላም ፡ ወተፈሥ
ሑ ፡ ሰብአ ፡ ማኅበር ፡ ዘቈራፃ ፡ ወባረክዎ ፡ ለንጉሥ ፡ ወተ
መይጠ ፡ ሊቄ ፡ በትሬ ፡ በሰላም ፡ ወበዳኅኑ ፡ ወነገሮ ፡ ለንጉ
ሥ ፡ ኵሎ ፡ ዘኮነ ። ወአመ ፡ ፲ወ፰ ለጥር ፡ ተመይጠ ፡ ንጉሥ ፡
ባሕቲቱ ፡ ምስለ ፡ ኅዳጣን ፡ ወበአ ፡ ጐንደር ፡ እኂዞ ፡ ዘውደ ፡
ወተቀበልዎ ፡ ካህናት ፡ በከመ ፡ ልማዶሙ ፡ በዝማሬ ። ወእ
ንዘ ፡ ሀሎ ፡ ንጉሥ ፡ በጐንደር ፡ አዘዘ ፡ ይእሥርዎ ፡ ለደ
ጅ ፡ አዝማች ፡ ርቱ ፡ ዘሰሜን ፡ ወተዓሥረ ፡ በአፈንጎ ። ወሐ
ዊሮ ፡ ንጉሥ ፡ ውስተ ፡ አፈንጎ ፡ ሜሞ ፡ ለተላፈኖስ ፡ ደጅ ፡
አዝማችነተ ፡ ዘሰሜን ፡ ወፈነዎ ፡ ለርቱ ፡ ዓሚሮ ፡ ውስተ ፡
ዋልቃይት ፡ በእደ ፡ ደጅ ፡ አዝማች ፡ ተላፈኖስ ። ወካዕበ ፡
ዓሠሮሙ ፡ ንጉሥ ፡ ለጐዣሞች ፡ ዘውእቶሙ ፡ ደጅ ፡ አዝማ
ች ፡ ላጋስ ፡ ወቀኝ ፡ አዝማች ፡ ካሰ ፡ ወሻለቃ ፡ ሜታ ፡ ወወ
ልደ ፡ አቢብ ፡ ወካልኣኒሆሙ ፡ በዘተፃልኡ ፡ ምስለ ፡ ደጅ ፡
አዝማች ፡ ቀኝ ፡ ዘጐዣም ፡ ወአንበሮሙ ፡ ውስተ ፡ ሀገረ ፡ ተ
ላፈኖስ ፡ ወአመ ፡ ፲ወ፰ ለመጋቢት ፡ መጽአ ፡ ንጉሥ ፡ እም
አፈንጎ ፡ ወበአ ፡ ጐንደር ። ወአመ ፡ ፫ ለሚያዝያ ፡ ኮነ ፡ ፋሲ
ካ ፡ ወበይእቲ ፡ ዕለት ፡ አዕረፈ ፡ በደብረ ፡ ብርሃን ፡ ጸባቴ ፡
ሥዕለ ፡ ክስስ ። መኳንንትኒ ፡ መጽኡ ፡ እምአፈንጎ ፡ ወበኡ ፡
ጐንደር ፡ ንጉሥኒ ፡ ከረመ ፡ በሁከት ፡ እንዘ ፡ ይትረከብ ፡ ፩፩
ዕለተ ፡ ወበወርኃ ፡ ሐምሌ ፡ ሠዓሮ ፡ ለብላቴን ፡ ጌታ ፡ ኤፍ
ሬም ፡ ወሤሞ ፡ ለዳዊት ፡ ዘጐዣም ።

ሠረቀ ፡ መስከረም ፡ በዕለተ ፡ ሰንበት ፡ ወንጌላዊ ፡ ሉቃስ ፡
አመ ፡ ፲ወ፩ ለመስከረም ፡ አዕረፈ ፡ ንጉሥ ፡ በካፋ ፡ ወተቀብ
ረ ፡ ውስተ ፡ ቤተ ፡ ክርስቲያኑ ፡ ለአቡነ ፡ ተክለ ፡ ሃይማኖት ፡

ወስመ ፡ ክርስትናሁ ፡ አጽመ ፡ ጊዮርጊስ ። እግዚአብሔር ፡ ያ ዕርፍ ፡ ነፍሶ ፡ ውስተ ፡ ሕፅነ ፡ አብርሃም ፡ ይስሐቅ ፡ ወያዕቆ ብ ፡ ወዓመተ ፡ መንግሥቱ ፡ ፱ ዓመት ፡ ወ ፩ ወርኀ ።

TRADUCTION.

(Fol. 2.) Au nom du Père, du Fils et du Saint-Esprit (trois personnes) en un Dieu. Nous allons exposer le récit de la généalogie des rois (d'Éthiopie) depuis Adâm jusqu'à présent.

Adâm engendra Sèt, Sèt engendra Hénos, Hénos engendra Qâynân, Qâynân engendra Malâlëèl, Malâlëèl engendra Yârèd, Yârèd engendra Hénok, Hénok engendra Matousâlâ, Matousâlâ engendra Lâmèh; Lâmèh engendra Nokh; Nokh engendra Sèm, Sèm engendra Alfâksad; Alfâksad engendra Qâynâm; Qâynâm engendra Sâlâ, Sâlâ engendra Ébor, Ébor engendra Fâlèq; Fâlèq engendra Râgou; Râgou engendra Séroh, Séroh engendra Nâkor, Nâkor engendra Târâ; Târâ engendra Abrëhâm; Abrëhâm engendra Yëshaq; Yëshaq engendra Yâ'qob, Yâ'qob engendra Yëhoudâ; Yëhoudâ engendra Fârès, Fârès engendra Ésrom, Ésrom engendra Arâm, Arâm engendra Aminâdâb; Aminâdâb engendra Naason, Naason engendra Salmon, Salmon engendra Iobèd, Iobèd engendra 'Ëséï, 'Ëséï engendra Dâouit, Dâouit engendra Salomon, Salomon engendra Ëbna Ḥakim (1).

Après eux viennent les rois d'Aksoum : Ëbna-Ḥakim engendra Tomâï, Tomâï [2] engendra Zagdour [3], Zagdour engendra Aksoumâï [4], Aksoumâï engendra Aousyo [5]; Aousyo engendra Taḥaouâsyâ [6]; Taḥaouâsyâ engendra Abrâlyos [7]; Abrâlyos engendra Ouarada-Dhahaï (le soleil est descendu) [8]; Ouarada-Dhahaï engendra Ḥandadyo [9], Ḥandadyo engendra Ouarada-Nagâch [10]; Ouarada-Nagâch engendra Aousyâ [11]; Aousyâ engendra Ilâlyon [12], Ilâlyon engendra Tomâ-Ṣyon [13], Tomâ-Ṣyon engendra Bâsyo [14], Bâsyo engendra Aouṭëṭ [15], Aouṭëṭ engendra Zaouâri-Nëbrat, Zaouâri-Nëbrat engendra Saïfâï, Saïfâï engendra Ramḥâï, Ramḥâï engendra Ḥandé, Ḥandé engendra Safélyâ [16], Safélyâ engendra Aglëboul [17], Aglëboul engendra Baouâouël [18], Baouâouël engendra Baouaris [19], Baouaris engendra Maḥasé [20], Maḥasé engendra Nâlké, Nâlké [21] engendra Bâzèn [22] au temps duquel naquit Jésus-Christ (louange à lui), dans la huitième année du règne de ce prince.

Bâzèn engendra Sënfa-Arʿëd (I) [23], Sënfa-Arʿëd (I) engendra Bâḥr-Asgëd (I), Bâḥr-Asgëd (I) engendra Gërmâ-Asfaré [24], Gërmâ-Asfaré engendra Charguâï [25], Charguâï engendra Zarëaï [26] et Sabëa-Asgëd [27], Sabëa-Asgëd engendra Ṣyon-Gëza, Ṣyon-Gëza [28] engendra Agdour, Agdour engendra Ṣënfa-Arʿëd (II) [29], Ṣënfa-Arʿëd (II) engendra Abrëhâ et Aṣbëḥa. Ce fut à leur époque, pendant qu'ils étaient à Aksoum, qu'apparut le christianisme. En ce temps-là, il n'y avait pas de Turks. Le père de Salâmâ était un marchand avec lequel vint Abbâ-Salâmâ. Une partie du peuple d'Éthiopie vivait alors dans la religion juive, d'autres adoraient le Serpent. Abbâ-Salâmâ leur enseigna la religion de Notre-Seigneur Jésus-Christ (louange à lui) et fit des miracles devant eux. Ils crurent et reçurent le baptême chrétien. Leur conversion eut lieu l'an 333 de la naissance du Christ; Abrëhâ et Aṣbëḥâ bâtirent Aksoum [30].

Abrëhâ engendra Asfëḥ (I) [31]; Asfëḥ (I) engendra Arfâd; Arfâd engendra Amsi, Amsi engendra Saladobâ [32], Saladobâ engendra Al-Amédâ, sous le règne duquel vinrent neuf saints de Rome et d'Égypte [33]; ils réformèrent la foi. C'était : Abbâ Alé [34], Abbâ Ṣëḥmâ [35], Abbâ Aragâoui [36], le même que Mikâèl, Abbâ Afṣi [37], Abbâ Garimâ [38], Abbâ Panṭaléouon [39], Abbâ Liqânos [40], Abbâ Gougâ [41] et Abba Yëmatâ [42]. Al-Améda engendra Tâzénâ [43], Tâzénâ engendra Kâlèb [44] qui perça la terre; Kâlèb engendra Gabra Masqal [45]. (Fol. 3.) De son temps Yârèd composa le livre des chants [46]. Gabra Masqal engendra Quasṭanṭinos (Constantin). Quasṭanṭinos engendra Ouasan-Sagad [47], Ouasan-Sagad engendra Fëré-Chanâï [48], Fëré-Chanâï engendra Adrëaz [49], Adrëaz engendra Akla-Ouëdëm [50], Akla-Ouëdëm engendra Garmâ-Safar, Garmâ-Safar engendra Zërgâz [51], Zërgâz engendra Dëgnâ-Mikâël, Dëgnâ-Mikâël [52] engendra Bâḥr-Iklâ, Bâḥr-Iklâ engendra Goum [53], Goum engendra Asguamgoum, Asguamgoum engendra Lëtëm, Lëtëm engendra Talâtëm; Talâtëm engendra 'Odâ-Sâsa [54], 'Odâ-Sâsa engendra Aïzour qui régna une demi-journée et fut étouffé lorsque tous les gens de la capitale le prirent par la main; beaucoup d'hommes moururent étouffés avec lui. Depuis lors, on fit une barrière devant le roi. Aïzour engendra Dĕdĕm [55], Dĕdĕm engendra Ouĕdĕdĕm, Ouĕdĕdĕm engendra Ouĕdĕm-Asfaré (I) qui vécut 150 ans; Ouĕdĕm-Asfaré (I) engendra Armâkh [56], Armâkh engendra Dĕgnâ-Jân [57]; Dĕgnâ-Jân engendra Gĕdʿâ-Jân [58], Gĕdʿâ-Jân engendra Anbasa-Ouĕdĕm [59], Anbasa-Ouĕdĕm engendra Dĕl-Naʿâd [60]; le trône lui fut enlevé et donné à d'autres qui n'étaient pas israélites : ce sont les Zâgués.

Désormais nous donnerons la durée des règnes et les noms des rois Zâgués, comme nous les avons appris des hommes instruits dans la loi [61]. Le premier fut Marâ-Takla-Hâïmânot qui régna 3 ans [62]. Ṭoṭodĕm régna 40 ans; Jân-Chioum régna 40 ans; Gĕrmâ-Chioum régna 40 ans; Yĕmrĕhana-Krĕstos régna 40 ans; Qĕdous-Ḥarbé régna 40 ans, Lâlibalâ régna 40 ans [63], Naakuĕto Laab régna 48 ans, Yĕtbârak régna 40 ans, Maïrâri régna 15 ans, Ḥarbaï régna 8 ans. La durée totale de leurs règnes fut de 354 ans; ils étaient au nombre de onze.

Revenons au commencement de notre récit : Dĕl-Naʿâd engendra Mâkhbara-Ouĕdĕm, Mâkhbara-Ouĕdĕm engendra Agbĕa-Ṣyon; Agbĕa-Ṣyon engendra Ṣĕnfa-Arʿĕd (III), Ṣĕnfa-Arʿĕd (III) engendra Nagâch-Zâré, Nagâch-Zâré engendra Asfĕḥ (II), Asfĕḥ (II) engendra Yâʿqob, Yâʿqob engendra Bâḥr-Asgĕd (II), Bâḥr-Asgĕd (II) engendra Ĕdĕm-Asgĕd, Adĕm-Ĕsgĕd engendra Yĕkouno-Amlâk, à qui l'Abouna Takla-Hâïmânot rendit la royauté qu'il reprit aux Zâgués [64].

Le saint était alors âgé de cinquante-sept ans. Ce Yĕkouno-Amlâk fit un accord avec lui et lui donna le tiers de son royaume. Depuis lors, cette époque fut appelée l'époque de l'accord.

Nous allons donner ici la durée de leurs règnes. Yĕkouno-Amlâk régna 15 ans (65). Son fils Yâgbĕa-Ṣyon régna 9 ans (66); Ṣĕnfa-Arʿĕd (IV), Ḥĕzba-Asgĕd, Qĕdma-Asgĕd, Jân-Asgĕd, Sabĕa-Asgĕd (II), les cinq fils de Yagbĕa-Ṣyon, régnèrent 5 ans; on ne sait rien d'eux. Ouĕdĕm-Raʿâd, autre fils de Yĕkouno-Amlâk, régna 15 ans. La quatorzième année de son règne mourut l'Abouna Takla-Hâïmânot (67).

ʿÂmda-Ṣyon (I), fils de Ouĕdĕm Raʿâd, régna 30 ans (68). De son temps, l'Abouna Madḫânina-Ĕgziĕ, fils (spirituel) de l'Abouna Takla-Hâïmânot, s'établit dans le Tigré, à Bankuai (69). Le même jour il donna l'habit monastique à sept étoiles qui étaient: Abbâ Sâmouèl (70) de Ouâldĕbâ (71), Sâmouèl de Quayâtsâ, Sâmouèl de Ṭarèṭâ, Yoḥannĕs de Gourânâqué, Tâdéouos de Bâltârouâ, Yâsâï de Mândâ-Ambâ, Yâfqrana-Ĕgziĕ (que le Seigneur nous aime) de Gougbèn. Une autre fois, il admit dans la vie monastique cinq étoiles, à savoir: Aron de Kĕtr, Marqoréouos (Mercure (71 bis)) de Hébâ, Zakâryâs de Gifâ, Gabra-Krĕstos (serviteur du Christ) de Bitânyâ, Dânĕèl de Tsaʿâdâ-Âmbâ (72). En outre, on dit que ce fut de son temps qu'apparurent Abbâ Éouosṭâtéouos (Eustathe (73)) et Abbâ Giyorgis (Georges) . . . . de Gâsthiâ.

A cette époque eut lieu la persécution de Dabra-Libânos (74), parce qu'Abbâ Anoréouos (Honorius) de

Ṣëgâdjâ avait excommunié le prince ʿÂmda-Ṣyon (fol. 4), qui avait pris la concubine de son père. D'autres disent qu'il forniqua avec sa sœur, suivant d'autres avec les deux sœurs. Il fit frapper cruellement à coups de verges Abbâ Anoréouos, parce que la capitale avait été brûlée et détruite; le roi le fit déchirer jusqu'au sang à cause de l'incendie. C'est pourquoi les habitants de Dabra Libânos furent exilés dans les provinces du Dambyâ (75) et du Bégamdër (76); l'Ë-thiagé (77) Filpos (Philippe), expulsé du pays de Châouâ (78), s'établit à Anqo et à Gëchénâ (79). Là, il fit embrasser la vie monastique à beaucoup d'hommes, entre autres Abbâ Za-Yoḥannës (serviteur de Jean) de Këbrân (80), Abbâ Takla-Alfâ de Dimâ (81), et Abbâ Takasta-Bërhân (la lumière a été révélée) de Dabra Ṣot. Les docteurs qui avaient établi des couvents depuis Qârodâ (82) jusqu'à Fërqâ (83) s'enfuirent, les uns dans les îles du Tsâṇâ (84) et les autres à Bagaṣar (?); Abbâ Zakâryâs, qui alla dans l'île de Galilâ (85), vivait au temps de ʿÂmda-Ṣyon (86).

Nëouâya-Krëstos (vase du Christ), le même que Saïfa-Arʿâd, était fils du prince ʿÂmḍa-Ṣyon. Il régna 28 ans (1342-1370). Ce roi alla dans le Tigré et monta à Dabra Bankual. Il y vit Madḥânina-ʿËgzië, qui était un faible vieillard, et reçut sa bénédiction. Il fit la guerre dans la haute Égypte, parce que le prince de Masr avait enchaîné Abbâ Mârqos, le quatre-vingt-quatrième patriarche d'Alexandrie, à cause du payement de l'impôt (87). Ensuite le maître de l'Égypte délivra le patriarche et le rétablit dans ses fonctions.

Ce récit est consigné dans le Synaxare, le 19 de ṭëqëmt [88]. L'an 25 du règne de Saïfa-Arʿâd, eut lieu, le 12 de gënbot, la translation des ossements de l'abouna Takla-Hâïmânot [89].

Nëouâya-Mâryâm (vase de Marie), le même que Ouëdëm Asfaré (II), fils de Saïfa-Arʿâd, régna 10 ans (1370-1380); on ne sait rien de lui [90].

Dâouit (I), autre fils de Saïfa-Arʿâd, régna 29 ans (1380-1409); sous son règne on apporta le bois de la croix du Christ. Il y eut des réjouissances et les chapes des prêtres furent ornées de fleurs brodées. On dit que ce prince fut tué d'un coup de pied de cheval [91]. Le monument (commémoratif) de cet accident subsiste encore de notre temps à Gëmbârou, dans l'île de Dâgâ [92]; sa mort arriva le 9 de ṭëqëmt [93].

Téouodros (I), l'aîné des fils de Dâouit, régna 3 ans (1409-1412 [94]) et mourut le 29 de sané; son tombeau est à Tadbâba-Mâryâm. On ne sait rien de lui [95].

Yësḥaq, autre fils de Dâouit, règna 15 ans (1412-1427). Ce prince alla dans le Ouagarâ [96], en expédition contre Béta-Achour, des Falachâs de Marabâ; il destitua vingt-quatre juges parce qu'ils s'étaient élevés contre lui lors de cette campagne [97]. De son temps beaucoup d'églises furent construites dans les provinces de Dambyâ et de Ouagarâ. A Kossogé [98] est celle qu'il appela Yësḥaq-Dabr. Dans la dixième année de son règne fut accompli le 13ᵉ cycle [99].

Andryâs (André), fils de Yësḥaq, régna six mois [100];

tous deux furent ensevelis à Tadbâba-Mâryâm. On ne sait rien de ce prince.

Takla-Mâryâm (plante de Marie), le même que Ḥĕzb-Nâñ [101], troisième fils de Dâouit, régna 4 ans (1429-1433).

Saroué-Iyasous (pilier de Jésus), dont le nom de roi était Mĕhĕrkâ-Nâñ [102], fils de Ḥĕzb-Nâñ, régna 4 mois.

ʿÂmda-Iyasous (colonne de Jésus), le même que Badl-Nâñ, autre fils de Ḥĕzb-Nâñ [103], régna 8 mois. On ne sait rien de ces princes.

Zarĕa-Yâʿqob (semence de Jacob), quatrième fils de Dâouit, régna 34 ans et 2 mois (1434-1468); son nom de roi fut Quasṭanṭinos [104]. De son temps eurent lieu des débats sur la foi, et Abbâ Giyorgis discuta avec un Franc et finit par révéler et composer le livre du mystère [105]. La dixième année du règne de ce prince mourut Abbâ Yoḥannĕs de Ouifât [106]. La mort du roi Zarĕa-Yâʿqob arriva le 3 d'épagomène; il fut enterré dans l'île de Dâgâ [107].

Baĕda-Mâryâm (celui qui est dans la main de Marie), son fils, régna 10 ans (1468-1478). Il fit peindre l'image de Marie et celle de Jésus-Christ par un Franc; le peuple d'Éthiopie en fut irrité [108]. Le portrait demeura à Atronsa-Mâryâm [109] (fol. 5), jusqu'à la troisième année du règne du prince Téouoflos (Théophile), où les Gâllâs vinrent et brisèrent les portes d'Atronsa-Mâryâm, tuèrent ses prêtres et emmenèrent en captivité tous les hommes et toutes les femmes. Quant à ce tableau et au cercueil renfermant les ossements du roi Baëda-Mâryâm, les Gâllâs les précipitèrent dans l'abîme [110], le 19 de naḥasé [111], un dimanche. Ce prince mourut le 12 de ḥëdâr [112].

Ëskëndër (Alexandre), son fils, régna 17 ans (1478-1495) [113]. On dit qu'il fut tué d'un coup de flèche par Mâyâ (?), gardien de l'étendard (?) [114]. Sa mort arriva le 12 de gënbot [115]. Il fut enterré à Dabra Ouarq [116].

ʿÂmda-Ṣyon (II), son fils, âgé de sept ans, régna sept mois et mourut [117].

Après lui régna Nâʿod, frère d'Ëskëndër, pendant 13 ans (1495-1508). Son nom de roi était Anbasâ Batsar (lion pour l'ennemi). Ce fut lui qui composa le portrait de Notre-Dame Marie. Il mourut le 7 de naḥasé, alors que 7,000 ans étaient accomplis. Il fut enterré à Gëché Ambâ-Nagast [118].

Jusqu'à cette époque, le pays n'avait pas été démembré, ni envahi par aucun ennemi; mais ces princes avaient vaincu beaucoup de rois. Ainsi ʿÂmda-Ṣyon (I) en avait battu dix qui l'avaient assailli subitement, avant qu'il eût réuni ses forces. L'invasion des ennemis dans notre pays commença sous le roi Lëbna-Dëngël (encens de la Vierge), fils du prince Nâʿod [119]. Son nom de roi fut Ouanâg-Sagad, Ouanâg signifie « lion ». La dix-neuvième année du règne de Lëbna-Dëngël, Dégalhan [120], général de son armée, alla dans le pays des Adals, pilla leurs biens et emmena leurs femmes en captivité [121]. Ensuite Grâñ le poursuivit et reprit les prisonniers et le butin. Deux ans après, la vingt et unième année du règne de

Lëbna-Dëngël, Grâñ s'avança jusque Samarmâ. Le roi marcha contre lui avec ses troupes, et le repoussa jusque Chëmbrâ-Kouré, sa capitale. Ils livrèrent bataille le 11 de magâbit (122). Là périrent beaucoup de fonctionnaires, entre autres l'Ësa-Ëdoug (123), le grand trésorier, Gabra Madḥën (serviteur du Sauveur), le Râs (124) du Châouâ, ʿAmdou, le Ṣâfalâm Robèl (Ruben) (125), Asèr et beaucoup d'autres. Deux ans après, le 18 de ṭër (126), Grâñ quitta le pays d'Adal, arriva dans le Daouâro (127) et livra bataille à Ayfars, le 5 de miyâzyâ (128). Là périrent le Râs Ëslâm-Sagad (129), Takla-Iyasous (plante de Jésus) et beaucoup de chefs. Ensuite Moḥammed s'empara du Châouâ. Le 24 de ḥamlé (130), il brûla Dabra-Libânos; le 5 de naḥasé mourut le Râs Ouasan-Sagad. Deux ans après, le roi quitta la terre d'Amḥarâ et s'établit à Ḥaguâ. Le 22 de ṭëqëmt, il en fut chassé, et le 7 de ḥëdâr, Grâñ brûla Makâna-Sëlâsé (siège de la Trinité) (131), Dabra-Naguadguâd et Atronsa-Mâryâm; le 12, il incendia Ganata-Giyorgis (paradis de Georges); le 10 de tâḥsâs (132), il pilla Ḥaïq (133), théâtre du martyre d'Ëstifânos. Ensuite, il alla dans son pays et y resta une année. Il revint au mois de miyâziâ, pilla Ouarouar où il passa l'hiver. Ceci arriva la vingt-cinquième année du règne de Lëbna-Dëngël. La vingt-sixième année, en ṭëqëmt, Grâñ descendit dans le Tigré où il fut accueilli par le Siré (134) et le Sarâoué (135). Le roi passa l'hiver dans le Dambyâ qu'il quitta au mois de ṭëqëmt pour aller dans le Ouagarâ. Il en partit au mois de tâḥsâs, fit route par Ṣalamt (136) et arriva à Aksoum (fol. 6) où il célébra la fête de l'Épiphanie [137]. Il s'en éloigna en passant par le Ṣagadé [138]. Grâñ se mit à sa poursuite, brûla le sanctuaire d'Abbâ Sâmouèl le 23 de ṭër, puis il alla dans le Mazagâ [139], où il se rencontra avec les Makatërs [140], qui l'accueillirent et le guidèrent jusqu'au Dambyâ. Le roi partit pour le Darâ [141], poursuivi par les musulmans ; la rencontre eut lieu près du fleuve Abâouï (Nil bleu) [142], le 22 de yakâtit [143]. Là moururent le ʿÂqâbé-Saʿât [144] Nagada-Iyasous (hôte de Jésus), son fils Bëësé-Ëgziabḥèr (homme du Seigneur), le Qañ-Gétâ [145] Ouasangé et beaucoup d'autres. La même année, le 27 de sëné [146], mourut Adolé, de la main de Tasfâ-Lëʿoul (espoir du Très-Haut) qui fut tué lui-même par Abbâs [147] dans le mois de ḥamlé; beaucoup de gens du Sarâoué périrent également. La vingt-septième année du règne de Lëbna-Dëngël, ce prince livra bataille à Sëmʿon [148] le 19 de ḥëdâr : là succombèrent Mâʿëqa-Ëgzië (colère du Seigneur), le Ṣërâg-Mâsaré Takla-Sëlous et Abéto [149] Téouodros ; Aksoum fut brûlé ainsi que Hâllélo [150], Bankol, Lagâso [151], Dabra-Karbé (le couvent des larmes) et beaucoup d'autres endroits. Les musulmans montèrent vers le Mazagâ et le Ouagarâ ; ils attaquèrent Sâoul (Saül), fils de Tasfâ-Iyasous (espoir de Jésus), et le vainquirent le 12 de miyâzyâ. Là périrent Azmât [152] Yoḥannës, Ganzaï et Boula. Les infidèles s'emparèrent du Samèn [153], du Dambyâ et du Bégamdër et s'y établirent. La vingt-huitième année du règne de Lëbna-Dëngël, l'ennemi entra dans la province de

Gojâm [154], où il tua beaucoup de monde. Il descendit dans le Sarâoué dont il massacra et extermina les habitants. Amḥâ tua Farachâm le musulman. La vingt-neuvième année du règne de ce prince, il tua Ouasanâ le 21 de maskaram [155]. Cette même année, Galilâ, au milieu d'une île, fut brûlé le 23 de magâbit. Les musulmans allèrent dans le pays de Daouâro où ils demeurèrent huit mois, et de là dans la province d'Angot [156], le 5 de gĕnbot, la trentième année du règne. L'an suivant, Grâñ envoya au roi une ambassade pour lui dire : « Donne-moi ta fille pour femme, et faisons amitié : si tu n'agis pas comme je te dis, il n'y a personne vers qui tu puisses te réfugier. » Le roi lui fit répondre par des députés : « Je ne te la donnerai pas, car tu es un infidèle; il vaut mieux tomber au pouvoir du Seigneur qu'au tien, car sa grandeur est aussi grande que sa miséricorde. C'est lui qui donne la force aux faibles, et la faiblesse aux forts. » Alors il devint l'objet d'une poursuite et d'une chasse rigoureuses, par la faim et l'épée, et il fut tourmenté par le malheur à un degré qu'on ne peut imaginer, le 7 de miyâzyâ, le mercredi de la Passion; alors périrent l'Azâj [157] Takla-Giyorgis, l'Azâj Amḥâ-Mikâèl (présent de Michel), Dâragot, Yâʿqob, Gâd, Abbâ-Tansĕa-Krĕstos (le Christ est ressuscité) de Bizan [158], professeur à Dabra-Samâʿĕt, Amata-Lĕʿoul (servante du Très-Haut) et beaucoup d'autres; Gédéouon [159], Yodit (Judith), la bru du roi, et un grand nombre de soldats furent pris ainsi qu'un butin innombrable. En ce temps-là, le peuple éthiopien se divisa en partis à propos de la Pâque, à la suite de nombreuses excommunications : les uns disaient que la Pâque tombait le 18 de miyâzyâ, mais ceux qui connaissaient la loi du Seigneur et qui accomplissaient ses prescriptions avec le roi, célébrèrent la fête de la résurrection le 10 de miyâzyâ et la Pâque le 11 (160). A cette époque, le roi éprouva une grande douleur : (fol. 7) son fils aîné Fiqṭor (Victor) succomba le 12 de miyâzyâ (160 bis). Il fut tué par Garâd Ësmân (عثمان ?), ainsi que ceux qui étaient avec lui, Yonâdâb, Këflo, Yosèf, ʿÂmdo et Salouanâg. Ensuite un musulman appelé Ëmar attaqua le roi le 25 de gënbot; le fils de Lëbna-Dëngël, qui se nommait Minâs, fut pris. Vers ce temps-là moururent ʿËzrâ (Esdras) le Blâtèn-Géta de l'intérieur (161) (?), Giyorgis le Grâ-Gétâ; Bâḥrëï (essence divine ou perle), fils de Mârtâ (Marthe), et un grand nombre de chrétiens. Beaucoup furent vendus comme esclaves. Le roi fut affligé de la captivité de ses troupes et de son fils. Cet événement arriva dans le pays de Ouâg (162), à l'endroit appelé Zâtâ. Lorsque Lëbna-Dëngël fut dans la province de Salaouâ, Ëmar y arriva, et tous les soldats qui étaient à l'extérieur et à l'intérieur furent faits prisonniers le 17 de sané. Le roi s'enfuit avec peu de troupes et arriva dans la terre de Ṣalamt, où il s'établit sur une montagne appelée Thiëlëmfrâ. Il en fut chassé par Iyorâm, chef du pays, aidé par les musulmans, le 14 de ḥamlé. En ce jour, il fut l'objet d'un grand miracle du Seigneur : il passa le Takazzé (163) à pied après la réunion des apôtres (164) et demeura l'hiver à Tâbr, ambâ haut et élevé du Siré.

La trente-deuxième année de son règne, Dieu donna la victoire au roi qui tua Aḥmadin [165], le 27 de maskaram. Ëmar le poursuivit ensuite, et fut atteint, dit-on, d'un coup mortel; mais il n'en mourut pas : ceci eut lieu le 1er de ṭëqëmt. Lorsqu'il quitta, ce mois-là, le Dambyâ, le musulman descendit dans le Siré où il détruisit ce qui restait d'églises : il brûla Maṭbabilâ le dix de tâḫsâs, anéantit Goutmân, le 15. Là moururent beaucoup de moines. Parti de là, il arriva à Zanâ dans le mois de ṭër et pilla les richesses de l'église de Këbërto. Le 13 (?), il s'empara des biens de celle de Dabra-Karbé, puis il se rendit dans le Siré où il demeura quelques jours, ensuite à Laïṭigo. Lorsque le Seigneur voulut montrer sa force, il envoya un pauvre dont le nom est inconnu. Celui-ci alla trouver Ëmar, alors qu'il était couché avec sa femme, le transperça au-dessus du nombril et le déchira de plusieurs coups comme le rapportent ceux qui le virent. Cet événement arriva le 17 de yakâtit, le jour de la fête de Marie, mère du Sauveur. On vit la force et la puissance de Dieu comme le dit Ḥannâ (Anne) mère de Sâmouèl [166] : « Il a affaibli l'arc des forts et il a ceint les faibles de vigueur. » Admire la puissance du Seigneur qui a agi ainsi afin de circoncire l'arrogance du cœur des chrétiens et des musulmans. Lors de cet événement, un fonctionnaire chrétien se réjouit parce qu'il (Ëmar) avait dit : « J'ai fait cela par ma force et non par celle du Seigneur... [167]. » Dieu qui connaît les choses cachées a couvert de honte la puissance de cet homme en se servant d'un pauvre que l'on ne soupçonnait pas, non par la lance, non par l'épée, mais simplement par le poignard à deux tranchants qu'on appelle chotal : celui qui nous avait poursuivis depuis le Daouâro jusqu'à Maṣouâ [(168)], la limite de l'Égypte, a été humilié par la puissance du Seigneur.

Dans ce mois de yakâtit, Gëché Ambâ-Nagast (l'ambâ royal) fut détruit et ravagé [(169)]. On y trouva beaucoup d'or et de vêtements de soie, provenant des trésors des anciens rois qui, depuis Yëkouno-Amlâk jusqu'à (fol. 8) Lëbna-Dëngël, les avaient entassés là. On y prit aussi d'autres richesses innombrables sans possesseur, de sorte que l'or devint aussi commun que les pierres, et les vêtements de soie que les feuilles. Le prix de l'once fut de 30 amlés, on donnait une once pour un bœuf [(170)]. On passa au fil de l'épée les Israélites [(171)] qui demeuraient là ; il y en eut qui, pour leur foi, furent précipités dans la mer ; ce qui fut l'œuvre du vizir Moudjâhid et d'Amdouch. Dans l'année de Matéouos [(172)] (Mathieu), mourut notre roi Lëbna-Dëngël, le 5 de maskaram, et il s'endormit avec ses pères après un règne de trente-deux ans et de trente-deux jours. Il fut enseveli à Dâmo, dans le couvent d'Abbâ Aragâoui [(173)].

Ensuite régna son fils Galâoudéouos (Claude) dont le nom de roi fut Aṣnâf-Sagad (1540-1559). Il était encore très jeune. Il se rendit au milieu de Bourkalo-Makadâ, et il surprit à l'improviste le vizir ʿAsâ, Garâd-Ësmân, Dëlba-Iyasous (la victoire est à Jésus), Yorâm (Joram) et beaucoup d'autres musulmans. Il leur livra bataille le 11 de taḥsâs, en tua un grand nombre et les terrifia comme un lion terrible et un ours magicien. Ils partirent, ne pouvant lui résister en face et disant : « Qui pourrait le combattre puisque le Seigneur est avec lui? » Ce prince agissait par la puissance de l'Esprit-Saint qui habitait en lui. Il n'avait pas appris la science de la guerre, il n'avait jamais assisté à un combat avant ce jour. Il partit pour se rendre dans le pays de Samèn où il fut accueilli par les Agaous de cette province (174), du Laouâré, de Ḥotsâ et de Ṣalamt. Le vizir Moudjâḥid, Garâd Ēsmân, Ganza-Garâda(?), Nasradin (Naṣr Eddin), les seigneurs du Siré et du Sarâoué et beaucoup de musulmans se réunirent contre lui, mais ils ne purent le battre. Il demeura au milieu d'eux pendant trois mois, jusqu'à ce qu'il tuât Yonâtân le renégat, fils de Hénok (Enoch), gouverneur du Tambèn (175); il prit les présents et les dons nécessaires à son royaume, puis partit de cet endroit, traversa le Takazzé et arriva dans le pays de Sard où il célébra la Pâque, en commémoration de la résurrection de Notre Sauveur Jésus-Christ. Il se trouvait dans ce territoire, lorsque Garad-Ēmar marcha contre lui. Ils se rencontrèrent à Salf et se livrèrent bataille le 29 de miyâzyâ; les ennemis disaient : « Nous n'avons jamais vu ni connu personne d'aussi fort, ni d'aussi courageux que ce jeune homme qui ne craint pas la mort, bien qu'il n'ait pas beaucoup d'hommes avec lui. » Il retourna ensuite dans la province du Samèn. Cette année arrivèrent les Francs qui venaient de leur pays, le Bërtëguâl (Portugal); leur capitaine était Dëngëstobou (Don Christophe?) : ils tuèrent Abâ Ësmân Nour (ابو عثمان نور ?)[176]. Ils passèrent l'hiver à Dëbârouâ[177], et Grâñ à Darasgé, puis ils envoyèrent dans la terre de Rome Minâs, encore enfant, qui partit du Dambyâ dans le mois de maskaram. Au mois de tâḥsâs, Grâñ se rendit dans le Tigré; les Francs quittèrent Dëbârouâ, ayant avec eux Ité[178] Sabla-Ouangèl, mère du roi, tandis que celui-ci leur envoyait des secours avec prudence et sagesse et leur fournissait des vivres et ce qui leur était nécessaire. Ils se rencontrèrent avec Grâñ dans le pays d'Anaṣâ[179] et lui livrèrent bataille le 29 de magâbit. Ils tirèrent sur lui avec des armes à feu, mais il ne mourut pas. Il passa l'hiver à Zabl, et la reine Sabla-Ouangèl à Aflâ avec les Francs. La deuxième année du règne de ce prince, il livra bataille le 3 de maskaram. Le capitaine (portugais) mourut au mois de ṭëqëmt[180]. Le roi Aṣnâf Sagad vint retrouver sa mère et ce qui restait de Francs dans le pays de Samèn, et tint conseil avec eux[181]. Ils allèrent dans le Chëouâdâ au mois de ḫëdâr, le 13 ils livrèrent bataille à Ouagarâ[182] et tuèrent Sid Maḥamad (Sidi Moḥammed), Ësmân et Ṭalilâ[183]; le reste des ennemis se dissipa comme de la fumée[184]; il y en eut qui s'enfuirent à Ëbna (?). Le (fol. 9) 19, Galâoudéouos descendit de Darasgé[185], incendia les demeures des Maures, pilla leurs biens, et revint dans le Chëouâdâ où il demeura deux mois. Grâñ retourna dans le Dambyâ en quittant Zabl, et le roi, partant du Chëouâdâ, arriva à Ouaïnâ-Dagâ[186] et s'y établit. Les musulmans s'éloignèrent de Darasgé et leurs troupes s'arrêtèrent non loin du roi, dont l'armée se trouvait au même endroit. On vit la miséricorde du Seigneur qui fortifia ses serviteurs et leur prince Aṣnâf-Sagad, encore jeune, qui les fit se rencontrer avec leur ennemi et le regarder en face, tandis qu'auparavant ils ne se seraient pas arrêtés, alors qu'ils craignaient et tremblaient en entendant prononcer son nom : du temps qu'il était dans le Châouâ et les chrétiens dans le Tigré, ceux-ci étaient abattus toutes les fois qu'il marchait contre eux. Lorsque la miséricorde du Seigneur jeta un regard sur eux, ils se rirent et se raillèrent du musulman. Le 17 de yakâtit, Grâñ se dressa sur le pied de l'orgueil, car il se fiait à ses canons, à ses fusils et à ses Turks; mais celui qui mesure les années disait : « Je combattrai et je chasserai aujourd'hui ceux qui se tiennent debout devant ma face. » Aṣnâf-Sagad, de son côté, mettait sa confiance dans le Seigneur et dans ses prières à Notre-Dame Marie qui l'accueillit. Les soldats du roi, qui marchaient en avant, tuèrent Grâñ avant qu'il n'arrivât au prince; il tomba sur la pente de Zântarâ, et mourut par l'ordre du Seigneur. Il succomba à la troisième heure, un mercredi, ses troupes se dissipèrent comme la fumée et la cendre d'un fourneau (187). Il y en eut qui s'enfuirent jusqu'à l'Atbarâ avec sa femme Dĕl-Ouambarâ (188) à cause de leur terreur; d'autres vinrent se rendre, la corde au cou, abandonnant leurs épées et leurs chevaux. On massacra les musulmans qui résidaient dans le Darâ. Quant à

Yorâm, il fut tué à son retour [189], afin que l'on n'oubliât pas le châtiment d'Israël. Alors l'Incarnation et la Résurrection coïncidèrent.

Lorsque Grâñ mourut, Aṣnâf-Sagad régnait depuis 2 ans, 5 mois et 22 jours. Deux ans après la mort du roi musulman, Abbâs fut tué [190]. Quant aux Francs, le roi pourvut à leurs besoins et leur donna beaucoup de terres en vertu de leurs conventions. Il s'éleva, à cause de leur croyance, un grand trouble [191], et ils eurent des luttes avec les grands, avec les partisans d'Abbâ Zëkré et d'Abbâ Pâoulos, et avec tous les moines. Le roi n'aimait pas la croyance des Francs; il établit Andryâs comme patriarche [192]. Toutefois il craignit que le peuple d'Éthiopie n'excitât dans son royaume un trouble comme au temps de Grâñ, et il demeura dans la foi d'Alexandrie, ce dont les Francs furent affligés. Après avoir régné 6 ans et 8 mois, ce roi Aṣnâf-Sagad alla dans le pays d'Adal. La treizième année, le soleil s'obscurcit [193] et Azâj Gërmâ mourut. La dix-septième année, Abétahoun Yâʿqob, son frère, mourut, ainsi que la Ouézaro [194] Ouësta-Qëdousân, sa sœur, mère des princes de Saqalt, dans la dix-huitième année. L'an dix-neuvième, le musulman Nour (Nour Eddin?) vint d'Adal [195]; il était fils de la sœur de Grâñ. Voici quelle fut, dit-on, la cause de son arrivée. Lorsque Dël-Ouambarâ s'enfuit, le jour de la mort de Grâñ, son mari, Nour se retira avec elle et, quand ils furent dans le pays d'Adal, il voulut l'épouser, car c'est la coutume des musulmans. Mais elle lui dit : « Si tu veux m'épouser, va tuer ce roi chrétien, meurtrier de mon mari. » C'est ce motif qui amena Nour. Quand Galâoudéouos apprit son arrivée [(196)], il réunit son armée et alla combattre les musulmans. Lorsqu'ils se virent face à face, les moines vinrent trouver le roi (fol. 10) : Abbâ Yoḥannës, professeur à Dabra-Libânos, qui avait composé le portrait de Takla-Hâïmânot; Abbâ Maqarës (Macaire) et beaucoup d'autres religieux dirent au prince : « Choisis entre le royaume des cieux et celui de la terre : si tu demeures en vie, tu vaincras; sinon, tu mourras et tu entreras dans le royaume des cieux. » Il répondit : « Je préfère mourir pour le dernier. » Ce jour-là, le 27 de magâbit, anniversaire du crucifiement de Notre-Seigneur Jésus-Christ, les officiers du roi Galâoudéouos le supplièrent en ces termes : « Nous te demandons, ô Seigneur, de passer cette Pâque avec nous, pour que nous nous réjouissions avec toi en mangeant et en buvant. » Il leur répondit : « Je ne resterai pas et ne verrai pas cette fête de Pâque, dans laquelle la nourriture et la boisson que je prends deviennent des excréments et de l'urine, mais j'assisterai à la Pâque céleste, exempte de ces souillures, et je m'y réjouirai avec le Seigneur Jésus-Christ. » Il avait une concubine qu'il aimait beaucoup à cause de la beauté de son visage : autrefois, il l'avait enlevée de force à son mari qui était prêtre. Cette femme alla le trouver et lui dit : « Mon Seigneur, ne meurs pas ici, je t'en prie, pour l'amour de moi. » Le roi lui répondit : « A cause de qui crois-tu que je meurs? n'est-ce pas à cause de toi? car la souillure de mon péché ne peut être effacée que par mon sang, puisque je t'ai enlevée au prêtre, ton mari.» Après avoir ainsi parlé, il alla au plus fort du combat où les musulmans le percèrent de nombreux coups d'épée et lui coupèrent la tête qu'ils portèrent dans l'Adal et placèrent sur un poteau (197). Pendant trois ans, il ne plut pas. Ensuite des marchands rapportèrent cette tête coupée et la transportèrent dans le pays d'Ënṣaqyâ (Antioche); elle fut déposée dans le tombeau de saint Galâoudéouos, le grand martyr. Le reste de son corps est demeuré jusqu'à présent à Tadbâba-Mâryâm.

Revenons à notre récit. Le jour de la mort du roi, beaucoup de moines périrent aussi, entre autres l'Ë-thiagé Yoḥannës, et parmi les grands le ʿÂqâbé-Saʿât et le Qès-Ḥatsé (chapelain royal), qui succombèrent avec lui et allèrent dans le royaume des cieux, d'après ce que disent les savants d'Éthiopie. Du temps de Galâoudéouos apparurent Azâj Gérâ et Azâj Râgouèl, prêtres instruits dans la musique. Ils commencèrent à faire régner l'usage de la notation dans le chant ecclésiastique et instruisirent les prêtres de Tadbâba-Mâryâm que ce prince avait fait bâtir (198). Ensuite il construisit un sanctuaire en l'honneur de saint Claude, dans la terre de Dâbr, et il l'appela Makâna-Samâʿët (siège des martyrs).

On donna le trône à son frère Minâs, après l'avoir racheté et avoir livré beaucoup d'or aux musulmans (199), car le roi Galâoudéouos n'avait pas de fils.

Il laissait une fille nommée Sabana-Giyorgis (bandeau de Georges), qui avait épousé Abéto Yonâèl, fils d'Ité Mënitchâlé-Chimé. Il eut d'elle la Ouézaro Aouqâfo, qui fut mère des princes de Dabâra. L'autre fille du roi Galâoudéous, la Ouézaro Masiḥâouit (chrétienne), fut mère des princes de Dâbr.

Règne de Minâs. Il dura quatre ans (1559-1563). Son nom de roi était Admâs-Sagad. La première année de son règne, il alla dans le pays de Samèn et fit la guerre contre Radëèt le Falâchâ[200]. La seconde année, ses troupes se séparèrent et proclamèrent roi Tazkâro dans le pays de Dâbr[201]. La troisième année, il livra bataille au Turk Zëmour-bâchâ (témoin زمور ?)[202] et marcha contre les Dëbas[203]. La quatrième année, Admâs Sagad mourut[204], et il fut enseveli à Tadbâba-Mâryâm.

(Fol. 11) Son fils, Sartsa-Dëngël (rejeton de la Vierge), dont le nom de roi était Malak-Sagad, lui succéda (1563-1595). Malak (ملك) en arabe signifie « roi »[205]. Lorsqu'il commença de régner, il était âgé de treize ans et six mois. Cette même année, les troupes se révoltèrent de concert avec les musulmans, enlevèrent les richesses du camp et se joignirent à Abéto-Ḥamalmâl, fils de Româna-Ouarq, fille du roi Nâʿod. Le roi ordonna au gouverneur Taklo-la-Asfadin d'entrer en campagne (?), et tous deux livrèrent bataille au rebelle. Cette même année mourut Abétahoun Rom-Sagad. La seconde année mourut Abétahoun Ḥamalmâl. La troisième année, Fâsil alla trouver le prince qui l'établit gouverneur du Dâmot.

La quatrième année, il attaqua Sartsa-Dëngël qui le battit. La cinquième année, le roi fit la guerre au bâchâ; alors mourut Ité Sabla-Ouangèl, mère du roi. La sixième année, le roi livra bataille aux Azés[206] et les vainquit; il demeura dans leur pays pendant deux ans. La neuvième année, il alla dans le Dambyâ et se rencontra avec Ḥarbo et Yësḥaq. Il reçut d'eux beaucoup de présents, et établit sa résidence à Dobit. La dixième année, il alla dans le pays de Zouâï[207] et attaqua les Borans[208] dont le Loubâ[209] était Ambisâ. La onzième année, mourut Azmât Zarëa-Yoḥannës (semence de Jean). Le roi passa l'hiver dans le Bizâmo[210]. La douzième année mourut Azmât Ḥarbo : Sartsa Dëngël passa en revue les soldats de Zarëa-Yoḥannës, les organisa en armée; puis il alla dans le Dambyâ, ramena toutes les villes sous son autorité et y établit pour gouverneur un homme capable[211]. La treizième année arriva Maḥamad[212]; la révolte de Yësḥaq prit de l'extension. Mais le roi nomma Dâragot gouverneur du Tigré(?), attaqua et vainquit Yësḥaq. La quatorzième année, il marcha contre Maḥamad, lui livra bataille dans la vallée du Ouabi[213], le mit en fuite et passa l'hiver à Zaḥon-dour. La quinzième année, il en vint aux mains avec les Borans dans la vallée de Madjo[214] et les battit; puis il revint dans le Dambyâ, rencontra les Abaṭis[215] à Ouaïnâ-Dagâ et les extermina sans en excepter un seul. La dix-septième année, il alla dans la province de Samèn, fit prisonnier Radëèt et le transporta dans la terre de Ouadj[216]. La dix-huitième année, il ravagea le canton de Chât[217]. La dix-neuvième année, il livra bataille à Kâlèf, le Falâchâ du Samèn[218], le battit, puis dévasta le pays de Bad. La vingtième année, il pilla la contrée de Sârkâ[219]. La vingt et unième année, il alla dans l'Ënâryâ[220], en tira un tribut d'or considérable et passa l'hiver à Kouchnâï. Cette année, le frère du roi, Abâdir, mourut, avec ses fils et sa femme, pour avoir mis le feu à de la poudre. La vingt-deuxième année, les Gâllâs tuèrent Aboli, qui était Oualo[221], alors qu'il gardait Birmadj. La vingt-troisième année, le roi descendit dans le pays de Gualinâ et livra bataille aux Maraouâs. La vingt-quatrième année, il fit une expédition dans le Samèn, attaqua Gouchn le Falâchâ[222], frère de Gédéouon, et le tua le 21 de ṭër. A la même époque, il descendit à Balyâ et se dirigea vers le pays des Ouambaryâs[223]. La vingt-cinquième année, il alla dans le Ḥérâ ou Quârâ[224], et tandis qu'il traversait le Gojâm, il rencontra les Ournëṭchâs et les extermina jusqu'au dernier. La vingt-sixième année, il marcha vers Jân-Médâ[225]. La vingt-septième année, maskaram commença par un samedi — temps de l'évangile de Luc —, nombre d'or, 27; épacte, 4. La Pâque eut lieu le 9 de miyâzyâ. Le roi alla à Daḥono[226], en face de Maṣouâ, et livra bataille au bâchâ des Turks appelé Kadâourd, qui fut tué par Abéto Yonâèl, fils d'Ité Mënitchâlé. C'est ce qu'ont écrit les prêtres dans la notation des chants ecclésiastiques, lorsqu'ils disent[227] : « Yonâèl, le serviteur de Malak-Sagad, a tué le bâchâ d'un coup de couteau. » La vingt-huitième année, le roi alla à Aïbâ, où il bâtit une église sous l'invocation de Notre-

Dame de Miséricorde; cette église a subsisté jusqu'à présent. La vingt-neuvième année, il fit une expédition contre les gens de Gambo[228]. La trentième année, il ne sortit pas de sa ville d'Aïbâ. La trente et unième année, Maskaram commença par un mercredi — temps de l'évangile de Marc, — nombre d'or, 23; épacte, 7. En ce mois il y eut un tremblement de terre et Ité Mĕnitchâlé mourut. La Pâque arriva le 5 de miyâzyâ; le 21 de ḥamlé, un lundi, mourut[229]. . .

. . . .

[Après la mort du patriarche Nuñez Barreto, réfugié aux Indes, Oviédo, qui était resté en Éthiopie, fut nommé à sa place. Mais le roi de Portugal, D. Sébastien, désespérant de la conversion de ce pays, pria le pape d'envoyer dans l'Inde et en Chine les missionnaires qu'il destinait à l'Afrique orientale. La cour de Rome accéda à cette demande; toutefois Oviédo, à qui les Turks fermaient le retour par Maṣouâ, s'efforça de faire revenir le souverain pontife sur cette détermination et chercha à obtenir des troupes portugaises pour convertir de force l'Éthiopie, présentant ce royaume comme affaibli, Malak-Sagad qui venait de vaincre les Gâllâs et les Turks, les Maures et les Juifs, comme sans autorité, et les populations comme faciles à conquérir. La défaite des Portugais à Alcacer dans le Maroc ne permit pas de donner suite à ce projet de persécution. Philippe II, roi d'Espagne, s'empara bientôt après du Portugal, et ce fut à lui que Malak Sagad adressa la lettre publiée par Ludolf (*Comment. ad hist.*, p. 483-

485) et dans laquelle il lui demande des artisans capables de fondre des canons et de fabriquer de la poudre et des mousquets. Ces relations avaient lieu par l'intermédiaire d'un certain D. Duarte de Menezes qui avait résidé dans le pays. Oviédo continua de vivre paisiblement à Frémonat, grâce à la tolérance de Malak-Sagad. Sa mort (1577) fut suivie de près par celle d'Antonio Fernandez qui le remplaça; les autres jésuites : Gonzalez Cardoso, André Galvarez et Emmanuel Fernandez périrent tous de mort violente, excepté François Lobo qui mourut en 1596, la même année que Malak-Sagad. Quelques mois après arriva des Indes un missionnaire indigène, Melchior da Silva, qui remplaça les Jésuites jusqu'à l'arrivée du P. Paëz.

Après la défaite des Turks et la mort de Kadaourd, Sartsa-Dëngël passa une seconde fois dans le royaume d'Ënâryâ, où il assista à de nombreuses conversions, et revint en Éthiopie, rappelé par une insurrection du Dâmot. Il s'apprêtait à l'étouffer, lorsqu'il mourut pour avoir mangé d'un poisson pêché dans une rivière du Chât, soit que le poisson fût venimeux, soit que le mets eût été empoisonné. Ce prince ne laissait que des filles et trois fils naturels, Za-Mâryâm (l'homme de Marie), Yâ'qob et Za-Dëngël (l'homme de la Vierge). En mourant, il désigna son neveu Za-Dëngël, fils de son frère Lesâna-Krëstos (langue du Christ), pour lui succéder.

Sous Sartsa-Dëngël, la littérature éthiopienne s'enrichit de trois ouvrages importants. Le premier est un *Mazmoura-Krĕstos* (psautier du Christ), composé, dit l'auteur, un moine du couvent de Dabra-Mâryâm, à l'imitation du psautier de David. L'œuvre n'est guère originale et n'a de valeur que par les citations dont elle se compose. Nous trouvons ainsi énuméré un nombre considérable d'ouvrages dont une partie seulement a été apportée en Europe : le Pentateuque, les Juges, Josué, le Koufalé (petite Genèse), Enoch, Job, les Rois, les Psaumes, les Proverbes, la Sagesse, l'Ecclésiaste, le Cantique des Cantiques, l'Ecclésiastique de Jésus, fils de Sirach, Isaïe, Jérémie, Ézéchiel, Daniel, Esdras, les Macchabées, la Vision d'Élie, les Petits Prophètes, les Évangiles avec l'introduction d'Eusèbe, les Épîtres de Paul, de Jacques, de Pierre et de Jean, les Actes des Apôtres, l'Apocalypse, le Synodos, les Didascalia, Kidân, Clément, Basile de Césarée, Athanase, le Hâïmânota-Abaou, Jean Chrysostome, le livre des 310 Pères orthodoxes (du Concile de Nicée), Grégoire de Nazianze, Épiphane, Jacob Baradæus, le livre de la Perle, l'Élève et le maître, le Synaxare, Ephrem le Syrien, Jacques de Saroug, Abbâ Benjamin, Abba Hĕryaqos (Cyriaque), Sévère d'Echmounaïn, l'Aragâoui Manfasâoui, le Philoxenus, les Miracles de Jésus, le Zéna Abaou (Vie des Pères); les Miracles de la Vierge, la Maṣḥafa-Mĕsṭir et l'Hexæmeron : parmi les ouvrages profanes, la Chronique (Târik), le Fĕtḥa Nagast, le Livre des philosophes, Joseph ben Gorion, le Physiologus, Barlaam et Joasaf et le *Kalila et Dimnâ*. Ce dernier écrit est sans doute une version faite sur le texte arabe; il serait curieux de rechercher si elle nous a conservé une recension différente de celles que nous connaissons. Le Psautier du Christ fut composé l'an XIX du règne de Sartsa Dëngĕl; il est fait mention dans le 151ᵉ psaume de la victoire remportée sur Moḥammed, roi d'Adal (conf. Wright, *Catal. of the ethiop. mss.*, nº 128).

L'année suivante du règne de ce prince (la vingtième), l'encyclopédie religieuse du moine Nikon, intitulée Πανδέκτης τῶν ἑρμηνειῶν τῶν θείων ἐντολῶν τοῦ Κυρίου, fut traduite d'arabe en gheez par un certain Salik. Cet ouvrage est un recueil de préceptes empruntés aux Pères de l'Église sur divers sujets : la nécessité de connaître l'Écriture sainte, les commandements de Dieu, la vie monastique, l'indignation permise, la pauvreté, les jugements téméraires, la royauté, les injures, la fornication, l'aumône, la volonté, l'obéissance, la haine, la prière, les métiers licites, l'humanité, la confession, le jeûne, les fêtes, etc. (Cf. d'Abbadie, *Catal. des mss. éthiop.*, nº 34; Zotenberg, *Catal. des mss. éthiop.*, nº 110; Wright, *Catal. of the ethiop. mss.*, où il donne de longs extraits, p. 235-253, 249, 350.)

Sous le même roi, un marchand arabe du Yémen vint s'établir en Éthiopie et fut baptisé par l'abouna Pétros au couvent de Takla-Hâïmânot. Il prit le nom de 'Ĕnbaqom (Habacuc), embrassa la vie monastique et devint le onzième abbé de ce couvent, avec le titre d'Ĕthiagé. Plus tard il fut nommé traducteur de

Sartsa-Dëngël. L'Église éthiopienne célèbre sa commémoration le 28 de miyâzyâ (Zotenberg. *Catal. des mss. éthiop.*, p. 182; Wright, *Cat. of the ethiop. mss.*, p. 291). C'est par erreur qu'Isenberg (*Diction. of the Amhar. lang.*, p. 205) le fait vivre sous Nâ'od. On lui attribue plusieurs traductions en gheez : 1° celle des fragments du Qorân, du Maṣḥafa-Ṭabibân et des Pseudo-Clémentines; la langue de cet ouvrage est fort altérée (Wright, *Cat. of the ethiop. mss.*, n° 319); 2° celle d'un Commentaire arabe du Cantique des Cantiques, destinée à son fils Habta-Iyasous (Wright, *ibid.*, n° 319); enfin celle de la Chronique d'Abou-Châkir, faite sur la demande de Salik de Dabra-Libânos (Cf. Dillmann, *Cat. mss. Brit. Mus.*, n° 36 : *Verzeich. der abyss. Handsch.*, n° 83, 3°; d'Abbadie, *Cat. des mss. éthiop.*, n° 140; Wright, *Cat. of the ethiop. mss.*, n°s 383-387). Il est probable, comme l'a fait remarquer M. Zotenberg (*Catal. des mss. éthiop.*, p. 245), que la vie d'Alexandre attribuée à Abou-Châkir est en réalité traduite d'El-Makin.

Këfla-Ouahad, gouverneur du Tigré, et Aṭanasios, gouverneur d'Amḥarâ, mariés aux deux filles de Malak-Sagad, voulurent proclamer l'aîné de ses fils naturels, Yâ'qob, dont la jeunesse devait leur assurer le pouvoir. De concert avec Mâryâm-Sënâ, veuve du dernier roi, ils s'emparèrent de Za-Dëngël et le reléguèrent dans l'île de Daq : de là, il parvint à s'enfuir dans le Gojâm. Sousnyos, fils de Fâsiladas, fils de Yâ'qob, fils de Dâouit (Lëbna-Dëngël), dont ils redoutaient l'ambition, réussit également à leur échapper; il trouva un asile chez les Gâllâs. Au bout de sept ans, Yâᶜqob, devenu majeur, se lassa d'obéir aux trois complices; il commença par exiler un de leurs alliés, Za-Sĕlâsé, dans l'Ĕnâryâ et se prépara à recouvrer l'autorité royale tout entière. Mais ceux qui l'avaient appuyé l'abandonnèrent et proclamèrent sous le titre d'Aṣnâf-Sagad Za-Dĕngĕl qu'ils tirèrent de son exil dans le Gojâm. Yâᶜqob chercha en vain un asile dans le Samèn, il fut arrêté et conduit à son rival qui se contenta de l'envoyer dans l'Ĕnâryâ.

Sur ces entrefaites, le P. Paĕz arriva à la cour, où il avait été mandé par João Gabriel, officier portugais au service de l'Éthiopie. Ce jésuite, le plus habile de tous ceux qui cherchèrent à évangéliser le pays, se garda d'imiter le faste et l'insolence de ses prédécesseurs. Parvenu à Frémonat, après avoir été captif dans le Yémen, il se confina dans ce monastère, s'adonnant avec ardeur à l'étude du gheez et à l'enseignement de la religion catholique. Vers 1604, il fut appelé à la cour par l'empereur Yâᶜqob; mais lorsqu'il arriva, Za-Dĕngĕl venait de monter sur le trône. Il reçut un bon accueil du nouveau prince, qu'émerveilla la science des élèves du missionnaire: ceux-ci n'eurent pas de peine à vaincre, dans une controverse publique, l'ignorance de quelques moines éthiopiens. Dès lors, Aṣnâf-Sagad se montra disposé à embrasser le catholicisme; il défendit de célébrer le sabbat à la manière juive, et écrivit au pape Clément VIII et à Philippe III, roi d'Espagne et de Portugal, des lettres qui nous ont été conservées par

Tellez (*Historia geral de Etiopia alta*, l. III, c. XVIII) et Ludolf (*Comment. ad hist. æth.*, p. 485-486). Il demandait des ouvriers, des soldats et des missionnaires, et, en outre, proposait de marier son fils, âgé de sept ans, à la fille du roi d'Espagne, Anne d'Autriche. Ce projet n'eut aucune suite, non plus que celui d'établir les Espagnols à Maṣouâ, pendant que les Éthiopiens résideraient à Arkiko, de façon que les communications entre les deux pays ne fussent plus à la merci des Turks. Avant l'arrivée d'une réponse, Za-Dëngël était mort.

Ce prince, doué de grandes qualités, avait montré beaucoup de courage dans une guerre contre les Gâllâs qui avaient envahi le Dâmot, battu et tué le gouverneur de cette province. Aṣnâf-Sagad les repoussa, mais son zèle maladroit pour le catholicisme romain détacha de lui les grands et une partie de l'armée. La conversion publique de Lâëka-Mâryâm (serviteur de Marie), son ami intime, celle à peine dissimulée du roi, éveillèrent les craintes des partisans de l'Église d'Alexandrie. Le Gojâm se révolta et Râs Sëlâsé amena le patriarche jacobite Péṭros à renouveler l'exemple d'Abbâ Anoréouos (v. p. 93) et à excommunier le roi. Lui-même se mit à la tête des rebelles, et Râs Atanasios fit défection au moment de livrer bataille. Méprisant les avis de João Gabriel, chef des Portugais, Aṣnâf-Sagad engagea le combat à Bartcho. D'abord vainqueur, il ne tarda pas à être tué sur le cadavre de son ami Lâëka-Mâryâm. Dès lors, la guerre fut terminée. Son corps, d'abord enterré dans une chapelle par des paysans, fut, dix ans après, transféré en grande pompe dans l'île de Daq, par ordre de Sëlṭân-Sagad.

Le trône d'Éthiopie était vacant : Sousnyos revint de chez les Gâllâs, et prétendit y avoir droit. Il commença par s'assurer de Râs Atanasios qui, surpris sans avoir pu se consulter avec Za-Sëlâsé, le reconnut pour roi. Il fut moins heureux avec le second. Celui-ci, de son gouvernement de Dambyâ, avait envoyé dans l'Ënâryâ un messager pour ramener Yâʿqob. Il se refusa à prêter serment à Sousnyos, marcha contre lui à l'improviste et le força de s'enfuir dans les montagnes de l'Amḥarâ. Toutefois, ne recevant pas de nouvelles de Yâʿqob, il se détermina, sur les réclamations de ses soldats, à faire sa soumission au prétendant qu'il abandonna pour rejoindre le prince de son choix. Son exemple fut suivi par Râs Atanasios. A son arrivée en Éthiopie, Yâʿqob chercha à entrer en arrangement avec son rival; il lui fit offrir les provinces d'Amḥarâ, de Châouâ et de Oualaka, Sousnyos refusa, réclamant le royaume tout entier. Il fallut avoir recours aux armes : Za-Sëlâsé, orgueilleux de ses succès passés, dédaigna de joindre son armée à celle du roi; il se fit battre par son ennemi et, mécontent du peu d'estime que lui marquait Yâʿqob, il le trahit pour Sousnyos. Celui-ci n'eut pas de peine à terminer la guerre; habile général, il sut forcer son adversaire à accepter le combat dans une position désavantageuse où presque toute son armée fut détruite malgré l'aide des Portugais qui avaient embrassé sa cause; la nuit suivante, un corps de cinq cents cavaliers fuyant au hasard tomba dans un précipice; il n'en échappa, au rapport du P. Tellez, qu'un Portugais nommé Manoel Gonsalva; l'Abouna Pétros fut tué : Yâʿqob disparut, et l'on ne put retrouver son cadavre. Sousnyos fut reconnu roi dans toute l'Éthiopie. (Cf. Codigni, *De Abbassinorum rebus;* Tellez, *Historia geral*, l. III; Ludolf, *Hist. æth.*, c. VII; Legrand, *Relat. hist. d'Abiss.*, Dissertat. IX; Bruce, *Voyage*, t. II, p. 254-283.)

Sous Yâʿqob, le diacre Gabriel l'Égyptien, fils de Jean de Qalioub, traduisit de l'arabe en gheez, sur l'ordre du Râs Atanasios et de la reine Mâryâm-Sënâ, la Chronique de Jean, évêque de Nikiou. (Cf. d'Abbadie, *Catal. des mss. éthiop.*, n° 31; Zotenberg, *Cat. des mss. éthiop.*, n° 146; id., *La Chronique de Jean de Nikiou*, Paris, 1879, in-8°; Wright, *Cat. of the eth. mss.*, n° 391 2°.)

[(230) Ensuite régna Sousnyos dont le nom de roi fut Ṣëlṭân-Sagad. Il était fils d'Abéto-Fâsiladas, fils d'Abéto-Yâʿqob, fils de Ouanâg-Sagad. L'année qui suivit son élévation au trône, maskaram commença par un lundi, temps de l'évangile de Jean, 12e épacte; nombre d'or 18 : la Pâque arriva le 1er de miyâzyâ. Depuis Yëkouno Amlâk jusqu'à ce jour (1268-1605), il s'était écoulé 338 (337) ans. A cette date, il fit une expédition contre les Gâllâs de Ouaqro] (mss. 142, fol. 42), et ensuite à Ĕbnât(231) : il battit les Gâllâs, descendit dans le Tigré où il tua un rebelle(232). Il partit ensuite par le Gojâm où il extermina beaucoup d'ennemis, sans en laisser un seul; enfin il remporta sur les Libâns[233] une victoire de trois jours, un grand nombre périt...[234]. A cette époque mourut le révolté Za-Sëlâsé le 20 de sané[235]. La troisième année de son règne, les Maraouâs obtinrent d'abord l'avantage sur Sëlṭân-Sagad, puis il les vainquit et emmena captifs les hommes et les femmes[236]. De là, il se rendit dans le Tigré où il étouffa une révolte et pacifia le pays. Malka Ṣédèq (Melchisédec) se souleva à l'arrivée d'une rumeur disant : Le prince est mort dans le Tigré. Il proclama Abéto Arzo, fils d'Abéto Ḥaouâryât, fils du roi Admâs-Sagad, le même que Minâs[237]. Râs Yamâna-Kësos tua Malka-Ṣédèq le traître. Abéto Arzo fut pris à Tâbya et Sëlṭân-Sagad le fit tuer à son retour du Tigré[238]. La quatrième année, il alla dans le Gojâm où il livra bataille aux Borans : il vainquit les Zalabâsâs[239], les Thiarâs et les Kuâkuëras et établit sa résidence à Dëḥânâ. Puis il partit pour le Bégamdër, s'arrêta à Asté qu'il quitta pour aller combattre les Gâllâs à Dorâgo. La cinquième année, il y eut un fléau[240] dont le nom était Mântitâ; alors commença la ruine d'Atchafar[241] Oualag (?) par la main de Sëlṭân-Sagad. La sixième année, il établit sa résidence à Gorgorâ[242] et ravagea le Dorâ[243]. L'Ëthiagé mourut le mercredi 15 de gënbot. Quelque temps auparavant, le roi, qui était dans le Gojâm, livra bataille aux Borans à Chabal et les battit. Puis il dévasta le pays de Oualaq, attaqua Ouaranchâ[244], emmena prisonniers sa femme et ses fils encore enfants, tua beaucoup d'ennemis et alla passer l'hiver à Atchafar. La septième année, il attaqua les Agaous de Zalabâsa, de Thiarâ, de Sëkout et d'Abalâ; il resta à Atchafar où il passa l'hiver. Alors commencèrent les discussions sur les deux natures. La huitième année, le prince ne sortit pas de sa résidence(245). La neuvième année, il partit pour le Samèn et livra bataille au Falâchâ Gédéouon; il le vainquit, prit Taklouï le révolté et le fit mettre en croix(246). La dixième année, il demeura à Libo. A cette époque moururent Ité Ḥamalmâl (verdure)(247) sa mère, Abéto Kanâfra-Kësos (lèvres du Christ) et la Ouézaro Amata-Mikâèl (servante de Michel), fille du prince Malak-Sagad. La onzième année, il marcha contre les Chânqallâs; lorsqu'ils arrivèrent, Sëlṭân-Sagad et le dadjazmâtch Yolyos leur livrèrent bataille à Ṣaddâ(248). Yolyos mourut ainsi que l'abouna Sëmʿon et Abbâ Diyosqoros le 7 de gënbot, un jeudi. La douzième année, le roi établit sa résidence à Danqaz(249) et se rendit à Ḥabatâ. La treizième année, il alla dans le Gojâm, et apprenant l'attaque des Gâllâs du Bégamdër, il revint en toute hâte, fondit sur eux à Machalamyâ, en tua une quantité considérable et n'en épargna qu'un petit nombre(250), puis il retourna, dit-on, dans sa résidence. Cette année mourut la Ouézaro Masiḥâouit. La quatorzième année, le prince alla dans le pays d'Angot pour attaquer Yonâèl, qui était précédemment dadjazmâtch du Bégamdër. Comme Yolyos, il s'était révolté à cause des Francs(251). Cette même année, les Outhialés(252) tuèrent le dadjazmâtch Oualda-Ḥaouâryat, mari de la Ouézaro Ouangélâouit (évangélique). La quinzième année, il alla dans le Bégamdër, s'arrêta quelque temps à Zougarâ, qu'il quitta pour se rendre chez Malkëa-Krëstos (image du Christ) le Bëḥt-Ouadad [253], afin de combattre Yonâèl [254]. La seizième année, il ravagea l'Amḥarâ et l'Anâza, livra bataille aux Gâllâs Oualos et Outhialés, les vainquit, en tua un grand nombre, s'empara de leurs troupeaux et emmena leurs femmes prisonnières. Puis il retourna dans sa résidence; le Gâllâ Arka-Nëgous (ami du roi) tua Yonâèl dont il porta les parties sexuelles à Danqaz [255]. Le 24 de ḥamlé mourut Abbâ-Dama-Kësos (sang du Christ) d'Ëbn-Ëgrou. La dix-septième année, le prince ne sortit pas de sa ville. (Fol. 41) Cette année, les gens périrent dans le Ouag [256] à cause des Francs [257] le samedi, 18 de gënbot. La dix-huitième année, le roi alla dans le Bégamdër et s'arrêta à Chamâ-Mâṣâbyâ. La dix-neuvième année, il passa dans le Samèn, livra bataille aux Falâchâs et tua Gédéouon [258]. A cette époque eut lieu l'arrivée d'Afonsou (Alfonse) le patriarche [259], et le rebelle Qëbryal (Gabriel), qui régnait dans le Châouâ, périt à cause des Francs [260]. La vingtième année [261] moururent Abéto Mârqos, fils du roi, et la Ouézaro Malakotâouit (divine), sa fille [262], ainsi que Yoḥannës, le 23 de ḥëdâr, et Abbâ Abâla-Kësos (chair du Christ), maître de Za-Manfas-Qëdous (celui qui est à l'Esprit saint) le révolté, fils d'Abéto Arzo. Ensuite le prince se rendit dans le Samèn, attaqua les Falâchâs et tua Za-Manfas Qëdous le rebelle, fils d'Abéto-Arzo [263]. La vingt et unième année, il se rendit dans la terre de Thiarâ pour faire la guerre aux Agaous, puis dans la province de Gojâm pour ombattre les Gâllâs. Ceux-ci mis en fuite, le prince s'établit à Askounâ et attaqua les Agaous Sakalâs[264] et Asaouâs. A ce moment, les Gâllâs tuèrent le dadjazmâtch Bouko[265]. En ce temps-là, maskaram commença par un mardi (?), douzième épacte; l'Incarnation et la Pâque coïncidèrent. Cette année moururent le dadjazmâtch Afa-Kësos et Oualda-Giyorgis[266]. A la même époque, le roi fit la guerre aux Sakalâs et aux Asaouâs. La vingt-deuxième année, il alla dans le Bégamdër et s'arrêta à Jârabatën; un rebelle apparut dans le Lâstâ[267]. La vingt-troisième année mourut Abétohoun Yamâna-Ab (droite du Père) qui eut la langue coupée à cause du Christ, le 25 de maskaram; le roi ne sortit pas de sa résidence. La vingt-quatrième année, il alla dans le Lâstâ qu'il ravagea[268]. En même temps, Abâla-Krëstos et le dadjazmâtch Sartsa-Kësos (rejeton du Christ) avec huit de ses partisans furent mis à mort[269]. Cette année mourut Abétohoun Ëḥoua-Krëstos (frère du Christ), parce qu'il était partisan de la croyance à une seule nature, le 3 de sané, un samedi, à 6 heures. Le roi ne quitta pas sa résidence[270]. La vingt-cinquième année, maskaram commença par un mardi — évangile de Jean — épacte 7, nombre d'or 23. La Pâque arriva le 7 de miyâzyâ. Le prince marcha contre le Lâstâ révolté pour faire la guerre au rebelle. Avant qu'il quittât sa ville de Danqaz, Abétahoun Fâsil[271], son fils, qui résidait dans le Samèn comme dadjazmâtch, alla le trouver et lui dit : « Seigneur roi, vois comme tout est désolé et troublé par cette croyance des Francs, que nous ne connaissons pas, dont nous n'avons jamais entendu parler, et qui n'est pas dans les livres de nos pères. Nous te craignons et nous aimons ta face : nous sommes unis avec toi de bouche et de cœur. Fais vœu au Seigneur de revenir à la foi d'Alexandrie s'il te donne la victoire sur tes ennemis. » Le roi répondit : « C'est bien[272]. » Le mois de sané commença par un samedi; le lundi 3, le prince Sëlṭân-Sagad livra bataille à Ouaînâ-Dagâ; le rebelle Retouʿà-Amlâk, choum du Ouâg, et Bihono-Ḥâyâl, général de l'armée de Malkëa-Krëstos le révolté d'Ëmakinâ, périrent. Malkëa-Krëstos s'enfuit, le roi extermina ses troupes nombreuses et revint à la foi d'Alexandrie[273] par une proclamation disant : « Que cette croyance soit rétablie et que mon fils Fâsil règne. Pour moi je suis faible ; j'ai commis des fautes, je suis malade. » Ceci se passait le 5 de sané, les autres disent le 21. La vingt-septième année, le mois de maskaram commença un mercredi — temps de l'évangile de Mathieu — 8ᵉ épacte, nombre d'or 12. Le 10 de maskaram mourut le roi Sëlṭân-Sagad[274], et son fils Fâsiladas (Basilidès) régna.

Son nom de roi fut ʿÂlam-Sagad. La Pâque eut lieu le 27 de miyâzyâ. Cette année arriva le patriarche[275], dont le nom était (fol. 28) Rëzëq, avec l'arche sainte; il conféra le diaconat et la prêtrise, et le patriarche intrus demeura seul[276]. Le Franc Afonsou retourna dans son pays[277]. Dans cette première année de son règne, ʿÂlam-Sagad s'établit à Libo. En même temps, il déporta le Râs Sëʾla-Krëstos dans le Chëouâdâ[278], puis dans la vallée d'Abaro-Ambâ où il fut pendu à un cèdre et mourut[279]. Le roi nomma Bëḥt-Ouadad le Râs Za-Krëstos. La deuxième année, le 4 de tâḥsâs, mourut Malkëa-Krëstos qui avaiț été autrefois Bëḥt-Ouadad. Il avait épousé la fille de Dâdëqt de Gadama-Quarâtsâ. Le prince s'établit à Chamâ-Mâṣâbyâ et passa l'hiver à Dokit[280]. Pendant cette saison arriva un fléau nommé Fangël. La troisième année, le roi fit une campagne dans le pays de Libo contre le révolté Malkëa-Krëstos. D'abord Fâsiladas s'enfuit, emportant la couronne, avec peu de troupes montées sur des chevaux : le rebelle vint au palais, s'assit sur le trône, plaça un diadème sur sa tête en guise de couronne. Tous les gens de Qëré et de Doraba-Bêt allèrent à sa rencontre dansant et disant : « Voici que le roi qui était caché est apparu. » Le prince envoya un message au dadjazmâtch du Samèn, Damo, au Râs Za-Krëstos, dans le Dâmot, et à son frère cadet Abéto Ga(lâ)oudéouos, dadjazmâtch du Bé(gam)dër. Tous arrivèrent avec. . . des troupes ; ils entourèrent l'ennemi de quatre côtés et lui livrèrent bataille dans le pays de Libo, le 12 de ḥamlé. Le rebelle Malkëa-Krëstos périt de la main de Qozmos, soldat d'Abéto Galâoudéouos, et son armée fut exterminée[281]. Cette même année mourut le dadjazmâtch Ëda-Krëstos (main du Christ), fils du Râs Yamâna-Kësos[282], le 14 de yakâtit. La quatrième année, le roi alla dans la province du Gojâm et livra bataille aux Agaous Azanâs et

Zigams[283]. Vers cette époque, il envoya des troupes avec le dadjazmâtch Malak-Bâḥr pour faire la guerre aux Gâllâs, prit leurs troupeaux de bœufs, emmena leurs femmes en captivité, revint dans le Bégamdër et s'arrêta à Qânzilâ. A ce moment arriva l'Abouna Mârqos le patriarche. Le prince fixa sa résidence à Gondar[284]. La cinquième année, il se rendit dans le Gọjâm, fit la guerre aux Agaous Dângëlâs et Ḥankâchâs. Cette même année mourut Abbâ Askâl. Le roi s'établit quelque temps à Gâfit et combattit les Zigams et les Ḥankâchâs. La sixième année, maskaram commença par un mardi, 14ᵉ épacte, nombre d'or 16. Le 29 de magâbit, la Pâque coïncida avec l'Incarnation. Cette année, le prince fit une expédition dans le Lâstâ; beaucoup de soldats périrent de froid et de faim. La septième année, le roi ne sortit pas de sa ville. Le 7 de ṭëqëmt mourut le dadjazmâtch Yoḥannës, ainsi que Za-Mâryâm dans sa rébellion[285]. Au mois de ḥamlé, Abéto-Galâoudéouos partit pour le Lâstâ, et l'insurgea en sa faveur[286]. La huitième année, le roi, ayant appris l'arrivée des Gâllâs, s'établit à Jârâ et attaqua les Agaous Zigams et Matakals. La neuvième année, il alla dans le Gojâm, s'arrêta à Dërdërâ et envoya des troupes avec le Fit-Aourâri[287] Mâmo pour combattre les Chânqallas et leur faire une guerre d'extermination. La dixième année, il retourna dans le Gojâm attaquer les Agaous. La onzième année, il ne sortit pas de sa ville. La douzième année, informé d'une invasion des Gâllâs, il revint encore dans le Gojâm; ne les trouvant pas, il s'établit à Dabèt où mourut son fils Abéto Quasṭanṭinos. La treizième année, il alla dans le Gojâm, s'arrêta à Ënzagdëm, qu'il quitta pour se rendre à Jârâ, et demeura à Quëï. Il s'en éloigna en traversant les pays des Agaous et de Guimâm, et, ayant passé l'Abâoui (fol. 29), il fit la guerre aux Gâllâs Akabos dans le pays de Sabé. La quatorzième année, il attaqua les Ḥankâchâs, puis il revint et jeûna à Zagé. La quinzième année, maskaram commença par un samedi, épacte 23, nombre d'or 7. Le 23 de ḥëdâr, un jeudi, Abéto Galâoudéouos fut pris, enchaîné et exilé(288). Le roi se remit en route pour le Gojâm, s'arrêta quelque temps à Ënzagdëm, puis à Dërdërâ, et jeûna à Zagé. La Pâque eut lieu le 23 de miyâzyâ. Ëmabêt(289) Garzit mourut. La seizième année, le prince ne sortit pas de sa ville. La dix-septième année, Abéto Bëʿla-Krëstos (richesse du Christ) ravagea le pays de Ouambaryâ. Maskaram commença par un mardi — temps de l'évangile de Mathieu — épacte 15, nombre d'or 15. Le 29 de magâbit la Pâque coïncida avec l'Incarnation. A cette époque arrivèrent deux évêques, Abbâ Mikâèl et Abbâ Yoḥannës, l'un par le pays des Dankalis(290) et l'autre par le Sennâr : Abbâ Yoḥannës, qui prit la première route, fut envoyé à Sârkâ(291), parce qu'il était venu à l'appel d'Abéto Galâoudéouos, pour qui ce fut un affront. Lorsque Abbâ Mikâèl arriva par le Sennâr, il fut établi évêque, parce qu'il avait été mandé par le roi. Cette année mourut la Ouézaro Oualata-Kësos (fille du Christ), sœur du prince : elle fut enterrée à Jânfaqarâ.

La dix-huitième année, Fâsiladas alla dans le Gojâm combattre les Gâllâs et pénétra dans la Nouvelle Terre(292). Les ennemis s'étant enfuis à la nouvelle de son arrivée, il retourna faire la guerre aux Ḥankâchâs, en tua beaucoup, s'empara de leurs bœufs et emmena en captivité leurs femmes et leurs enfants, puis il revint dans sa capitale. A cette époque moururent Ĕmabèt Amata-Iyâsous (servante de Jésus), fille du Râs Atanâtéouos et mère du dadjazmâtch Dĕméṭros (Démétrius), et Ĕmabèt Oualata-Ḥaouâryât (fille des Apôtres). La dix-neuvième année, le roi alla dans le Bégamdĕr, puis s'arrêta à Ĕsté et envoya des troupes avec Bĕʿla-Krĕstos pour attaquer le Lâstâ. Ensuite il revint, jeûna à Darâ et... dans le Gojâm. Il séjourna quelque temps à A...t et à Ĕnzagdĕm. Il chargea Bĕʿla-Krestos d'aller faire la guerre aux Chânqallas Dângĕch et ce... (lacune) par les troupes du roi(293) ..... Ĕla-Zagâ et Batros périrent. Le roi jeûna à Dâ-(gou)smâ, puis il retourna dans sa capitale. La vingt et unième année, il alla dans le Bégamdĕr et s'arrêta à Jârabatĕn. Il envoya un de ses officiers, Oualda-Giyorgis, en expédition contre les Gâllâs et il battit les Ouakos. A cette époque mourut la Ouézaro Ouangélâouit (évangélique), sœur du roi. Dans l'hiver apparut le fléau appelé kabab. La vingt-deuxième année — temps de l'évangile de Marc — le prince partit pour le Bégamdĕr, s'établit à Ratchâ, convoqua un synode à Aringo au sujet de l'onction du Christ et revint dans sa capitale. La vingt-troisième année, il fit une expédition dans le Lâstâ, et jeûna à Aringo.

La vingt-quatrième année, il ne sortit pas de sa résidence. La vingt-cinquième année, il partit pour Guâbrâ et retourna dans sa capitale. La vingt-sixième année, il alla à Ratchâ et envoya son lieutenant Lâouis à Arirâbâ et 'Ëkaâ et ensuite le Râs Giyorgis faire la guerre aux Moz ou Gongâs(294), puis il revint dans sa capitale. La vingt-septième année, il se rendit à Aringo et chargea Râs Oualda-Giyorgis d'aller à Jârâ pour attaquer les Gâllâs qui furent vaincus. Il combattit aussi les Matakals. Puis il envoya son lieutenant Lâouis dans l'Amḥarâ contre les Gâllâs, à Mënithiër, et retourna dans sa résidence. La vingt-huitième année, il alla à Aringo et attaqua Lâké (Lâëka), fils du rebelle Malkëa-Krëstos, dans le Lâstâ. Ce Lâké vint de lui-même, enchaîné et dépouillé de ses vêtements. Le roi lui donna pour femme sa fille (fol. 44), nommée Ouézaro Tâouklyâ (Thècla). La vingt-neuvième année, il partit de sa capitale et s'établit dans le pays de Salâm. A cette époque, mourut sa mère, l'Itégé Ouald-Sëhlâ, le 1er de magâbit. Vers le même temps, il fit la guerre aux Ḥankâchâs et revint dans sa résidence au mois de ḥamlé. La trentième année, il se rendit dans le Gojâm pour combattre les Gâllâs qui s'enfuirent dès qu'ils apprirent son arrivée; il s'établit à Dâgousmâ. A cette époque mourut sa sœur la Ouézaro Ëḥta-Krëstos (sœur du Christ). Sur le bruit d'une invasion des Gâllâs, le roi envoya le dadjazmâtch Mâḥdara-Krëstos (demeure du Christ) dans le Bégamdër pour défendre cette province. Il marcha contre les Gâllâs Ouaroménous[295], les vainquit et les extermina jusqu'au dernier. Le Fit-Aourâri Nëtsâ-Kësos mourut dans cette campagne. Ensuite le roi revint dans sa capitale. La trente et unième année, il fit périr l'Azâj Dëmyânos (Damien) à Chotal-Médâ[296], jeûna à Aringo et revint dans sa résidence. Il ne la quitta pas la trente-deuxième année, où eurent lieu l'arrivée de l'abouna Krëstodolou (Christodule) et la mort du Badjërond[297] Oualdé. La trente-troisième année, le prince passa l'hiver à Jârâ-Gamé; le Râs Oualda-Giyorgis fut jeté en prison avec ses frères, et le Râs Lâouis fut nommé à sa place (?). La trente-quatrième année mourut le dadjazmâtch Mâḥdara-Kësos: le roi fit brûler les livres des Francs et passa l'été à Aringo. La trente-cinquième année, Abéto Dâouit, fils du roi, se révolta à Balyâ (?). Le Blâtèn-Gétâ Malkëa-Krëstos[298] l'amena à son père qui l'envoya enchaîné à Ouaḥni. Il tint un synode à Aringo. La trente-sixième année, correspondant à l'an 7108 de la création du monde, maskaram commença par un vendredi — temps de l'évangile de Jean — épacte 15. La maladie de Fâsiladas s'aggrava. Le mois de ṭëqëmt commença par un dimanche, et le mardi 10 le roi mourut et fut enterré à Azazo[299].

Après lui régna son fils Yoḥannës (I)[300], dont le nom de roi fut Aëlâf-Sagad. Il passa l'été à Mouï et guerroya dans le Gojâm. La deuxième année, il y eut un synode à Gondar. Le Blâtèn-Gétâ Gabra-Lëʿoul (serviteur du Très-Haut) ravagea le pays des Chânqallâs. Alors mourut la Ouézaro Amlâkâouit, fille du roi. Celui-ci nomma Ëthiagé Hëryâqos, chassa les Francs[301] et fit la guerre aux Ḥankâchâs. La troisième année, il ordonna aux musulmans de se retirer du milieu des chrétiens. Le Fit-Aourâri Za-Roufâèl (celui qui appartient à Raphaël) mourut. Le roi ravagea le Bândjâ. A cette époque arriva la mort de la Ouézaro Qëdësta-Krëstos (sainteté du Christ), sa sœur aînée, et du dadjazmâtch Sourouḥé-Krëstos (splendeur du Christ). La quatrième année, il y eut un trouble causé par les moines à Yëbâbâ[302]. La cinquième année, le roi fit emprisonner l'abouna Krëstodolou et le remplaça par l'abouna Sinodâ, ensuite il ravagea le pays de Gâm et passa l'été à Askounâ. La sixième année, il dévasta Jârâ; le dadjazmâtch Abâsi mourut; le prince passa l'été à Aringo, et l'Ëthiagé Za-Krëstos fut rétabli dans sa charge[303]. La septième année, le roi passa l'été à Qoulbiṭ-Ambâ et chez les Matakals. En même temps arriva la mort des dadjazmâtch Gabra-Krëstos et Këfla-Giyorgis et d'Abbâ Oualda-Krëstos de Rémâ. La huitième année, Yoḥannës passa l'été à Yëbâbâ; la neuvième année, à Gâdjèn. Alors moururent le Qañ-Azmâtch Ḥaouâryâ et, dans le mois de sané, le fils du roi, Abéto Yosṭos (Juste). La dixième année, le prince quitta Thiathiaho (?) et passa l'été à Yëbâbâ. La onzième année, il ravagea le Lâstâ. Alors mourut le ʿÂqâbé-Saʿât Abamo qui fut remplacé par Quasṭanṭinos. La douzième année, Yoḥannës passa l'été dans le pays de Santom et de Gomar (fol. 43), et l'Azâj Oualda-Tansëé mourut à Qârodâ, le 3 de miyâzyâ. La treizième année, le prince ravagea le Lâstâ. La quatorzième année, il passa l'été à Jârâ et à Ouérâ. Le 24 de tâḥsâs, Abéto Iyâsou, son fils, partit pendant la nuit, passa le fleuve Abâoui et demeura dans la maison de sa sœur(304); le dadjazmâtch 'Âsrât le poursuivit jusqu'au fleuve, mais sans l'atteindre. Au mois de gënbot, Abéto Iyâsou, après avoir fait des serments et des promesses, se réconcilia avec son père. La quinzième année — temps de l'évangile de Marc — le 10 de ṭëqëmt, le roi tint un synode où Abbâ Niqolâouos discuta avec Abbâ Akâla-Krëstos(305) et cita des arguments tirés des Écritures, pour prouver que c'était par son union avec le Verbe que le corps (du Messie) était devenu une substance précieuse. Il vainquit son adversaire, publia un manifeste proclamant cette opinion et excommunia Abbâ Akâla-Krëstos. Le roi passa l'été à Aringo. Abéto Iyâsou s'enfuit une seconde fois et fut arrêté près du fleuve Baqlo(306). Le prince alla à Gondar et tomba malade; il mourut un dimanche, 15 de ḥamlé, et fut enterré à Ṣaddâ(306 bis).

HISTOIRE DU ROI DES ROIS IYÂSOU.

Après lui régna son fils Iyâsou dont le nom royal fut Adyâm-Sagad. La première année de son règne — temps de l'évangile de Luc — maskaram commença par un mardi. Le 'Âqâbé-Sa'ât Quasṭanṭinos fut emprisonné et remplacé par 'Âsara-Kësos. Il en fut de même de l'Ëthiagé Ṣagâ-Kësos, à la place de qui fut nommé Hëryâqos, venu de Maguinâ(307). Ensuite le roi mit à la tête de l'Amḥarâ le Râs Ansṭâsyos (Anastase). Le 30 de ḥëdâr, un dimanche, le roi Iyâsou consacra le sanctuaire de Takla-Hâïmânot dans l'édifice du Grâ-Azmâtch Ṭëqouré. Dans le mois de tâḥsâs, le roi alla à Ouaḥni d'où il fit descendre les princes fils des rois Sousnyos et Fâsiladas, ses frères Abéto Téouoflos (Théophile) et Abéto Qëladj. Il leur donna un festin au pied de la montagne et les réjouit par des mets et des boissons. Ils le bénirent en disant : « Que le Seigneur ne fasse pas sortir la royauté de ta famille, pendant l'éternité; jadis ton père, le prince Yoḥannës, nous fit souffrir de la faim et de la nudité pendant quinze ans. » Le roi partit de là pour le Dâmot où il chassa le buffle.

La deuxième année — temps de l'évangile de Jean — il attaqua les Ouallos (308), en tua et en prit une quantité innombrable. Le dadjazmâtch Dëméṭros y périt.

La troisième année — temps de l'évangile de Mathieu — le roi passa l'hiver à Yëbâbâ. Après la Pâque, il alla dans le pays de Gojâm faire la guerre aux Goudrous (309); comme les Gâllâs l'évitaient, il revint dans sa capitale.

La quatrième année — temps de l'évangile de Marc — le dadjazmâtch Oualé se révolta avec Abbâ Ṭabdân (310), supérieur de Guandj (311); ils allèrent chez les Gâllâs-Bèt (Galabat?) et proclamèrent roi un rebelle appelé Yëshaq. A cette nouvelle, une immense armée royale marcha contre les Gâllâs-Bèt et s'empara du prétendant. A cette époque mourut le dadjazmâtch Mëzré; le 12 de ṭër, le bâchâ (312) Aïgabaz, et le 17 de gënbot, Abéto Za-Giyorgis de Nârâ-Kâhën, fils de Yoḥannës, fils du chapelain royal Bâḥrëï [fol. 186(313).

La cinquième année — temps de l'évangile de Luc — il y eut un synode (fol. 187) composé de trente-sept docteurs, de l'abouna, de l'Ëthiagé, du roi et des magistrats; ils affermirent la foi en excommuniant ceux qui disaient que le Fils de Dieu a été conçu par l'onction de l'Esprit Saint. Le prince passa l'hiver à Jârâ et se réconcilia avec Abbâ Ṭabdân et le dadjazmâtch Oualé. Le 29 de miyâzyâ mourut le Liq Soutâfé à Tchankalâ.

La sixième année — temps de l'évangile de Jean — Iyâsou partit de Gondar et ordonna à tous les chefs de Dabra-Libânos, à Abbâ Ṭabdân et à Abéto Qozmos d'Arahounâ, de s'établir dans l'île de Dabra-(Mâryâm) pour y étudier les livres saints et discuter sur la foi, après s'être accordés devant Abbâ Sinodâ l'évêque et le ʿÂqâbé-Saʿât ʿÂsara-Kësos(314). Le roi ravagea le pays des Gisâs et écrasa les Ouambaryâs(315). Le Qañ-Azmâtch Quasṭé y périt, tué par les Chânqallâs près de Ouaʿâla, ou Dadjna (?), alors que le Râs Ansṭâsyos (Anastase) l'écoutait. Le prince revint de son expédition contre les Gisâs et convoqua un synode à Yëbâbâ. Là disputèrent Abbâ Béta-Krëstos (maison du Christ)(316) et Abbâ Oualda-Krëstos Amâré (?), chefs du synode de Dabra-Libânos, avec Abbâ-Ṭabdân et Qozmos d'Arahounâ sur l'onction et l'union. Les partisans d'Abbâ Ṭabdân laissèrent de côté, par ruse, le sujet de la discussion et dirent : « D'abord renvoienous à notre couvent, car nous avons été persécutés. » Le Râs Anstâsyos s'irrita contre eux et leur répliqua : « Répondez sur ce que l'on vous demande. » Ils refusèrent et furent excommuniés par beaucoup de prêtres, de docteurs et Abbâ Sinodâ l'évêque. Le roi les fit enchaîner, les exila et alla à Gondar. Dans le mois de gënbot mourut le dadjazmâtch Dama-Kësos (sang du Christ) de Dënqésa ; le 29 de ḥamlé, le Râs Anstâsyos, et le 30 de naḥasé, le Grâ-Azmâtch Ṭëqouré. Il fut enseveli à Qaḥâ.

La septième année de son règne — temps de l'évangile de Mathieu — arriva la mort de Yëmrâïs, femme du Râs Anstâsyos et fille du dadjazmâtch Damo, de la manière suivante : Son serviteur Gabr la tua sans raison avec son épée, tandis qu'elle priait dans l'église de la Trinité. Ce Gabr fut condamné et exécuté. Le 8 de gënbot, le roi ravagea le Darâ, fit des prisonniers et tua beaucoup d'ennemis.

La huitième année (1689) — temps de l'évangile de Marc — on aperçut une étoile à queue (comète). Le roi quitta Gondar pour aller à Amadbar; sa mère, l'Itégé Sabla-Ouangèl (317), fille d'Abéto Gabra-Masqal ....., mourut de la mort égyptienne. Le prince revint, la pleura et la fit transporter dans l'île de Mësrâḥâ (318), suivant le cérémonial des reines. A cette époque, le chapelain du roi, Qaousṭos, poussé par le mépris du monde, se retira dans le désert de Ouarq-Labḥo (319). Le 12 de gënbot mourut le dadjazmâtch Krëstos-Moa (Christ est vainqueur), et le 8 de sané, le ʿÂqâbé-Saʿât Abbâ Asara-Krëstos. Za-Manfas-Këdous fut nommé Azâj, et Mëbar (?) Za-Grâ, fils de l'Azâj Oualda-Tansëé, 'Âqâbé-Sa'ât.

La neuvième année de son règne — temps de l'évangile de Luc — mourut la Ouézaro Kasatchëñ, fille d'Abéto Galâoudéouos] (ms. 142, fol. 12). Le roi partit de Gondar le lendemain de la Nativité et alla à Aringo. Le 18 de ṭër, il fit publier une proclamation par laquelle il était défendu aux jeunes filles de monter sur des mules avec une selle, car auparavant, lorsqu'elles voyageaient sur cette monture, elles laissaient apercevoir leurs hauts-de-chausses, tout en se couvrant d'un voile; il leur interdit de porter des lances et de prendre part aux expéditions(320) à l'imitation des hommes. Puis il se rendit à Yëbâbâ le 25 de ṭër, et le lendemain il revint seul à Gondar. De là, il partit pour Aksoum, où il reçut la communion un dimanche. Le lendemain, il pénétra dans le sanctuaire et ouvrit de sa main l'arche de Ṣyon, ce que les prêtres ne pouvaient faire qu'avec de nombreuses clefs (?). Il partit d'Aksoum pour Yëbâbâ au moment de la prière du jeudi, et le 3 de ḥamlé, il revint à Gondar. Le 30 du même mois, mourut le Kantibâ Qérlos (Cyrille).

La dixième année de son règne — temps de l'évangile de Jean — le roi quitta Gondar parce qu'un crieur public vint lui dire : « Allons, les Gâllâs sont arrivés; » le lendemain, il envoya l'avant-garde dans la province de Gojâm. A la nouvelle de son approche, les Gâllâs s'enfuirent. Le 23 de ḥëdâr mourut le Bâchâ Tansé; le 29, Ouaïfan-Oualadé. Le roi leva son camp de Arirâ et s'établit à Douqé[321]. Des exilés l'ayant appris arrivèrent avec Abbâ Arka-Dëngël (ami de la vierge), de Dabra-Ṣëmounâ[322], pour dire au prince : « Des persécutés nous ont envoyés vers toi, juge comme arbitre sur les matières de foi. » Le roi leur répondit : « C'est bien, je vous accorderai un synode quand j'aurai fait venir Abbâ Sinodâ qui est à Dabra-Mâryâm[323] : l'Église est en mauvais état; là viendront tous ceux qui vous ont envoyés. » Mais ils répliquèrent : « Nous ne voulons pas du patriarche; qu'il ne nous juge pas; mais toi seul, ô roi, décide comme arbitre et convoque pour nous un synode[324]. » Le roi leur dit : « Puisque vous dites : Nous ne voulons pas du patriarche, il ne me convient pas d'être votre juge, ni de réunir un synode sans abouna. » Iyâsou renvoya donc ces moines qui retournèrent dans leur pays, il ne les enchaîna pas comme le proposaient quelques fonctionnaires qui disaient : « Fais emprisonner ces messagers; » mais il blâma dans une proclamation tous les gens du Gojâm qui étaient allés à la rencontre des excommuniés. A ce moment s'éteignit le bruit d'une invasion des Afatchâlas, des Gâllâs, des Toulamâs[325] et des Mathiâs[326] à cause de la présence du prince en cet endroit. Le 25 de ṭër, il partit de Douqé pour Yëbâbâ. Après les fêtes de Pâques, il s'éloigna de cette ville par la route de Dëldëï[327] dans l'intention de faire la guerre aux Zigams, passa par Ësté[328] et arriva chez les Zigams le 11 de gënbot; vers trois heures, il envoya contre eux son avant-garde, fit du butin et tua beaucoup d'ennemis. Il pardonna aux survivants et leur rendit ce qu'il leur avait pris, mais par une proclamation il leur imposa une amende de deux mille bœufs[329] en plus de leur tribut antérieur. Quant aux habitants du Dâmot, il les cita à comparaître et les convainquit, par de nombreux témoignages, d'avoir noué des alliances, de s'être ligués avec le rebelle et d'avoir commis toute espèce de trahisons. Il fit enchaîner les principaux d'entre eux, partagea les bœufs qu'il avait reçus des Zigams et les distribua à l'Ēthiagé Yoḥannēs, à tous les prêtres de Gëmdjâ-Bèt[330], à Iyâsous, à l'abouna Takla-Hâïmânot, à tous les grands et aux Azâj des dignités de Qañ et de Grâ, aux uns 100 et aux autres 50. Il prit ensuite la route d'Atchafar et de Dangëlbar[331], et le 1er de ḥamlé il arriva à Gondar, où il passa paisiblement l'hiver.

La onzième année de son règne — temps de l'évangile de Mathieu — le 6 de ḥëdâr, il nomma 'Âqâbé-Sa'ât Ṭëbaba-Kësos, et chapelain royal Oualda-Gabrëèl (enfant de Gabriel). Le mois de tâḥsâs commença par un dimanche; le jeudi 5, le roi partit de Gondar pour pacifier ses États (fol. 13). Il campa à Dëbâ, car son expédition était dirigée contre les Doubânis, puis à Kosogé, de là à Ṭamâmé; dans cette campagne, il arriva à une ville appelée Sadaré. Il défendit d'allumer du feu et des torches dans le camp, quitta Sadaré et fit une razzia vers le Marab, dans la vallée de Ouarab. Il s'écarta de la route de ce fleuve et arriva à Kuânâ. Le 20 de ṭër, il lança en avant ses éclaireurs et tua deux chefs Chânqallâs;

d'autres tombèrent sous les coups des gens de la résidence royale. Aucun homme des troupes du roi ne périt, sinon un vaillant soldat qui fut percé d'un trait : il s'appelait Mazmour(332). Le prince célébra la fête de l'Épiphanie dans la rivière du Marab. Puis il se dirigea vers Tsaâda-Ambâ(333), harcelé par les Chânqallâs qui habitent à 'Âmbo-Zaqobo, Fodé, Kuëlkou et Sëḥoulé. Il ne laissa pas un survivant, revint à Tsaâdâ-Ambâ sur le bord de la rivière de Marab, dont il occupa la vallée pendant trois jours, jusqu'à ce que la plus grande partie des Chânqallâs eût péri de soif, car les gens de Tsaâda-Ambâ n'ont d'autre eau que celle du Marab. Auparavant, ce prince avait ordonné au dadjazmâtch Galâoudéouos du Tigré, à Adarâ, à Qoqar Za-Manfas-Qëdous et au Qañ-Azmâtch Dama-Kësos, d'aller avec tous les hommes du Tigré dont ils avaient le commandement, ce qui comprenait 44 timbales(334), examiner les voies qui permettaient de pénétrer dans le territoire des Doubânis et d'en sortir, et en même temps de reconnaître s'il y avait assez d'eau pour suffire à l'armée. Les espions, ayant tout examiné, revinrent annoncer au roi que l'eau abondait à Batkom(335). Le prince alla le matin chez les Doubânis, campa à Batkom, le même que la vallée de Laïdâ, et de là il lança ses éclaireurs contre les tribus de Bâïgâdâ, Dédâ, Katafé, Koïkaladâ, Mâtirâgâ, Magadarbé, Ganâ, Soli, Ḥamtâ, Chaladâ, Almou et Lëlti(336); de là, il se dirigea vers Samaro(337), et là, tua de sa main deux jeunes gens. Ayant appris son départ, les Chânqallâs assiégèrent le dadjazmâtch Fësa-Kësos, qui était à Dadjèn; Oualda-Qâqëm le Turk se mit en marche, tua deux ennemis d'un coup de fusil et effraya les autres; mais ceux-ci revinrent sur leurs pas [338] et massacrèrent tous ceux qui étaient avec lui à Dadjèn. Le dadjazmâtch Galâoudéouos, fils de Mastafâ (Mousṭafa), passa quelques jours à réunir tous les hommes du Tigré à droite et à gauche; ils se rencontrèrent avec les Chânqallâs et leur livrèrent bataille; mais tandis que le combat était le plus acharné, le dadjazmâtch Galâoudéouos fit sonner les trompettes, abandonnant ses soldats et s'en retourna laissant (?) les étendards et les timbales [339]. Les ennemis tuèrent beaucoup de gens du Tigré. Lorsqu'on rapporta au roi la conduite de Galâoudéouos, il s'irrita violemment. Le 27 de ṭër, il campa sous les murs d'Ambâ-Tséouâ : les Chânqallâs se retirèrent d'eux-mêmes, laissant libre la route que suivait le prince. Pendant cette retraite, on alluma un fèu d'herbes sèches [340]; une petite troupe d'hommes qui avaient transgressé les ordres royaux fut brûlée. Iyâsou partit d'Ambâ-Tséouâ pour Adyâbo [341] et de là pour le Siré, auprès d'Admanfito. Là mourut Tsaḥa-Sargué Arsé. Le 5 de yakâtit, le roi arriva à cheval à Aksoum; tous les magistrats allèrent à cheval au palais avec Abbâ Sinodâ le patriarche, l'Ëthiagé Abbâ Yoḥannës, docteur de Dabra-Libânos, tous les fonctionnaires et des troupes. Les prêtres d'Aksoum se rendirent aussi à sa rencontre ainsi que les filles de Ṣyon avec des acclamations et des chants, et lui apportèrent la Loi, comme c'est la coutume royale établie (fol. 14) par la règle de Ṣyon depuis Mënilëk jusqu'à présent. A cette époque, le roi reçut des marchandises apportées par un marchand égyptien nommé Mourâd (342), qui trafiquait jusque dans l'Inde, la Syrie et l'Égypte, depuis le temps du prince 'Âlam-Sagad jusqu'à ce moment. Ce fut ce Mourâd qui apporta les grandes cloches de Dabra-Bërhân dont on entend le bruit jusqu'au Dambyâ et à Kossogé et qui réveillent toute la capitale : c'était un présent envoyé à Iyâsou par le roi de Hollande (343), la capitale du pays de Rome. Le naïb Mousâ, fils d'Ëmar-Qounou, enleva les richesses du roi qui étaient entre les mains de Mourâd. Celui-ci envoya dire au prince : « Voici que le naïb Mousâ m'a enlevé mes marchandises sous des prétextes vexatoires. » Iyâsou manda à Ab-Sëlous, Gabra-Këso s et Zarëa-Bërouk, ainsi qu'à toute la population du Ḥamâsèn (344), l'ordre suivant : « Publiez cette proclamation dans vos contrées : que personne n'aille porter à Maṣouâ ni miel, ni beurre, ni blé. » Ils obéirent. Lorsque le naïb Mousâ vit qu'on n'apportait plus de provisions par ordre du roi, il partit de Maṣouâ le 12 de yakâtit, alla trouver Iyâsou alors à Aksoum et lui rapporta les objets qu'il avait enlevés précédemment à Mourâd, après y avoir ajouté mille fois autant et beaucoup d'esclaves qu'il avait fait venir du pays des Turks. Ensuite on parla au prince du dadjazmâtch Galâoudéouos, et on l'assura qu'il s'était enfui un jour de bataille, abandonnant les étendards et les timbales, laissant les hommes du Tigré, et qu'il avait tué beaucoup de prêtres à coups de fusil, lorsqu'il était allé à Aksoum. Pour ce fait il fut condamné à mort d'un avis unanime. Mais le roi eut pitié de lui et le destitua de ses charges. Précédemment, sous le règne de Yoḥannēs, les juges l'avaient condamné à mort, pour un crime commis dans l'Ēnfrâz (345), et l'avaient pendu à un arbre. Le roi Yoḥannēs se montra miséricordieux et le fit aussitôt détacher de son gibet et rappeler à la vie. On dénonça des hommes du Siré, qui avaient fait un désert de leur pays pour qu'il devînt un repaire de bêtes sauvages et un chemin pour les Chânqallâs dans leurs excursions jusqu'au monastère de Ouâldēbâ. Ils furent condamnés à mort. Le roi fit enchaîner tous les gens du Siré, à savoir Za-Ouald, Adarâ, ʿĒsèt et les princes issus de la Ouézaro Qēdēsta-Krēstos, fille du prince ʿÂlam-Sagad, et les déporta à Daq et dans le Châouâ. Pour ce qui restait des gens du Siré, il les déclara, par une proclamation, déchus de leurs fiefs, les soumit à l'autorité du gouverneur du Tigré et ne leur confia plus les charges honorifiques que leurs pères avaient occupées dans la province. Il donna au Râs Fârès le gouvernement du Tigré comprenant quarante-quatre timbales. De retour de son expédition contre les Doubânis, il alla à Aringo par la route de Danqaz, sans conduire ses soldats à Gondar, le 8 de magâbit, et il s'y établit. Ce même mois, il partit de nouveau pour une course dans le Lâstâ, puis il revint sur les frontières, dont il examina les passages d'entrée et de sortie, et retourna à Aringo. A cette époque, il reçut des renseignements des Qâla-Gands qui lui dirent[346]: « Voici que nous nous sommes établis chez toi: nous avons chassé les tribus des Toulamâs et des Libâns, et nous les avons détruites depuis Ḥalqâ jusqu'à Gĕnd-Barat. » Après avoir entendu ces paroles, le roi fut satisfait, leur fit donner dans l'Amḥarâ mille pièces de toile et autant de mesures de grains, et les renvoya en paix dans leur pays. Le 29 de miyâzyâ mourut (fol. 15) le Blâtèn-Gétâ Gabra-Lĕᶜoul, et le 13 de gĕnbot le Bâlâmbarâs[347] Donzé. Le 27 de sané, la foudre tua, à Ouaḥni, Abéto Qĕladj, frère du roi Iyâsou. Son nom de baptême était Isâyyâs (Isaïe). On l'ensevelit dans l'île de Mĕṣrâḥa. Le 28 de sané, le prince quitta Aringo, et le 7 de ḥamlé il arriva à Gondar. Puis il manda aux moines de la plaine et des montagnes : « Allons vite prendre connaissance de la lettre du patriarche Abbâ Yoḥannĕs d'Alexandrie, apportée par Abbâ Mazmouré d'Agd et Abbâ Diyosqoros de Maguinâ, que nous avions envoyés vers lui pour connaître les raisons qui lui ont fait ordonner Abbâ Sinodâ et Abbâ Mârqos. » Tous les gens des couvents le suivirent, et ils amenèrent de Sârkâ Abbâ Mârqos. Le 26 de ḥamlé, jour de la fête d'Abbâ Salâmâ, tous les magistrats et les prêtres se réunirent dans le palais du roi, ouvrirent le sceau du patriarche, et lurent sa lettre ainsi conçue : « Nous avons ordonné Abbâ Mârqos et nous avons destitué Abbâ Sinodâ. » Le roi dit : « Qu'il soit fait selon la volonté du patriarche. » Alors on interrogea Abbâ Mârqos sur sa foi, sur la croyance à l'union et à l'onction et sur le mystère de l'Eucharistie. Il conforma son opinion à la doctrine unanime de la Sainte Église, et on l'intronisa ce jour-là. Le 3 épagomène, le marché fut pillé et le trouble fut tel dans la capitale que pendant la nuit........................[348] selon la loi. Le 4 épagomène, le prince se montra dans la salle d'audience, et il y eut de la joie.

La douzième année de son règne, temps de l'évangile de Marc, le 7 de hĕdâr, mourut le dadjazmâtch Iyâsou, et le 1er de tâḥsâṣ, un lundi, Abbâ Ĕda-Krĕstos (main du Christ), de Maguinâ, disparut. Il partit une nuit qu'il était dans la maison d'Abéto Sourâḥé-Krĕstos, de Kino, et alla en Égypte, emmenant avec lui douze moines ses disciples. Les religieux le poursuivirent jusqu'à Ouâldĕbâ, mais ils ne l'atteignirent pas et revinrent avec tristesse. Alors ils mirent à leur tête Abbâ Za-Oualda-Mâryâm (celui qui appartient au fils de Marie) comme supérieur. Dans ce même mois de tâḥsâs, le prince destitua l'Ĕthiagé Yoḥannĕs, qu'il remplaça par Ṣagâ-Krĕstos. Le 26 de ṭĕr, un dimanche, le roi consacra l'arche de la Sainte Trinité, et la suivit jusqu'à Dabra-Bĕrhân, étant à cheval et accompagné de sa cour, avec tous les fonctionnaires, le patriarche Abbâ Mârqos et l'Ĕthiagé Abbâ Ṣagâ-Krĕstos, au bruit des timbales et des chants. Les timbales étaient placées sur des chameaux. Iyâsou, étant allé jusqu'à la porte du vestibule[349] de l'église, descendit de cheval, porta l'arche sur sa tête jusque dans le sanctuaire, et là elle fut consacrée par Abbâ Mârqos le patriarche, qui l'adora. Le ʿÂqâbé Saʿât Ṭëbaba-Krëstos chanta des hymnes à la gloire de Dieu. En outre, votre louange à tous est célébrée par le secrétaire Azâj Ḥaouâryâ-Krëstos (apôtre du Christ), auteur de cette histoire du roi Iyâsou. Abbâ Qaousṭos, que le roi établit chef des prêtres, après l'avoir fait venir du couvent de Ouarq-Labho, chanta aussi des strophes pieuses[(350)]. Le lendemain, le prince partit de Gondar et, arrivé à Tsaddâ, il orna Abbâ Qaousṭos d'une chape. Le 2 de yakâtit, il alla à Aringo et s'y arrêta, car il aimait les prêtres qui connaissaient les événements anciens et récents, la musique et la poésie; il leur fit beaucoup de donations, savoir : Botch[(351)], Qoblâ-Djégol, Ouâouâ-Guarguarâ, Ouaïnâ, Ḥëfânqarâ, Kabkâmbâ et Sarâqé, qui était au pouvoir d'un soldat appelé Itou[(351 bis)]; tout le pays de Dâblo que possédait Abéto-Ékadros après avoir pris (fol. 16)........................[(352)] la terre de Sarâbâ, qui appartenait au roi, et la province de Ouâlouâdj, qu'occupaient en partie les Gâllâs (?). Le 27 de miyâzyâ moururent ensemble l'Azâdj Ḥaouâryâ-Kësos[(353)]... et le Liqa-Makuâsa[(354)] Gabrëèl. Le 19 de gënbot mourut Ëmabët Oualata-Ṣyon (fille de Sion), femme du roi et mère de la Ouézaro Oualata-Roufâèl (fille de Raphaël). Le même mois, le prince fit arrêter Adarâ, fils de Talâï, Anoré, fils du gouverneur du pays des Agaous Gisâs, et le garde Adgui : les magistrats les accusèrent et les convainquirent de trahison; ils eurent les yeux crevés.

Le 5 de sané, le musulman 'Abd Ër-Rëḥmân tua Abéto Aboulids (Hippolyte), à Ṣagadé. Le 6 de ḥamlé, le roi alla à Gondar. Le 7 de ḥamlé, on commença à célébrer la fête de la Trinité à Dabra-Bërhân. Iyâsou destitua Châmât Yoḥannës de sa charge de Bëḥt-Ouadad et l'envoya gouverner le Dâmot. Bounâyâ Baslé fut nommé Bëḥt-Ouadad à sa place. Cet hiver apparut un fléau très violent appelé Tânânqé.

La treizième année de son règne — temps de l'évangile de Luc —, le roi ravagea le pays des Chânqallâs Balas : beaucoup furent tués par les troupes qui firent un butin considérable ; Dël-Sagad, fils de l'Azâj 'Ëgous, périt. Puis Iyâsou partit pour Yëbâbâ afin d'y passer l'été, et de là, le 3 de ḥamlé, il retourna à Gondar, où arriva le Râs Fârès, venant du Tigré.

La quatorzième année de son règne — temps de l'évangile de Jean — Iyâsou alla dans le Dâmot en secret et sous l'apparence d'un simple officier, lorsqu'il apprit l'arrivée des Gâllâs; mais, ne les ayant pas rencontrés, il revint à Gondar. Il se rendit ensuite à Aringo. Ayant laissé ses soldats avec le Râs Farès, il entra dans le pays de Tchëḥouâï, et le (Râs Fârès?) nomma Fit-Aourâri à l'époque de cette expédition (?). Il alla ensuite dans la contrée de Ouërki, livra bataille, tua tous les Chânqallâs, fit beaucoup de butin et revint séjourner à Aringo. Le 11 de miyâzyâ, le lendemain de la fête des Rameaux, le feu consuma la demeure de beaucoup d'habitants de Gondar, les églises de Saint-Georges, de l'abouna Takla-Hâïmânot [355] et de Iyâsous. Après la fête de la Pâque, le roi ordonna au Râs Fârès de garder la couronne à Aringo. Lui-même partit pour le Châouâ par la route de Malak-Sânqâ [355 bis] et alla à Tadbâba-Mâryâm, selon le cérémonial de son royaume. Tous les prêtres le reçurent au chant des psaumes; il s'y arrêta, et en visitant le sanctuaire, il salua les ossements des princes Téouodros, Yësḥaq, Andryâs, son fils, Galâoudéouos et Minâs. Le lendemain, il donna son vêtement royal, qui charmait les yeux, à l'église de Tadbâba-Mâryâm, et, après avoir vu tous les districts du Châouâ et des Gâllâs Karayous [356] et ʿAbotés de Mërat [356 bis], il partit par Ganata-Giyorgis [357], revint à Aringo le 1er de ḥamlé, et rentra paisiblement à Gondar le 10.

La quinzième année de son règne — temps de l'évangile de Mathieu — le 2 de maskaram, l'Azâj Qérlos d'Azazo fut destitué, et Châmât Yoḥannës emprisonné à cause de l'accusation portée contre lui par le dadjazmâtch Ḥëzqyâs (Ézéchias) au sujet d'une épée donnée en présent. La trahison de Châmât fut attestée au milieu des magistrats et des Azâj, dans la maison du bâchâ Yâʿqob. Dans le mois de ṭëqëmt, l'Ëthié (Ëthiagé) Ṣagâ-Krëstos fut destitué et remplacé par Za-Mikâèl. Le 7 de ṭëqëmt, le dadjazmâtch Giyorgis, fils du Râs Anṭâsyos, s'enfuit dans la maison de l'Ëthiagé Za-Mikâèl (fol. 17) pour se mettre sous sa protection. Lorsque Qualañâ Oualda-Giyorgis apprit l'asile donné au dadjazmâtch Giyorgis et l'emprisonnement de Châmât Yoḥannës, il alla dans le Lâstâ, sous prétexte de chasser, abandonnant le gouvernement d'Ëbnât, et s'établit chez Arâyo. Le choum (gouverneur) du Ouâg, ayant été informé qu'il avait, de concert avec Châmât et Giyorgis, tramé des projets de révolte, en informa le roi. Celui-ci dit aux gens de Dabra-Libânos : « Amenez ici Giyorgis, et s'il s'échappe de vos mains, sachez que je vous ferai la guerre, que je vous combattrai, et que le pacte qui a existé depuis Yĕkouno-Amlâk jusqu'à présent sera détruit. » Après avoir délibéré, ils livrèrent au prince leur prisonnier, car le récit de la perfidie de Giyorgis avait fait grand effet. Lorsqu'il le reçut, Iyâsou le fit enfermer dans la maison de Tsabaña (?) Amsâlé. Quant à Qualaña Oualda-Giyorgis, Arâyo l'arrêta près du Takazzé et le remit au Grâ-Azmâtch Arsé. Lorsqu'il arriva, le roi lui témoigna son mécontentement et l'amena à Gondar. Il dit ensuite aux gens de Dabra-Libânos : « A cause de vous je serai clément envers Giyorgis, mais il ne restera pas dans ma capitale; il ira dans le pays de Sĕmâno. » Le 17 de ṭĕqĕmt, Askaréna (?)... d'Abbâ Ëda-Krĕstos, vint de Saouâkin [357 bis] et... à Maguinâ. Le 12 de ḥĕdâr, mourut Abétahoun Yâ'qob, de Boraz. Le 25, le roi descendit à Qâḥa, fonda Dabanâ, offrit à ses officiers un festin admirable et merveilleux, et donna l'ordre de lever le camp [358]. Le 12 de ṭĕr, le Blâtèn-Gétâ Bâslé partit par le quallâ [359] de Thiânqâ afin de ramener l'émir (?) du pays de Balaou, avant qu'il allât jusqu'à la frontière du territoire chrétien; dans un combat qui eut lieu entre lui et le chef de Balaou, il lui prit sa femme, son fils, ses bœufs et ses chameaux. Le 18 de ṭĕr, le roi quitta Gondar, attaqua les Tolas (360), en tua, fit beaucoup de butin et retourna dans sa capitale. Revenons à l'histoire de l'émir. Le Blâtèn-Gétâ Bâslé arriva accompagné de nombreuses troupes royales; à cette vue, l'émir fut effrayé; le Blâtèn-Gétâ lui manda cet ordre : « Viens. » Il obéit avec ses gens. On lui fit entendre le bruit redoutable de la mousqueterie qui était sous les ordres (?) d'Abdërbâchâ, et les soldats dirent à Bâslé : « Tuons l'émir; à quoi bon le garder prisonnier? » Il repoussa leur proposition et répondit : « Amenons-le à Aïna-Quarâñâ vers le roi. » Le captif partit avec lui le lendemain, puis il s'enfuit dans son pays. Le Blâtèn-Gétâ revint après avoir enlevé le bétail et les chameaux qui formaient la richesse de l'émir, et alla à Gondar. Toute la capitale le considéra comme un sot, et les jeunes gens se moquèrent de lui. Cette année, mourut la Ouézaro Lâhya-Dëngël (beauté de la Vierge), femme du Râs Fârès. Le 9 de miyâzyâ, le roi tint un synode à cause d'Abbâ Oualda-Tënsâé, qui discutait sur l'onction. Les prêtres le citèrent à comparaître devant le prince, qui, les ayant fait venir, entendit leurs arguments d'après les Écritures. Ils excommunièrent Abbâ Oualda-Tënsâé et son frère Abbâ Tëmërté. Dans le mois de gënbot, Iyâsou alla chez les Gâllâs, après avoir traversé l'Abâoui. N'ayant trouvé personne à tuer, il revint à Gondar. Le 12 de sané, mourut Tchar Dâmo à Azazo.

La seizième année de son règne — temps de l'évangile de Marc — au mois de ṭëqëmt, le roi partit de Gondar pour le pays de Bibouñ, où il demeura longtemps, parce qu'il avait été informé d'une expédition des Gâllâs contre le Gojâm et le Dâmot; mais il ne les rencontra pas. Le 2 de ḥëdâr, mourut à Gondar Abéto Ëskëndër, fils du prince 'Âlam-Sagad, car il était avec le roi Iyâsou; il était descendu de Ouaḥni pour y passer l'hiver. On l'ensevelit à Mëṣrâḥâ. Le 21 de (fol. 18) ḥëdâr, mourut Giyorgis de Maqdâlâ (361). Le prince quitta Bibouñ et revint à Gondar, d'où il partit le 18 de ṭër pour Aringo. Le 23 de miyâzyâ, le lendemain du jour des Rameaux, il alla d'Aringo dans le pays de Galâgëïñ (Gâllâs Gëïñ?) pour ravager le Lâstâ, et là, ayant vu l'isolement de ses troupes, il revint à Aringo. Le 28 de miyâzyâ, il fit arrêter, sur une accusation de trahison, Sâtouni Yoḥannës et Pâoulos, fils du Blâtèn-Gétâ Gabra-Lë'oul. Sâtouni Yoḥannës démentit Pâoulos en prêtant serment. Avec lui, Gabra-Dâouit (serviteur de David), parent(?) de Gabarmâ, et Dëho, le joueur de lyre (?), jurèrent qu'ils l'avaient trouvé (Pâoulos?), à la clarté de la lune, dans le palais d'Aringo, où il délibérait avec Chagouṭ-Aïnté, Iyâsous-Mo'â et Za-Manfas-Qëdous, le mari de la Ouézaro Ëléni (Hélène), d'aller chez les Gâllâs-Bèt. Le roi fit enfermer Pâoulos dans la maison de Tsabaña (?) Amsâlé; puis il le livra aux gens de Sâtouni, parents de Gabarmâ, qui l'emmenèrent et le pendirent dans leur ville de Bouré (362).

Le 14 de sané, le roi partit seul d'Aringo et ravagea le pays des Dângëch; c'étaient eux qui avaient vaincu Abéto Bë'la-Krëstos(363), tué les gens de Zagâ et de Batro, et qui n'avaient laissé aucun survivant des troupes de 'Âlâm-Sagad. Iyâsou les extermina et n'en épargna aucun. Le 15 de ḥamlé, il revint paisiblement à Gondar.

La dix-septième année de son règne — temps de l'évangile de Luc — le 5 de maskaram, mourut la Ouézaro Gadâmâouit (ermite), fille de notre roi Iyâsou. Son nom de baptême était Iyoprâqsyâ (Eupraxie); et le lendemain mourut Ĕndodé, mari de la Ouézaro Mârtâ, fille du prince. Tous deux furent enterrés à Qâḥa. Dans le mois de ḥëdâr, le roi interrogea tous les grands sur l'affaire des taxes, en commençant depuis l'Ĕndarta jusqu'au Ouagarâ. Ils lui racontèrent l'histoire de l'oppression des marchands(364). Ayant appris les impôts que levaient Râs Fârès et Maḥdara-Krëstos du Tambèn, en commençant depuis l'Ĕndarta jusqu'à Lâmâ, Iyâsou dit : « Que sur cinq mules qui portent du sel, il y ait une pièce de sel (comme tribut?); que de huit bêtes de somme chargées de sel, il y ait 4 amlés (comme tribut?), et celui qui lèvera (indûment) une taxe sur une charge (?) verra sa maison pillée (?) . . . . (365) » Le roi fit écrire cette décision dans le livre de la chronique, ainsi que la relation du 'Ĕqa-Bèt(366), afin que cela subsistât de génération en génération. Le 10 de tâḥsâs, il partit de Gondar pour Yëbâbâ et de là il alla ravager Hëlqâ. Tandis que les troupes descendaient sur une pente..... un toit écrasa l'Azâj Minâs Qañ-Azmâtch, qui mourut le 27 de yakâtit. Le prince alla ensuite à Dabra-Libânos, lieu de sépulture de Takla-Hâïmânot. Lorsqu'il vit la dévastation de Grâñ, il en fut affligé; et, après avoir ravagé Hëlqâ, il revint à Yëbâbâ. Il convoqua un synode au sujet des exilés du Gojâm le jour de la Réunion (des Apôtres). Les bannis dirent : « Laissez-nous passer l'hiver. » Le Fit Aourâri Nathia Adâoua partit sur l'ordre du roi et les réprimanda : Abbâ Béta-Krëstos fit de même. Lorsque les exilés virent le livre saint ils poussèrent des cris, mais on leur répondit : « Soumettez-vous ; pourquoi criez-vous lorsque vous voyez les Écritures? » Alors Abbâ Béta-Krëstos disputa avec Abbâ Arka-Dëngël, chef de leur synode, et celui-ci dit : « Nous affirmons que le Fils (fol. 19) n'a pas reçu une substance particulière par l'onction[(367)]. » Il y eut une excommunication prononcée par l'Ëthiagé Agnâṭyos (Ignace) et l'Abouna Mârqos l'évêque. Le 30 de sané, le prince alla à Gondar; le samedi 7 de ḥamlé, il monta à Dabra-Bërhân pour célébrer la fête de la Trinité, selon la coutume du royaume, et donna aux prêtres des ornements qu'il ôta de son cou. La valeur de cette parure était de cent cinquante onces (d'or).

La dix-huitième année de son règne — temps de l'évangile de Jean — le 1er de ḥëdâr mourut le 'Âqâbé-Sa'ât Ṭëbaba-Kësos à Guarabâ[(367 bis)], et, dans le même mois, l'Abouna Sinodâ l'évêque, à Tankal, et le Ṣërâg-Mâsaré[(368)] Malkëa-Krëstos, dans l'île de Gâlilâ. A cette époque, le Râs Fârès fit avec les troupes royales une expédition à Dabra-Garzâ. Alors il arriva une famine et un froid violents : il était impossible à personne de tenir les rênes ou de mettre le pied dans un étrier à cause de l'excès du froid. Le prince partit en toute hâte pour Gondar. Le 18 de yakâtit, il quitta cette ville, fit une expédition au milieu des Goudrous et alla à Aringo. Le 27 de magâbit mourut la Ouézaro Oualata-Giyorgis, femme d'Abéto Pâoulos Ambârâs; elle fut enterrée à Thialmâ. Ensuite, le jour de Pâques, le roi traversa le fleuve de l'Abâoui. Le 29 de miyâzyâ, un mercredi, il fit une expédition contre les Goudrous. D'abord la victoire se déclara pour lui; mais les Gâllâs de Gabra-Chamaqâ arrivèrent dans un défilé et exterminèrent les Boursâs et les Thiafantâs, dont le chef, le Blâtèn-Gétâ Amonéouos (Ammonius), s'enfuit avec peine à Ṣâdëf. Parmi les soldats du roi qui périrent dans cette journée, il y eut Mikyâs (Michée), choum de Maqdalâ, Isâïyâs, chef des timbaliers, le capitaine Éouosṭâtéouos, Za-Bâḥër Arousé, fils de Kuâkuëra-Lëbso, Tëmërté, choum de Ṣagadé, parent du roi du côté de..... (መደብደ ፡?), le Jân Ṣërâr Madaré, et le bâchâ subalterne Tcharé, Qonṭaro Giyorgis le Boursâ et l'Azâj Ḥaouâryâ-Kësos qui écrivit l'histoire du roi Iyâsou jusqu'à ce temps. Lorsqu'il succomba, il avait au doigt l'anneau royal. Alors un écrivain qui était sous ses ordres, appelé Abbâ Këflé, alla à l'endroit où était tombé l'Azâj Ḥaouâryâ-Kësos et enleva le sceau royal. Abbâ Za-Ouald, qui eut la poitrine traversée, fut nommé secrétaire, et à partir de ce temps il eut le titre d'Azâj. Dans ce mois mourut Abéto Atsma-Giyorgis (ossement de Georges), qui était tombé malade de la fièvre à Guâzé. Le roi le pleura, car il était frère d'Ĕmbéta Oualata-Ṣyon, mère de la Ouézaro Oualata Roufâèl, sa fille. Les fonctionnaires et les troupes s'affligèrent aussi, chacun au sujet de ses parents et de ses proches qui avaient péri dans le désastre des Goudrous. Le roi alla à Yĕbâbâ. Le 24 de sané mourut son fils aîné, le prince Fâsil, qui fut enterré à Kĕbrân[369] et le 29 de sané, Abbâ Kanâfro, à Tanqal. Le 5 de ḥamlé, Iyâsou revint à Gondar[370].

La dix-neuvième année de son règne, temps de l'évangile de Mathieu, il destitua le bâchâ Yâ'qob qu'il remplaça par Ouasana-Ar'ĕd. Il partit de Gondar pour le Gojâm en parcourant les provinces. L'armée passa l'hiver à Aringo. Le 25 de sané, mourut le Fit-Aourâri Mâmâ. Le 2 de ḥamlé le roi revint paisiblement à Gondar. Dans ce mois, il nomma Abbâ Gâmtch de l'île de Kĕbrân au poste de 'Âqâbé Sa'ât; son nom de baptême était Abrânyos. Le même hiver, éclata un fléau violent appelé Goudrou (fol. 20).

La vingtième année de son règne — temps de l'évangile de Marc — la Ouézaro Mârtâ, fille du roi et femme de Qoqadâñ-Atné, mourut le 30 de ḥĕdâr et fut ensevelie à Dabra-Bĕrhân, qui commença à être un lieu de sépulture. Le 3 de tâḥsâs mourut le dadjazmâtch Abétyo; il fut enterré à Dabra-Bĕrhân. Dans le mois de yakâtit, le roi alla à Yĕbâbâ pour rencontrer les Basos qui étaient venus de chez les Goudrous, par l'intermédiaire du dadjazmâtch Anoré. Il fit une expédition contre Toulou-Amârâ (371) où ses soldats tuèrent beaucoup de gens. De là, il revint à Yĕbâbâ, et le 3 de ḥamlé il rentra paisiblement à Gondar. Le 3 de naḥasé mourut Abbâ Sĕbḥat-la-Ab (louange au Père), moine de Tsânâ, auteur de l'image de la sainte Trinité (372), à Dabra-Bĕrḥân. Le roi s'affligea, car il l'aimait beaucoup; il le conduisit jusqu'au Tsânâ, dans l'île de Qĕdous Qourqos, où on l'enterra.

La vingt et unième année de son règne — temps de l'évangile de Luc — maskaram commença par un samedi. Le 5 de ṭĕqĕmt, mourut Abbâ Béta-Kĕsos, supérieur du couvent de Dabra-Libânos. Il fut enterré dans son pays, à Soufĕnqarâ. Le 17 de ṭĕqĕmt, le roi envoya sur la montagne de Ouaḥni le dadjazmâtch Giyorgis, le Fit-Aourâri Yâ'qob et tous leurs frères, fils du Râs Ansṭâsyos, parce qu'ils se haïssaient entre eux et disaient: « Nous sommes les fils d'Abéto Galâoudéouos. » Le 4 de taḥsâs mourut Abbâ Ouadâdjé, chef des musiciens, à Dabra-Bĕrhân; son nom de baptême était Ĕda-Krĕstos. Le 23 de tâḥsâs, le prince fit célébrer la fête du roi Dâouit. Le 10 de magâbit mourut l'Ĕthiagé Agnâṭyos : il fut enseveli à Azazo avec les drapeaux et les timbales. Dans ce même mois, le Badjĕrond Iyâsous-Mo'â, fils de l'Azâj Ĕgous (Constant), s'enfuit à Maguinâ. Dans le mois de miyâzyâ arriva la mort du Blâtèn-Gétâ Amsâlé, fils de Kuâkuĕra-Lĕbso. Le 3, Oualda-Ḥaouâryât fut nommé Ĕthiagé, et le lendemain le roi partit de Gondar pour une expédition contre les Chânqallâs appelés seconds (ዳግማዊ ፡) Gisâs. Dans le mois de gĕnbot, le Fit-Aourâri Batra-Ḥâïl mourut dans son pays, à Asâsâ. Le 4 de sané, le prince revint à Gondar. Le 11 arriva la mort de l'Azâj Giyorgis, qui était auparavant Kantibâ[375]. Le roi nomma le Jân-Ṣĕrar Quasṭé comme Azâj d'Ĕrâq-Mâsarâ : le 23 de ḥamlé, il alla dans l'île de Thiaqlâ-Manzo[374], où il observa le jeûne de l'Assomption.

La vingt-deuxième année de son règne — temps de l'évangile de Jean — maskaram commença par un lundi. Ce jour-là, il y eut de grands troubles parmi la population de Gondar, à cause d'un ouragan violent qu'on appela *ṭaro*, qui renversa les demeures des habitants de la capitale et celle du roi, détruisit la tour de Jân-Taqal et fit périr beaucoup de ceux qui s'y étaient réfugiés, au nombre de trente et plus, entre autres Abéto Oualda-Bĕrhân (fils de la lumière), homme considérable du Châouâ. Le 5 de maskaram, Amonéouos le Badjĕrond de Zĕfn-bèt mourut de la mort égyptienne, car on lui fit boire du poison; il fut enseveli à Dabra-Bĕrhân. Le 12 de maskaram, le roi partit de Thiaqlâ-Manzo et alla à Gondar. Le 1er de ḥĕdâr, les moines de Maguinâ chargèrent le Badjĕrond Iyâsous-Mo'â de porter leurs paroles devant le prince. Celui-ci découvrit sa perfidie (fol. 21) secrète, et la chose fut évidente. L'Azâj Zĕkro, Mĕbar Za-Qañ, l'Ĕdoug Mikâèl, Abéto Pâoulos, fils du roi Malak-Sagad, et Châmât Yoḥannĕs affirmèrent par serment que Iyâsous-Mo'a était fils d'Abéto Téouodosyos (Théodose), fils du prince 'Âlam-Sagad. Alors il fut enfermé dans la maison de

Tsabaña (?) Amsâlé. De là, on le conduisit à Dëb-Bar, où il prononça beaucoup de blasphèmes contre Iyâsou, et on le tua d'un coup de sabre. Le 12 de ṭër, mourut le chef des docteurs, Mâmo, dont le nom de baptême était Za-Giyorgis. Le 29 de ṭër, un mardi, le roi partit de Gondar pour Tsaddâ avec le cérémonial ordinaire. Il ordonna au Bëḥt-Ouadad Bâslé d'aller à Yëbâbâ prendre la couronne et les troupes; lui-même s'avança pour défendre les déserts et les montagnes, car le Gibé[(375)] et l'Ënâryâ avaient souffert de grands ravages; ce fut là le terme de l'expédition. Iyâsou prit par la route de Dangël-Bar et arriva à Bâr-kantâ, car sa concubine, la Ouézaro Qëdësté, était malade. De là, il se rendit à Yëbâbâ, où il rejoignit l'armée, et demeura quelque temps à combiner une expédition avec le dadjazmâtch Toulou du Dâmot, mari de la Ouézaro Oualata-Sëlâsé (fille de la Trinité), sa fille, le dadjazmâtch Anoré, du Gojâm, Tigé et tous les Gâllâs Bâsos[(376)], Libâns et Qâlâ-Gëndâs. Il publia une proclamation disant : « Que tout homme qui n'apportera pas sa faux, sa hache, des provisions suffisantes pour un mois, sache que je le punirai. » Le 1er de magâbit, le prince passa avec ses troupes le fleuve de l'Abâoui. Le Râs Fârès ne demeura pas là, mais, sur l'ordre de Iyâsou, il partit pour son gouvernement du Tigré. Le 10 de magâbit, tous les gens issus de Mathiâ[(377)] se rassemblèrent contre le roi campé à Toulou-Amârâ, abandonnèrent Adagâ au milieu de la nuit, et arrivèrent en face de Belmâ, de Mâyâ et de Qéro (?), alors que Dilâmo les animait (?) vaillamment. L'armée royale tint ferme et fit entendre le bruit de la mousqueterie redoutable d'Abdĕrbâchâ. Beaucoup de vaillants guerriers du Mathiâ tombèrent sous les coups de lances et de fusils, et en avant de tous, Dilâmo. Un homme des Bâsos, Za-Mobaté, le prit et lui coupa les parties viriles. La hauteur de ce Dilâmo était élevée, et sa largeur très grande. Iyâsou, après avoir accompli ces exploits et ravagé tous les cantons des Gibés et la terre de Ṭĕqour (?), arriva jusqu'à l'Ĕnâryâ dont il visita l'église et le marché. Après avoir reçu du souverain de ce pays des présents consistant en un léopard brun et en chevaux, il repartit. Dans le mois de magâbit, mourut sa concubine, la Ouézaro Qĕdĕsté, à Bârkantâ. Iyâsou fit prisonnier beaucoup de Gâllâs, hommes et femmes, et les baptisa. A ce moment arrivèrent le dadjazmâtch Lâtâ et Oualé-Ḥĕzbo; il les établit dans le pays des Bâsos, sur le bord de l'Abâoui en face d'Atsâtsâmé, et dans la contrée des Djâouis(378), sur la rive du même fleuve, afin de protéger le pays contre les incursions des Gâllâs de Mâdo. Le Gojâm et le Dâmot furent à l'abri de la crainte. Retournons à présent au roi. Il revint de son expédition du Gibé, laissant l'armée avec le Bĕḥt-Ouadad Bâslé, et se hâta d'aller à Bar-kantâ. Avec lui était le Fit-Aourâri Agné, frère de la Ouézaro Qĕdĕsté. Il apprit qu'elle était morte, et il pleura beaucoup en visitant son tombeau, accompagné de Bâyouba, la sœur de la Ouézaro, et de ses enfants, Dâouit, Yoḥannĕs, Oualata-Fĕqr, Sabla-

Ouangèl et Oualda-Sëḥl (fol. 35). (A cette époque mourut?) la Ouézaro Oualata-Ḥaouâryât, bonne et craignant le Seigneur, fille du prince Sousnyos, ainsi que le Balâmbârâs Takla-Hâïmânot, fils du dadjazmâtch Iyob (Job), à Sârbâkou, et le 17 de yakâtit, l'Azâj Zëkro, à Qârodâ. Tandis que le roi était à Bârkantâ, il donna cet ordre dans ce même mois au Badjërond Yosṭos, fils de Dëlba-Iyâsous, dadjazmâtch du Tigré : « Va à Gondar et empare-toi de Takla-Hâïmânot (379). » Quatre soldats se mirent en route avec Yosṭos, qui partit pour faire connaître l'ordre de Iyâsou. Le 1er de magâbit, un lundi, le lendemain de la fête du mont des Oliviers, Takla-Hâïmânot tint conseil avec les partisans du Râs Fârès, Oualda-Giyorgis, dadjazmâtch du Samèn, mari de la Ouézaro Oualata-Roufâèl, le Blâtèn-Gétâ-Kidâné, le Badjërond Abré, le 'Ëqâ-bèt, et d'autres grands fonctionnaires en place ou déposés. Le prince leur dit : « Partirai-je? Voici que mon père me mande. » Les officiers lui répondirent : « Qu'irais-tu faire? Ne t'appelle-t-il pas pour t'enchaîner, t'envoyer sur la montagne de Ouaḥni et faire régner son fils le prince Dâouit? Allons, à présent nous allons te proclamer roi. » Après avoir ainsi parlé, ils emmenèrent Takla-Hâïmânot à Mâkal-Gëmb (la tour du milieu) et le saluèrent roi ce jour-là. Le Badjërond Abré apporta la couronne de l'endroit où elle était déposée, et Yosṭos fut enchaîné. On envoya vers Iyâsou l'Azâj Galâoudéouos Saïf-Ëdjâgré (chef des porte-glaives) pour lui dire : « Voici que nous avons couronné ton fils aîné Takla-Hâïmânot, car nous savons sûrement que toi, notre Seigneur, tu ne reviendras pas sur ce trône: en effet, dédaigne paisiblement le monde, comme Kâlèb, le roi d'Éthiopie, qui le méprisa, abandonna sa royauté, et embrassa la vie monastique sous la direction d'Abbâ Panṭaléouon. » Iyâsou, ayant entendu ce discours, envoya dire aux fonctionnaires : « Pourquoi avez-vous séduit mon fils chéri Takla-Hâïmânot, et pourquoi le faites-vous roi sans mon consentement? J'irai vous infliger, à vous et à lui, chacun le châtiment que vous méritez. » Lorsque l'Azâj Galâoudéouos rapporta ce message royal, tous les gens de Gondar furent en émoi; les officiers et les troupes s'accordèrent à prêter sur l'image de Jésus-Christ le serment de mourir avec le roi Takla-Hâïmânot. Le dadjazmâtch Toulou partit du Dâmot; le prince ordonna qu'on lui fît connaître les revenus de tous les collecteurs d'impôts (?), des musulmans et des riches du Ouagarâ et du Samèn. Le 12 de magâbit il partit de Gondar avec toute la pompe royale et les tabernacles en étoffe de soie. Iyâsous et l'abouna Takla-Hâïmânot l'accompagnèrent par la route d'Azazo et arrivèrent à Bârthiâ où avait été tué le roi Za-Dĕngĕl. A ce moment, Iyâsou rassembla ses troupes pour combattre son fils. Il alla jusqu'à Dangĕl-Bar; puis, étant tombé malade, il se retira en disant : « Je reconnais que la volonté du Seigneur est de faire régner Takla-Hâïmânot; pour moi, le royaume des cieux est préférable. » Après ces paroles, il fit enchaîner tous ses fils par le dadjazmâtch Fĕsâ-Kĕsos et le Bĕḥt-Ouadad Bâslé, et les envoya à Takla-Hâïmânot pour qu'il les fît monter à Ouaḥni. Lui-même alla à Daq, pendant que le nouveau roi quittait Bârthiâ, car une toux dangereuse y régnait. Beaucoup de gens tombèrent malades, et il y en eut qui en moururent. Le prince alla à Aringo (fol. 36). Là les exilés du Gojâm lui dirent. « Rétablis-nous la foi par une proclamation publiant que par l'onction (du S. Esprit) le Fils existe avec une substance particulière. Ton père en effet nous a répondu avec des malédictions par la bouche des évêques, des prêtres, de l'Ëthiagé et de beaucoup de moines. Nous avons été en exil pendant vingt-quatre ans. » Takla-Hâïmânot leur répondit : « Est-il possible de rétablir votre foi par une proclamation comme un héritage ou un fief? Seulement, si vous voulez, je vous accorderai un synode. » Ces bannis tinrent conseil dans la maison de la Ouézaro Ëléni et du dadjazmâtch Toulou, et dirent : « Pourquoi avons-nous pris ce prince pour roi? Il ne vaut pas mieux que son père pour sa croyance, lui qui dit : Le Christ existe par l'union. » Ils causèrent beaucoup de troubles à Aringo. Le roi délibéra avec le Râs Fârès, fit arrêter Toulou et l'envoya dans le Tigré, chez Abbâ Sëlous, où on lui arracha les yeux. La Ouézaro Ëléni fut exilée à Tankal. Quant aux exilés, ils furent dispersés chacun dans son pays. La Pâque arriva le 28 de magâbit. Ce jour-là mourut l'Ëthiagé Matako. Il fut enseveli à Ṣëgâdjâ. Dans le mois de miyâzyâ, les soldats du Ṛâs Fârès et ceux du dadjazmâtch Anoré se livrèrent bataille à Nëʿousa-Mëknyât, le même que Dorho de Gabayâ. Les troupes du second furent vaincues; ses deux fils succombèrent et lui-même périt à Aringo.

Revenons aux événements antérieurs : le roi envoya les princes ses frères à Ouaḥni, sous la conduite des Boursâs et des Thiâfantâs. Le 30 de miyâzyâ, mourut le Kantibâ Mâm à Gondar. Il fut remplacé par Matéouos (Mathieu). Takla-Hâïmânot resta à Aringo, occupé à destituer et à nommer des fonctionnaires : Châmât Yoḥannës perdit sa place de dadjazmâtch de l'Amḥârâ, qui fut donnée à Mouthiâ-Mâm. Mâmâs fut établi dans le Bégamdër. Le Râs Fârès fut nommé Bëḥt-Ouadad; Amḥâ-Giyorgis, fils du dadjazmâtch Dëmyânos, Badjërond. Le 23 de gënbot mourut à Azazo Magâbi, fils de Iyâsous. Le roi partit d'Aringo et resta quelques jours à Ënfrâz. Le 4 de ḥamlé, mourut à Dâblo Abéto Donzo, frère de la Ouézaro Oualata-Yoḥannës, fille du prince Fâsil. Takla-Hâïmânot alla à Gondar le 5 de ḥamlé et prit pour nom de roi Lë'oul-Sagad.

Maskaram commença par un jeudi, l'an 7199 depuis la création du monde — temps de l'évangile de Luc. — Dans ce mois, le bâchâ Ouasana-Ar'ëd fut destitué et remplacé par Qualâñâ Oualda-Giyorgis. Le roi nomma Azâj Qabaro-Arsé. Dans le mois de ṭëqëmt, il y eut des troubles à Gondar, car le dadjazmâtch Anoré et le Fit-Aourâri Yâ'qob d'Achmân étaient arrivés du Gojâm et se dirigeaient vers le bord du lac Tsânâ, à Saïthiëla, pour faire sortir Iyâsou de l'île de Thiaqlâ-Manzo où il avait passé l'hiver en venant de Daq. A cette nouvelle, Takla-

Ḥâïmânot envoya de Darabé ses parents(380) Dërmën et Pâoulos, le fusilier Ëlbat-Tasfâ, deux autres fusiliers musulmans et des Gâllâs. Comme ils étaient embarrassés à propos de cette affaire, ils se dirent : « Si nous l'épargnons, les gens d'Anoré le feront sortir et le conduiront dans le Gojâm, où il régnera : décidons ce qui vaudra le mieux pour nous. » Après avoir ainsi parlé, le 5 de ṭëqëmt, ils blessèrent d'abord Iyâsou d'un coup de fusil; ensuite Dërmën le perça (de son épée), et ils le brûlèrent. Les gens d'Anoré et de Yâ'qob, qui étaient tous à Thiaqlâ-Manzo, le virent et retirèrent le corps. Tous les prêtres de l'île et de Gaṣar, ayant appris la mort du roi Iyâsou, se réunirent, le placèrent sur un bateau en grande pompe [(381) (fol. 196) et l'ensevelirent dans le tombeau de son père et de sa mère, situé dans l'île de Mëṣrâḥa(382). Il y eut de grandes clameurs et une grande affliction à Gondar, principalement chez les prêtres de Dabra-Bërhân. Ils célébrèrent avec éclat les cérémonies habituelles du deuil, prirent les objets sacrés que leur avait donnés Iyâsou et allèrent jusqu'à l'enceinte en bon ordre. Lorsqu'ils . . . (ያረግዱ ፡?) et qu'ils virent la capitale, leur douleur redoubla. Ils passèrent trente jours à étaler leur chagrin(383). Le 1er de tâḥsâs, mourut la Ouézaro Oualata-Nëgëst (fille des rois), fille du prince Fâsil et femme du dadjazmâtch Fësâ-Kësos. Le 3 de tâḥsâs, mon père l'Azâj Za-Kësos mourut à Dabra-Bërhân. Le roi passa l'été à Gondar dans l'affliction et la maladie, sans sortir. Ce même mois, on arrêta Abbâ Anoré et Yâ'qob et on les amena dans la capitale. Le prince établit Dërmën sur le Gojâm et Pâoulos sur le Bégamdër. Dans le mois de magâbit, il réunit un synode à Fëqr-Gëmb, au sujet d'Abbâ Oualda-Tansâé, de son frère Abbâ Tëmerté et de leurs partisans Abbâ Tsadâl, Qomiṭ Abbâ Madâré, qui parlaient sur l'onction (de Jésus-Christ par l'Esprit-Saint). Les prêtres se réunirent : l'évêque Abbâ Mârqos arriva ainsi qu'Abbâ Aousognyos et Abbâ Mazmouré d'Agd, et ils disputèrent contre ces hérétiques en leur disant : « Voilà ce que vous souteniez auparavant, et vous agissez perfidement en ceci. » Abbâ Oualda-Tansâé lui répliqua : « Certes, nous sommes attachés à cette opinion, et nous tenons de nos pères que c'est celle d'un livre égyptien. » Puis il ajouta : « Le Verbe s'est incarné par l'onction (de l'Esprit-Saint). » Alors l'évêque Abbâ Mârqos se leva et excommunia Abbâ Tëmërté et ses partisans que le roi envoya en prison. Le 30 de gënbot, un dimanche, la foudre incendia Dabra-Bërhân. Dans le mois de sané, un rebelle nommé Dëho se révolta : beaucoup de troupes se rassemblèrent autour de lui, et il y eut des troubles dans l'Amḥârâ; ce révolté succomba tout à coup au bout de quelques jours, tué par le Jân-Ṣërâr (384). On apporta son cadavre à Gondar, et on l'accrocha à un gibet sur la place. Le 7 de ḥamlé, Yoḥannës fut nommé Ëthiagé un an et quatre mois après la mort de Gënaṭ. Lorsque ce mois fut terminé, le 6 d'épagomène, les gens du Gojâm se réunirent à Yëbâbâ, proclamèrent roi un usurpateur du nom de 'Âmda-Ṣyon et troublèrent tout le pays (385).

Le mois de maskaram commença par un samedi — temps de l'évangile de Jean. — Takla-Hâïmânot, ayant appris ces désordres, envoya à Dërmën, le dadjazmâtch du Gojâm, l'ordre de réunir tous les siens. Il alla combattre le révolté qui se dirigea sur Gondar, passa par l'Agaoumdër, et qui, arrivé au palais, accomplit les cérémonies du couronnement et fit des nominations et des destitutions (386). Sur la nouvelle de l'arrivée de Dërmën qui brûlait les maisons et massacrait les hommes et les femmes sur son passage, l'usurpateur alla à Yëbâbâ. Le 21 de maskaram, un vendredi, jour de la fête de la commémoration de Notre-Dame (Marie), ils se livrèrent une grande bataille à Qabaro-Médâ. La victoire resta à Dërmën. Au premier rang succombèrent les moines du Gojâm, bannis depuis les règnes de Fâsil et de Iyâsou : c'était Abbâ Akâla-Krëstos qui avait jadis commencé les discussions en affirmant l'onction du Christ, et qui avait lutté avec acharnement ainsi que son frère Abbâ Niqolâouos, depuis le temps du roi orthodoxe Yoḥannës. Parmi les troupes royales, composées surtout d'Ëlmânâs et de Dénsas, il périt beaucoup de monde. Au nombre des soldats qui succombèrent dans cette journée, il y eut Abéto Ansṭé fils de la Ouézaro Sabla-Ouangèl, Mâguërâ Mâmo le Bélmâhâ, le dadjazmâtch Oualdé, Tchouḥâï, Abéto Bâslyos, ... (387)
Après cet exploit, Dërmën, ayant complètement détruit ceux qui étaient avec le rebelle, envoya un message de joie à Gondar. Le 23 de maskaram, un di-

manche, le roi quitta cette ville avec le cérémonial des princes; il destitua le chapelain royal Mikâèl, qu'il remplaça par Qès Lĕbné, envoya en avant le Râs Fârès avec d'autres soldats à Dangĕl-Bar, puis il passa par Ṣaddâ[388], et, étant arrivé à Ouaïnarab, il apprit que Dĕrmĕn avait exterminé les gens du Gojâm, et que l'usurpateur ʿÂmda-Ṣyon était mort[389]. Il s'en réjouit beaucoup, et, continuant sa route, il arriva à Yĕbâbâ et se rencontra avec le Râs Fârès. Quant à l'Ĕthiagé Abbâ Yoḥannĕs et aux fonctionnaires, il leur ordonna de demeurer à Thialmâ : pour Anoré et (fol. 197) Yâʿqob, il les fit tuer près de l'Abâoui[390]. De Yĕbâbâ, il se rendit dans le pays de Gamé, où il fit un séjour (?). Là moururent Baṣmâmo et l'Azâj Asara-Krĕstos. Le roi fit périr le révolté Oualda-Yĕsyâs (fils d'Isaïe), qu'avait amené le dadjazmâtch du Dâmot, Lâtâ; à Gazgé mourut Abbâ-Sinodâ de Gadjgé. Takla-Hâïmânot nomma Tigé Bĕḥt-Ouadad, le Râs Fârès dadjazmâtch et le dadjazmâtch Oualé. . . . . (lacune) et Sĕmboulé Galâoudéouos Azâj de Râqamâsaré (Ĕrâq-Mâsarâ). Le 5 de sané, mourut le dadjazmâtch Oualda-Giyorgis, mari de la Ouézaro Oualata-Roufâèl. Dans le même mois, lorsque le roi partit de Gamé pour le pays des Agaous, les Gabar-Motch conspirèrent contre lui et résolurent de le tuer tandis qu'il chasserait les animaux sauvages dans leur pays; il partit seul, confiant toute la capitale. . . . . .[391]. Il alla à la chasse et tua un buffle[392]. . . . . Les conjurés s'étonnèrent et dirent : «Si nous le laissons, il reviendra à Gondar et nous fera tous périr sans nous épargner : allons, tuons-le ici. » Yoḥannës le Balâmbârâs et les autres Gabarmotch ses frères, à savoir Sëmban, Za-Oual d, fils de Lako, ʿËnqoulâl, Gabarmâ-Kâssâ et Ouaraf, machinèrent ce complot. Après avoir ainsi parlé, ils percèrent le roi d'un coup d'épée, le renversèrent de son mulet ainsi que son écuyer, nommé Giyorgis, qu'ils tuèrent avec lui. Les Gabarmotch s'enfuirent et se dispersèrent immédiatement, chacun sur son cheval. Cet événement arriva le 25 de sané, un samedi; le roi fut déposé dans la maison d'Azanâ Mikâèl, et au même moment son âme quitta son corps. Les fonctionnaires qui lui étaient dévoués, le Ligâbâ Oualda-Giyorgis, Nathia-Mâmo le Grazmâtch et le Badjërond Yosṭos, le prirent et l'ensevelirent dans l'île de Këbrân. Il y eut du trouble parmi les soldats; les gens de Gabar-Mâ et les Agaous arrivèrent et pillèrent les richesses du camp (?), enlevèrent des vêtements et tuèrent même quelques hommes : ce jour-là Mikâèl le Bélmâhâ périt. Les fonctionnaires, les troupes et les gardes, ayant pris la couronne et un fils de Takla-Hâïmânot, âgé de quatre ans, nommé Nâʿod, vinrent avec le Râs Fârès jusqu'à Ënfrâz; mais le Badjërond Yosṭos alla par Dangël-Bar à Ouaḥni, d'où il fit descendre Abéto Téouoflos (Théophile), fils du roi Yoḥannës, qui fut proclamé à Ënfrâz le 9 de ḥamlé.

Alors régna Téouoflos (1706-1709) dont le nom de roi fut Aṣrâr Sagad. Le 21 de ḥamlé mourut le Badjërond Amḥâ-Giyorgis, fils du dadjazmâtch Dëmyânos. Il fut enseveli à Aborâ [392 bis]. Le 29 de ḥamlé, un vendredi, le roi Téouoflos assembla les grands fonctionnaires et les princes et fit une proclamation en ces termes : « Je crois que par l'onction (du S. Esprit) le Fils existe avec une substance particulière. » Il y eut de grands troubles chez les moines de Dabra-Libânos, qui lui dirent : « Pourquoi altères-tu la religion par ton édit, comme un héritage et un fief, sans l'aveu du synode? » Il leur répondit : « Je ne vous hais pas, mais j'adopte l'opinion du Gojâm [393]. » Il déposa l'Ëthiagé Yoḥannēs et le Râs Fârès et nomma le dadjazmâtch Ḥēzqyâs Râs du Bégamdēr, Yosṭos, dadjazmâtch du Samèn et du Tigré, et Bounâya Bâslé Bēḥt-Ouadad. Le 29 de naḥasé, il fit arrêter le Râs Fârès, Satouni Yoḥannēs, Tigé, le Blâtèn-Gétâ Kidâné et Qabaro Arsé, et les exila dans le pays d'Absalous [394]. Il envoya le Râs Fârès dans l'île Mēṣrâḥ. Pendant cet hiver, il y eut du trouble et du tumulte à Dabra-Libânos.

Maskaram commença par un dimanche — temps de l'évangile de Mathieu. — Le 5 de ṭēqēmt, les gens du Gojâm amenèrent au roi Dērmēn et Pâoulos, frères de l'Itégé Malakotâouit, femme de Iyâsou et mère de Takla-Hâïmânot. On les conduisit sur la place publique, et Téouoflos les condamna à être pendus. On pendit à un gibet Malakotâouit et son frère Pâoulos; quant à Dērmēn et à Gabarmâ-Kâssâ, meurtrier de Takla-Ḥâïmânot, on les perça d'une pique, et on tua à coups de fusil et d'épée Ēlbat-Tasfâ et les deux fusiliers musulmans qui avaient assassiné Iyâsou dans l'île de Thiaqlâ-Manzo. En ce jour, le roi célébra la fête de son frère avec des timbales à Dabra-Bërhân, et donna un festin à Molâlé-Gëmb. Le 27 de ḥëdâr il partit, avec le cérémonial, de Gondar pour Aringo. Dans le mois de tâḥsâs, il destitua le Âʿqâbé-Saʿât Abbâ Gâmtch et le remplaça par Abbâ Dyosqoros de Yëbsân. A cette époque, les gens de Dabra Libânos furent affligés et dirent : « Pourquoi a-t-il nommé à cette dignité, en dehors de sa maison (?), un moine du couvent d'Abbâ Éouostâtéouos? » Le prince alla à Yëbâbâ. Là, le ʿÂqâbé-Saʿât Za-Manfas-Qëdous mourut le 10 de magâbit. Il fut enseveli dans son pays, à Ouëdo. Le roi partit par la route de Dangël-Bar et passa l'hiver à Gondar. Il destitua le Râs Ḥëzqyâs et nomma à sa place Dëmétros du Châouâ. Il remplaça aussi le Bëḥt-Ouadad Bâslé par Arkalèds le Boursâ. Cet hiver apparut un fléau violent.

La deuxième année de son règne, maskaram commença par un lundi — temps de l'évangile de Marc. — Le 9 de ḥëdâr, Téouoflos fit emprisonner le dadjazmâtch Yostos, fils du dadjazmâtch Dëlba-Iyâsous, et le Bëḥt-Ouadad Arkalèds, et nomma Boro Ḥëzqyâs Bëḥt-Ouadad, et Tsabañâ Amsâlé dadjazmâtch du Samèn. Le 24 de ḥëdâr, il fit la dédicace du sanctuaire des trois cent seize pères orthodoxes (du concile de Nicée) dans le palais du Bëḥt-Ouadad Bâslé et l'appela Ḥamarâ-Noḥ (arche de Noé). Le 13 de tâḥsâs, mourut dans l'Alafâ [395] la Ouézaro Oualata-Pétros (fille de Pierre), alors qu'elle traversait les cantons du Dambyâ et du Ouagarâ avec le dadjazmâtch Amsâlé pour châtier les Bolads (?) (fol. 198) et brûler les maisons de Saraqt (?). Le 27 de magâbit, il nomma Ēthiagé Takla-Hâïmânot, après que cette charge eut été vacante pendant un an et huit mois. Dans le mois de sané, il relâcha Yosṭos et Arkalèds. Le 19 de ḥamlé, il fit pendre Satouni Yoḥannēs, son parent Mâmo, commandant du Bâdjanâ, et d'autres gens qui s'étaient révoltés; il les convainquit en effet d'avoir proclamé roi un rebelle appelé Nabâḥna-Yoḥannēs. Celui-ci fut pris le lendemain dans le pays d'Ēbnât alors qu'il fuyait; on lui coupa le nez et les oreilles et on le laissa aller. Le roi passa l'hiver paisiblement.

La troisième année de son règne, maskaram commença par un mardi — évangile de Luc. — Le 5 de ṭēqēmt, le roi partit de Gondar et alla à Aringo. Le 17 de ṭēqēmt, Tsabaññâ Amsâlé mourut et fut enterré à Dabra-Bērhân avec les étendards et les timbales. Le prince passa l'été à Aringo où arriva la mort du Liqa-Makuâs Mikâēl, puis il se rendit à Yēbâbâ, et, après y avoir laissé sa couronne avec les grands fonctionnaires, il partit seul pour visiter les îles (du lac Tsânâ). Arrivé sur le bord de l'une d'elles, il apprit que Tigé s'était révolté après s'être échappé de la prison d'Ab-Sēlous, dans le Ḥamâsèn. Le rebelle réunit beaucoup de Gâllâs des tribus de Libân, de Qâla-Gand et de Bâso, et proclama roi un usurpateur. Téouoflos partit en toute hâte et, dès son arrivée, il ordonna par une proclamation à tous les braves de se réunir promptement. Ensuite il se dirigea directement vers le pays des Bâsos. Tigé alla à Yĕbâbâ, tua beaucoup d'hommes et s'y établit. Le roi quitta l'endroit où il se trouvait, livra bataille à Yĕbâbâ le 2 de miyâzyâ, le mercredi saint, et remporta la victoire. Les soldats Bâsos et Libâns furent vaincus : l'armée du prince et ses gardes massacrèrent des Gâllâs en quantité innombrable : Takla-Hâïmânot, fils de Dĕnqousâ Dama-Krĕstos, en tua deux; Abazotch(?) en extermina plusieurs; parmi les troupes royales, il y eut des morts, entre autres le Blâtèn-Gétâ Sĕnâ-Dĕngĕl (louange de la Vierge), le Blâtèn-Gétâ Kiroubèl (chérubin), qui avaient été autrefois partisans de Râ Fsârès, ainsi qu'Abéto Ĕsṭifânos, fils de la Ouézaro Sâlâ de Nârâ. L'usurpateur disparut et ne fut plus retrouvé; Tigé s'enfuit avec ses deux fils, mais ils furent rencontrés par un paysan de Ouarâmit qui les arrêta, les tua et porta leurs têtes à Yĕbâbâ. Il y avait près de cette ville une église appelée Dabra-Maoui[(396)] où se réfugièrent plus de cinq cents Gâllâs. Le roi, l'ayant appris, ordonna d'y mettre le feu en disant : « J'en ferai bâtir une nouvelle, » et la brûla. Tous ceux qui y avaient cherché un refuge périrent dans les flammes, sans qu'il en échappât un seul pour porter la nouvelle. Après ces exploits, le prince retourna à Gondar le 21 de sané. Le 5 de ḥamlé succomba l'Azâj Akasi le secrétaire, à Azazo. Téouoflos fut malade pendant l'hiver sans qu'on sût quelle était sa maladie; le 4 de naḥasé, l'Azâj Quasṭé mourut de la mort égyptienne] (ms. 142, fol. 33) et fut enseveli à Dabra-Bĕrhân. Le 7 de naḥasé, le roi établit le Râs Yosṭos Râs de l'intérieur (du palais). Le 17, le Ras Ḥĕzqyâs mourut de la mort égyptienne et fut enseveli à Ṣaddâ. Le 22, l'Ĕthiagé Takla-Ḥâïmânot fut emprisonné.

Maskaram commença par un jeudi — temps de l'évangile de Jean. — Le 5 de ṭĕqĕmt, un mercredi, mourut le roi Téouoflos[397], qui fut enterré à Ṣaddâ. La durée de son règne fut de trois ans et trois mois.

Alors régna le Râs Yosṭos par la force, car la royauté ne lui appartenait pas[398]. En effet, il était fils du dadjazmâtch Dĕlba-Iyâsous et de la princesse Oualata-Ḥaouâryât, fille de la princesse Amlâkâouit (Divine), fille de Ouézaro Yoḥannĕs. Le nom de roi de Yosṭos fut Tsaḥaï-Sagad. Il nomma le dadjazmâtch Fĕsâ-Kĕsos gouverneur du Bégamdĕr; Agâts, fils de Giyorgis, Bĕḥt-Ouadad; Bounâyâ Bâslé, dadjazmâtch du Samèn; Arkalèds, Ṭĕqaqĕn-Blâtèn-Gétâ, et Yârèd, Badjĕrond de Zĕfân-Bèt. Le 27 de ṭĕqĕmt, il choisit pour Ĕthiagé Za-Mikâèl, et passa l'été à nommer et à destituer des fonctionnaires. Il alla à la chasse aux animaux sauvages et en tua. Le 29 de magâbit, il fit mettre à mort Tsabati Oualda-Yoḥannĕs et Abéto Yâ'qob à Ouâlouâdj. Dans le mois de sané, il fit emprisonner dans la maison du dadjazmâtch Aṣmé six fonctionnaires qui étaient : le Blâtèn-Gétâ Arkalèds, le dadjazmâtch Mâmâs, le Grâ-Azmâtch Koké, le Badjĕrond Abré, le Fit-Aourâri Lofis et le dadjazmâtch Za-Ouald, fils de Lako, et leur fit arracher les yeux. Quant au Bĕḥt-Ouadad Bâslé, il le destitua et le mit en prison[399]. C'étaient eux qui auparavant l'avaient proclamé roi et qui ensuite travaillaient à le déposer. Il destitua le fils du Râs Ḥëzqyâs et une autre fois lui fit arracher les yeux. L'année suivante — temps de l'évangile de Mathieu — le roi passa l'été à Gondar. Quelque temps après, il alla à la chasse et fit un grand carnage. Cette même année, il marcha contre les Chânqallâs, en tua et en prit beaucoup[400]. Le 5 de sané mourut la Ouézaro Amata-Iyâsous, fille de la Ouézaro Sabla-Ouangèl. Elle fut enterrée à Azazo. Le 30 de ḥamlé arriva la mort du Râs Fësâ-Kësos. La troisième année du règne de Yosṭos — temps de l'évangile de Marc — le roi alla en personne à la chasse dans l'endroit appelé Bèt-Malo[401] et tua des buffles et des éléphants; puis il revint passer l'été à Gondar pour faire construire une église en l'honneur de la Nativité[402]. Le Bëḥt-Ouadad Bâslé mourut en prison. Quant à son fils Galâoudéouos, il fut pris et amené au roi qui lui fit crever les yeux. Le 14 de ṭëqëmt mourut Abbâ Ḥër-qânos d'Azazo. La quatrième année de son règne — temps de l'évangile de Luc — Yosṭos alla en personne à Yëbâbâ, et de là à Thiënqin[403] pour y chasser. Un éléphant tua le Badjërond Yârèd qu'on emporta et qu'on enterra à Qâḥa. Cette année, le roi envoya Yoḥannës, fils de Tchëḥouâ, avec Bâbsâ et Dagabsâ pour combattre les Chânqallâs. Lui-même passa l'hiver à Gondar. La cinquième année de son règne — temps de l'évangile de Jean — alors qu'il faisait construire l'église d'Abbâ Ënṭons, le 22 de ṭër, il tomba gravement malade et se retira précipitamment. Comme sa maladie s'aggravait, on lui dressa une tente au milieu de la place et il demeura là. Lorsque le soir était venu, on le plaçait sur un divan et on le ramenait dans son palais. Le 2 de yakâtit, le bruit de la gravité de son mal se répandit par toute la capitale, et le pays entier fut agité. Les grands allèrent visiter le roi, qu'ils trouvèrent en bonne santé (404). Ils persévérèrent dans leur ruse afin d'élever et de destituer qui ils voudraient, et protestèrent près de Yosṭos en disant (fol. 34) : « Seigneur, après ta mort, nous ferons régner ton fils Fâsil. » Les gardes entendirent ce projet, et lorsqu'on fut au soir, les serviteurs firent sortir tout le monde de la réunion et fermèrent les portes de Jân-Taqal et de Tarasëm-ba-bar (?); ils barricadèrent et obstruèrent. . . (እንቶ ፡ ዘቀጸ ፡?); puis ils délibérèrent et dirent : « Autrefois Yosṭos nous a affligés et attristés en sortant sans sa suite : aujourd'hui, si son fils règne après lui, il nous fera rester dans la capitale. » Lorsque les gardes eurent tenu conseil là-dessus, les grands sortirent après avoir discuté avec le roi : les soldats prirent leurs lances, et en percèrent six qu'ils tuèrent, à savoir : le Bëḥt-Ouadad Tëmërṭé, le Ṭëqâqën-Blâtèn-Gétâ Quasṭé de Ọualouâdj, Ayo, chef de Sëbilâ, Ënzirâ, chef des Bélmâ, Gorgoryos le gardien de la porte et Souré. Ils attaquèrent le Balâmbârâs Masmaré, le ʿÂqâbé-Sâʿat Dyosqoros, Sandoun le Badjërond ʿËqa-bèt et le Bâchâ Oualda-Giyorgis Qualâñâ. Le Balâmbârâs Masmaré s'échappa en franchissant la muraille. Il y eut du tumulte, et, pendant la nuit, les gardes firent la proclamation suivante : « Que règne notre roi Dâouit, fils de notre roi Iyâsou. » Cela arriva le 3 de yakâtit, un dimanche. Auparavant, les princes qui étaient à Ouaḥni, ayant appris que Yosṭos était atteint d'une maladie mortelle et que les grands travaillaient à mettre son fils sur le trône, commencèrent à descendre de la montagne en disant : « Autrefois Yosṭos nous a fait souffrir du dénûment; il y en a parmi nous à qui il a coupé les narines pour s'emparer du trône, notre héritage. Si son fils règne après lui, il ne nous épargnera pas et nous mettra à mort pour que le trône appartienne à jamais à son fils et aux descendants de son fils. » Cinquante prisonniers s'évadèrent. Pour le gardien de l'endroit, nommé Yosṭos, frère du Bëḥt-Ouadad Tëmërtë, il ne put s'opposer à l'exécution de leur projet. Ceux qui avaient tiré Dâouit de Ouaḥni partirent. Ces princes, qui s'étaient enfuis, furent arrêtés sans avoir pu arriver à un bourg. L'Âbéto Bâkâfa [405] disparut et ne reparut plus qu'à son heure. On amena Dâouit à Gondar, et on le proclama roi le 5 de yakâtit, un mardi; on ouvrit les prisons, et il y eut des réjouissances dans toute la capitale.

Alors régna le roi Dâouit (1714-1719), fils du roi Adyâm-Sagad. Il était âgé de vingt et un ans et prit pour nom royal Adabâr-Sagad. Le 12 de yakâtit, le lendemain de l'ouverture du Carême, le nouveau prince, les grands, l'Ëthiagé Za-Mikâël et l'Abouna Mârqos l'évêque, allèrent trouver l'ancien roi Yosṭos pour lui demander : « Pourquoi as-tu régné? Qui es-tu?» Yosṭos, gravement malade et couché dans sa demeure de... (እደዩ ፡?), répondit : «Oui, j'ai régné sans avoir de droits au trône, car je ne suis que le fils du dadjazmâtch Dëlba-Iyâsous : accordez-moi seulement du temps.» Il mourut le mercredi 13 de yakâtit. Les causes de sa mort sont obscures; le Seigneur sait si on lui coupa le pied, si on l'étrangla ou s'il succomba à son mal. Le lendemain on le porta dans l'église de la Nativité et on l'y ensevelit avec des étendards et des timbales, comme on fait pour les princes et aussi pour le roi. Dâouit nomma Bëḥt-Ouadad de la salle d'audience[(406)] le Fit-Aourâri Agné son oncle maternel; Boro-Ḥëzqyâs, Ṭëqâqën-Blâtèn-Gétâ; il choisit pour Bâchâ Qërlos Azâj de Ṭârâ-sâmbâ; pour Balâmbârâs, l'Ëdoug Tasfâ; pour Badjërond (chambellan), Koutcho, et les établit tous selon leur rang. Le 27 de yakâtit, il y eut un synode à Achaouâ au sujet de trois Francs [[(407)] (fol. 199) qu'auparavant le roi Yosṭos avait fait venir par ruse et artifice et qu'il avait établis dans le district d'Aïnâ-Ëgzië[(408)]. Tout le monde était en émoi à cause d'eux[(409)]. Le roi ordonna de les amener du pays d'Aïnâ-Ëgzië et les fit comparaître à Achâouâ. Devant ce synode, Abbâ Mazmouré et l'Ëdoug Tasfâ les interrogèrent en arabe sur leur foi. Ils répondirent : «Nous sommes dans la croyance de Léon (le pape) et du concile de Chalcédoine[(410)].» Ils furent condamnés à mort. Le Liq Këflé assistait au synode; il prononça la sentence et les fit lapider dans la partie basse de la ville. Les noms de ces gens étaient Samouèl, Dâouit et Mikàèl. Pour Abbâ Gorgoryos, qui leur avait servi d'interprète, le roi eut pitié de lui, car il disait: «Je ne partage pas la croyance de ces Francs ni leur communion, mais le roi Yostos me l'ayant ordonné, j'ai fait déposer leurs biens dans ma maison et je traduisais leur langage» (fol. 200). Le 10 de magâbit, le roi Dâouit ayant appris que Bakâfâ était dans le pays de Ouâsatan, qui fait partie de la province de Bégamdër, envoya le Badjërond Oualda-Lë'oul, l'échanson Gabra-Madhën et Takla-Hâïmânot, fils de Nathiët, qui s'emparèrent d'Abéto Bakâfâ, l'amenèrent à Ouahni et l'y firent monter. La Pâque arriva le 7 de miyazyâ. L'Ëthiagé Za-Mikâèl fut destitué. Le 16 de gënbot, les gens de Dabra-Libânos enfermèrent le chapelain royal Mikâël pour l'obliger à se laisser nommer par eux Ëthiagé. Il refusa et resta leur prisonnier pendant quatre mois. A ce moment, Dâouit le remplaça par Abbâ Aousagnyos. Le 7 de sané, mourut à Dabra-Bërhân Abéto Dëmétros Kâhën, chef de la liturgie, fils de la Ouézaro Ëskëndrâouit (Alexandrine), fille du prince Fâsil. Le 12 de sané, le roi fit la dédicace du sanctuaire de saint Mikâèl d'Asâsamé. Le 30 de sané mourut l'Abouna Mârqos, l'évêque; on le porta et on l'enterra à Jondâ. Le 21 de hamlé, Râs Fârès mourut à Rësëan-Te'oul; il fut enseveli à Aborâ. Le 13 de nahasé, le chapelain royal Mikâèl fut nommé Ëthiagé. Le roi passa l'hiver en repos. Maskaram commença par un mercredi — temps de l'évangile de Mathieu. — Dans le mois de tër, Abéto Quasté et Abéto Baëda-Mâryâm, fils du roi Iyâsou, moururent à Ouaḥni. Le prince quitta Gondar et passa l'été à Aringo et l'hiver dans la capitale. Le 11 de sané arriva la mort de l'Azâj Mazmouré, savant dans la liturgie et la langue arabe. Il fut enterré dans l'île de Kĕbrân. La deuxième année — temps de l'évangile de Marc — Dâouit quitta Gondar, et, étant parvenu à Ĕnfrâz, il fit venir de Ouaḥni le dadjazmâtch Giyorgis (411) et tous les enfants du Râs Anstasyos, et alla à Aringo. Il nomma Giyorgis dadjazmâtch du Gojâm. Cette même année, il y eut une épidémie de petite vérole : beaucoup d'enfants succombèrent ainsi que la Ouézaro Oualata-Ṣyon, fille de la Ouézaro Oualata-Roufâèl, qui fut ensevelie à Gĕrâryâ. Le 12 de sané, arriva la mort de la Ouézaro Oualata-Yoḥannĕs, fille du prince Fâsil; on l'enterra à Gânâ. Le 19 du même mois, mourut l'Azâj Qérlos d'Azazo; on le porta dans son pays à Angâr. Le roi revint d'Aringo et passa l'hiver à Gondar. La troisième année de son règne — temps de l'évangile de Luc — le roi quitta cette ville pour Aringo. Le 12 de miyâzyâ, le Bĕḥt-Ouadad Agné mourut dans son pays à Bârkantâ; il y eut un grand deuil à Aringo. L'Ĕthiagé fut destitué et, comme il était malade, envoyé à Tankal; on nomma à sa place Takla-Hâïmânot qui vint de Daquâ à Gondar. Le dadjazmâtch Giyorgis fut rappelé de son gouvernement du Gojâm et élevé au rang de Bĕḥt-Ouadad. Le 22 de ḥamlé, l'Ĕthiagé Mikâèl mourut à Tankal. Le 22 de naḥasé arriva la mort de la Ouézaro Oualata-Samâ'ĕt Ṣasorgé, orthodoxe dans sa foi; elle fut ensevelie à Dabra-Bërhân avec les étendards et les timbales. Le 30 de sané, le Bâchâ Yâ'qob mourut dans son pays à Zëmâḥâ. La quatrième année de son règne, maskaram commença par..... — temps de l'évangile de Jean. — Le 15 arriva la mort de la Ouézaro Oualata-Pâoulos, fille du roi Fâsil; elle fut ensevelie à Ṣaddâ. Le 18 de maskaram [412], le prince fit la dédicace du sanctuaire d'Abbâ Éouosṭatéouos. Le 20 de tâḥsâs mourut Ité Ëskëndrâouit, femme du Liq Këflé. Le 23 de ṭër, Dâouit alla directement par Yëbâbâ à Dangël-bar; avant d'y arriver, il fit une chute de cheval, tomba malade et passa l'été à Yëbâbâ. Le 28 de magâbit arriva la mort de Tsabati Falaskinos, gouverneur de Ḥamara-Noḥ [413]; on l'enterra à Dabra-Bërhân. Le 8 de miyâzyâ, le dadjazmâtch Atsmé, fils de Tsabañâ Amsâlé, mourut à Yëbâbâ et fut enterré à Dëndj. Le roi retourna à Gondar. Le 4 de ḥamlé, arriva la mort du Liq Mâmo de Grâ; il fut inhumé dans son pays à Djârdjâr; son nom de baptême était Sëlṭâna-Krëstos. Que le Seigneur accorde à son âme le repos parmi les enfants d'Abrëhâm. Dâouit nomma son fils Bâtré chef des magistrats et passa paisiblement l'hiver à Gondar. La cinquième année de son règne — temps de l'évangile de Mathieu — le 7 de ḫëdâr, arriva l'Abouna Krëstodolou (Christodule). Le 28 de tâḥsâs, Oualda-Giyorgis fut destitué et envoyé dans son pays, à Agâts. Le Bëhṭ-Ouadad Giyorgis fut nommé Râs. Dans le mois de magâbit, un synode fut convoqué au sujet de l'onction et de l'union; tous les moines du Godjâm, de l'Amḥarâ et du Bégamdër se réunirent. Le roi publia l'ordre suivant adressé aux moines de Dabra-Libânos : « Que Giyorgis décide après avoir entendu l'exposition de votre croyance et celle des moines d'Abbâ Éouostâtéouos (414). » Les moines de Dabra-Libânos répondirent : « Que la proclamation de la foi ne soit pas faite par le Bëḥt-Ouadad (lis. le Râs) Giyorgis en l'absence du roi. » Celui-ci leur manda : « Allez tous, fonctionnaires et moines, interroger l'Abouna. » Ce dernier leur parla en ces termes : « Ma croyance (fol. 201) est identique à celle d'Abbâ Sinodâ et d'Abbâ Mârqos, les évêques mes prédécesseurs. » Ils revinrent apporter cette décision au roi qui leur dit : « Allez, et faites annoncer sur la place la proclamation que vous avez entendue de la bouche de l'évêque. » Les magistrats obéirent et firent la proclamation demandée à ce sujet, à savoir que : « par l'onction (de l'Esprit-Saint) le Christ avait eu une substance particulière, » le 2 de miyâzyâ, un mardi. Les moines de Dabra-Libânos l'ayant entendue en furent très affligés; le lendemain, ils se réunirent dans la maison de l'Ëthiagé Takla-Hâïmânot et prirent la résolution de mourir pour leur croyance, après avoir interrogé l'évêque. L'Ëthiagé, Abbâ Za-Oualda-Mâryâm de Maguinâ, Abbâ Niqolâouos Goubâé, fils de l'Azâj Oualda-Tansâé, Abbâ Éouostâtéouos d'Azazo et son frère Abbâ Asfo, le chapelain royal Aousagnyos, l'Azâj Za-Ouald et un petit nombre d'autres Liqs allèrent trouver l'évêque Abbâ Krëstodolou et l'interrogèrent sur la foi. Il leur répondit : « Je crois que dans son union (avec la chair) le Fils est resté un, et que par l'onction (du Saint-Esprit) il est devenu Messie. » Les gens de Dabra-Libânos l'ayant entendu, s'écrièrent : « Louons] (ms. 142, fol. 37) le Seigneur. » Le son de leurs chants retentit comme le bruit d'une armée; toute la multitude s'ébranla, l'Ëthiagé sous un parasol et les Liqs derrière lui. Ils allèrent jusqu'à l'église de Takla-Hâïmânot[415]. Lorsque les fonctionnaires sortirent, le Bâchâ Oualda-Giyorgis, fils de l'Azâj Zëkro, l'Azâj Takla-Hâïmânot, fils de l'Azâj Minâs, et le Badjërond Oualda-Dâouit (fils de David) leur dirent : « Retournez dans vos demeures. » L'Ëthiagé et les Liqs se retirèrent dans la maison du premier. Ensuite les Gâllâs Djâouis arrivèrent[416]. Ils y pénétrèrent de force et tuèrent les moines de Maguinâ, d'Azazo et de tous les ermitages. Abbâ Niqolâouos, Abbâ Asfo, le chapelain royal Aousagnyos et Abbâ Rëësa-Qâl, un des prêtres de l'Abouna Takla-Hâïmânot, périrent aussi. Ils enlevèrent les vêtements d'Abbâ Ëouostâtéouos d'Azazo, d'Abbâ Za-Oualda-Mâryâm de Maguinâ, d'Abbâ Arqâdéouos (Arcadius) du couvent de Ouarq-Labho, de l'Azâj Za-Ouald, du Malëaka-Bërhânât (chef des lumières) Ëlfyos, de Sabâti Sëʿla-Krëstos, de Magâbi Oualda-Haouâryât, de beaucoup de moines et d'innombrables docteurs. Ceux qui périrent en ce jour de la main des Djâouis furent au nombre de 100 et plus. Cet événement arriva le 3 de miyâzyâ, un mercredi. Lorsque Dâouit en fut informé, il donna par une proclamation l'ordre suivant : « Ne tuez plus à présent ; quiconque commettra un meurtre sera mis à mort ; » et le calme se rétablit. Le lendemain, 4 de miyâzyâ, le roi se fit amener le patriarche devant le vestibule du palais pour qu'il fît en sa présence une déclaration disant : « Que par l'onction (de l'Esprit-Saint) le Fils avait eu une substance particulière. » Il y eut encore du trouble et des violences à Dabra-Libânos. Le roi tomba gravement malade. Le 10 de miyâzyâ, jour de la prière du jeudi (?), les grands se réunirent sur l'ordre du roi dans la maison du Râs Giyorgis[(417)] et s'efforcèrent d'arrêter le dadjazmâtch Lâtâ[(418)]. Celui-ci n'évita la captivité qu'en franchissant les murailles, après avoir blessé un serviteur du Râs Giyorgis. Atteint lui-même légèrement à l'épaule, il se réfugia en toute hâte dans sa maison ; on le fit comparaître en justice, il fut jugé, et on lui arracha les yeux le jour de... (ቅዳሜ ፡ ሹር ፡) sur l'ordre du roi, dans la maison du Bĕḥt-Ouadad Giyorgis. Le 12 de gĕnbot, on exécuta le Badjĕrond Koutcho[(419)], Kidané Qâmis l'échanson, et un musulman gardien des remèdes : les chiens les dévorèrent sur la place, car ils avaient été convaincus d'avoir donné au roi du poison pour qu'il tombât malade et mourût. Ce jour-là, un dimanche, Dâouit expira à la sixième heure. Le lendemain, lundi, 13 de gĕnbot, le Râs Giyorgis réunit dans sa maison le dadjazmâtch Bâḥrĕï, le dadjazmâtch Mikâêl, Nagadé Mâmo qui était dadjazmâtch du Samèn, le dadjazmâtch Takla-Giyorgis, mari de la Ouézaro Oualata-Fĕqr, sœur du feu roi, les dadjazmâtch Sandoun et Yoṣṭos, fils de Oualé, le Bâchâ Oualda-Giyorgis, fils de l'Azâj Zĕkro, Gabra-Madḥĕn, fils du Râs Ḥĕzqyâs, Askanâfĕr Aṣmé, beaucoup d'autres principaux fonctionnaires et de grands, quatre Azâj, quatre Liqs, du rang de Qâñ et de Grâ. Seul le Badjĕrond Koutcho alla dans le palais du roi avec les gardes. Ils fermèrent les portes de Jân-Takal et de Ṭâras-ĕmbâ-bar, obstruèrent et barricadèrent toutes les ouvertures, et gardèrent la couronne après s'être munis de dards, d'arcs et de fusils (fol. 30). Le Râs Giyorgis dit à tous les grands : « Faisons régner Abéto Oualda-Giyorgis, fils de notre roi Iyâsou, né de la Ouézaro Mâmit de Nagalâ, car il est frère de ma femme. » Tous lui répondirent : « Oui, qu'il soit comme tu dis. » Ils parlaient ainsi parce qu'ils le craignaient. Alors le Liq Yonatân, sur l'ordre du Râs Giyorgis, se leva et fit cette proclamation sans timbales, à l'intérieur de la maison : « Que règne Oualda-Giyorgis. » Ensuite le Râs ordonna à un grand nombre de soldats d'aller jusqu'à la place pour y publier cette déclaration. Les gardes qui remplissaient le vestibule du palais se séparèrent d'eux et firent cette proclamation : « Que règne notre roi Bakâfâ, fils de notre roi Iyâsou. » Il y eut une grande joie parmi les habitants de Gondar. Tous les fonctionnaires sortirent avec le peuple vers la demeure royale, abandonnant le Râs Giyorgis, et applaudirent à l'élévation de Bakâfâ. Puis ils tinrent conseil et choisirent des gens puissants, des officiers ainsi que des soldats et fonctionnaires nombreux pour aller chercher le nouveau prince à Ouaḥni. Tous s'y rendirent. Mais les parents du roi et ses frères dirent : « Nous ne laisserons pas sortir Bakâfâ ; nous choisirons à notre gré quelqu'un qui mérite le trône plus que lui. » Les grands répondirent : « N'agissez pas ainsi, car tout le monde applaudit à son élévation. » Ils passèrent trois jours à parlementer de la sorte au pied de la montagne.

Revenons aux événements antérieurs. Lorsque le Râs Giyorgis vit qu'il n'avait pas réussi dans son projet de faire régner Abéto Oualda-Giyorgis, il sortit le soir du lundi 13 de gĕnbot que nous avons mentionné auparavant. Il franchit les remparts, s'enfuit du palais et alla avec sa femme et son fils dans la demeure de l'Abouna Krĕstodolou. Sa maison fut pillée par les gardes. Son exemple fut suivi par le Bâchâ Gabra-Madḥĕn, fils du Râs Ḥĕzqyâs, le dadjazmâtch Yosṭos, fils de Oualé, et le Liqa-Makuâs Mâmo. Ils disparurent pendant cette nuit et allèrent dans le Gojâm, car les circonstances l'ordonnaient. En effet, ils n'avaient pas approuvé l'élévation de Bakâfâ au trône. Leurs maisons furent pillées. Le 14 de gĕnbot on enterra Dâouit à Ṣaddâ.

Retournons au récit du règne de Bakâfâ. Le dadjazmâtch Amḥâ-Iyâsous partit du Bégamdĕr pour Gĕrmâ, où il fit trembler le pays. Alors les parents du roi, saisis de crainte, le laissèrent, et il descendit de Ouaḥni le 16 de gĕnbot. Quant à sa famille, qui s'était insurgée contre lui, il ne voulut pas en tirer vengeance et resta au pied de la montagne dans la maison de l'Azâj Asrât de Ouaḥni, car on était au soir. Le lendemain il en partit et s'arrêta à Sârbâkous. Le matin du 18 de gënbot, il quitta Sârbâkous et arriva à Ṣaddâ. Là il fut accueilli par les Liqs et les Azâj du rang de Qâñ et de Grâ. C'étaient : le Liq Këflé et son fils l'Azâj Giyorgis, le Liq Béta-Krëstos et l'Azâj Téouodosyos, du rang de Qâñ; le Liq Yonatân, le Liq Batro, l'Azâj Giyorgis et l'Azâj Za-Giyorgis du rang de Grâ. Bakâfâ alla à Gondar, où se rendirent l'Abouna Krëstodolou, l'Ëthiagé Takla-Hâïmânot et tous les fonctionnaires ecclésiastiques. Ils le proclamèrent roi et il y eut des réjouissances.

Il usa de clémence envers le Râs Giyorgis, ne le punit pas et lui dit : « Choisis l'endroit où tu résideras. » Il fit son choix et répondit (fol. 22) : « Ô roi, ordonne-moi de rester à Maguinâ. » Il partit pour cet endroit avec ses fils et sa femme. Les moines du couvent le reçurent dans une tente et refusèrent de l'accueillir à cause de sa conduite perfide, car ils disaient : « C'est un ennemi de notre sang, qui a tué les religieux nos frères, qui a dépouillé de ses vêtements notre père Za-Oualda-Mâryâm, par le moyen des Djâouis, dans la maison de l'Ëthiagé, à cause de la foi. » Giyorgis partit de Maguinâ avec confusion, Bakâfâ l'envoya dans les basses terres d'Adâgât, où il demeura. Revenons à présent à ce prince : le 24 de gënbot, il établit Bëḥt-Ouadad le dadjazmâtch Amḥâ-Iyâsous; le 27, il nomma Râs le dadjazmâtch Éraqlis, et Nagadé Mâmo dadjazmâtch du Ṣamèn. Puis un autre jour il donna à Mëënâm la dignité de Ligâbâ; à Bënyâm Oualda-Abâta-Kësos, celle de Liqa-Makuâs; à Abéto Ouasan-Sagad fils du Râs Oualda-Giyorgis, celle de Ṭëqâqën-Blâtèn-Gêtâ; à Hëlâoué-Krëstos Ouagdé (?), son parent (?), celle de dadjazmâtch du Gojâm; à Ouëdâdj, celle de dadjazmâtch du Dâmot; à Pâtriqâ Éfrèm, celle de Bâchâ; à Askanâfër Aṣmé, celle de Fit-Aourâri; au Blâtèn-Gétâ Oualda-Ab, celle de Grâ-Azmâtch; à Qoqa Adâñ-Mâmo, celle de Qañ-Azmâtch; à Tansé-Mâmo, celle de chef de Ouagdé; à Aboulids, celle d'Aẓâj de l'intérieur. Il les établit tous suivant leur rang. Bakâfâ prit plaisir à faire des nominations et des destitutions. Peu après il tomba malade pendant les mois de sané et de ḥamlé. Il ordonna au Ligâbâ Mëënâm d'aller à Ouaḥni et d'en ramener son favori Abéto Yoḥannës Agaou, fils du roi Iyâsou, afin que si lui-même venait à mourir, il proclamât roi cet Abéto Yoḥannës..... Celui-ci partit de Ouaḥni et passa l'hiver à Gondar en grande amitié avec le roi qui guérit de la fièvre. Dans le mois de naḥasé, il nomma chapelain royal Abbâ Ëlfyos; chef des docteurs Abbâ Rabḥa-Krëstos; administrateur de Ḥamara-Ṇoḥ Abbâ Rëtou [419 bis], et secrétaire Abbâ Arsé [420]. Puis il renvoya Abéto-Yoḥannës qui retourna dans la demeure de son rang, c'est-à-dire à Ouaḥni. Le deuxième jour d'épagomène, un vendredi, le roi descendit à Qâḥa : il en partit bientôt pour Ma'ât et alla dans son palais. Il ordonna à Tansé-Mâmo, chef de Ouagdé, de s'emparer de la maison de la Ouézaro Oualata-Roufâèl; celle-ci fut arrêtée, et son fils, Abéto Sousnyos, jeté en prison. Le roi l'exila à Daq et envoya la princesse, sa sœur, dans le pays d'Aïnâ-Ëgzië dans le Ouâlqâït. Les causes de cette haine sont inconnues : Dieu seul a la connaissance des choses cachées.

Après que Bakâfâ eut régné un an, le mois de maskaram commença par un mardi, l'an 7214 depuis la création du monde — temps de l'évangile de Marc — épacte 14. Le 21 de ṭëqëmt, il fit enchaîner le Badjërond Oualda-Dâouit, Nagadé Mâmo, le dadjazmâtch Bâḥrëï, le dadjazmâtch Yosṭos, fils de Oualé, et Gabra-Madḥën, fils du Râs Ḥëzqyâs, et les envoya dans un lieu de captivité. Il mit le dadjazmâtch Sandoun à la tête du Samèn et établit Mëënâm comme Badjërond de Zëfân-Bèt. Le 13 de ḥëdâr, il fit la consécration du sanctuaire de saint Roufâèl dans la demeure de (fol. 23) la Ouézaro Oualata-Roufâèl. Il choisit les savants parmi les prêtres, et mit à leur tête Abbâ Dëméṭrôs. Le 17 de ṭër, il partit de Gondar pour Aringo où il séjourna. Il avait établi Éfrèm, fils d'Abéto Barsomâ, comme dadjazmâtch d'Amḥarâ. Le lendemain de l'ouverture du Carême, on ramena de ce pays un révolté : le roi le condamna à avoir la main coupée. Ce jour-là, il y eut une proclamation au nom de Bakâfâ, qui prit comme nom royal Masiḥ-Sagad. Le 10 de yakâtit, mourut sa concubine la Ouézaro Oualata-Péṭros, fille du Bâchâ Mâmo, à Qâḥa, de la mort égyptienne qui consiste dans l'affluence du sang, tandis qu'elle était en couches. Le Kantibâ Matéouos la transporta dans sa ville de Saqalt, où elle fut enterrée. Le roi, ayant appris sa mort, pleura beaucoup à Aringo. Il alla jusqu'à Gondar, seul avec peu de seigneurs, pour s'y affliger, et revint à Aringo. Le 10 de magâbit, le dadjazmâtch Lâtâ mourut dans l'île de Këbrân. Le 21 de magâbit, le prince fit couper le pied à Abéto Nâʿod, fils du prince Takla-Hâïmânot à Ouaḥni. On lui fit subir cette opération et il en mourut. Le 22 de magâbit, jour des Rameaux, le roi destitua le Bëḥt-Ouadad Amḥâ-Iyâsous, Ouaïno-Mâmo, Ṣyon-Tëhounëh et le Ligâbâ Oualda-Giyorgis. Le 29 de magâbit, la Pâque coïncida avec l'Incarnation. Le prince établit Tansé-Mâmo comme Bëḥt-Ouadad, Mëënâm comme Ṭëqâqën-Blâtèn-Gétâ, et Gabarmâ-Absadi comme Badjërond de Zëfân-Bèt. Dans le mois de la Pentecôte, il nomma Bënyâm Azâj de Yëbâbâ, Gabra-Lëʿoul-Liqa-Makuâs; Arkalèds, Grâ-Azmâtch; Hëlâoué-Kësos Ouagdé, son parent, Bâchâ; le Ligâbâ Dâouit, dadjazmâtch du Samèn; Tasfâ-Iyâsous, frère d'Ëmbéta Mâryâmâouit, dadjazmâtch du Gojâm, et Érâqlis, dadjazmâtch du Bégamdër. Le roi emprisonna le Badjërond Koutcho à Aringo, le dadjazmâtch Ouëdâdj et Malkëa-Kësos de Ṣagadé à Gondar. Il les envoya dans le Ouâlqâït, à Aïnâ-Ëgzië. Il établit Oualda-Krëstos Ouagdé, son parent, comme dadjazmâtch du Dâmot. Le 26 de gënbot, mourut la princesse Oualata-Dëngël, fille d'Abéto-Kësâdé. Elle fut ensevelie dans le pays de Ouagrâ. Le 29 de gënbot, le prince alla à Gondar. Le 2 de sané, il nomma Aboulids Badjërond.

La deuxième année de son règne, maskaram commença par un mercredi — temps de l'évangile de Luc. — Le 16, le roi destitua le Blâtèn-Gétâ Mëënâm contre qui il avait conçu de l'aversion, et l'envoya dans le pays d'Anqo [420 bis], avec sa femme, la Ouézaro Yodit (Judith), fille du roi Adyâm-Sagad, qui avait été d'abord mariée au dadjazmâtch Lâtâ. Le prince établit Mâmoyo comme Ṭëqâqën-Blâtèn-Gétâ et lui donna sa fille en mariage; puis il nomma Badjërond Oualda-Giyorgis; comme Ṣërâg-Mâsâra Téouodosyos Mâmo; le lendemain, Tansé-Mâmo, dadjazmâtch du Dâmot, et le Râs Éraqlis, Bëḥt-Ouadad. Le 27 de maskaram, le ʿÂqâbé-Sâʿat Dyosqoros fut destitué et remplacé par Oualda-Ḥâouâryât. Le 7 de ḥëdâr, Qoq Adâñ-Mâmo fut nommé Badjërond ʿËqa-bèt. Le 12 de tâḥsâs mourut le Râs Oualda-Giyorgis d'Agâts. Le 15 de ṭër, le roi partit de Gondar après avoir confié la couronne et toute la capitale au Bëḥt-Ouadad Éraqlis et au Badjërond Mâmo; il alla à Aringo (fol. 24) et de là dans le Dâmot, où les Djâouis s'étaient révoltés contre lui. Il manda à Tansé-Mâmo, dadjazmâtch du Dâmot, et à l'Azâj Bënyâm de Yëbâbâ, d'attaquer les rebelles. Puis il ordonna au dadjazmâtch Tasfâ-Iyâsous du Gojâm de marcher contre le pays des Djâouis après avoir pris avec lui tous les Bâsos [421]. Ils les attaquèrent et leur enlevèrent une quantité innombrable de bétail. Les ennemis firent leur soumission, le roi leur pardonna et retourna à Yëbâbâ. Là il rétablit l'accord entre tous les nobles par une proclamation portant qu'ils retourneraient chacun dans son pays. Ils allèrent sur la route de Qârodâ, et le roi se rendit dans l'île de Këbrân, seul avec l'Azâj Bënyâm. Il revint à Gondar dans le mois du Carême. Le 10 de mâgâbit, mourut à Anqo la Ouézaro Yodit, femme du Blâtèn-Gétâ Mëënâm. La Pâque eut lieu le 19 de miyâzyâ. Le 28 de gënbot, jour de l'Ascension, arriva la mort de la Ouézaro Mâmit, dont le nom de baptême était Oualata-Giyorgis (422). Elle fut ensevelie à Dabra-Bërhân. Le 2 de sané, le roi ordonna à Lâhèn-Mâmo de marcher vers Bârthiâ après avoir pris avec lui les soldats appelés Ṭanqañâs. Là, il tua les gardes qui avaient conspiré contre le prince (423). Le 7 de sané périrent les troupes nommées Kanisot (424) à Anṣo, par le moyen des Élmânâs et des Dénsâs, car ces gardes étaient extrêmement pervers et troublaient le monde par leur insolence. Le 23 de naḥasé, mourut la mère du roi Ëmabèt Mâryâmâouit, fille d'Abéto Mikâèl, fils du Râs Oualda-Giyorgis Ouagdé. Elle fut ensevelie à Dabra-Bërhân. Bakâfâ en fut affligé et se retira dans l'île de Bërgidâ (424 bis); puis il revint et célébra les funérailles de sa mère selon le cérémonial des reines.

La troisième année de son règne, maskaram commença par un vendredi — temps de l'évangile de Jean. — Le 12 de ṭëqëmt, le maître des lumières, Abbâ Qaousṭos, mourut à l'âge de 85 ans à Rësʿân-Ṭëloul et fut enseveli à Dabra-Bërhân. Ce jour-là, le roi proclama Itégé Aouâlda-Nëgëst d'Ëmbéta-Gabarmâ (?). Elle alla dans le palais royal et y passa la soirée sans prendre de nourriture ni boire de vin au dîner; elle ne jouit pas de son bonheur, car cette même nuit, elle tomba gravement malade, mourut le 30 de ṭëqëmt et fut enterrée à Dabra-Bërhân. Le 27, le Bâchâ Adarâ, parent de Gabarmâ, mourut et fut enseveli à Qâḥâ, Le 7 de tër arriva la mort du secrétaire Arsé; on le porta à Azâzo. Le roi rappela le Bëḥt-Ouadad Amḥâ-Iyâsous de Gërâdyâ. Le 13 de yakâtit il le nomma Râs du Bégamdër et le fit comparaître en justice avec Mâmoyo et le Bëḥt-Ouadad Érâqlis, car ils avaient eu autrefois des contestations ensemble. Il les réconcilia et rétablit la paix entre eux dans le Bégamdër. Le 10 de magâbit, la Ouézaro Sabané-Mantyâ, fille du roi Adyâm-Sagad, mourut et fut ensevelie à Dabra-Bërhân avec les drapeaux et les timbales. Le 19 de magâbit arriva à Rësʿân-Ṭëloul la mort d'Abbâ Talaï, sage et savant dans la loi. Il fut enterré à Dabra-Bërhân. Le 21 de magâbit succomba la Ouézaro Bëslantyâ, fille du roi Iyâsou et femme du Fit-Aourâri Yâʿqob d'Achman; le 27 du même mois, l'Ëthiagé Takla-Hâïmânot fut destitué, et remplacé le 27 de miyâzyâ par Yoḥannës. Le 12 de sané, un rebelle fut trouvé avec une troupe d'hommes dans la maison de l'Azâj Zarëa-Ṣyon où s'était arrêté le roi en allant à Tsaddâ. On se saisit avec difficulté de ce révolté et on l'amena chez le Blâtèn-Gétâ Mâmoyo. Le prince, l'ayant appris, revint de Tsaddâ, se rendit en toute hâte à Gondar et interrogea le prisonnier en ces termes (fol. 25): « De qui es-tu fils? et avec qui as-tu tenu conseil? » — Il répondit: « Je suis fils du prince Yâʿqob; mon nom est Ḥëzqyâs et je suis venu pour régner sur mon héritage. » Entre les mains de ce rebelle, il y avait une lettre où étaient écrits les noms des gens qui tenaient pour lui. C'étaient tous leurs secrets que découvrit Kourfâd Mâmo. Le 21 de sané, on lui coupa la main et il mourut. Le 23 succomba la Ouézaro Sinodiqâouit, fille du roi Fâsil. Le 25 de sané, on exécuta par jugement les soldats de Mâmoyo qui s'étaient joints au révolté. Le sang coula comme de l'eau sur la place publique. Leurs noms étaient Za-Manfas-Qëdous, Sinṭou, Galâoudéouos, Këflé, Amonéouos, Mâryâm-Ouadad et Za-Oualda-Mâryâm. On tua aussi avec eux Oualda-Giyorgis, fils d'Abéto Dabra-Ṣyon de Sarâmné, Yosêf, le gardien de la porte, de Ouagdé, et le ʿËqa-bèt Oualda-Gabrëël. Tous ceux-là s'étaient joints à l'usurpateur. On emprisonna également. . . . . le Fit Aourâri Ka. . . (le Bëḥt) Ouadad Éraqlis Hou. . . . . Puis on coupa la main droite au rebelle et à Pâoulos. Le premier mourut, et Pâoulos passa l'hiver à. . . . . sans tente, pendant que des pluies considérables tombaient. Pendant ce mois d'hiver, le roi fut informé de l'insurrection d'Amḥâ-Iyâsous et lui envoya le Liq Yosṭos chargé de lui dire : « Voilà ce que j'ai appris de toi, qu'y a-t-il de faux là-dedans? » Il nomma Barsomâ Éfrèm dadjazmâtch du Bégamdër. Le prince envoya à Aringo le Blâtèn-Gétâ Mâmoyo, le Fit-Aourâri Gabra-Madḥën, fils du Râs Ḥëzqyâs, et le Bâchâ Mëënâm, dans le temps d'épagomène.

La quatrième année de son règne, maskaram commença par un samedi — temps de l'évangile de

Mathieu. — Le 7 (de maskaram), le roi partit de (Gondar avec le cérémonial) de la royauté et. . . . . le Liq Yosṭos. . . le rebelle Amḥâ-Iyâsous, puis. . . de Tsaddâ il alla à Aringo. Le 23 de maskaram, un dimanche, le prince quitta Aringo, Il envoya en avant le Blâtèn-Gétâ Mâmoyo, le Fit-Aourâri Gabra-Madḥën et le dadjazmâtch Éfrèm. Le dadjazmâtch Lagâs passa par un autre chemin. Après avoir pris tous les braves du Gojâm avec les Bâsos, ils entourèrent Amḥâ-Iyâsous alors qu'il se cachait dans une caverne, le 1er de ṭëqëmt. Bakâfâ, ayant appris que le rebelle avait été cerné, tandis qu'il était à Malaï(?), ordonna à son de trompe que les soldats restassent avec le Qañ-Azmâtch Péṭros, et fit une marche rapide. Il alla à Ṣëndénâ et fit frapper les timbales. Le 4 de ṭëqëmt, Amḥâ-Iyâsous succomba avec un grand nombre de ses partisans. Il avait tué beaucoup d'hommes avant de périr dans la caverne. Le lendemain le roi se rendit à cheval avec quelques courtisans pour visiter la grotte. Puis il revint, planta. . . (መለጃን ፡), s'assit sur son trône ayant 4 Azâj et 4 Liqs d'entre les Qañ et les Grâ auprès de lui, chacun selon son rang. Les troupes arrivèrent, jetèrent les cadavres d'Amḥâ-Iyâsous, de son père Konis, de l'échanson Élyâs, fils du bâchâ Yâʿqob, de Dâryo et tout le butin; elles avaient emmené prisonnières l'épouse du rebelle, la Ouézaro Ëndjori, et d'autres femmes. Il y eut de grandes réjouissances et l'armée se retira. Le 7 de ṭëqëmt, le roi descendit dans le pays de Dëbko et alla dans la maison d'Ayo dont les biens furent pillés, car il s'était associé à la révolte du Râs Amḥâ-Iyâsous. Le 18 de ṭëqëmt, le prince passa (fol. 31) le Takazzé, et alla à Ouéré-bar[(425)], qui est dans le Lâstâ. Chaque jour il envoyait des éclaireurs. Le 22 de ṭëqëmt, un lundi, les soldats de Mâmoyo brûlèrent la province de Goubâlâ jusqu'au-dessous d'Ëmakinâ[(425 bis)] qui en est la capitale. Il y eut de grands préparatifs à Goch-Maougiyâ[(426)]. (Défense de l'éléphant ?) Les troupes du Lâstâ l'emportèrent et tuèrent le Fit-Aourâri Gabra-Madḥën, son frère Yâbo-Bâryâ, Madbâï (?) Agné avec ses fils, le Jân-Ṣërâr Iyâsou, et les trois frères originaires du Ouâlouâdj, fils de la Ouézaro Bousi; ils se nommaient Mâmo, Éousṭé et Libânos. Le quatrième frère était Ëlfyos, fils d'Abéto-Yâʿqob du Ouâlouâdj. Ce jour-là moururent beaucoup d'Ëdjâgras, ainsi que Oualda-Sëlâsé le gardien de la porte, et un grand nombre de Boursâs et de Thiafantâs[(426 bis)], avec Azané, frère du Blâtèn-Gétâ Kiroubèl de Balasâ, le Dagâfi-Gétâ Mâmo, Minâs, fils d'Abéto Aṣmé de Dabâri, et Atné, fils de Qoq-Adâñ Mâmo. Quant au porte-drapeau Yoḥannës, il fut mis en pièces par les troupes du Lâstâ qui le prenaient pour Mâmoyo. Celui-ci s'enfuit, changea de monture et se revêtit d'une peau de mouton. Le roi, l'ayant appris, s'affligea et songea à partir pour Ëmakinâ et attaquer Goubalâ. Les magistrats lui dirent : « N'y va pas, ô roi, car le chemin est peu sûr. Les anciens princes, tes ancêtres, Sousnyos, Fâsil et Yoḥannës, n'ont pu y pénétrer.

Revenons à la mention de ceux qui périrent en ce jour; parmi les Ëdjâgras : Martyânos, Sagabâélyâs, Ëmnaté-Yëkouno, fils de Mâmo de Guaï (?). Comment énumérerai-je ceux qui succombèrent en ce jour, parmi les Ëdjâgras, les Thiafantâs et les Boursâs? .....Ensuite Goubalâ alla trouver le roi pour lui dire : « Pardonne-moi. » Bakâfâ se montra clément et revint à Aringo. De là il alla seul dans le pays de Salâm. Il ordonna au Bëḥt-Ouadad Tasfâ-Iyâsous et au Badjërond Mâmo d'emporter la couronne à Gondar. Ils obéirent, et Tâsfâ-Iyâsous seul revint à Aringo, où il demeura tout l'été jusqu'au mois de sané par l'ordre du roi. Le 3 de tâḥsâs, un jeudi, Bakâfâ alla à Gondar, où il fut reçu par tous les prêtres avec les psaumes et les cantiques selon leur coutume. Le 19 de yakâtit, mourut le Blâtèn-Gétâ Amonéouos à Aringo. Les tabernacles de Gëmdjâ-Bët [(427)] et de Iyâsous furent terminés (?) en magâbit. Le 22 de miyâzyâ mourut l'Ëthiagé Yoḥannës. On l'ensevelit à Azazo avec des drapeaux et des timbales. Le 28 de sané, on établit Ëthiagé Za-Oualda-Mâryâm. Dans ce même mois, le Blâtèn-Gétâ Mâmoyo s'enfuit et se réfugia dans la maison du patriarche Abbâ Krëstodolou. Le roi ordonna aux Azâj et aux Liqs de s'y rendre et de juger Mâmoyò, sous la direction de l'Abouna. Ils obéirent, car l'accusé avait maltraité sa femme, fille de Bakâfâ, lorsqu'il avait eu commerce avec elle, et il avait excité tous les troubles du Lâstâ et de la capitale. On fit subir à Mâmoyo une dure captivité en prison, puis il fut envoyé dans le pays de Ouâlqâït, où il mourut dans la misère. Le roi nomma Koutcho Ṭĕqâqĕn-Blâtèn-Gétâ.

La cinquième année de son règne, maskaram commença par un dimanche — évangile de Marc. — Le 28, le roi partit de Gondar avec le cérémonial royal. Les tabernacles de Gĕmdjâ-bèt et de Iyâsous demeurèrent à Gondar. L'image du Christ souffleté fut tout ce qu'il emporta avec lui. Après avoir marché sans relâche, il arriva à Aringo, d'où il se dirigea vers le Lâstâ, dont il méditait le châtiment dans sa pensée. A Agrat, il réunit beaucoup de troupes (fol. 32) et vit venir les Djâouis, les Bâsos, les Agaous, les gens du Gojâm et tous les braves. Il passa le Takazzé, le 28 de ṭĕqĕmt, un lundi, et entra à Zĕbgâz, qui fait partie du Lastâ. Les habitants de Galasot, situé également dans ce pays, l'ayant appris, se cachèrent dans des rochers; le dadjazmâtch Éfrèm les assiégea. Le roi s'avança jusqu'à Afa-Ouâchâ. Les Djâouis allèrent jusqu'au pays d'Ĕlfyos, le tyran du Lâstâ, dont il tuait les habitants et brûlait les maisons. Beaucoup de ces Djâouis périrent. Les gens de Galasot implorèrent la clémence du roi, qui leur fit grâce. Ils sortirent joyeusement de Ouâchâ, hommes et femmes, avec leur chef, un géant appelé Ayâ. Le roi retourna satisfait à sa résidence de Zĕbgâz; mais un léger trouble d'esprit émut et renversa celui qui portait le parasol; il descendit en toute hâte de sa monture. Tous les fonctionnaires qui le suivaient l'imitèrent; le roi partit rapidement, monta sur son mulet et retourna dans sa tente. Goubâlâ renvoya le trésor, beaucoup de bœufs, les annales. . . . .(ሰንገል ፡) et les timbales qui avaient été enlevées auparavant des mains d'Adabo-Za-Mâryâm sous le règne du prince Sousnyos[428], et en même temps sa fille, toutes ses richesses et tous les biens du Râs Amḥâ-Iyâsous. Il fit aussi partir son fils pour dire au roi : « Je viendrai vers notre seigneur et j'implorerai son pardon. » Le prince se rendit à Aringo et de là à Gondar le 1er de tâḥsâs, un samedi. Le 2, l'Ëthiagé Za-Mikâèl mourut et fut enterré à Thiâlmâ. Le 7 de tër, les grands allèrent dans la capitale. Ce jour-là mourut le Blâtèn-Gêtâ Ouasan-Sagad, père d'Ëmbéta-Mâryâmâouit, mère du roi, et le 12 de ṭër, le maître des lumières, Ëlfyos Tchamani, qui fut enseveli à Dabra-Bërhân; le 27, à Azazo, Abbâ Éouosṭâtéouos, homme extrêmement savant. Le 7 de yakâtit, les moines de Ouâldëbâ firent la paix avec Ayânâ-Ëgziё, car, dans ce mois, ce dernier, étant en hostilité avec le roi qui le haïssait, alla chercher un refuge à Ouâldëbâ. Le prince se rendit à Thiërqin[428bis] pour chasser, tua un rhinocéros[429] et revint dans sa capitale. Abéto Quasṭé, fils du Râs Oualda-Giyorgis et de la Ouézaro Ëskëndrâouit, fille de l'empereur Fâsil, mourut le 28 de yakâtit et fut enterré à Dabra-Bërhân avec les drapeaux et les timbales. Le 29, le Badjërond Oualda-Giyorgis amena Ayânâ-Ëgziё, qui demanda sa grâce au roi. Le 19 de magâbit, Goubalâ arriva et fut remis par Bakâfâ, pendant huit jours, aux soins de l'Azâj Guaché à Qâḥa. Lorsque le prince se rendit dans la salle d'audience, il fit venir Goubâlâ qui implora sa miséricorde avec ses deux fils; il lui donna un domaine, lui fit de beaux présents ainsi qu'à ses fils et l'envoya en sûreté dans son pays, Ëmakinâ. Le 8 de miyâzyâ, jour des Rameaux, Dâouit le lecteur, Ḥëzqyâs et l'Azâj Oualda-Giyorgis, fils de l'Azâj Zëkro, portèrent une contestation devant le roi. Celui-ci chargea le Bëḥt-Ouadad Tasfâ-Iyâsous d'entendre cette affaire comme arbitre. Le lendemain, le Bëḥt-Ouadad convoqua tous les magistrats dans sa maison, quatre Azâj et quatre Liqs. Dâouit le lecteur et Ḥëzqyâs plaidèrent devant eux contre l'Azâj Oualda-Giyorgis. Celui-ci fut emprisonné et Bakâfâ l'envoya en captivité dans le Ouâlqâït. Le 2 de gënbot mourut le Kantibâ Mâtéouos, qui fut enseveli dans son pays à Dëblalâ (429 bis) [(fol. 206). Le 14 de gënbot un incendie consuma l'église de Saint-Mikâèl, qui existait depuis longtemps(?). Le 7 de naḥasé, le secrétaire Sinodâ mourut à l'âge de cinquante-cinq ans à Dabra-Bërhân.

La sixième année de son règne, maskaram commença par un lundi — temps de l'évangile de Luc. — Le 28 de maskaram, le Kantibâ Arsé mourut à Ledatâ, et le 3 de ṭëqëmt, le Liq Këflé, jurisconsulte savant, à la parole sage, à Rësʿân Ṭëloul. Il était âgé de 80 ans, et avait joui d'une grande faveur auprès des rois. On louait sa connaissance des lois. Pendant 32 ans, il occupa la charge de chef des magistrats. Il fut enseveli dans sa patrie à Arbâmbâ (430). Il fut remplacé dans ses fonctions par son fils aîné Giyorgis. Son second fils Takla-Hâïmânot fut nommé Azâj du rang de Qañ : ils demeurèrent dans ces postes. Le 12 de ṭër, le dadjazmâtch Rëtou mourut à Ganâ, et le 28 de yakâtit, le dadjazmâtch Hëlâoué de Quârâ. Dans le mois de ḥamlé, le prince nomma le Bëḥt-Ouadad Tasfâ-Iyâsous Râs du Samèn.

La septième année de son règne, maskaram commença par un mercredi — temps de l'évangile de Jean. — Le 4, Sëkout fut nommé Bëḥt-Ouadad. Le 6, à la troisième heure, un lundi, le soleil s'obscurcit et les étoiles furent visibles. Tout le peuple fut troublé et pria, puis la lumière apparut comme auparavant. Ṭëqëmt commença par un vendredi. Le roi étant resté longtemps dans son palais sans être vu de personne, les grands furent inquiets et dirent : « Le prince est malade, il est mort [430 bis]. » Le Blâtèn-Gétâ Koutcho disposa ses troupes pour combattre à coups de fusil; il monta à cheval; mais lorsque le porteur d'un ordre vint le trouver, ses soldats s'irritèrent et tournèrent leurs armes contre lui. Lorsqu'il gouvernait la ville, ce Koutcho avait fait entourer l'enceinte de la salle d'audience. Le 7 de ṭëqëmt, Bakâfâ sortit à cheval, pour aller à Dabra-Bërhân, suivi de loin par tous les fonctionnaires, également à cheval; mais son écuyer ne les laissait pas approcher. Il y eut de la joie chez les prêtres, qui le reçurent en disant : « Nous louons le seigneur glorieux qui a été glorifié. » Les Liqs et les Azâj s'approchèrent de l'enceinte et se prosternèrent devant le cheval du roi. Lorsque celui-ci arriva, ils baisèrent la terre. Alors il leur envoya dire : « Comment vous êtes-vous montrés mes partisans et mes amis? » Puis il leur accorda leur pardon et ajouta : « Allez chacun dans votre maison, puisque vous m'avez vu. » Le lendemain, un vendredi, il fit venir les magistrats et les jurisconsultes, alors qu'il était à Ouarq-Saqlâ et se tenait assis sur son trône avec tout l'appareil royal. Il leur fit demander par l'Azâj de l'intérieur du palais, Yosèf, qui se tenait en face de lui : « Pourquoi avez-vous troublé ma capitale? » Les fonctionnaires avouèrent chacun, et l'enquête passa aux Azâj. Le roi ajouta : « Laisse ceux à qui j'ai déclaré qu'il n'y avait pas eu de méchanceté dans leurs cœurs. » Koutcho répondit : « J'ai préparé la guerre parce qu'on me disait : « Le Râs Tasfâ-Iyâsous et le Bëḥt-Ouadad Sëkout t'enchaîneront. » Le roi s'adressa aux juges : « Jugez Koutcho selon vos lois. » Ils le condamnèrent à mort; il fut emprisonné avec deux de ses partisans. On arrêta la Ouézaro Oualata-Sëlâsé, sœur du roi, avec son mari Nathia, neveu du dadjazmâtch Bâḥrëï; sa maison fut pillée par les écuyers. On mit aussi en prison la Ouézaro 'Outsaft, sa sœur, dont la demeure fut également livrée au pillage. Le 11 de ṭëqëmt, un lundi, on amena Koutcho sur la place avec ses deux partisans : son beau-père Mârqos. . . . . Ouagi, Téouodros Gâdisa, Quèd-Sari Éouosṭé, Atné, l'Alaqâ Za-Qëdous, Mikâèl Fit, Abbâ Absâdi d'Azâzo, Nathia, le mari de la Ouézaro Oualata-Sëlâsé, et deux aveugles appelés Bëlé et Mâryâmbâryâ, les écuyers les égorgèrent. Leurs cadavres restèrent abandonnés sur la place. On les enleva nus, sans linceul, et on les laissa hors du camp. Ils furent dévorés par les bêtes sauvages et ne reçurent pas la sépulture. Le 3 de ḥëdâr, le roi partit de Gondar pour Ouaḥni et dit aux princes qui s'y trouvaient : « Pourquoi avez-vous excité des troubles? » Il leur adressa encore des reproches, puis se montra clément pour eux, et revint tranquillement. Le 5 de tâḥsâs mourut (fol. 207) la Ouézaro Amata-Iyâsous, bonne et orthodoxe, fille de l'empereur Fâsil; elle fut ensevelie à Dabra-Bërhân. A cette époque, le prince nomma Asrât du Godjâm Ṭëqâqën-Blâtèn-Gétâ. En même temps, les soldats de Koutcho se réunirent et réclamèrent auprès de Bakâfâ en disant : « Donne-nous un chef, car le nôtre est mort. » Le roi les vainquit et les dispersa par cet édit : « Vous ne resterez pas dans ma capitale. » Le 11 de yakâtit mourut Oualata-Mangëst, fille de l'empereur Fâsil; elle avait épousé Fâsil le Franc. Le prince se rendit à Thiërqin, pour chasser, tua beaucoup d'animaux, puis il revint et passa l'été en repos. La Pâque arriva le 27 de miyâzyâ. Dans le mois de gënbot mourut le Ṭëqâqën-Blâtèn-Gétâ Asrât. Le 21 de sané, Bakâfâ nomma Râs le Liq Yosṭos et l'Ëdoug Éfrèm, Ṭëqâqën-Blâtèn-Gétâ. Il destitua le Bëḥt-Ouadad Sëkout, qu'il remplaça par Tasfâ-Iyâsous. Le 18 de ḥamlé mourut le Liq Yonaṭân; il fut enseveli dans son pays, à Saldj. Le 21 de naḥasé, la Ouézaro Bëslântyâ, fille du roi Fâsil, succomba et fut enterrée à Qâḥa.

La huitième année de ce règne, maskaram commença par un jeudi — temps de l'évangile de Mathieu. — Le 5 de ṭëqëmt, l'Ëthiagé Za-Oualda-Mâryâm fut déposé, envoyé à Thiâlmâ, et remplace le 22 par Takla-Hâïmânot qui arriva de Daquâ. La Ouézaro Satroni, fille de l'empereur Fâsil et femme du dadjazmâtch Rëtou, mourut le 15 de yakâtit, jour des Cendres, et fut ensevelie à Ouâdjatâ. Dans le mois de magâbit, le rebelle Ëlfyos arriva du Lâstâ, pris par Abéto Dyonâsyos de Nagala. Le roi alla à son palais[431], convoqua les juges et les magistrats et leur dit : « Jugez-le. » Le jugement commença jusqu'à ce que le tour arrivât aux Azâj et aux secrétaires. Pour la question de préséance, Bakâfâ demanda la loi sur les anciens usages; on l'apporta et on lui répondit : « Depuis le règne du prince Fâsil jusqu'à celui d'Adyâm (Sagad), les Azâj ont jugé au-dessus des secrétaires. Par ordre du prince Adyâm-Sagad, les secrétaires ont jugé au-dessus des Azâj. » Le roi ayant eu connaissance de cette décision prononça : « Qu'il en soit comme avant ʿÂlâm-Sagad. » Les secrétaires jugèrent en premier lieu, puis au-dessus d'eux les Azâj. Le rebelle Ëlfyos fut pendu sur la place. La Pâque arriva le 11 de miyâzyâ. Dans le mois de gënbot, le Bëht-Ouadad Sëkout mourut dans son pays. Le 4 de sané, le roi destitua le Bëḥt-Ouadad Tasfâ-Iyâsous et nomma à sa place le Badjërond Ḥëzqyâs. Le 13, il fit arrêter comme coupables de trahison Ḥëzqyâs et Tasfâ-Iyâsous] (ms. 142, fol. 26) et destitua le premier de sa charge de Bëḥt-Ouadad, charge exercée par lui pendant dix jours : il le remplaça par Gafto. Le 4 de ḥamlé, il destitua le Râs Yosṭos et nomma à sa place le Râs Élyâs. Le 25 de ḥamlé mourut Abéto Dyonâsyos. Le roi passa un hiver paisible.

La neuvième année de son règne maskaram, commença par un vendredi — évangile de Marc. — Le 11 de ṭëqëmt, Mâmo, dadjazmâtch du Ḥamâsèn, mourut dans le palais du roi. On l'enterra avec les drapeaux et les timbales à Qâḥa. Le 14 de ṭëqëmt, le prince manda les magistrats et les grands officiers et leur dit : « Que pensez-vous de l'affaire de Taklé, fils de Kësosâouit (chrétienne)? Car auparavant, il était en contestations avec le bâchâ Rëtou, qui jura que ce Taklé était fils d'Adyâm Sagad. Moi, je l'ai emprisonné à Thiërqin. » Ils jugèrent chacun suivant son rang, et on lui coupa la main droite par ordre du roi (432) dans une maison, au delà de Qaḥâ, appartenant à Abbâ Anṭons. Il n'en mourut pas. Le 1er de tâḥsâs, un jeudi, Bakâfâ partit de Gondar, avec le cérémonial royal, pour Aringo; il demeura quelque temps dans le pays de Salâm. Le 8 de tâḥsâs, il manda l'Azâj Téouodosyos le Qañ et le Liq Batré le Grâ. Il ordonna au premier d'amener le dadjazmâtch Giyorgis de son pays de Sëmâno et de le conduire dans les basses terres d'Adâgât avec sa femme et son fils. Téouodosyos exécuta l'ordre. Le prince ordonna ensuite au Liq Batré d'aller dans la plaine de Quarâtsâ et de renvoyer en sûreté tous ceux dont il avait la garde. Le Liq Batré alla dans cette plaine, fit connaître l'ordre de Bakâfâ, et ceux qui lui étaient confiés partirent en sûreté chacun dans leur pays. Les gens du couvent de Quarâtsâ se réjouirent et bénirent le roi. Le Liq revint paisiblement et tranquillement et rapporta au prince ce qui s'était passé. Le 18 de ṭër, celui-ci partit pour Gondar seul avec peu d'hommes, après avoir pris la couronne. Les prêtres le reçurent selon leur coutume au chant des psaumes. Tandis qu'il était dans cette ville, il fit enchaîner Rëtou, dadjazmâtch du Samèn, et le fit emprisonner à Aringo. Lorsqu'il revint dans cette dernière ville, il nomma Talâfinos dadjazmâtch du Samèn et envoya Rëtou prisonnier dans le Ouâlqâït, sous la conduite du dadjazmâtch Talâfinos.

Il fit ensuite arrêter les gens du Gojâm, à savoir : le dadjazmâtch Lagâs, le Qañ-Azmâtch Kâso, l'officier Métâ, Oualda-Abîb et d'autres, parce qu'ils étaient en querelle avec le dadjazmâtch Qañ du Gojâm, et les envoya dans le territoire de Talâfinos. Le 18 de magâbit, il quitta Aringo pour Gondar, où il passa l'hiver au milieu des troubles qui arrivaient chaque jour. Dans le mois de ḥamlé, il destitua le Blâtèn-Gétâ Éfrèm et établit à sa place Dâouit du Gojâm.

Le mois de maskaram commença par un samedi — temps de l'évangile de Luc. — Le 11, mourut le roi Bakâfâ, qui fut enseveli dans l'église d'Abouna Takla-Hâïmânot. Son nom de baptême était Aṣma-Giyorgis. Que Dieu fasse reposer son âme avec Abrëhâm, Yësḥaq et Yâʿqob. La durée de son règne fut de neuf ans et quatre mois (433).

NOTES.

(1) Le nom d'Ëbna-Ḥakim, évidemment d'origine arabe (ابن الحكيم), prouve que la légende de la reine de Saba est d'importation étrangère en Éthiopie, en dépit des contes du Këbra-Nagast. Les noms indigènes de cette princesse et de son fils sont Makëdâ et Mënilëk. Dans le roman cité plus haut, celui-ci est appelé Baïn El-Ḥakim (cf. Dillmann, *Catalogus codicum æthiop. Bibl. Bodleianæ*, Oxford, 1847, p. 70 et sqq). On lui rapporte l'établissement de douze juges (Liq) tirés des douze tribus d'Israël, ainsi que du Code de lois connu sous le nom d'Institutions du royaume d'Éthiopie (cf. Dillmann, *Catal. cod. æth. Bibl. Bodl.*, n° XXVIII, 1°; Zotenberg, *Catalogue des manuscrits éthiopiens de la Bibliothèque nationale*, Paris, 1877, n° 142 r°; 143, 3° et 11°). D'après d'autres traditions, la dynastie de Mënilëk fut précédée en Éthiopie par les trois règnes du serpent (Aroué), le dernier finit soixante-dix-sept ans et sept mois après le règne d'Al-Amida (Zotenberg, *Catal. des manusc. éth.*, n° 149, fol. 50; Dillmann, *Cat. cod. Bibl. Bodl.*, p. 26, fol. 90). Ce dernier manuscrit donne la liste suivante jusqu'à Makëdâ: Aroué règne quatre cents ans, Angâbo, deux cents ans, Gëdour, cent ans, Sëbadho, cinquante ans; Qaouâsyâ, un an, Makëdâ, cinquante ans. Salt (*Voyage en Abyssinie*, Paris, 1816, in-8°, t. II, p. 244) donne la même liste ainsi conçue : Arwé, Zia-Bisi Angaba, Zagdur, Zazebas Besedo, Zakawasya d'Aksum, Zamakëda. Si ce serpent ne désigne pas, comme en d'autres pays, une dynastie autochthone qui aurait précédé l'arrivée des Sémites, et même survécu quelque temps à la conquête de la contrée, il a été pris au figuré pour exprimer la domination du démon et de l'idolâtrie; ce serait donc une invention postérieure et d'origine chrétienne. Dans les vers en l'honneur d'Abbâ Aragâoui (manusc. de la Bibl. nat., fonds éth., n° 126, fol. 48), ce saint et ses compagnons sont loués pour avoir délivré l'Éthiopie du règne du serpent. (Cf. aussi Ludolf, *Historia æthiopica*, Francfort, 1680, in-fol., l. III, c. III.) De nos jours encore, les habitants du Guendguendié, sur le plateau de l'Agamé, au nord-est du Tigré, croient qu'un serpent nommé Gabellà, incarnation du démon, habite dans une crevasse de la montagne où il fut relégué par les prières des moines qui l'y lapident chaque jour (cf. la lettre du missionnaire de Jacobis, *Annales de la propagation de la foi*, septembre 1849).

Les légendes sur le voyage de la prétendue reine de Saba à Jérusalem ont été accueillies comme authentiques par Bruce (*Voyage en Nubie et en Abyssinie*, Paris, 1790, in-4°, t. I, ch. VI. Cf. aussi Wildt, *Ecclesia æthiopica*, Strasbourg, 1672, in-4°, ch. IV; Ludolf, *Histor. æthiop.*, l. II, ch. IV; Prætorius, *Fabula de Reginâ Sabæâ apud Æthiopes*, Halis Saxonum, 1870, in-8°, p. V-VII; Sapeto, *Viaggio e missione catolica frai Mensi*, Rome, 1857, in-8°. p. 41). Il serait trop long d'exposer ici les doutes soulevés par la théorie qui place le commencement de l'empire aksoumitain au temps de Salomon et celle qui assigne une origine présémitique à la civilisation éthiopienne, thèse qu'a essayé de soutenir M. d'Abbadie dans ses *Observations sur les monnaies éthiopiennes* (*Revue de numismatique*, nouvelle série, t. XIII, 1868). Il est probable, comme l'a démontré M. Vivien de Saint-Martin (*Éclaircissements géographiques sur l'inscription d'Adulis*, Paris, 1864, in-8°), que la fondation du royaume d'Aksoum date du Ier siècle de notre ère. C'est, en effet, dans le *Périple anonyme de la mer Érythrée* (ap. Müller, *Geographi græci minores*, t. I) que se rencontre pour la première fois le nom d'Aksoum (*μητρόπολις τῶν Αὐξωμιτῶν*), tandis que ni Agatharchides, ni Strabon, ni Pline l'Ancien et ses sources, qui nous ont laissé une description détaillée des côtes et pays riverains de la mer Rouge, n'ont mentionné un seul peuple constitué en État sur la côte africaine au-dessus de l'Égypte. (Cf. également Dillmann, *Ueber die Anfänge des axumitischen Reiches*, Berlin, 1879, in-4°, ch. V; Halévy, *Mélanges d'épigraphie et d'archéologie sémitiques*, Paris, 1874, ch. XVII.) Le nom d'Éthiopie (Ityopyâ) ne fut pris vraisemblablement par les Aksoumitains ou Gheez que lors de leur conversion au christianisme, à une époque où ils cherchaient à retrouver leur origine dans la Bible, dont la version grecque donne le nom d'Éthiopie à l'Afrique moins l'Égypte.

Quant à la reine de Saba « regina Austri », comme l'appelle le Nouveau Testament, ce n'était sans doute, comme l'a dit Wahl (*Der Qoran*, p. 346), qu'une princesse de l'Idumée ou de quelque autre pays de l'Arabie du nord, au sud de la Judée. Cette reine et son voyage ont donné lieu à de nombreuses légendes exposées dans un grand nombre d'ouvrages (cf. Ludolf, *Hist. æth.*, l. II, ch. III; Bochart, *Phaleg*, II, XXVI; Legrand, *Relation historique d'Abissinie*, in-4°, Paris, 1728, p. 266 et sqq.; Rösch, *Die Königin von Saba als Königin Bilqîs*, Leipzig, 1880, in-8°).

Les Éthiopiens actuels sont, comme le prouvent leur langue et leur écriture (cf. Müller, *Ueber den Ursprung der himjarisch-æthiopischen Schrift*, Wien, 1869, in-8°), étroitement apparentés aux anciens Himyarites. Ils trouvèrent, à leur arrivée sur la côte d'Afrique, le pays occupé par des tribus appartenant à la branche proto-sémitique ou kouchite, se rattachant aux Égyptiens et aux Berbères, et représentées aujourd'hui par les Bedjas (Bilèn ou Bogos), les Sahos, les Agaous, les Falâchâs, etc. Ceux-ci avaient probablement dépossédé une population primitive à laquelle appartiendraient les Chânqallâs et les Baréas actuels.

Les diverses listes de rois qui nous sont parvenues ont été remaniées fortement aux XIIIe et XIVe siècles, et ce n'est que par les synchronismes étrangers qu'il est possible de jeter quelque jour sur la chronologie si confuse de l'empire éthiopien. Le manuscrit n° 26 de la Bibliothèque Bodléienne renferme aux folios 90 et 100 deux listes de rois, dont la seconde s'accorde, à part de très légères différences, avec celles de notre chronique et des manuscrits 28 (fol. 7-8) et 29 (fol. 1-4) de la Bibliothèque Bodléienne (cf. Dillmann, *Catal. cod. æth. Bibl. Bodl.*), 392 (fol. 36) du British Museum (cf. Wright, *Catalogue of the ethiopic mss. in the British Museum*, 1877, in-4°), 141 (fol. 8) et 143 (fol. 30) de la Bibliothèque nationale de Paris (cf. Zotenberg, *op. laud.*). C'est elle également qu'a donnée Salt dans une note de la relation de son second voyage (t. II, p. 245) et dont parle le P. Tellez. Elle a été publiée d'après les trois manuscrits de la Bibliothèque Bodléienne dans un mémoire de M. Dillmann (*Zur Geschichte des abyssinischen Reiches, Zeitschrift der deutschen morgenländischen Gesellschaft*, t. VII). Je désignerai par la lettre A la première liste, celle du folio 90 du manuscrit 26 de la Bibliothèque Bodléienne, publiée également par M. Dillmann; elle avait été déjà donnée par Salt (*op. laud.*) avec quelques variantes; ainsi, chaque nom de roi, excepté cinq, est invariablement précédé de la particule *Za*, depuis le successeur de Mēnilēk jusqu'à Za-Hadus, le trente-huitième de la liste. A partir de ce prince, le préfixe *El* remplace *Za*. Y a-t-il eu changement de dynastie, comme le croit Salt? c'est possible, mais rien ne l'affirme. C'est cette liste qui se trouve avec quelques altérations dans le manuscrit 143 (fol. 22-25) de la Bibliothèque nationale, et 392 (n° 28) du British Museum, et qui a été publiée aussi par Bruce. Nous nous trouvons donc en présence de deux catalogues de rois: l'un, celui de notre chronique, reproduit sans presque aucune altération dans les manuscrits suivants: Bibliothèque Bodléienne n°s 26 (fol. 100), 28 (fol. 7-8), 29 (fol. 1-4); Bibliothèque nationale de Paris, n°s 141 (fol. 8), 142 (fol. 2), 143 (fol. 30); British Museum, n° 392 (fol. 36); et publié par Tellez, Salt, et M. Dillmann. Le second catalogue est donné par la Chronique de Ḥaïlou et les histoires qui en sont tirées : Bibliothèque Bodléienne, n° 26 (fol. 90); Bibliothèque nationale de Paris, n° 143 (fol. 22-25); British Museum, n° 392 (fol. 28), et collection d'Abbadie, n° 118 (cf. *Catalogue raisonné des manuscrits éthiopiens appartenant à Antoine d'Abbadie*, Paris, 1859, in-4°); et publié par Bruce, Salt et Dillmann. C'est celle que je désignerai par A.

Il faut y joindre une troisième liste que j'indiquerai par B. C'est celle qu'a donnée le compilateur du manuscrit 149 de la Bibliothèque nationale (fol. 113). Elle diffère considérablement des deux autres, surtout de notre Chronique.

Il en existe encore d'autres dont, à défaut de renseignements, je ne puis établir le rapport. Enfin, il ne faut pas oublier que celles qui précèdent doivent être nécessairement incomplètes, car plusieurs des noms qu'on déchiffre sur les monnaies éthiopiennes ne s'y retrouvent pas.

(2) Tomâî manque dans A et B. Il est facile de reconnaître la forme éthiopienne du nom chrétien Thomas (cf. Halévy, *Mélanges d'épigraphie et d'archéologie sémitiques*, p. 132).

(3) B le remplace par un certain Barâkid mentionné là seulement. A mentionne un Gĕdour (Bibl. nat., n° 143 : Bagdour) qui précède Mĕnilĕk. Le manuscrit 141 de la Bibliothèque nationale l'appelle Zabagdour. Je n'ai pas besoin de faire remarquer que ceux de ces noms qui ne peuvent s'expliquer par le gheez sont évidemment corrompus. Bruce assimile ce prince à Ḥandadyo.

(4) Manque dans A et B.

(5 Manque dans B. A le place le cinquième après un 'Aouda-'Amat et le fait régner trois ans. La Chronique amharique l'appelle Aoubṣyo ; Salt, Za-Awsiou. Il paraît n'être qu'une variante de Aousyâ cité plus bas. Dans A, il a pour successeur Ṣaou', inconnu à B et à notre Chronique.

(6 Manque dans A et B.

(7) Manque dans A. B le nomme Abramyos (corruption d'Abraham) et le fait remplacer par un Tazénâ, puis un Pâzéna, altération

évidente pour Tâzénâ (ፓዜና፡ p. ታዜና፡), le ፐ n'existant en éthiopien que dans les mots étrangers.

(8) Ce nom, qui semble indiquer une religion sidérale, manque dans A. B le donne comme successeur de Qualizâ, successeur de Pâzénâ.

(9) Manque dans B. A le place immédiatement après Ëbna-Ḥakim et le fait régner un an. Bruce l'appelle Hendeyda; Salt, Ża-Handadyou; la Chronique amḥarique, Ḥandour; les manuscrits 28, 29 et 32 de la Bibliothèque Bodléienne, Ḥandyo; le manuscrit 26 (fol. 100), Ḥandor.

(10) Manque dans A. B donne pour successeur à Ouarada-Dhahaï un Dangach, qui n'est peut-être que le Ouarada-Nagach de notre Chronique. Le ሸ amḥarique remplace probablement un ሠ ghèez qui à l'époque de la rédaction de cette liste avait fini par avoir le son d'une sifflante.

(11) Manque dans A et B, et n'est probablement qu'une variante de Aousyo (voir note 5). Son identification avec le roi Ousas d'une monnaie aksoumitaine est douteuse (cf. Halévy, *Mélanges d'épigraphie*, p. 140).

(12) Manque dans A et dans B. Cette dernière liste donne deux noms de rois qui ne sont évidemment que la reproduction à peine altérée des deux noms cités plus haut (voy. note 7) : Dangach engendra Tâzên (ታዜን፡); Tâzên engendra Pâzên (ፓዜን፡). Le manuscrit 26 (fol. 100) l'appelle Élâlyon.

(13) Manque dans A et B. Ce nom, qui signifie « Jumelle de Sion », serait, d'après M. Halévy (*Mélanges d'épigraphie*, p. 132), postérieur à l'introduction du christianisme. Selon la thèse de l'ingénieux critique, le judaïsme n'aurait pas précédé le christianisme en Éthiopie, car il serait peu probable que les Juifs qui, partout ailleurs, ont montré tant d'attachement à leur religion, l'eussent abandonnée sans peine en Éthiopie. A cela il est facile de répondre que chez les nouveaux convertis, si zélés qu'ils pussent être, la foi ne devait pas avoir jeté des racines aussi solides que chez les descendants des douze tribus, pour qui la religion était une patrie. De plus, il est possible que la famille royale presque seule ait été convertie au judaïsme, ou même qu'elle ait été simplement judaïsante. Il se serait passé à Aksoum la même chose qu'en Adiabène ou chez les Kha-

zars, où la masse de la population était restée étrangère à la religion juive embrassée par les princes. Le second argument, que nous n'avons pas trace d'une version de la Bible faite sur le texte hébraïque, ce qui aurait eu lieu si les Éthiopiens l'avaient reçue des Juifs, est plus spécieux : toutefois, si rien n'affirme leur ancienne traduction de la Bible, rien non plus ne la nie. Les légendes relatives à Frumentios (Abbâ-Salâmâ) sont trop douteuses pour nous permettre de rien décider sur ce sujet. Tout ce que nous savons, c'est que la version éthiopienne de la Bible que nous possédons date du IVe ou du Ve siècle après J.-C. et qu'elle a pour base le texte grec. Il serait possible qu'elle eût fait disparaître une traduction plus ancienne, comme la Vulgate de Jérôme se substitua aux anciennes traductions latines. Quant au nom de Ṣyon qu'on rencontre dans les noms comme Tomâ-Ṣyon, Gĕrmâ-Ṣyon, etc., M. Halévy n'admet que le sens mystique de ce mot qui, après la conversion de l'Éthiopie, ne désigne plus que la Vierge (cf. cependant le nom de Yâgbĕa-Ṣyon). Mais auparavant il s'employait au propre, même en dehors de l'Abyssinie : ainsi on le trouve dans une inscription provenant d'un ossuaire juif au sud-est de Jérusalem, dans le nom composé Σαλαμψιω que M. Clermont-Ganneau explique par «la paix de Sion» (cf. *Comptes rendus de l'Académie des inscriptions*, Revue critique, 1879, t. I, p. 292 et sqq).

(14) Manque dans B. A le fait régner une demi-journée.

(15) Aouṭĕṭ manque dans B. A le nomme Maouṭ (መውጥ፡) et le fait régner huit ans et demi. Jusqu'à Safélyâ, cette dernière liste donne une série de rois qui manquent dans notre Chronique : Baḥas, Qâoudâ, Qanaz, Ḥadounâ (peut-être à rapprocher de Ḥandé, ሐዱና፡ ሐንዴ፡), Ouazḥa, Ḥadir, Kalĕas. De même aucun des rois de la liste B ne concorde avec celle-ci, jusqu'à Bâzên : Dâlêz, Guam, Asguamguam, Lĕtĕm, Talatĕm, Abrĕhâ, Gĕfâʿ, Bâdgĕzâ, Madmĕn, Ouĕdĕm, Gĕrma-Asfaṛé, Lĕb-Dakhâré, Ĕnza-Yĕqré, Nagehĕré, Ḥĕzb Arĕad, Bâḥr Arĕad, Mâĕkala-Ouĕdĕm, Bâḥr Ouĕdĕm. Quelques-uns de ces derniers se retrouvent dans les listes de rois postérieurs.

(16) Safélyâ correspond au Filyâ (ፊልያ፡) de A, qui aurait régné vingt-six ou vingt-sept ans.

(17) A le nomme Aglĕbou et lui donne trois ans de règne.

(18) Le manuscrit 28 de la Bibliothèque Bodléienne le nomme Baouaouâl (በውቀል፡); manque dans A et B.

(19) Il correspond au Bëriouâs (ብሬቅስ፡) de A, qui règne vingt-neuf ans.

(20) A l'appelle Mâḥsi.

(21) Manque dans A et B.

(22) Dans A il est appelé Bëësé Bâzèn et règne dix-sept ans. Le synchronisme donné par les Chroniques est évidemment faux. A partir de ce prince jusqu'à Abrëhâ et Aṣbëḥa, la liste donnée par A diffère absolument. Elle renferme trente princes, parmi lesquels Ela ʿAouda et Ela Azguâguâ, dont l'un fit graver la fameuse inscription grecque d'Adulis où l'on trouve mentionnées un certain nombre de provinces appartenant encore aujourd'hui à l'empire d'Éthiopie (cf. Cosmas Indicopleustès, *Topographia christiana*, ap. Montfaucon, *Collectio nova patrum et scriptorum græcorum*, Paris, 1706, t. I, p. 142; Vincent, *The Periplus of the Erythrean sea*, t. I, London, 1800, in-4°, p. 49; Salt, *Travels in Abyssinia*, London, 1814, in-4°, p. 412; de Sacy, *Annales des Voyages de Malte-Brun*, t. XII, 1810; Letronne, *Matériaux pour l'histoire du christianisme en Égypte, en Nubie et en Abyssinie*, Paris, 1832, p. 44; Bœck, *Corpus inscriptionum græcarum*, t. III, p. 508; Vivien de Saint-Martin, *Le nord de l'Afrique dans l'antiquité*, Paris, 1863, in-4°, p. 224 et sqq.; *Éclaircissements géographiques sur l'inscription d'Adulis*, p. 19-40; Dillmann, *Ueber die Anfänge des axumitischen Reiches*, Berlin, 1879, in-4°, ch. VI). On ne trouve pas non plus mentionné dans notre liste, évidemment incomplète, ሐቅሌ፡ assimilé au Zôskalès (Zωσκάλης=Za-Ḥëqlé), roi avide mais instruit dans les lettres grecques, cité par l'auteur du Périple de la mer Érythrée (Müller, *Geographi græci minores*, t. I, p. 261). La liste de B, au contraire, s'accorde avec celle de notre Chronique (cf. sur A, Dillmann, *Zur Geschichte des abyssinischen Reiches*, p. 343-345).

(23) Manque dans A; B le nomme Sënfa Asgad.

(24) Après Bâḥr-Asgëd, le manuscrit 26 de la Bibliothèque Bodléienne (fol. 100) mentionne un Bâḥr-Sor (ባሕር፡ ሶር፡) qui manque aussi dans B.

(25) Charguâï est probablement le Sargo-Ṣyon de B, qui le fait précéder de Sërʿâd (ስርዓድ፡) et de Kuëlou Ṣyon (ኵሉ፡ ጽዮን፡).

(26) B l'appelle Zarëa-Ṣyon (Semence de Sion).

(27) Entre Sabëa-Asgēd (Asgēd de B) et Zarēai, nous trouvons dans cette liste un Bagâm-Jân (በጋም፡ ጃን፡).

(28) Il est nommé Ṣyon-Ḥēgz dans B qui lui donne pour successeurs Mẹlâē (ምላኤ፡) et Gënḥa (ግንሐ፡).

(29) Dans B, Sâf-Arëad (ሳፍ፡ አርኣድ፡), qui correspond au Sënfa-Arʿëd de notre Chronique et au Saïfa-Arʿâd (ሰይፈ፡ አርዓድ፡) du manuscrit 26 (fol. 100) de la Bibliothèque Bodléienne, est placé après Agédar (አጌደር፡), l'Agdour de notre liste.

(30) ጽንፈ፡ አርዕድ፡ ወለዶሙ፡ ለአብርሃ፡ ወለአጽብሐ፡ ዘበ መዋዕሊሆሙ፡ መጽአ፡ ክርስትና፡ እንዘ፡ ሀለዉ፡ በአክሱም፡ ወበውእቱ፡ መዋዕል፡ ኢሀለወ፡ ትርጕ፡ ወአቡሁ፡ ለሰላማ፡ ነገዲ፡ ውእቱ፡ ወመጽአ፡ አባ፡ ሰላማ፡ ምስለ፡ አቡሁ፡ ወሐ ዝበ፡ ኢትዮጵያ፡ እለ፡ ሀለዉ፡ በሕግ፡ ኦሪት፡ ወበ፡ እለ፡ ነበሩ፡ እንዘ፡ ያመልኩ፡ በአርዌ፡ ወእምዝ፡ መሀሮሙ፡ አባ፡ ሰላማ፡ ዜነ፡ እግዚእነ፡ ኢያሱስ፡ ክርስቶስ፡ ሎቱ፡ ስብሐት፡ ወገብረ፡ ተአምራተ፡ (ወ) ቅድሜሆሙ፡ አመኑ፡ ወተጠምቁ፡ ጥምቀተ፡ ክርስትና። እምነቶሙኒ፡ ክነ፡ እምልደተ፡ ክርስ ቶስ፡ በ፫፻፴ወ፫ ዓመት፡ ወሐነፀዋ፡ ለአክሱም፡ አብርሃ፡ ወአ ጽብሐ። D'après le Synaxare, Fréméntos (Frumentios ou Abbâ-Salâmâ) et son frère Adsyos (Edésios) n'étaient que parents de Mérobapyos (Méropius). Tout l'équipage du vaisseau qui les transportait fut massacré à l'exception des deux enfants : ceux-ci furent vendus au roi Ëla-Alâdâ (እለ፡ አላዳ፡). Ils devinrent les tuteurs de son fils Ëla-Azguâguâ (እለ፡ አዝጓጓ፡) qu'ils convertirent ainsi que le peuple. Ils revinrent ensuite dans leur pays, mais Frumentios n'avait d'autre but que de se faire sacrer évêque d'Éthiopie par le patriarche d'Alexandrie, Athanase. De retour à Aksoum, il trouva au pouvoir Abrēhâ et Aṣbēḥâ et fut le premier patriarche de l'Église éthiopienne, sous le nom d'Abbâ-Salâmâ. La commémoration de sa mort a lieu le 27 de ḥamlé (cf. Sapeto, *Viaggio e missione*, Rome, 1857, in-8°, p. 395-398; Dillmann, *Chrestomathia æthiopica*, Leipzig, 1866, p. 33; *Acta Sanctorum*, Octobre, t. XII, p. 269, où l'on a suivi la version du P. Tellez, *Historia geral de Etiopia alta*, l. I, ch. XXVIII, et de Ludolf, *Hist. æth.*, l. III, ch. II; Edésios y est appelé Sidracos). C'est de la même manière que les historiens grecs et latins rapportent la conversion de l'Éthiopie, qu'ils placent généralement sous Constantin (cf. Rufin, *Histor. eccles.*, l. I, ch. IX;

Socrate, *idem*, I, XIX; Sozomène, *idem*, II, XXIV; Théodoret, *idem*, I, XXIII, Nicéphore Callistus, VIII, XXXV; Philostorge, II, VI). Ludolf (*Hist. æth., loc. laud.*) a publié deux pièces de vers du Synaxare en l'honneur d'Abbâ-Salâmâ. Toutefois l'identité de ce dernier avec Frumentios a été contestée : s'appuyant sur ce que les écrivains grecs et syriaques nomment Indiens les peuples convertis par le second, nom qui s'appliquait aussi aux Himyarites, M. Thomas Wright a prétendu (*Early christianity in Arabia*, in-8°, London, 1865, p. 29 et sqq.) assimiler Frumentius à l'apôtre du Yémen. Toutefois les raisons qu'il donne sont au moins douteuses, si l'on considère le vague des termes géographiques généraux tels qu'Éthiopie, Inde, chez les écrivains anciens et orientaux (cf. Ludolf, *Hist. æth.*, l. III, ch. II; *Commentarius ad hist. æth.*, p. 279-282; Legrand, *Relation d'Abissinie*, X^e dissertation; Dillmann, *Zur Geschichte des axumitischen Reiches*, Berlin, 1880, in-4°, p. 4-20). Notre Chronique ne mentionne pas Ela San, le prince auquel Rüppel (*Reise in Abyssinien*, t. II, p. 342) a assimilé le roi d'Aksoum Ἀειζαvας. Lorsque l'empereur Constance, fils de Constantin, chercha à faire triompher l'arianisme, il lui écrivit une lettre qu'Athanase nous a conservée dans son apologie, et où il lui demandait de chasser Frumentios. Ce fut ce même prince qui fit graver l'inscription grecque d'Aksoum, dans laquelle il raconte ses campagnes contre les Bedjas et prend le titre de roi d'Aksoum, de Himyar, de Saba, de Raïdan, etc. (Cf. Salt, *Voyage en Éthiopie*, t. II, p. 185; de Sacy, *Annales des Voyages*, t. XII, 1810, p. 30; Vivien de Saint-Martin, *Éclaircissements géographiques*, p. 40 et sqq.; Dillmann, *Ueber die Anfänge des axumitischen Reiches*, p. 205 et sqq.; Bœckh, *Corpus inscriptionum græcarum*, t. III, p. 515.)

(31) A : Ela-Asfēḥa; B : Asfâ-Mâhēl (አስፋ፡ ማህል፡). A partir de ce prince jusqu'à Gabra-Masqal, on ne trouve plus dans A qu'un seul prince mentionné par notre Chronique : Ela-Amidâ ou Ela-Amédâ, qui revient trois fois; on ne peut donc faire d'assimilation certaine. Entre Asfâ-Mâhēl et Ëla-Adobâ (Saladobâ), B mentionne : Asgēd, Mēsèr (ምሴር፡) et Arēadou (አርኣዱ፡).

(32) B le nomme Ēla-Adobâ.

(33) C'est à tort que Salt (*Voyage en Abyssinie*, t. II, p. 254 et suiv.) assimile les neuf saints à Jean l'Aumônier venu d'Alexandrie dans les circonstances suivantes. D'après Théophane (*Chronographia*, éd. de Bonn, t. I, p. 260 et sqq.), d'autres chroniqueurs byzantins,

Jean Malala, Cedrenus, etc., et Jean d'Asie (ap. Assemanni, *Bibliotheca orientalis*, t. I, p. 260 et sqq.) Aïdoug, Audas ou Adad, roi d'Éthiopie, après avoir vaincu le roi juif des Homérites (Himyarites) Dinmus ou Damianus (Dzou Naouâs?), envoya demander à l'empereur grec Justinien un évêque et des prêtres. Le choix tomba sur Jean, aumônier de l'église Saint-Jean d'Alexandrie. En admettant la réalité de tous ces détails, il faudrait reculer bien après Êla-Amédâ l'arrivée des Grecs. Théophane place cet événement l'an 5 de Justin, 521 après J.-C. D'après les témoignages résumés par Georg (*De Æthiopum imperio in Arabia Felici*, Berlin, 1833, in-8°, p. 34), la mission de Jean l'Aumônier fut demandée par Elesbaas, roi éthiopien vainqueur des Himyarites, non pour l'Éthiopie, mais pour le Yémen, ce qui exclut toute possibilité d'assimilation entre Abbâ Aragâoui et Jean. (Cf. sur les neuf saints en général, Ludolf, *Hist. æth.*, l. III, ch. III, où il a publié les hymnes en l'honneur de Pantaléouon, Aragâoui ou 'Aragâoué et Liqânos; *Commentar. ad hist.*, p. 282-286, où il donne les vers en l'honneur de Garimâ et d'Alèf; Dillmann, *Zur Geschichte des axumitischen Reiches*, p. 24-27.)

(34) Chacun de ces saints construisit une église dans la province qu'il évangélisa. Abbâ Alé ou Alèf, dont la commémoration est placée par le Synaxare le 11 de magâbit, a sous son invocation le couvent de Bĕḥzâ.

(35) D'après la Vie d'Abbâ Aragâoui, citée par Dillmann (*Zur Geschichte des axumitischen Reiches*, p. 25), Abbâ Ṣĕḥmâ se fixa à Sédényâ. Sa commémoration a lieu le 16 de ṭĕr.

(36) Abbâ Aragâoui, connu aussi sous le nom de Za-Mikâël (celui qui appartient à Michel), fonda, dans le Tigré, le célèbre couvent de Dabra Dâmo où l'on internait les princes de la famille royale. (Cf. Ferret et Galinier, *Voyage en Abyssinie*, t. II, ch. I.) Sa commémoration se célèbre le 14 de ṭĕqĕmt.

(37) Abbâ Afṣi est, dit-on, le constructeur du couvent de Yahâ au nord-est d'Adoua, près de la vallée du Mareb. Mais il est probable que les ruines qu'on y voit encore aujourd'hui et qui se rapprochent des constructions sabéennes, sont plus anciennes que l'époque où vivaient les neufs saints, car il s'y trouve une inscription en caractères himyariques, rapportée par Salt (*Voyage en Abyssinie*, t. II, p. 206-213) et plus inexactement par Isenberg (*Dictionary of the Amharic language*, p. 209). La commémoration d'Abbâ Afsi est

fixée au 29 de gënbot. (Cf. sur les inscriptions de Yahâ, Combes et Tamisier, *Voyage en Abyssinie*, Paris, 4 vol. in-8°, t. I, p. 213; Ferret et Galinier, *Voyage en Abyssinie*, t. II, p. 14 et atlas; Dillmann, *Ueber die Anfänge des axumitischen Reiches*, p. 234.)

(38) La commémoration d'Abbâ Garimâ ou Isaac a lieu le 17 de sané. Il établit la règle d'Antoine dans le couvent de Madara qu'il fonda, et reçut le don des miracles. (Cf. son *Panégyrique* composé par Yoḥannës, évêque d'Aksoum, *Manusc. éthiop. de la Bibl. nat.*, n° 132, fol. 1-14.)

(39) D'après la Vie d'Abbâ Panṭaléouon, écrite par un évêque d'Aksoum, l'arrivée des neuf saints n'aurait eu lieu que sous Gabra-Masqal. A cette époque, le royaume d'Éthiopie s'étendait jusqu'aux pays de Barnikos (Bérénicé?), Balinos, Bados, Ṭirb et Saba. Le saint s'établit à Aksoum; sa commémoration se célèbre le 6 de ṭëqëmt (cf. d'Abbadie, *Catal. des manusc. éthiop.*, n° 110). Le Synaxare le fait arriver sous Ëla-Amédâ (manusc. 126, fol. 36).

(40) Abbâ Liqânos s'établit à Dabra Quanâṣël, probablement auprès d'Aksoum. Sa commémoration a lieu le 28 de ḥëdâr.

(41) Abbâ Gougâ ou Goubâ demeura près de Madara. Sa commémoration se célèbre le 29 de gënbot.

(42) Abbâ Yëmata, dont la commémoration est fixée au 28 de ṭëqëmt, fonda un couvent à Gar'altâ.

(43) C'est ce prince qui fit graver les deux inscriptions éthiopiennes copiées et publiées par Rüppel (Atlas de son Voyage, pl. V) et où il prend le titre de roi d'Aksoum, de Saba, de Ḥimyar, de Raïdan, des Bégas, etc. et de Bëesi Ḥalën, où M. Halévy a cru reconnaître l'épithète de Philhellène. (Cf. sur ces inscriptions Rüppel, *Reise in Abyssinien*, t. II, p. 280-285; Sapeto, *Mémoire sur une inscription éthiopienne d'Axoum; Nouvelles Annales des Voyages*, Paris, 1855, t. II, p. 296-310; t. III, p. 32-56; Vivien de Saint-Martin, *Éclaircissements géographiques*, p. 47; d'Abbadie, dans les *Comptes rendus de l'Académie des inscriptions et belles-lettres*, 1877, p. 14-30, 186-201; Dillmann, *Ueber die Anfänge des axumitischen Reiches*, p. 210-226.)

(44) La Chronique ne parle pas des expéditions dans le Yémen attribuées soit à Kâlèb, soit à Ëla-Aṣbëḥa, soit à d'autres de ses prédécesseurs. On sait que la dernière campagne, entreprise sur la

demande de l'empereur grec pour venger les chrétiens de Nagrân, massacrés par le roi juif Dzou Naouâs, eut pour résultat l'établissement d'un royaume éthiopien dans le Yémen : Abrĕhâ en fut le premier prince; il échoua devant la Mekke défendue par 'Abd El-Motthalib, l'aïeul de Mohammed, et laissa le trône à ses deux fils, dont le dernier, Masrouq, fut vaincu et tué par les Persans. (Cf. sur les guerres des Éthiopiens dans le Yémen la lettre de Siméon Bet Arsam, dont l'authenticité a été contestée à tort, citée par Jean d'Éphèse, ap. Assemanni, *Bibliotheca orientalis*, t. I, p. 359 et sqq; l'*Historia martyrum Homeritarum*, ap. Knös, *Chrestomathia syriaca*, Göttingue, 1807, in-12, p. 37-54; un autre récit du martyre des Nagranites, *Bibliothèque nationale de Paris*, fonds syriaque, n° 133, fol. 258 et sqq.; Jacques de Saroug, *Trostschreiben an die himjaritischen Christen*, publié par Schröter; *Zeitschrift der deutschen morgenländischen Gesellschaft*, t. XXXI, p. 360-406 ; les actes grecs de S. Aréthas (Harits), le souverain de Nagrân, ap. Boissonade, *Anecdota græca*, t. V; Procope, *De Bello persico*, l. I, ch. XIX, et les autres chroniqueurs grecs qui ont plus ou moins altéré son récit : Jean de Nikiou, Zonaras, Theophanes, Malala, Cedrenus; l'*Antiphonaire des martyrs de Nagrân*, Bibliothèque nationale, fonds éthiopien, n° 10, fol. 131; *Histoire des gens de Nagrân, ibid.*, n° 131, fol. 58; *Commémoration de saint Aréthas*, Synaxare éthiopien, n° 126, fol. 87; de *S. Azqir, ibid.*, fol. 60; la *Vie de Kâlèb, ibid.*, n° 128, fol. 93 et sqq.; les historiens arabes nous ont donné les détails les plus nombreux, mais aussi les moins sûrs : le Qorân fait déjà mention des chrétiens de Nagrân, qu'il appelle les gens de la fosse, car, d'après lui, Dzou Naouâs les aurait fait jeter dans des fosses remplies de feu : sourate 85, v. 4; cf. aussi Tabari ap. Schultens, *Imperium Ioctanidarum*, Harderovici Gelrorum, in-4°, 1786, p. 105-137; Noueïri, *ibid.*, p. 81-99; Mas'oudi, *Prairies d'or*, éd. Barbier de Meynard et Pavet de Courteille, in-8°, t. III, ch. XLIII; Ibn Hicham, *Sirat er-Resoul*, übers. von Weil, Stuttgardt, 2 vol. in-8°, t. I, p. 13-34; Ibn Khaldoun, *Hist. univ.*, éd. de Boulaq, t. II, p. 60 et sqq.; A. von Kremer, *Ueber die südarabische Sage*, Leipzig, in-8°, 1867, p. 90-93; et parmi les modernes, Ludolf, *Histor. æthiop.*, l. II, ch. IV; *Commentar. ad hist.*, p. 232-235; Georg, *De Æthiopum imperio in Arabia Felici*, in-8°, Berlin, 1833; Caussin de Perceval, *Essai sur l'histoire des Arabes*, t. I, in-8°, Paris, 1847; Playfair, *History of Arabia Felix*, in-8°, Bombay, 1859, chap. XI; les dissertations publiées par MM. Blau, Prætorius,

Mordtmann junior, *Zeitschrift der deutschen morgenländischen Gesellschaft*, t. XXIII, p. 560, XXIV, p. 624, XXV, p. 260, XXXI, p. 66; Nöldeke, *Geschichte der Perser und der Araber*, in-8°, Leyden, 1879, p. 178-236; Dillmann, *Zur Geschichte des axumitischen Reiches*, p. 27-49.) On attribue aussi à Kâlèb la construction de l'église d'Ouquère dans le Ouagarâ.

(45) Ludolf (*Hist. æth.*, l. II, ch. IV) a donné les vers qui terminent dans le Synaxare la commémoration de Gabra-Masqal (serviteur de la croix). Ce prince y est appelé vainqueur des ennemis, et il y est dit que le royaume vécut en paix sous son règne. C'est par erreur que la Vie d'Abbâ Aragâoui place de son temps l'arrivée des neuf saints.

(46) **ዘበመዋዕሊሁ ፡ ደረሰ ፡ ያሬድ ፡ መጽሐፈ ፡ መዝሙር ።** La légende du Synaxare rapporte que ce saint d'un esprit lent s'enfuit dans sa jeunesse pour éviter les punitions de son maître. Dans le désert il aperçut un ver qui s'efforçait de monter sur un arbre et qui y parvint après bien des efforts. Témoin du succès de cette persévérance, Yârèd reprit courage et retourna vers son maître. Devenu diacre, il fut emporté au paradis dans une vision et en rapporta l'invention du plain-chant et la division des hymnes suivant les époques de l'année. Les préceptes sont réunis dans le livre intitulé Mazgabâ Dëgguâ (Recueil du plain-chant). L'antiphonaire de Jean-Baptiste, publié par M. Dillmann (*Chrestomathia æthiopica*, in-8°, Lipsiæ, 1866, p. 150-158), est extrait de cet ouvrage (cf. Dillmann, *Catal. cod. æth. manusc. Brit.*, n° 31, 32; *Verzeichniss der abyssinischen Handschriften*, n°s 39, 40; d'Abbadie, *Catal. des mss.*, n° 87; Wright, *Catal. of the eth. manusc.*, n° 174). On lui attribue l'invention des trois modes : ghêz, ëzël et arârâî. Un jour qu'il chantait devant Gabra-Masqal, celui-ci, saisi d'admiration, laissa tomber la pointe de son bâton sur le pied du saint, qui fut traversé : Yârèd et le roi ne s'en aperçurent qu'après la fin du cantique. Il fonda, dit-on, le couvent de Dâmo, et mourut en ermite dans le désert de Samèn. L'article que le Synaxare lui a consacré a été publié par M. Dillmann (*Chrestom. æthiop.*, p. 34).

(47) A l'appelle Asgad et le manuscrit 32 de la Bibliothèque Bodléienne en fait un fils de Gabra Masqal. B mentionne à sa place un Bazagâr qui ne se trouve sur aucune autre liste.

(48) Les manuscrits 28 et 29 de la Bibliothèque Bodléienne de

nomment ፍሬ ፡ ሥርናይ ፡ Féré-Chërnâï. B le fait succéder à Armâkh, successeur d'Aṣfâḥ.

(49) A: Adrë'âzâr (corruption d'Andreas?). B: Adrë'âz, puis Aïzour (confondus dans A?).

(50) A: Ëkla-Ouëdëm; manuscrit 26 de la Bibliothèque Bodléienne, Akâlâ-Ouëdëm. Manque dans B qui le remplace par Mâ'ëdâï et Klaoudyos.

(51) A: Gërgâz (Cyriaque?) B: Zëmaz.

(52) Manuscrit 26 de la Bibliothèque Bodléienne: Dëngnâ-Mikâël.

(53) Asguamgoum n'est peut-être qu'une variante de Goum, comme Talâtëm de Lëtëm, et plus haut Pâzénâ de Ṭâzénâ.

(54) A: 'Oda-Goch (ዖጎ ፡).

(55) Sur le rapport qui existe probablement entre Dëdëm, Ouëdëdëm et Ouëdëm Asfari, voir notes 12 et 53. Entre Degnâ-Mikâël et Armâkh, B ne mentionne que Badagz.

(56) Le nom d'Armâkh est le seul qui se lise incontestablement sur une des monnaies à légende éthiopienne qui nous soient parvenues. (Cf. Halévy, *Mélanges d'épigraphie*, p. 144.)

(57) Le nom de Jân est amḥarique et se retrouve sur une monnaie éthiopienne où M. d'Abbadie a voulu le traduire par *éléphant*. M. Halévy, *Mélanges d'épigraphie*, p. 138-140) a démontré que c'est le mot *souverain*, dérivé de ደያኒ ፡ B appelle Ḥäzba et Arni deux princes qui prennent place entre Armâkh et Dëgnâzân (ዘ p. ፐ ፡).

(58) Manque dans B.

(59) Le manuscrit n° 26 de la Bibliothèque Bodléienne d'Oxford renferme une donation faite par Anbasa-Ouëdëm à l'église d'Aksoum et confirmée par Zarëa-Ya'qob (Dillmann, *Catal. cod. Bibl. Bodl.*, n° 26). Le règne de ce prince paraît avoir laissé quelques traces dans la mémoire des Éthiopiens, car la préface d'un commentaire de l'Apocalypse de Jean rapporte à l'époque d'Anbasa-Ouëdëm la traduction de ce livre en gheez par le métropolitain Minâs « avant que les musulmans s'emparassent de l'Égypte. » Toutefois, en admettant cette tradition au moins douteuse, il faut reconnaître que cet ouvrage, dans sa forme actuelle, ne remonte pas au delà du

XVIIe siècle (Dillmann, *Verzeichniss der abyssinischen Handschriften*, n° 63).

Depuis Gabra-Masqal jusqu'à Dĕl-Na'âd, l'histoire d'Égypte ne nous offre que peu de renseignements sur les affaires religieuses et politiques de l'Éthiopie. D'après les historiens arabes, Ya'qoub, cinquante et unième patriarche, contemporain d'El-Mamoun, choisit pour abouna un certain Jean. Celui-ci, chassé du pays par ses ennemis et par la reine, pendant que le roi était à la guerre, revint en Égypte : une peste et des défaites punirent les Éthiopiens; ils redemandèrent leur métropolitain que le patriarche Yousab, successeur de Simon, consentit à leur renvoyer (cf. Maqrizy, *Khitat*, édit. de Boulaq, 2 vol. in-4°, t. II, p. 494; Renaudot, *Historia patriarcharum jacobitarum*, p. 283).

(60) La Chronique ne parle pas de la révolution qui chassa dans le Châouâ les princes de la dynastie salomonienne, révolution qui paraît avoir été causée par une insurrection des Agaous et des Falâchâs. Ces deux peuples appartiennent à la famille proto-sémitique qui comprend les Égyptiens, les Berbères, les Haoussas et les populations des bords de la mer Rouge, Sahos, Bédjas, etc. Ils occupèrent l'Éthiopie à une époque difficile à déterminer et furent refoulés sur certains points par l'émigration sémitique des Gheez au premier siècle de notre ère. Toutefois, ils parvinrent à se maintenir dans quelques provinces, le Samèn, le Lâstâ, l'Agaoumdĕr et le Dâmot. Une partie d'entre eux professe encore aujourd'hui le judaïsme. Ce fut une de leurs reines, nommée Esther, suivant d'autres Ësat (le feu), Judith ou Terdâĕ-Gobaz, qui déposséda Dĕl-Na'âd; mais une dynastie chrétienne, différente de celle des Falâchâs juifs, avec laquelle on la confond quelquefois, s'empara de toute l'Éthiopie. En adoptant la date de 1268 pour le rétablissement de Yĕkouno-Amlak (voy. p. 232), on trouve que la période de 354 ans assignée par notre Chronique à la durée des Zâgués est très proche de la vérité, car elle concorde avec les synchronismes que nous fournissent les historiens musulmans et chrétiens de l'Égypte. La domination des Falâchâs du Samèn dut être de peu de durée; mais elle suffit pour couvrir l'Éthiopie de ruines (cf. Ludolf, *Hist. æth.*, l. II, ch. IV).

Sous un des derniers rois de la famille salomonienne, le patriarche Cosmas (923-934) envoya comme métropolitain d'Éthiopie un moine nommé Pierre. Le roi le reçut avec de grands honneurs, et en mourant le laissa maître de choisir entre ses deux fils celui qui devrait monter sur le trône. L'abouna désigna le plus jeune. Sur ces entrefaites, deux moines coptes, Ménas et Victor, mécontents de Pierre, fabriquèrent de fausses lettres, dans lesquelles le patriarche d'Alexandrie déclarait que l'abouna était un imposteur. Le frère aîné du roi s'en servit pour détrôner celui-ci, et donna à Ménas le titre de métropolitain. Toutefois le patriarche découvrit la fraude et excommunia Ménas, qui fut tué par le roi. Celui-ci redemanda l'ancien abouna qui venait de mourir, et à son défaut, obligea un disciple de Pierre à en remplir les fonctions, sans lui permettre d'aller se faire ordonner en Égypte. Les cinq patriarches qui se succédèrent après Cosmas n'envoyèrent plus de métropolitain en Éthiopie, ce qui peut s'expliquer par la domination des Falâchâs (Renaudot, *Hist. patr.*, p. 336-341). Ce dernier roi serait Dĕl-Na'âd qui aurait régné quelques années avant la date (960) que donne Ludolf dans son Histoire.

En effet, sous le patriarcat de Philothée (981-1002) arrivèrent des lettres de Georges, fils de Zakarya, roi de Nubie. Il informait le patriarche que le roi d'Éthiopie lui avait envoyé un message, le priant de se joindre à lui afin d'obtenir pour son pays un métropolitain et un clergé dont il était privé depuis longtemps. D'après lui, Dieu, pour punir la faute commise par son prédécesseur (?) en retenant un intrus sur le siège d'Aksoum, avait suscité une femme qui, à la tête des descendants de Hamovia ou Amouta (?), avait envahi et ravagé l'Éthiopie, proscrit le christianisme, détruit les églises et forcé le roi à s'enfuir. Ce récit, comme l'a remarqué Renaudot, paraît désigner l'insurrection des Falâchâs sous Judith. Il faut donc admettre qu'ils dominèrent peu de temps sur l'Éthiopie, tout au plus un demi-siècle, et que la dynastie des Zâgués rétablit bientôt le christianisme. Le premier roi, Mara Takla-Hâïmânot, serait celui qui écrivit à Philothée. Le patriarche d'Alexandrie lui envoya Daniel comme métropolitain. (Cf. Renaudot, *Hist. patr.*, p. 381-383.)

Sous le patriarcat de Christodule (1047-1078), un intrus nommé Abdon se donnait en Éthiopie pour le métropolitain nommé par le patriarche et prenait le nom de Qĕrlos (Cyrille). Christodule, peut-être gagné par des présents, se détermina à lui envoyer le pallium par l'intermédiaire de Mercurius, évêque de Ouisin (?). Mais le patriarche Cyrille (1078-1092), successeur de Christodule, choisit un nouvel abouna, Sévère, qui chassa l'intrus, mais souleva contre lui les haines des Éthiopiens en voulant bâtir des mosquées comme il l'avait promis aux musulmans avant son départ d'Égypte, ce qui faillit amener la guerre entre Bedr El-Djemal, vizir d'El-Mostanṣer Billah, et le roi d'Éthiopie (1089 de J.-C.). (Renaudot, *Hist. patr.*, p. 461-462.)

En 1102, sous le patriarcat de Michel, le roi d'Éthiopie envoya demander un métropolitain. On choisit un moine du couvent de saint Macaire, nommé Georges, qui se fit haïr par ses débauches. Il fut renvoyé en Égypte et jeté en prison par l'émir El-Afdhal (Renaudot, *Hist. patr.*, p. 475).

Sous le patriarche Gabriel (1131-1146) le roi d'Éthiopie voulut contraindre l'abouna Mikhaïl, envoyé auparavant par Macaire, à ordonner dix évêques au lieu de sept, nombre déterminé dans les canons adoptés par l'Église éthiopienne. Dix évêques auraient suffi pour élire légalement un patriarche et soustraire ainsi le pays à la suprématie alexandrine. Le prince s'adressa directement à Gabriel et au khalife fatimite El-Hafizh ledin Allah. Celui-ci se montra d'abord favorable à cette demande, mais il se rendit bientôt aux raisons du patriarche qui lui montrait les conséquences qui suivraient la reconnaissance de l'indépendance religieuse de l'Ethiopie. (Renaudot, *Hist. patr.*, p. 510-511.)

Vers 1146, le pays paraît avoir été le théâtre d'une guerre intérieure, car le même abouna Mikhaïl, ayant attaqué l'usurpation d'un roi, celui-ci écrivit à Gabriel et au vizir 'Adel ben Sallar d'envoyer un nouveau métropolitain : le premier s'y refusa, et ni les menaces ni la prison ne lui firent changer sa détermination. (Renaudot, *Hist. patr.*, p. 525-526.)

(61) Le manuscrit 26 (fol. 91) de la Bibliothèque Bodléienne nomme seulement cinq princes de la famille des Zâgués : Marâri (መራሪ ፡ Mara-Takla-Hâïmânot?), qui régna quinze ans; Yĕmrâh (ይምራሀ ፡), quarante ans; Lâlibalâ, quarante ans; Naakuĕto La Ab, quarante ans; Ḥarbaï, huit ans. Cette liste, dont les dates sont aussi arbitraires que celles de la Chronique, est évidemment incomplète.

(62) Le nom de Takla-Hâïmânot (Plante de la foi) prouve incontestablement que le chef de cette dynastie était chrétien.

(63) On peut rapporter l'existence de Lâlibalâ au commencement du XIIIe siècle, ce qui concorde avec les renseignements donnés par l'auteur arabe consulté par Renaudot. D'après lui, pen-

dant le règne de Malik El-'Adel (1199-1218), une ambassade fut envoyée au patriarche Jean par le roi d'Éthiopie, pour demander un métropolitain. Après bien des recherches inutiles, Kil, évêque de Four, fut choisi et ordonné de nouveau, contrairement aux canons (vers 1205). Il fut reçu en grande pompe en Abyssinie, mais cinq ans après, on le vit revenir en Égypte, accusant un intrus, nommé Hetron ou Gedron, d'avoir cherché à le remplacer et même d'avoir attenté à sa vie. Un envoyé du patriarche en Éthiopie revint avec des lettres du roi, rapportant que l'abouna avait été chassé par le peuple que sa cruauté et son avarice avaient soulevé contre lui. L'ambassadeur, en remettant des présents à Mélik El-Kamel, qui gouvernait l'Égypte en l'absence de son père, Mélik El-'Adel, lui fit un pompeux tableau de la puissance de son maître : l'Éthiopie était si vaste qu'il fallait un an pour en faire le tour; le roi était souvent en guerre avec les pays voisins, et, outre une multitude de fantassins, avait soixante mille cavaliers sous ses ordres. Un nouveau métropolitain fut sacré (1209): le moine Isaac, que le roi (Lâlibalâ) accueillit avec pompe dans sa capitale d'Adsa (tigré: ዓዲ፡ ville). L'auteur arabe nomme Chenoudi le père du roi : peut-être Qēdous Ḥarbé a-t-il porté deux noms, à moins, comme le fait observer Renaudot, que ce nom de Chenoudi (en éthiopien Sinoda) n'ait été omis. La femme du roi se nommait Masqal Gabrit (servante de la croix). D'après la Vie de Lâlibalâ, il naquit dans le Lastâ, à Roha, connu aujourd'hui sous le nom de Lâlibalâ : on y trouve des églises taillées dans le roc et construites, dit-on, par ce prince; l'une d'elles porte une inscription grecque. Alvarez, qui les visita deux fois, en a donné une description détaillée (cf. Ludolf, *Hist. æth.*, l. II, ch. v, où il publie les vers qui terminent dans le Synaxare la commémoration de Lâlibalâ, et *Comment. ad hist. æth.*); elles portaient les noms suivants : Saint-Emmanuel, Sainte-Croix, Bethléem, Saint-Sauveur, Saint-Georges, Saint-Mercure, Lâlibalâ, Sainte-Marie, Golgotha, Saints-Martyrs, et passaient pour avoir été construites en vingt-quatre ans. Elles ont été aussi visitées et décrites par M. Rohlfs lors de l'expédition anglaise en Abyssinie (cf. Andrée, *Globus*, t. XIV, 1868, p. 364-370). Au dire d'El-Makin et d'autres historiens arabes, ce prince conçut le projet, attribué plus tard à Albuquerque, de détourner le cours du Nil afin de ruiner l'Égypte. Le Synaxare, qui célèbre sa commémoration le 12 de sané (*Manusc. de la Bibl. nat.*, fonds éthiopien, n° 128, fol. 122), rapporte qu'il laissa le trône à son neveu. (Cf. d'Abbadie, *Cat. des man.*

éth., n° 139.) La date de 1095, donnée par Salt (*Voyage en Abyssinie*, t. II, p. 266), pour l'époque du règne de Lâlibalâ est fausse; l'écrivain anglais semble avoir admis le prétendu voyage fait en Éthiopie par le patriarche Mikhaïl à l'occasion d'une baisse considérable du Nil, que l'on attribuait aux entreprises de ce roi. L'auteur, contemporain de la vie du patriarche, a passé ce conte sous silence. Maqrizy, qui l'a rapporté (*Khiṭaṭ*, t. II, p. 496), ne nomme pas le prince éthiopien. Legrand (*Relat. hist. d'Abiss.*, p. 217) avait déjà montré l'invraisemblance de ce récit. Ludolf, d'après Tellez, donne à Lâlibalâ un successeur nommé Imra (peut-être le Yĕmrĕ hana-Krĕstos que la Chronique place avant lui), lequel aurait régné quarante ans.

(64) Selon la tradition, ce fut le successeur de Lalibâla, Naakuĕto-Laab (louons le Père), qui, sur les conseils de Takla-Hâïmânot, rendit le trône d'Éthiopie aux descendants de Salomon, à condition qu'une partie du Lâstâ lui serait cédée, à lui et à ses héritiers, en toute propriété. Il est possible que les princes mentionnés dans la Chronique comme ayant succédé à Naakuĕto-Laab n'aient régné que dans cette province. Takla-Hâïmânot est, avec Abbâ Salâmâ, le plus grand personnage religieux de l'histoire d'Ethiopie et le seul que l'Église romaine regarde comme un saint, depuis l'établissement du schisme dans ce pays. D'après la légende, il descendait de l'un des apôtres de l'Abyssinie. Quelque temps avant sa naissance, ses parents furent persécutés par Motalâmé (مطلمة ?), gouverneur du Dâmot, qui conquit le Châouâ jusqu'à la Djemma, puis le Salâlcha dont il extermina les habitants chrétiens. La mère de Takla-Hâïmânot échappa par un miracle à la passion de l'infidèle et fut réunie à son mari dans le pays de Zoraré. Elle eut un fils qui naquit le 22 de taḥsâs et qui fut appelé Fĕsḥa-Ṣyon (joie de Sion). Il fut ordonné diacre par l'évêque Abbâ Qĕrlos (Cyrille). C'est ce même Abbâ Qĕrlos qui a été confondu par Renaudot (*Histor. patriarc.*, p. 170) et Ludolf avec un autre du même nom envoyé par Benjamin, patriarche d'Alexandrie (630-678), ce qui ferait vivre Takla-Hâïmânot six siècles trop tôt, à l'époque de la conquête de l'Égypte par les musulmans. La tradition place, à tort, sous le second Abbâ Qĕrlos la conversion des Zâgués au christianisme. Devenu grand, Fĕsḥa-Ṣyon demeura dans le désert où Jésus-Christ lui apparut et lui donna le nom de Takla-Hâïmânot. Ensuite, ayant reçu l'ordination et le don des miracles, il alla évangéliser le Châouâ qui était

revenu à l'idolâtrie, le Dâmot, où il convertit Motalâmé, et l'Amḥarâ où il fut transporté sur le char d'Élie. De retour dans le Châouâ, il fonda des monastères dans les déserts de Ouagadâ et de Gérarya. C'est à lui qu'on attribue aussi l'établissement du couvent de Dabra-Libânos (montagne du Liban). Enfin, après des miracles, des macérations et des visions de toute sorte, il mourut âgé de quatre-vingt-dix ans, dix mois et dix jours. Le service le plus réel qu'il rendit à son pays, et passé sous silence par la légende que je viens de résumer, fut de déterminer Naakuëto-Laab à rendre le trône d'Éthiopie à Yĕkouno-Amlâk. Outre les conditions énumérées plus haut en faveur du roi Zâgué, Takla-Hâîmânot se fit céder pour lui et ses successeurs le tiers du pays pour l'entretien du clergé, et stipula qu'aucun patriarche ne serait ni Éthiopien d'origine, ni élu par les Éthiopiens. Il voulait prévenir par là les dangers résultant de l'éloignement de la métropole. Isolée d'Alexandrie, l'Abyssinie aurait pu retourner au paganisme ou du moins ne professer qu'un christianisme dégénéré. Le Synaxare éthiopien célèbre le 24 de naḥasé la commémoration de la mort de Takla-Hâîmânot : ce passage a été publié par M. Dillmann. (Cf. Zotenberg, *Catal. des man. éthiop.*, n° 128; Dillmann, *Chrestomathia æthiopica*, Lipsiæ, 1866, in-8°, p. 36 et suiv. La vie du saint a servi de thème à un grand nombre de panégyristes. Cf. Zotenberg, op. laud., n° 136, 1°; 127, 1°, biographie composée d'après un texte arabe; 138; Dillmann, *Catal. cod. mus. Britann.*, III, p. 49; *Acta Sanctorum*, octobre, t. XII, p. 353; Ludolf, *Hist. æth.*, l. III, ch. III, § 15, 25, 26; *Comment. ad hist.*, p. 436; d'Abbadie, *Catal. des mss. éth.*, n° 40.) On attribue à Takla-Hâîmânot la composition d'un ouvrage intitulé *La Richesse des rois* (Bĕ'la Nagastât; cf. Wright, *Cat. of the eth. ms.*, p. 27, 8°, 299).

(65) Yĕkouno-Amlâk (qu'il soit roi) rentra en possession du trône d'Éthiopie en 1268. Cette date donnée par Bruce (*Voyage*, t. II, p. 1) est confirmée par les relations arabes contemporaines de ce prince et de ses successeurs, comme nous le verrons plus loin. D'après Maqrizy, il écrivit en 1274 (873 de l'hégire) une lettre au sulṭân Bibars, qui y répondit.

(66) Yâgbĕa-Ṣyon (qu'il rétablisse Sion) régna de 1283 à 1292. D'après une lettre qu'il envoya à Qalaoun, sulṭân mamlouk d'Égypte, et citée par Maqrizy, nous voyons que ce roi d'Éthiopie, qui portait aussi le nom de Salomon, régnait en 1290 (689 de l'hégire). Les

détails nous apprennent que Yĕkouno-Amlâk, son père, fit venir un métropolitain syrien qui bouleversa le pays, peut-être pour substituer les doctrines de Nestorius à celles d'Eutychès. Une ambassade éthiopienne, accompagnée de 'Abd er Rahmân qui mourut en route, suivit de près cette lettre, et en apporta une seconde écrite par David ben 'Azz, vizir du roi. D'autres furent adressées à Jean, métropolitain d'Égypte, et aux moines éthiopiens qui résidaient à Jérusalem (Quatremère, *Mémoires sur l'Égypte*, t. II, p. 267). Ce prince a été oublié dans la liste incomplète et dénuée de valeur chronologique que Salt a donnée des rois d'Éthiopie (*Voyage*, t. II, p. 267).

(67) Bruce (*Voyage*, t. II, p. 2) place la mort de Takla-Hâïmânot un an avant celle de Yĕkouno-Amlâk.

(68) Le règne de 'Âmda-Syon (I) (colonne de Sion) dura de 1312 à 1342. D'après Maqrizy, il envoya en moharrem 726 de l'hégire (1325 de J. C.) une lettre au sultân mamlouk Mohammed qui avait persécuté les chrétiens. Il le menaçait d'user de représailles contre les musulmans et de détourner le cours du Nil, pensée reprise par Albuquerque. Le prince égyptien ne tint aucun compte de ces menaces. (Quatremère, *Mémoires sur l'Égypte*, t. II, p. 275.)

(69) Dabra-Bankual est un des plus célèbres couvents d'Éthiopie.

(70) Le Synaxare place le 26 de hamlé la commémoration d'Abbâ Sâmouèl de Ouâldĕbâ (cf. Zotenberg, *Catal. des man. éth.*, p. 192). Le couvent d'Abbâ Sâmouèl fut brûlé par Grâñ (voir p. 105).

(71) Ouâldĕbâ est un district de l'Amharâ à l'ouest d'Aksoum, entre le Oualkaït et une partie du cours du Takazzé.

(71 bis) Voir sur ce personnage la vie indiquée dans le *Catal. des mss. éth.* de M. d'Abbadie, n° 110.

(72) Tsa'âda-Âmbâ (la montagne blanche) ne désigne pas le village chanqallâ de ce nom, contre lequel le roi Iyâsou fit une expédition (v. page 147), mais plus probablement le bourg appelé par Salt Saada-Amba-Haramat et situé dans la province de l'Agamé à l'est du Tigré (Salt, *Voyage en Abyssinie*, t. II, ch. VII, p. 51).

(73) Sur Abbâ Éouostâtéouos, qui avait le privilège d'apaiser les tempêtes et qui se retira, dit-on, en Arménie, voy. Ludolf, *Hist. æth.*, l. III, ch. III.

(74) Le couvent de Dabra-Libânos, le plus illustre d'Éthiopie, était situé dans le Châouâ. Le premier abbé qui y commanda fut Takla-Hâïmânot. Plus tard, les incursions des Gâllâs forcèrent l'Ĕthiagé ou chef des moines, qui y résidait, à émigrer à Dabra-Tabor.

(75) Le Dambyâ est une province de l'Amḥarâ au nord du lac Tsânâ qu'on désigne souvent par son nom : plus tard la ville de Gondar fut bâtie dans ce pays ainsi que le couvent de Dabra-Quĕsquâm.

(76) Le Bégamdĕr (pays des Bedjas et non des moutons, comme le dit Lobo, *Relat. historique d'Abissinie*, p. 109) est situé à l'est du lac Tsânâ, entre l'Abâï (Nil bleu) et le Takazzé. Salt avait cru reconnaître ce nom dans les Begas (**Beya**) de l'inscription d'Adulis, mais cette opinion a été combattue par M. Vivien de Saint-Martin (*Éclaircissements sur l'inscription d'Adulis*, p. 31). Il renferme le couvent célèbre de Dabra-Tabor.

(77) L'Ĕthiagé est le nom qu'on donne au chef de tous les moines d'Éthiopie. Sa juridiction est très étendue, il prend place après l'abouna ou patriarche, mais il n'a pas le droit de conférer l'ordination. (Cf. Ludolf, *Historia æthiopica*, l. III, ch. VII, 14; Isenberg, *Amharic Dictionary*, London, 1841, s. h. v°; Massaja, *Lectiones grammaticales*, Paris, 1867, in-8°, p. 259; Bruce, *Voyage*, t. III, p. 363.)

(78) Le Châouâ (Choa) est une des anciennes provinces éthiopiennes, isolée par les Gâllâs du reste du royaume et devenue un État indépendant dont la capitale est Ankober. Réunie de nouveau quelque temps à l'empire par Théodoros, elle se sépara à la mort de ce prince, sous Mĕnilĕk II. On y parle deux des dialectes gâllâs. (Cf. d'Héricourt, *Voyage dans le royaume de Choa*, Paris, 1841, in-8°; *Second voyage dans le royaume de Choa*, Paris, 1846, gr. in-8°; Johnston's *Travels in southern Abyssinia*, 2 vol. in-8°, London, 1844; Harris, *The highlands in Ethiopia*, 3 vol. in-8°, London, 1844; Krapf, *Reisen in Ost-Africa*, 2 vol. in-8°, Kornthal, 1858; Schmidt, *Abriss der Shoagallagrammatik*, *Zeitschrift der deutschen morgenländ. Gesellschaft*, t. XII, p. 225-248; Bruce, *Voyage*, t. III, p. 291-292.)

(79) Gĕchĕnâ est un ambâ (forteresse naturelle) de l'Amḥarâ, non loin du Châouâ, où le prince régnant emprisonnait ses frères et tous ceux qui pouvaient prétendre au trône.

(80) Kĕbrân est une des îles du lac Tsânâ, située vers le sud et près de l'endroit par où sort le Nil.

(81) Dimâ est une ville du Gojâm près de la rivière de Gadd, affluent de droite de l'Abâï.

(82) Qârodâ, ville et district du Bégamdër, à l'est du lac Tsânâ.

(83) Le Fërqâ est une petite province de l'Amḥarâ, au nord-est du lac Tsânâ, entre le Dambyâ et le Foggera.

(84) Le lac Tsânâ ou Tzânâ, le plus grand d'Éthiopie, est situé dans l'Amḥarâ méridional. Il est traversé par le Nil bleu et renferme un grand nombre d'îles.

(85) Galilâ est une île de la partie septentrionale du lac Tsânâ, en face de la province de Fangia, et renferme un couvent célèbre.

(86) La Chronique a passé sous silence les longues et glorieuses guerres de 'Âmda-Ṣyon que je vais résumer d'après les écrivains chrétiens et musulmans.

A l'est et au sud de l'Éthiopie s'étendaient de nombreux royaumes mahométans, entre autres celui de Zeïla', divisé en sept régions, l'Aoufât (اوفات), le Daouâro, l'Arababni, Hadyâ, Charkhâ, Bâli et Dârâ. La plupart de ces pays avaient été chrétiens et soumis directement aux rois d'Éthiopie, mais il est probable que la dynastie qui se maintint dans le Châouâ n'eut pas assez de puissance pour faire respecter son autorité. Les gouverneurs de ces provinces s'étaient rendus à peu près indépendants, lorsque 'Âmda-Ṣyon résolut de reconquérir tout ce qui avait appartenu à l'ancien empire. Aux royaumes mentionnés plus haut d'après Maqrizy, il faut ajouter ceux de Mârâ, de Zindjiro, d'Adal, etc.

Un des facteurs du roi d'Éthiopie ayant été assassiné dans l'Ifat (en arabe Aoufât), ce pays fut l'objet de la première attaque. Les habitants, au dire de Maqrizy, étaient chaféites et hanéfites; ils parlaient l'éthiopien et l'arabe; la capitale, Aoufât, était située dans la province de Djabarta (جبرت). La dynastie régnante tirait son origine d'un descendant de 'Aqil, fils d'Abou-Thaleb, Qoraïchite; ses successeurs, qui tenaient cette province comme un fief du Ḥatsé (حاطى, ሐጼ), demeurèrent obscurs jusqu'à 'Omar, surnommé Oualachma' (ولشمع), qui régna longtemps sur un pays prospère. Après lui, ses fils, au nombre de quatre ou cinq, montèrent successivement sur le trône; on ne connaît d'eux que Bazaou (بزو), Manṣour et Ḥaqq-Eddin (Maqrizy, *Historia reg. islamiticor. in Abyssinia*, ed. Rinck, Lugduni Batavorum, 1790, in-4°, p. 10-17). Sous ce dernier prince, pour le motif exposé plus haut, le roi d'Éthiopie envahit le pays, brûla plusieurs villes et vainquit Ḥaqq-Eddin, dont il tua le frère, Darâdĕr. Les Maures demandèrent la paix, qui leur fut accordée, à condition que le roi d'Ifat serait remplacé par Ṣabr-Eddin, frère de Ḥaqq-Eddin selon les chroniques éthiopiennes, son neveu, fils de Manṣour, d'après Maqrizy. Le nouveau prince s'allia à Amano, roi de Hadyâ, et Haïdar, roi du Daouâro; mais 'Âmda-Ṣyon, qui surveillait leurs menées, envahit le Hadyâ, dont il vainquit et prit le prince, tandis que Ṣagâ-Krĕstos (faveur du Christ), gouverneur du Bégamdĕr, réprimait une insurrection des Falâchâs, et qu'un corps de troupes marchait contre Ṣabr-Eddin, le battait et le faisait prisonnier. Haïdar, également mis en fuite, fut remplacé par son frère Djemâl-Eddin. Les rois d'Adal et de Mârâ, qui comptaient surprendre près du Haouach l'armée éthiopienne, au retour de cette campagne, furent repoussés. 'Âmda-Ṣyon retourna dans le Daouâro dont le gouverneur lui inspirait des soupçons, mais les plaintes de ses soldats l'obligèrent à revenir sur ses pas. Il reçut l'avis qu'une armée de sept princes maures confédérés voulait l'assaillir dans sa retraite : c'étaient les rois d'Adal, de Mârâ, de Tiko, d'Agouama, de Baqla, de Mourgar et de Gaboula. Il envahit alors le pays de Mârâ et campa à Dassi, où il tomba malade de la fièvre. Il y fut rejoint et attaqué par toute l'armée musulmane, qui, au dire des chroniques éthiopiennes, se composait de 40,000 hommes conduits par seize rois, entre autres Djemal-Eddin. Un corps de troupes était même venu d'Arabie pour prendre part à la guerre sainte. Il fut entièrement exterminé, et la victoire des Chrétiens fut complète. Le roi de Mârâ, Ṣaliḥ, fut fait prisonnier et pendu; sa femme, qui passait pour sorcière, fut mise en pièces et jetée aux chiens. Après ce succès, 'Âmda-Ṣyon marcha sur Zeïla'; le roi d'Adal, qui lui barra le passage, fut vaincu et tué ainsi que le chérif 'Abd-Allah, roi de Gassi. Tous deux s'étaient trouvés parmi les seize princes confédérés. Une seconde armée fut détruite. Toutefois le roi d'Éthiopie ne poursuivit pas son projet d'assiéger Zeïla'; il revint sur ses pas, ravageant les pays musulmans, massacrant les soldats, réduisant en esclavage les femmes et les enfants, détruisant les mosquées jusqu'à ce qu'il arrivât dans le Daouâro, où il écrasa une nouvelle révolte. (Cf. Bruce, *Voyage en Nubie et en Abyssinie*, 6 vol. in-4°, Paris, 1790, t. II, p. 14-61.) Ces exploits furent célébrés dans des chants populaires dont quelques-uns nous sont parvenus. (Cf. Zotenberg, *Catal. des mss. éthiopiens*, p. 218.)

Sous le règne de 'Âmda-Ṣyon fut composé le livre intitulé Kĕbra-

Nagast (la gloire des rois). Ce roman, d'origine purement éthiopienne, et destiné à célébrer l'antiquité glorieuse de la dynastie salomonienne, est donné par son auteur Yĕsḥaq comme la traduction d'une version arabe faite sur l'original copte par Abou 'l-'Iyz et Abou 'l-Faradj, au temps du roi 'Âmda-Ṣyon. L'ouvrage aurait été, suivant la préface, composé au temps des Zâgués. Il semble se diviser en deux parties : dans la première, l'auteur fait exposer aux trois cent dix-huit pères du Concile de Nicée, par Grégoire le Thaumaturge, l'histoire de la création du monde et les divers récits bibliques jusqu'à David (ch. II-XVIII). Au chapitre XIX, Damâtyos, patriarche de Rome, décrit un livre qu'il a trouvé dans l'église de Sainte-Sophie et renfermant des détails sur Rome et l'Éthiopie. On y raconte, d'une manière conforme aux traditions arabes, l'entrevue de la reine de Saba (Makĕdâ et non Bilqis) avec Salomon, la naissance de leur fils Ibn al-Hakim (Mĕnilĕk), le départ de ce prince de Jérusalem avec l'arche et Azaryâs, qui règle les affaires religieuses de l'Éthiopie, et le reste de l'histoire de Salomon (ch. XIX-LXX). Les chapitres suivants entremêlent sans aucune liaison l'histoire juive et les légendes éthiopiennes, et l'ouvrage se termine par le récit d'un partage de la terre entre le roi d'Éthiopie et celui de Rome. Les rubriques des chapitres ont été publiées par M. Wright (*Catalog. of ethiopic mss. in the British Museum*, p. 298-300), et les chapitres XIX-XXXII, relatifs au voyage de Makĕdâ à Jérusalem, par M. Prætorius, *Fabula de Reginâ Sabææ apud Æthiopes*, in-4°, Halis Saxonum, 1870; cf. également Bruce, *Voyage en Nubie et en Abyssinie*, t. I, ch. VI; Dillmann, *Catal. codic. Bibliot. Bodleianæ*, n°s XXXVI, XXXVII; d'Abbadie, *Catalogue raisonné des mss. éthiopiens*, Paris, 1859, in-4°, n°s 97, 132, 152, 225; Wright, *Catal. of eth. mss.*, n° CCCXCI, 1°; Dillmann, *Verzeichniss der abyssinischen Handschriften von Berlin*, Berlin, 1878, in-4°, n° 76. Une version arabe conservée à la Bibliothèque nationale de Paris (supplément arabe n° 92, fol. 70-81) et renfermant le récit du voyage de la reine à Jérusalem est un remaniement du texte éthiopien.

D'après M. Dillmann (*Catalog. cod. Bibl. Bodleian.*, n° XXIX), l'histoire des guerres de 'Âmda-Ṣyon contre les musulmans fut écrite pendant le règne de ce prince (1312-1342).

(87) D'après les historiens musulmans, la persécution qui affligea les chrétiens d'Égypte en 1352 fut causée par leur luxe et leur insolence envers les musulmans. L'émir Cheïkhoun, tuteur du sulṭân

Mélik Eṣ-Ṣaliḥ, fit revivre les anciennes lois somptuaires contre les juifs et les chrétiens. (Cf. Renaudot, *Historia patriarcharum*, p. 607-610.)

(88) Le mois de ṭĕqĕmt, le second de l'année éthiopienne, correspond au mois ⲡⲁⲱⲡⲓ des Coptes, et commence le 28 septembre selon le calendrier julien (Cf. Dillmann, *Lexicon linguæ æthiopicæ*, s. h. v°). Toutefois les Synaxares éthiopiens qui nous sont parvenus ne font pas mention de cet événement le 19 de ṭĕqĕmt.

(89) Le Synaxare célèbre la commémoration de cet événement le 12 de gĕnbot. Ce mois correspond au ⲡⲁⲭⲱⲛ des Coptes et commence le 26 avril selon le calendrier julien. (Cf. Dillmann, *Lexic.*, s. h. v°, *Cat. cod. Bib. Bodl.*, n° XXIV; Zotenberg, *Cat. des mss. éth.*, n° 128, fol. 12.

D'après la vie d'Aron le Thaumaturge, la fille de Saïfa Arʿâd aurait embrassé la vie religieuse, sous le nom de Barbara, au couvent de Dabra Darèt, dirigé par ce moine. (Wright, *Cat. of the ethiop. mss.*, n° CLXIX.)

Nèouâyâ-Krĕstos eut, comme son père, à combattre les Maures de l'est. A Ṣabr-Eddin Moḥammed Oualkhouï (ولخوى) avait succédé son fils ʿAli qui se révolta contre le roi d'Éthiopie. Il fut vaincu et son gouvernement donné à son fils Aḥmed Ḥarb (ou plutôt Ḥazb) Arʿad (حرب ارعد). Lui-même demeura huit ans captif chez les chrétiens avec ses autres fils; après ce temps, il rentra en grâce et recouvra ses États. Il chassa son fils, qui alla chercher un asile à la cour de Saïfa-Arʿâd; celui-ci lui fit donner en fief une partie du Djabarta. Mais après la mort d'Aḥmed, tué dans une émeute, le roi d'Aoufât le remplaça par son autre fils Abou-Bekr ben ʿAli, au détriment de son petit-fils Ḥaqq-Eddin ben Ḥarb-Arʿad qu'il n'aimait pas et qu'il chassa de sa capitale. Bien accueilli par un souverain voisin, ce jeune prince ne tarda pas à renverser son hôte, puis il commença la guerre en attaquant son oncle, Maoula Aṣfaḥ (اصفح). Celui-ci s'adressa au roi d'Éthiopie. Saïfa-Arʿâd (سيف ارعد) lui amena 30,000 hommes qui furent vaincus par Ḥaqq-Eddin. Une seconde armée ne fut pas plus heureuse, et Aṣfaḥ fut trouvé parmi les morts. Le vainqueur mit le siège devant Aoufât dont il s'empara, traita avec générosité son aïeul ʿAli et émigra avec presque toute la population de la ville dans le Châouâ (شوة), où il bâtit Ouaḥal (وحل). La guerre continua sans relâche contre l'Éthiopie. (Makrizy, *Hist. reg. islamit.*, p. 17-20.)

(90) Maqrizy, qui a confondu ce prince avec son frère et successeur Dâouit, fait mourir à tort Ḥaqq-Eddin sous le règne suivant. Ce fut sous Nëouâyâ-Mâryâm que le roi d'Aoufât fut tué dans une grande bataille (776 hég., 1374-75 de J. C.), la dixième année de son règne. Il eut pour successeur son frère Sa'ad-Eddin Abou'l-Berekât Moḥammed ben 'Ali ben 'Omar (*Histor. reg. islam.*, p. 20-21).

(91) Dâouit était surnommé le Van des impies et le mur de diamant : le Synaxare célèbre le 9 de ṭëqëmt la commémoration de ce prince dans les termes suivants :

Salut à toi qui as pris en pitié de nombreux débiteurs,
Image de Dâouit, le roi de Juda,
Dâouit, oint (du Seigneur), parce que tu les as aimés,
Ils ont fortifié ton palais et rendu ses fondements solides
Aux jours de Mâryâm et de son fils.

(92) Dâgâ est la plus grande île du lac Tsânâ. Elle renferme le couvent de Saint Ēstëfanos (Étienne) et est encore aujourd'hui l'asile des prêtres éthiopiens contre les révolutions politiques du pays. (Cf. Raffray, *Abyssinie*, Paris, 1878, in-12, p. 288-290.)

(93) La guerre continua sous ce prince contre les Maures de l'Aoufât. Sa'ad-Eddin, fait prisonnier dans un combat près d'Ahbazah (اهبزة), fut délivré par la valeur d'un de ses soldats et reprit le cours de ses expéditions. Après avoir battu Aman Morfa (امن مرفى), général du Négouch, il s'empara de Zalân (زلان), où il trouva un butin considérable; mais son gendre Sélim ben 'Ayâd fut tué à peu de jours de là. Les villes de Zamdouah (زمدوة) et de Bâli furent emportées peu après, et une nouvelle armée éthiopienne, commandée par Zân-Ḥach (زان حش), fut vaincue par Asad, officier musulman. Dans un autre combat, un émir du nom de Moḥammed périt avec presque toutes ses troupes, à l'exception d'un cavalier. Le succès fut suivi d'une nouvelle expédition des chrétiens commandés par Bârouâ (باروا), qui battit Sa'ad-Eddin et le força à se réfugier dans la ville de Zeïla', où il l'assiégea. Les Éthiopiens s'introduisirent facilement dans la capitale, qui manquait d'eau depuis trois jours, et massacrèrent tous ses défenseurs l'an 805 de l'hégire (1402-1403 de J. C.). La mort de ce prince fut le signal de l'abaissement de l'islam : partout les églises remplacèrent les mosquées, et pendant vingt ans les musulmans expièrent, à force d'insultes et de mauvais traitements, les ravages qu'ils avaient exercés en Éthiopie. (Maqrizy, *Hist. reg. islamit.*, p. 21-25.)

Au début de son règne, Dâouit reçut une ambassade envoyée d'Égypte par le patriarche que Maqrizy appelle Mathieu et le Synaxare Mârqos, à la demande de l'émir ḥanéfite d'Égypte, soit le khalife abbasside du Kaire El-Ouathiq billah, soit le mamlouk Barqouq, fondateur de la dynastie des Tcherkesses. Cette ambassade se composait des principaux dignitaires de l'Église d'Alexandrie, Abbâ Maëmër et Abba Qérlos, évêque d'Ahnâs, sous la conduite d'Abbâ Yoḥannës, patriarche jacobite de Jérusalem. Elle etait adressée au roi Saïfa-Ar'âd, qui avait persécuté les musulmans de son royaume, tuant ou chassant ceux qui ne voulaient pas embrasser le christianisme. Arrivés sur les frontières d'Éthiopie, les députés apprirent la mort de Saïfa-Ar'âd et furent reçus avec une grande pompe par les gardes du roi, chargés de leur offrir des présents et des mules. Ils passèrent quelque temps à la cour d'Aksoum et revinrent après avoir réussi dans leur mission, car Maqrizy rapporte que Dâouit envoya à Barqouq une ambassade accompagnée de vingt-deux chameaux portant des présents. (Cf. *Synaxare*, manusc. de la Bibl. nation. de Paris, fonds éthiopien, n° 126, fol. 54-55; Quatremère, *Mémoires sur l'Égypte*, t. II, p. 276.)

En l'an 1396-1397, Abbâ Sëm'on de Dabra Antonios traduisit en gheez, sur la version copte, la vie de Fâsiladas (Basilidès) dont l'auteur était le pape saint Célestin. (Cf. Wright, *Cat. of ethiop. manus.*, n°s 257, 282, 283, 284.)

(94) Cette date de l'avénement de Téouodros (Théodore) concorde avec celle donnée par Maqrizy, 812 de l'hégire = 1409-1410 de J. C. (*Histor. reg. islam.*, p. 5).

(95) Ce fut lui qui abolit le pacte en vertu duquel le tiers de l'Éthiopie devait appartenir aux successeurs de Takla-Hâïmânot. Cette sage mesure ne l'empêcha pas d'être mis au rang des saints. D'après le Synaxare, il avait été, dès sa jeunesse, rempli de la crainte de Dieu et de l'amour des livres pieux; il excellait à tirer de l'arc et à monter à cheval, et vécut toujours avec une seule femme; il fit bâtir un grand nombre d'églises et distribua ses richesses aux pauvres. Il songea même à faire le pèlerinage de Jérusalem, mais il en fut détourné par l'abouna Mârqos. Il fut l'objet de plusieurs miracles rapportés par Bruce et le Synaxare (cf. *Synaxare*, man. éth. de la Bibl. nat. de Paris, n° 128, fol. 139; Bruce, *Voyage*, t. II, p. 68-69). L'Église éthiopienne célèbre sa commémoration le 29 de sané. Ludolf (*Hist. æth.*, l. II, ch. VI) a publié les vers que le Syna-

xare rapporte en l'honneur de ce prince. Il y est appelé fils du lion, et sa mère Ṣyon Mogasa.

(96) Le Ouagarâ (Woghara, Ouodjéra des voyageurs modernes) est une province de l'Amḥarâ, située à l'ouest du Samèn et au nord de Gondar. Le passage assez obscur de la Chronique semble prouver qu'à cette époque les Falâchâs occupaient un territoire plus considérable qu'aujourd'hui.

(97) D'après Bruce (*Voyage*, t. II, p. 70), douze des juges destitués étaient du Tigré, et douze du Châouâ. La Chronique étant muette sur les causes de leur résistance, il est difficile d'admettre l'hypothèse du voyageur écossais qui en cherche les raisons dans un blâme formulé par ces juges, au sujet d'injustices commises contre les Falâchâs, blâme analogue aux remontrances des Parlements de l'ancienne France.

(98) Kossogé (village du kousso) est situé dans l'Amḥarâ au nord de Gondar.

(99) Maqrizy (*Hist. reg. islam.*, p. 5-8) rapporte que les troupes de Yĕsḥaq furent disciplinées par un mamlouk fugitif qui vint chercher un asile en Éthiopie. Un autre réfugié, nommé Altounboghâ (الطنبغا et non Tanbaghâ comme le lit Rinck), ancien gouverneur d'un district de Sa'îd, vint aussi à la cour du roi, exerça les troupes éthiopiennes et leur fabriqua des feux grégeois (وعمل لهم النفط bien que le mot éthiopien ነፍጥ ፡ نفط ait été employé depuis pour désigner les fusils, il ne peut guère s'appliquer à cette époque aux armes à feu). Maqrizy attribue également à un Copte l'introduction du luxe des vêtements à la cour d'Éthiopie. Voyant son royaume prospère, Yĕsḥaq conçut le projet d'attaquer les musulmans. Il persécuta ceux qui habitaient ses États, écrivit aux rois des Francs pour les associer à son dessein et recommença la guerre contre le royaume d'Adal et d'Aoufât. Après la mort de Sa'ad-Eddin, ses dix fils avaient passé en Arabie, à la cour d'un certain Naṣr Aḥmed ben Achraf Isma'îl qui leur fournit des secours. Ils retournèrent en Afrique avec l'aîné d'entre eux pour chef, Ṣabr-Eddin (II), et s'établirent à Sayârah (سيارة), où une partie des anciens soldats de leur père vint les retrouver. Ṣabr-Eddin vainquit d'abord les chrétiens à Dzikr Amḥarah, puis à Serdjân (سرجان). Mais ces succès furent suivis d'échecs. Nadjt Baqal (نجت بقل), à la tête des Éthiopiens, chassa les musulmans de toutes les positions qu'ils occupaient, mais

il fut vaincu et tué dans le pays de Reṭouâ (رطوا) par Moḥammed, frère de l'émir, et Ḥarb Djâouch (حرب جاوش peut-être Ḥazb, cf. l'éthiopien ሕዝብ ፡), un de ses officiers. Un autre de ses frères, ʿOmar, fit une excursion dans le pays d'Eldjab (الجب). Une dernière défaite éprouvée par l'émir, qui n'échappa qu'à grand'peine, rétablit pour quelque temps la paix entre les chrétiens et les musulmans. Ṣabr-Eddin mourut vers 825 de l'hégire (1421-1422 de J. C.). La guerre recommença sous son frère et successeur Manṣour (II) ben Saʿad-Eddin. Il fut d'abord vainqueur à Djedâyah (جدايه), résidence de la famille du roi (Gĕchéna, Djechnèh?), et à Mokhâ (مخا); mais Yĕṣhaq le battit, le fit prisonnier ainsi que son frère Moḥammed en 828 de l'hégire (1424-1425 de J. C.), et les garda en prison jusqu'à leur mort. L'émir fut remplacé par Djemâl-Eddin, autre fils de Saʿad-Eddin. Ḥarb Djaouch vainquit les chrétiens à Bâli, à Djedâyah, à Yadjzâh (يجزة), brûla les églises et ramena de ces diverses expéditions une foule de captifs qui se vendaient à vil prix. Dans une campagne, Djemâl-Eddin poursuivit Yĕṣhaq jusqu'au Nil, pendant que son frère Aḥmed et Ḥarb Djaouch ravageaient le Daouâro. L'Éthiopie cependant n'était pas aussi affaiblie que ces défaites exagérées par l'historien musulman le feraient croire, car nous voyons peu après les chrétiens attaquer de trois côtés différents les États de Djemâl-Eddin et l'obliger de renoncer à une expédition commencée. Après une lutte acharnée à Ḥardjâï (هرجاى), l'émir fut vaincu. (Maqrizy, *Histor. reg. islam.*, p. 25-32.) L'écrivain égyptien fait assassiner Yĕṣhaq en 833 de l'hégire (1429-1430 de J. C.). Cette date ne paraît pas exacte.

(100) Maqrizy fait régner Andryâs (اندرياس) pendant quatre mois (*Histor.*, p. 8.).

(101) Il est appelé par Maqrizy (*ibid.*) Harbnâï (حربناى ou plutôt Hazb-nâï) et serait mort, suivant le même auteur, en 834 de l'hégire (1430–1431 de J. C.).

(102) Maqrizy (*ibid.*) mentionne un Salmoun dont il n'est pas question dans les Annales.

(103) Il est probable que c'est ce roi mort en 1434 (et non en 1435-36, 839 de l'hégire) de la peste qui, d'après Maqrizy, ravagea l'Afrique orientale et mit une trêve à la lutte entre l'Aoufât et l'Éthiopie. A Djemâl-Eddin assassiné par ses proches en 835 (1431-1432) avait succédé son frère Chehâb-Eddin Aḥmed Badlâï

(بدلاى cf. l'éthiopien በድል ፡ ኖኝ ፡), qui vengea ce meurtre et recommença la guerre contre les chrétiens : il reconquit le pays de Bâli et brûla six églises. (Cf. Maqrizy, *Hist. reg. islam.*, p. 35-36, où il semble s'être trompé sur les dates des divers princes qui se succédèrent rapidement sur le trône jusqu'à Zarĕa-Yâ'qob.)

(104) A ce moment, l'Éthiopie entra pour la première fois en communication avec l'Europe. Suivant Baronius (*Annales ecclesiastici*, Lucæ, 1746, t. XII, p. 450 et sqq., ad ann. 1177), le pape Alexandre III aurait écrit au Prêtre Jean, roi des Indes, qui ne serait autre que le roi d'Éthiopie, une lettre pour lui recommander un médecin du nom de Philippe. Mais ce document, quoique rapporté par Roger de Hoveden et d'autres chroniqueurs contemporains, est probablement apocryphe, comme l'a démontré M. Zarncke (*Commentatio de epistolâ Alexandri papæ III ad presbyterum Joannem*, Lipsiæ, in-4°, 1875). L'ambassadeur envoyé par le roi d'Éthiopie au pape d'Avignon, Clément V (Codigni, *De Abbassinorum rebus*, Lugduni, 1615, in-8°, p. 177; Ludolf, *Commentar. ad suam historiam*, Francofurti, 1691, in-fol., p. 467), n'a pas laissé de traces dans l'histoire, non plus que les lettres de Yĕsḥaq (voy. plus haut, p. 241, note 99). Les premières relations authentiques de l'Éthiopie avec l'Europe occidentale commencèrent sous Zarĕa-Yâ'qob, à l'occasion du concile de Florence (1439). On sait que, devant les progrès menaçants des Turks, la question de la réunion des Églises grecque et latine y fut débattue et n'échoua que par la résistance opiniâtre de quelques évêques et abbés orientaux, parmi lesquels il faut compter les prêtres envoyés par Nicodémos, supérieur du couvent éthiopien de Jérusalem. C'est à cette époque, et non au temps d'Alexandre III, comme le croit Baronius, qu'il faut probablement placer la fondation d'un monastère éthiopien à San Stefano in Rotundis à Rome. Toutefois Salt (*Voyage en Abyssinie*, t. II, p. 274, note), appuyé sur le témoignage d'Abraham Peritsol, recule jusqu'à la fin du XVe siècle l'établissement de ce couvent.

Zarĕa-Yâ'qob eut ensuite à lutter contre les princes musulmans voisins. Il comprima la révolte de Mihico, chef tributaire de Gadaï, qui fut vaincu et tué par son oncle, et une insurrection des gens du Hadyâ, à la tête de laquelle s'était mis un certain Khaïr-Eddin, fut également étouffée. Dans l'une de ces guerres, Chehâb-Eddin Aḥmed Badlâï, roi d'Aoufât, fut tué par le roi d'Éthiopie en combat singulier. (Cf. *Manusc. éth. de la Bibl. nat.*, n° 141; Bruce

Voyage, t. II, p. 77-82; Burton, *First Footsteps in East-Africa*, London, 1856, in-8°, p. 306-307.)

(105) D'après Bruce (*Voyage*, t. II, p. 74), l'adversaire d'Abbâ Giyorgis était un peintre vénitien nommé Francisco de Branca-Leone, qui passa en Éthiopie où il mourut. Ce fut probablement lui qui, sous le règne de Baëda-Mâryâm, fils de Zarëa-Yâ'qob, peignit les images de Marie et de Jésus. Nous avons encore l'ouvrage d'Abbâ Giyorgis, fils de Ḥëzba-Ṣyon (peuple de Sion), de la ville de Saglâ en Amḥarâ. Il est consacré spécialement à la réfutation des hérésies et il combat successivement les doctrines de Sabellius, d'Arius, de Nestorius, de Photinus, d'Origène, de Biton (?), des Antidicomarionites, d'Eutychès, de Sévère d'Antioche, de Théodose d'Alexandrie, d'Abourios, de Manès, du pape Léon, du concile de Chalcédoine, le «Synode des chiens» (ማኅበረ ፡ ከለባት ፡), de Jean Philoponos, de Macédonius, etc. (cf. *Zeitschrift für die Kunde des Morgenlandes*, t. V. p. 194; d'Abbadie, *Catal. des manusc. éth.*, n° 49; Zotenberg, *Cat. des manusc. éth.*, n° 113). Abbâ Giyorgis compléta son livre par un recueil de lettres du patriarche jacobite d'Alexandrie, Timothée Élure, meurtrier de son prédécesseur orthodoxe Protérios, et des extraits de Grégoire de Nazianze et de Cyrille d'Alexandrie (cf. Zotenberg, *oper. laud.*, p. 131, col. 1).

(106) Les dernières années de Zarëa-Yâ'qob furent troublées par les menées de la reine Ṣyon-Mogasa qui, avec l'appui du clergé, s'efforça de détrôner son mari au profit de son fils Baëda-Mâryâm. Dénoncée par les grands qu'elle cherchait à gagner, elle mourut sous les coups et fut enterrée à Dabra-Bërhân. Son fils, convaincu d'avoir honoré son tombeau en y brûlant de l'encens, fut exilé avec son ami Mëḥrata-Krëstos (clémence du Christ) sur un ambâ (sans doute Gëchéna), d'où il ne sortit qu'à la mort de son père. (Bruce, *Voyage*, t. II, p. 82-84.)

(107) Ce prince se fit remarquer aussi bien par son amour pour les lettres et la religion que par ses talents militaires. Il adressa aux moines du couvent éthiopien de Jérusalem le texte gheez des canons des Apôtres et des conciles admis par l'Église éthiopienne, c'est-à-dire : cent vingt-sept canons des Apôtres, trente-huit canons d'Hippolyte (Aboulids), pape, les canons des conciles de Nicée, d'Ancyre, de Néo-Césarée, de Gangres et de Césarée, les canons de Basile, de Jean Chrysostome et du concile de Constantinople. Ludolf (*Hist.*

æth., l. IV, ch. III, n° 27, et *Comment. ad hist. æth.*, p. 301-340) a publié la lettre du roi, la table des rubriques et le texte des vingt-trois premiers canons des Apôtres. Geddes (*Church History of Ethiopia*, London, in-8°, 1696, p. 27 et sqq.) a aussi donné la lettre du roi. (Cf. également Fell, *Canones apostolorum æthiopice*, Lipsiæ, 1871, in-8°; Zotenberg, *Catal. des manusc. éthiop.*, n° 121; Wright, *Catal. of the ethiop. manusc.*, n°s 359, 360, 361 v°, 362 r°.)

Le commencement de son règne fut marqué par une violente persécution contre les païens et surtout contre les Agaous : toutes les pratiques idolâtres furent punies de mort; dans la famille royale deux gendres du roi furent exécutés. Zarëa-Yâ'qob composa alors un ouvrage intitulé Maṣḥafa-Bërhân (le Livre des lumières), recueil de préceptes sur toutes sortes de sujets : sur l'observation des jours fériés, sur les présents à faire aux églises, sur le respect dû au roi, sur quelques cérémonies idolâtres, etc. (Cf. d'Abbadie, *Catal. des manusc. éthiop.*, n° 69; Dillmann, *Verzeichniss der abyssinischen Handschriften zu Berlin*, n° 38.)

Le même prince fit rédiger le livre intitulé Ëgziabḥër Nagsa (le Seigneur règne), renfermant des salâms ou pièces de vers en l'honneur des saints, analogues à celles qui terminent chacune des vies du Synaxare. (Cf. *Zeitschrift der deutschen morgenländischen Gesellschaft*, t. I, p. 37; Dillmann, *Lexicon ling. æthiop.*, Prolégom., col. XI; Zotenberg, *Catal. des manusc. éthiop.*, n° 130; Wright, *Catal. of the ethiop. manusc.*, n°s 180-186, 193, 3°; Dillmann, *Verzeichniss der abyssinischen Handschriften*, n° 60.)

Le livre des miracles de la Vierge (Taamra-Mâryâm) fut traduit de l'arabe la septième année du règne de Zarëa-Yâ'qob, Abbâ Mikaèl et Abbâ Gabriel étant métropolitains d'Éthiopie. Le nombre de ces récits légendaires, les uns d'origine orientale, les autres d'origine européenne, varie suivant les manuscrits. La préface a été publiée dans le Catalogue des manuscrits éthiopiens du Musée Britannique par M. Dillmann (p. 26). (Cf. également d'Abbadie, *Catal. des manusc. éthiop.*, passim; Zotenberg, *Catal. des manusc. éthiop.*, n°s 60-63; Dillmann, *Verzeichniss der abyssinischen Handschriften*, n° 68; Wright, *Catal. of the ethiop. manusc.*, n°s 76 (manuscrit original), 77-84 et 86-99.)

D'après Bruce, Abbâ Giyorgis l'Arménien composa en 1440 l'Organon-Dëngël (Orgue du panégyrique de la Vierge), en sept parties correspondant chacune à un jour de la semaine. Ludolf (*Comment.*

ad hist., p. 346) et M. Zotenberg (*Catal. des manusc. éthiop.*, p. 95) en ont publié quelques fragments.

La traduction gheez des Annales de Georges, fils d'El-'Amid, plus connu sous le nom d'El-Makin, date aussi du règne de Zarĕa-Yâ'qob. Des résumés de cette histoire furent souvent placés en tête des Chroniques éthiopiennes. (Cf. Rüppel, *Reise in Abyssinien*, t. II, p. 408; d'Abbadie, *Catal. des manusc. éthiop.*, n°s 67-68; Zotenberg, *Catal. des manusc. éthiop.*, n°s 141, 143, 146, 8° et 9°; Wright, *Catal. of the ethiop. manusc.*, n° 388; Dillmann, *Verzeichniss der abyssinischen Handschriften*, n°s 62-63.)

(108) Les Annales résumées par Bruce (*Voyage*, t. II, p. 92-93) rapportent qu'un synode de prêtres et de moines éthiopiens attaqua la peinture de Branca-Leone, parce que celui-ci avait représenté la Vierge portant, à la mode italienne, le Christ de la main gauche qui, chez les Éthiopiens et en général chez les Orientaux, est tenue en peu d'estime. Toutefois Baĕda-Mâryâm n'écouta pas ces plaintes, et le talent du peintre vénitien sauva son œuvre. Le même synode persécuta aussi une nouvelle secte qui, tout en admettant l'humanité dans le Christ à côté de la divinité, considérait sa chair et son sang comme étant d'une nature supérieure à la chair et au sang des hommes.

(109) Atronsa-Mâryâm (le trône de Marie) est une ville du district d'Amara, dans l'Amharâ méridional, sur la rive gauche de l'Abâï.

(110) Rüppel (*Reise in Abyssinien*, t. II, p. 357) s'est complètement mépris sur le sens de ce passage, reproduit peut-être fautivement par la Chronique de Lĕbna-Dĕngĕl. Il rapporte que, la troisième année de son règne, Baĕda-Mâryâm eut à lutter contre un certain Tiwafalos (Téouoflos) qui appela les Gâllâs à son secours. Ceux-ci pillèrent le couvent d'Atronas (Atronsa-Mariam). La remarque du voyageur allemand sur l'importance de ce passage prouvant l'existence des Gâllâs en Éthiopie au XVe siècle n'a donc aucune espèce de valeur.

(111) Le mois de naḥasé est le douzième de l'année éthiopienne. Il correspond au mois copte de ⲘⲈⲤⲞⲨⲢⲎ et commence le 25 juillet, suivant le calendrier julien. (Cf. Dillmann, *Lexicon ling. æth.*, s. h. v°.)

(112) Le mois de ḥĕdâr est le troisième de l'année éthiopienne. Il correspond au mois ⲁⲑⲱⲣ des Coptes et commence le 28 octobre, suivant le calendrier julien. (Cf. Dillmann, *Lexicon ling. æth.*, s. h. v°.)

Baĕda-Mâryâm consacra la plus grande partie de son règne à combattre les musulmans de l'Est. Après avoir reçu la soumission du roi des Danakils, il résolut de détruire les Dobas, peuple païen qui faisait des incursions continuelles en Éthiopie. Malgré l'appui secret que leur fournirent les Maures d'Adal, ces barbares furent exterminés en partie, et en partie convertis au christianisme. Baĕda-Mâryâm, à qui la reine Româna-Ouarq (grenade d'or) venait de donner un fils, tourna alors ses armes contre Moḥammed, roi d'Adal. Il pénétra dans ce pays par le Gojâm, et, dans une première bataille, tua un grand nombre d'ennemis, dont plusieurs chefs importants, entre autres Aḥmed, fils du sulṭân Moḥammed. Baĕda Mâryâm s'apprêtait à envahir entièrement le royaume d'Adal, lorsqu'il mourut subitement, peut-être empoisonné (Bruce, *Voyage*, t. II, p. 86-95).

(113) Comme Ĕskĕndĕr était encore enfant à la mort de son père, la reine Româna-Ouarq, le ʿAqâbé-Saʿât Tasfâ-Giyorgis (espoir de Georges) et le Bitouadad Amdou gouvernèrent en son nom, malgré l'opposition, punie de mort, d'Abbâ Giyorgis et d'Abbâ Hasabo. Dès que le jeune roi fut arrivé à l'âge d'homme, il reprit les projets de son père contre le royaume d'Adal, dont un émir nommé Maffoudi ou Maḥfouzh (محفوظ) faisait chaque année une incursion sur le territoire éthiopien. Malgré la trahison de son ministre, Za-Sĕlâsé, Ĕskĕndĕr battit deux fois les musulmans et tua le fils du roi ennemi (Bruce, *Voyage*, t. II, p. 120-126; Burton, *First Footsteps*, p. 307).

A cette époque, l'espoir de trouver enfin le fameux Prêtre Jean amena l'envoi d'une ambassade portugaise en Éthiopie. Sur les récits fabuleux d'un roi de la côte de Guinee qui mentionnait un empire chrétien au centre de l'Afrique, le roi Jean envoya Alfonso de Païva et Pedro Covilhão à la recherche du Prêtre Jean. Partis de Portugal en 1486, sous l'habit de marchands, ils se dirigèrent vers le Kaire en passant par Rhodes et Alexandrie, s'embarquèrent sur la mer Rouge, s'arrêtèrent à Saouâkin, puis à Aden, et là se séparèrent. Alfonso de Païva se dirigea vers la côte de Berberah, où il trouva la mort. Covilhão passa dans l'Inde, et après avoir séjourné à Calicut et à Goa, il retourna par Sofala et Aden au Kaire où il espérait revoir son compagnon. Là il reçut, par l'intermédiaire de Rabbâ Abraham et de Jose Lamego, des lettres du roi de Portugal, l'informant de la mort de Païva et lui ordonnant de visiter Ormuz et de se rendre à la cour du Prêtre Jean (le roi d'Éthiopie). Après plusieurs voyages dans la mer Rouge, il débarqua à Zeila' et arriva près d'Ēskĕndĕr qui lui fit bon accueil. (Damianus Goez, *De Æthiopum moribus*, in-18, 1591, p. 381-383; Legrand, *Relation historique d'Abissinie*, Paris, 1728, in-4°, p. 233-234; Bruce, *Voyage*, t. II, p. 113-115; Desborough Cooley, *Hist. des Voyages*, trad. franç., t. I, p. 369.) Goez dit formellement que Covilhão visita Ēskĕndĕr, c'est donc à tort que le P. Tellez place après la mort de ce prince l'arrivée de l'ambassadeur portugais. Il est difficile en outre d'admettre que celui-ci ait trouvé le successeur d'Ēskĕndĕr, 'Âmda-Ṣyon II, qui mourut en bas âge, occupé à réprimer une révolte.

(114) D'après Bruce (*Voyage*, t. II, p. 125), Ēskĕndĕr fut assassiné à Tegoulet à l'instigation de Za-Sĕlâsé. Celui-ci, après avoir vainement tenté d'exciter un soulèvement, fut pris, eut les yeux arrachés et fut mis à mort. J'ai traduit le mot ሎዋ፡ par analogie avec l'arabe اللواء.

(115) Le mois de gĕnbot est le neuvième de l'année éthiopienne; il correspond au mois copte ⲡⲁϣⲟⲛⲥ et commence le 26 avril, suivant le calendrier julien. (Cf. Dillmann, *Lexicon ling. æth.*, s. h. v°.)

(116) C'est sous le règne de ce prince, et non sous celui de Fâsiladas, comme le fait remarquer M. Wright, qu'il faut placer la traduction gheez faite en l'an 1204 des martyrs, des soixante-dix-neuf miracles de Mar Giyorgis, martyr. (Cf. Wright, *Catal. of the ethiop. manusc.*, n°ˢ 288, 289 3°, 290 3°, 291 3°, 292 4°.)

(117) Le règne si court de 'Âmda-Ṣyon (II) a été omis par la plupart des chroniqueurs : manuscrit de la Bibliothèque nationale n° 141, chronique de Bĕrhân-Sagad (ap. Rüppel, t. II, p. 358), Damianus Goez, Alvarez et le P. Tellez. C'est ce qui explique le désordre de la chronologie éthiopienne à cette époque chez les écrivains portugais et Salt. Bruce paraît être seul dans le vrai, lorsqu'à l'aide du calcul d'une éclipse de soleil il place en 1495 l'avénement de Nâ'od, frère d'Ēskĕndĕr et non son fils, comme le dit à tort le P. Tellez (*Historia géral*, l. II, ch. IV).

(118) A la mort de son neveu, Nâ'od était enfermé dans l'ambâ de Gěchénâ. Malgré les efforts de la reine Hélène qui voulait faire proclamer roi Anqo-Israël, troisième fils de Baë la-Mâryâm, l'armée reconnut Nâ'od. Celui-ci, dès son avénement, fit cesser les guerres civiles, défendant, sous peine de mort, de faire allusion aux discordes passées; puis, ayant ainsi tranquillisé le pays, il résolut de délivrer l'Éthiopie des ravages de Maḥfouzh. Le roi d'Adal sépara sa cause de celle de cet émir qui fut vaincu dans une grande bataille (Bruce, *Voyage*, t. II, p. 128-132).

(119) Ce prince étant encore enfant à la mort de son père, la reine Hélène, fille de Moḥammed, gouverneur musulman du Daouâro, et l'Abouna Mârqos ne songèrent qu'à conserver la paix avec le royaume d'Adal et avec l'Égypte. La régente envoya même dans ce dernier pays, à ce que rapporte Ibn Aïas, une ambassade (922 de l'hégire, 1516 de J. C.) qui fut reçue avec pompe par l'avant-dernier sulṭân mamlouk Qansou'l-Ghouri. Toutefois les présents apportés d'Éthiopie étaient bien inférieurs à ceux offerts précédemment (Quatremère, *Mém. sur l'Égypte*, t. II, p. 479). Craignant cependant les attaques des peuples voisins, Hélène s'adressa aux Portugais, soit que le bruit de leurs exploits dans l'Inde et le Zanguebar fût arrivé jusqu'à elle, soit qu'elle eût écouté les conseils de Covilhão qui était retenu de force en Éthiopie, où il occupait un rang élevé, soit enfin qu'elle ajoutât foi à une prédiction qui courait alors en Orient, relative à l'anéantissement de l'islam par un roi des Francs. Elle envoya un marchand arménien, nommé Mathieu, établi depuis longtemps dans le pays, et un Éthiopien de noble famille qui mourut dans le voyage. Cet ambassadeur était porteur d'un morceau de la croix de J. C. et de lettres; il avait en outre des instructions secrètes relatives à une attaque combinée des deux royaumes contre la Mekke et Médine. Arrivé à Daboul, dans l'Inde, Mathieu qui, par prudence, ne s'était pas fait suivre du cortège ordinaire des ambassadeurs, fut arrêté comme espion par le gouverneur portugais, à qui il refusait de faire connaître l'objet de sa mission. Délivré par le vice-roi des Indes, Albuquerque (1513), il fut envoyé de Goa à Lisbonne, où il reçut un favorable accueil du roi Emmanuel. Ce prince se détermina à répondre par une ambassade aux avances d'Hélène, et il choisit D. Édouard de Galvan qui était déjà avancé en âge. La flotte qui l'amenait ainsi que Mathieu était commandée par Lopez Alvarez, mais l'ambassadeur étant mort dans l'île de Kamaran, ce retard ne

permit pas aux Portugais d'entrer en Éthiopie avant 1520. Ils trouvèrent l'état des choses bien différent de ce qu'il était au départ de Mathieu. (Cf. Alvarez, *Verdadeira informaçam do preste Ioao*, Lisboa, 1540, in-fol.; la traduction publiée dans le premier volume de Ramusio est plus complète : *Primo volume e terza editione delle navigationi*, Venetia, 1563, in-fol.; Goez, *De Æthiopum moribus*, p. 383-389; Tellez, *Historia geral*, l. II, ch. v; Ludolf, *Histor. æthiop.*, l. II, ch. xvi; Legrand, *Relation d'Abissinie*, p. 291; Bruce, *Voyage*, t. II, p. 138-145.)

A peine âgé de seize ans, Lĕbna-Dĕngĕl, plus connu des Européens sous le nom de David, avait marché en personne contre Maḥfouzh, malgré les représentations d'Hélène et de ses ministres. Il traversa rapidement la province de Faṭagar, et rencontra les musulmans qui gardaient les défilés donnant accès dans la plaine d'Adal. Il les fit tourner par un Bitouadad avec une partie de ses troupes, et le roi Moḥammed, effrayé d'une prédiction, s'étant retiré avec ses soldats, les deux corps éthiopiens détruisirent l'armée de Maḥfouzh. Celui-ci fut tué par un ancien soldat devenu moine, Gabriel Andreas, que la liberté de son langage avait fait mutiler sous Nâ'od. Le butin fut immense: la tente de velours noir envoyée à Maḥfouzh par le chérif de la Mekke servit plus tard de chapelle à l'ambassade portugaise, et l'étendard vert des musulmans fut parmi les trophées. Lĕbna-Dĕngĕl ravagea le royaume d'Adal, pendant qu'une flotte portugaise, commandée par D. Lopez Suarez, brûlait Zeïla' (Bruce, *Voyage*, t. II, p. 146-152; Burton, *First Footsteps*, p. 308-309). On conçoit qu'après ces succès le roi d'Ethiopie se montra moins disposé à acheter à tout prix l'alliance portugaise. Après la mort de D. Édouard Galvan, D. Rodrigue de Lima, qui l'avait accompagné avec Alvarez et Mathieu, le remplaça, mais sans son habileté ni sa douceur. Il fut débarqué à Maṣoua par Lopez de Segueyra, et là commença une série d'interminables discussions sur la préséance. Lima finit par s'accorder avec le Bâḥar Nagâch d'Arkiko, et l'ambassade, composée de seize Portugais, se mit en marche pour aller rejoindre Lĕbna-Dĕngĕl, alors occupé à maintenir dans l'obéissance les provinces de Daouâro et de Faṭagar : c'était toute l'Ethiopie à traverser, et le voyage fut extrêmement pénible. En outre, Mathieu mourut en chemin, au couvent de Saint-Michel à Bizan, et cette perte priva les Européens des secours qu'ils auraient pu tirer de sa connaissance des choses et du pays. La différence des coutumes, la fierté du roi d'Éthiopie, qui ne le cédait en rien à celle des Portugais, la maladresse de l'ambassadeur qui resta près de sept ans à la cour de Lebna-Dëngèl, occupé seulement à vanter la puissance de son maître, empêchèrent de conclure une alliance dont l'Éthiopie allait avoir le plus grand besoin. Toutefois, lorsque Rodrigue de Lima partit pour l'Europe avec Alvarez, qui nous a conservé un récit presque fabuleux de cette ambassade, le roi lui adjoignit un moine nommé Ṣagâ-Zaab (faveur du Père), que les contemporains appellent Zagazabo. C'est lui qui fournit à Goez et à João de Barros les renseignements, pour la plupart erronés, qu'ils insérèrent dans leurs écrits et dont la fausseté a été signalée par Godinho (Codigni) et Ludolf. Pour s'attirer les bonnes grâces des Portugais, il feignit que l'Église éthiopienne était d'accord avec l'Église romaine sur les diverses questions qui séparent les Latins des Eutychéens. A son arrivée à Lisbonne (1527), Ṣagâ-Zaab présenta à Jean II, successeur d'Emmanuel, les lettres du roi d'Éthiopie, dans lesquelles celui-ci proposait une alliance contre les musulmans, offrant de l'or et des soldats et demandant des artisans, des armuriers, des mineurs, des orfèvres, etc. Il proposait aussi de nommer év que de Zeïla' et des pays voisins à convertir Alvarez, revenu avec le titre d'ambassadeur d'Éthiopie près du pape Clément. Toutefois, il ne put accomplir sa mission qu'en 1533, lorsqu'il fut reçu à Bologne, avec l'ambassadeur de Portugal, D. Martin, neveu du roi, par le pape et l'empereur Charles-Quint. Le médecin de Rodrigue de Lima, Jean Bermudez, était resté en Éthiopie, dont il fut nommé plus tard patriarche. Quelque temps après le départ de Ṣagâ Zaab commença la guerre désastreuse contre Grâñ. (Goez, *De morib. æthiop.*, avec les lettres de David et la confession de Zagazabo, p. 389-459; Ludolf, *Hist. æthiop.*, l. II. ch. I; l. III, ch. IX; Legrand, *Relation d'Abissinie*, p. 291-293; Bruce, *Voyage*, t. II, p. 153-169.)

(120) Le manuscrit 141 de la Bibliothèque nationale l'appelle Délḥan.

(121) Les relations qui s'établissaient entre les Éthiopiens et les Portugais inquiétèrent les nations musulmanes voisines : les caravanes chrétiennes qui allaient en pèlerinage à Jérusalem furent massacrées; les Turks, qui venaient de faire la conquête de l'Égypte sous Sélim Ier, puis celle du Yémen, résolurent de s'emparer de l'Éthiopie pour fermer plus sûrement aux Européens l'entrée de la mer Rouge et se faciliter l'attaque des Indes. Ils s'établirent à Zeïla' dont ils ruinèrent le commerce par leurs douanes et leurs exactions, et four-

nirent aux habitants d'Adal les armes à feu qui leur donnèrent une supériorité redoutable sur les Éthiopiens armés de lances, d'épées et de flèches. Moḥammed ou Aḥmed, surnommé Grañ (le gaucher), en somali Gouray, fils d'Ibrahim, devenu, de simple cavalier, émir du Harrar après avoir épousé Dël-Ouambarâ, fille de Maḥfouzh, reçut du pacha de Zébid des janissaires et de l'artillerie, et de Moka des Arabes mercenaires (cf. Burton, *First Footsteps*, p. 310).

(122) Le mois de magâbit, le septième de l'année éthiopienne, correspond au mois copte de ⲫⲁⲙⲉⲛⲱⲑ et commence le 25 février, selon le calendrier julien. (Cf. Dillmann, *Lexicon ling. æthiop.*, s. h. v°.)

(123) L'Ësa-Ëdoug (le chef des bêtes de somme) remplissait en Éthiopie les fonctions de connétable (*comes stabuli*).

(124) Le Râs (ርእስ፡ ou ርስ፡ tête) désignait primitivement le chef d'une armée : il s'employa ensuite pour les gouverneurs de provinces et le premier ministre du roi. (Cf. Ludolf, *Hist. æthiop.*, l. II, ch. XVII; Massaja, *Lectiones grammaticales*, p. 255.)

(125) Robël était gouverneur de l'ambâ de Gëchéna où étaient enfermés les princes de la famille royale.

(126) Le mois de tër, le cinquième de l'année éthiopienne, répond au mois copte ⲧⲱⲃⲓ et commence le 27 décembre, selon le calendrier julien. (Cf. Dillmann, *Lexicon ling. æthiop.*, s. h. v°.)

(127) Le Daouâro était une province orientale de l'Éthiopie, située près des royaumes de Bâli et d'Aoufât et peuplée en partie de musulmans hanéfites. Il est aujourd'hui occupé par les Gâllâs. Grañ conquit en même temps le Faṭagar et l'Aoufât.

(128) Le mois de miyâzyâ, le huitième de l'année éthiopienne, correspond au mois copte de ⲫⲁⲣⲙⲟⲑⲓ et commence le 27 mars, selon le calendrier julien. (Cf. Dillmann, *Lexicon ling. æthiop.*, s. h. v°.)

(129) D'après Bruce (t. II, p. 175), Ëslâm-Sagad était premier ministre de Lëbna-Dëngël et commandait l'armée à la bataille d'Aïfars.

(130) Le mois de ḥamlé, le onzième de l'année éthiopienne, correspond au mois copte d'ⲉⲡⲏⲫ et commence le 25 juin, selon le calendrier julien. (Cf. Dillmann, *Lexicon ling. æthiop.*, s. h. v°.)

(131) Makâna-Sĕlâsé, patrie de Grégorius, le maître de Ludolf; Dabra-Naguadguâd, Atronsa-Mâryâm et Ganata-Giyorgis sont des villes et des couvents de la province d'Amara, sur la rive gauche de l'Abâï.

(132) Le mois de tâḫsâs, le quatrième de l'année éthiopienne, correspond au mois ⲭⲟⲓⲁⲕ des Coptes et commence le 27 novembre, selon le calendrier julien. (Cf. Dillmann, *Lexicon ling. æthiop.*, s. h. v°.)

(133) Ḥaïq (le rivage) est sur la frontière du Châouâ et de Géché.

(134) Le Siré est une province du Tigré, comprise entre le Marab et le Takazzé; la ville principale est Dabra-Abbaï.

(135) Le Sarâoué est aussi une province du Tigré, au nord du Marab et au sud du Ḥamasèn, près de la frontière des Baréas et des Bazèn.

(136) Ṣalamt est un district de l'Amḥarâ, au nord du Samèn, sur la rive gauche du Takazzé.

(137) La fête de l'Épiphanie, en commémoration du baptême de J. C., est une des plus importantes de l'Église d'Éthiopie. Le Synaxare (*Manusc. éthiop. de la Bibl. nation.*, fonds éthiop., n° 126, fol. 140) la place le 11 de ṭĕr. Ludof (*Comment. ad hist. æthiop.*, p. 373-374) a publié les hymnes qui accompagnent cette commémoration. La fête commence dès l'aurore par le chant des Psaumes, et, pendant toute la journée, le peuple entier, roi, métropolitain, clercs et laïques se plongent dans une rivière ou un étang: toutefois les femmes sont exclues. Cette fête a son office particulier dans la liturgie éthiopienne (cf. Trumpp, *Das Taufbuch der æthiopischen Kirche*, Munich, 1878, in-4°, p. 8). Les Éthiopiens croient que ce baptême, comme le premier, efface tous les péchés. (Cf. Ludolf, *Hist. æthiop.*, l. III, où il rapporte en les réfutant quelques assertions du P. Tellez et d'Alvarez; Wildt, *Ecclesia æthiopica*, 2° édition, in-4°, Strasbourg, 1672, p. 42; Œrtel, *Theologia Æthiopum*, Wittebergæ, in-12, 1746, p. 120-125; Legrand, *Relation historique d'Abissinie*, p. 318-320.)

(138) Ṣagadé est probablement le Takade de Rüppel (*Reise*, t. II, p. 151), district de la province de Oualqâït, et dont le chef-lieu est Nagadé.

(139) Le Mazagâ est une province du Tigré, au nord du Takazzé et à l'ouest du Siré, sur les frontières du Sennaar.

(140) Makatēr paraît être une tribu musulmane, Habab ou Beni Amer, de ce pays; elle fit alliance avec Grañ. Le nom véritable est peut-être Mokhtar (?), mais le texte ne permet pas d'y voir, comme Bruce (t. II, p. 176), un partisan du roi de Harrar.

(141) Le Darâ est un canton de l'Amḥarâ situé au sud-est du lac Tsânâ, à l'endroit où l'Abâï sort de ce lac. La ville principale est Quarata.

(142) Bruce (*Voyage*, t. II, p. 176) nomme Dalakus le lieu où cette bataille fut livrée. Gabriel Andreas, le vainqueur de Maḥfouzh, fut aussi du nombre des morts.

(143) Le mois de yakâtit, le sixième de l'année éthiopienne, correspond au mois copte de ⲘⲈⲬⲒⲢ et commence le 26 janvier, d'après le calendrier julien. (Cf. Dillmann, *Lexicon ling. æthiop.*, s. h. v°.)

(144) Le 'Aqâbé-Sa'ât était un des principaux officiers de la cour d'Éthiopie: ce titre n'est plus appliqué aujourd'hui.

(145) Les Qañ-Gétâs (nobles de droite) étaient également comptés parmi les principaux fonctionnaires de la cour d'Éthiopie : ils étaient opposés aux Grâ-Gétâs (nobles de gauche). (Cf. le *Sĕrata Mangĕst*, manuscrit de la Bibliothèque nationale, n° 142, fol. 27.)

(146) Le mois de sĕné ou sané, le dixième de l'année éthiopienne, correspond au mois copte de ⲠⲀⲰⲚⲒ et commence le 26 mai, d'après le calendrier julien. (Cf. Dillmann, *Lexicon ling. æthiop.*, s. h. v°.)

(147) 'Abbâs (عبّاس) était gouverneur musulman du Sarâoué. Bruce place la victoire et la mort de Tasfâ-Lĕ'oul après l'incendie d'Aksoum.

(148) Sĕm'on (Siméon) avait été laissé dans l'Amḥarâ avec une armée pour occuper Lĕbna-Dĕngĕl pendant que le reste des troupes musulmanes allait ravager le Tigré.

(149) Abéto est un titre honorifique (አበ ፡ ቤት ፡ le père de la maison) contracté aujourd'hui dans la langue vulgaire en Ayto ou Hayto. (Cf. Isenberg, *Dictionary of the Amharic language*, London, 1841, in-4°, p. 123.)

(150) Hâllélo (Alleluia) est un couvent du Tigré, au nord d'Aksoum et au sud du Marab.

(151) Lagaso est appelé Gazo par Bruce (*loc. cit.*).

(152) Azmât, devenu en amharique Azmâtch, signifie guerrier, et s'employait aussi comme nom de dignité. Ainsi le dadj-Azmâtch (ደጅ፡ አዝማች፡), en tigré Dag-Asmâtch (ደግ፡ አዝማች፡), et par abréviation Dadjâtch (ደጃች፡ *dedjadj* des voyageurs modernes), était le principal fonctionnaire de la cour d'Éthiopie, chargé d'introduire les étrangers auprès du roi. Plus tard, ce nom devint un simple titre honorifique, analogue à celui de prince. Les chefs insurgés contre l'autorité centrale prenaient dans ces derniers temps la qualification de dadjazmâtch. Au-dessous de ceux-ci venaient deux fonctionnaires appelés Qañ-Azmâtch (guerrier de droite, ቀኝ፡ አዝማች፡, *kasmati* des voyageurs contemporains) et Grâ-Azmâtch (ግራ፡ አዝማች፡, guerrier de gauche), qui se tenaient aux deux côtés du roi. Le dadjazmâtch avait droit à autant de timbales qu'il gouvernait de provinces. (Cf. Isenberg, *Dictionary of Amharic lang.*, p. 131; Massaja, *Lectiones grammatic.*, p. 255-256.)

(153) Le Samèn ou Sĕmèn est une province de l'Amharâ, bornée au nord et à l'est par le Takazzé, au sud et à l'ouest par le Bégamdĕr et le Ouagarâ. Il est traversé par de hautes montagnes qui renferment de nombreux ambâs et est habité par la population à demi indépendante des Agaous. Ce nom qui, dans la langue primitive, signifiait sud, prit plus tard le sens de septentrion, indice d'un déplacement du centre du royaume. Il se retrouve dans l'inscription d'Adulis sous le nom de Σαμινέ (var. Σεμηνέ). (Cf. Dillmann, *Lexicon ling. æthiop.*, s. h. v°; Vivien de Saint-Martin, *Éclaircissements sur l'inscription d'Adulis*, p. 29.)

(154) Le Gojâm ou Godjâm, une des principales provinces de l'Amharâ, est situé au sud du lac Tsânâ, à l'ouest et au nord de l'Abâï et à l'est du Dâmot. Il est gouverné par trois dadjazmâtch, et renferme le couvent important de Dabra-Ouarq.

(155) Le mois de maskaram, le premier de l'année éthiopienne, correspond au mois copte ⲑⲱⲟⲩⲧ et commence le 29 août, suivant le calendrier julien. (Cf. Dillmann, *Lexicon ling. æthiop.*, s. h. v°.)

(156) L'Angot est une province méridionale du Tigré, limitée

à l'ouest par le Lâstâ, au nord par le Ouadjerat, au sud par l'Idjou et à l'est par les montagnes qui la séparent des tribus Afar et Gâllâs.

(157) Le mot Azâj (dérivé de la racine አዘዘ ፡ ordonner) désigne une sorte d'intendant ou de majordome : ce nom s'appliquait aussi au secrétaire et annaliste du roi. (Cf. Massaja, *Lectiones grammatic.*, p. 257.)

(158) Bizan, où se trouve un couvent sous l'invocation de saint Michel, appartenait autrefois à l'Éthiopie et dépendait du Ḥamâsèn. Aujourd'hui son territoire est au pouvoir des Chohos.

(159) Gédéouon régnait sur les Falâchâs du Samèn ; il ne tarda pas à abandonner le parti du roi et à se ranger du côté des musulmans.

(160) Depuis le triomphe de Grâñ, Lĕbna-Dĕngĕl cherchait à s'assurer le concours des Portugais. Pour y arriver, il favorisa l'Église romaine, célébra la fête de Pâques à la date adoptée par elle et, lorsque l'abouna Mârqos, depuis longtemps sans relations avec Alexandrie, fut sur le point de mourir, le roi l'obligea à désigner pour son successeur Jean Bermudez qui était resté en Éthiopie après le départ de Rodrigue de Lima. Comme Ṣagâ-Za-Ab ne s'acquittait pas de sa mission en Portugal, et trahissait par sa négligence les intérêts de son maître, celui-ci envoya le nouveau patriarche demander au roi Jean du secours contre les Maures. Bermudez passa par la mer Rouge, la Syrie et la Palestine et arriva après la mort du pape Clément à Rome où Paul III le confirma dans sa dignité de patriarche d'Éthiopie et y joignit celle de patriarche d'Alexandrie et de la mer. Il trouva à Rome une communauté d'Éthiopiens qui avaient fui l'invasion musulmane, et qui, favorisés par le pape, publièrent en 1548 le Nouveau Testament et la messe en gheez.

(160 *bis*) D'après Bruce (*Voyage*, t. II, p. 178-179), le vainqueur de Fiqṭor fut Ammer, l'Ĕmar de notre Chronique (ﻫ). Il nomme Osman (Ĕsman) du Daouâro parmi les Éthiopiens qui avaient embrassé le parti des Maures.

(161) J'ai traduit comme s'il y avait ውሥጥ ፡ ብላቴን ፡ ጌታ ፡ Le Sĕrata-Mangĕst (fol. 25) mentionne un Grâ-Qañ-Ouĕst-Azâj. Il est possible que ces deux titres se rapportent à la même fonction. En amharique le mot ብላቴና ፡ signifie garçon. (Cf. Isenberg, *Dictionary of the Amhar. lang.*, s. h. v°.) Il s'agirait peut-être aussi d'un

chambellan. Le Blâtèn-Gétâ est à proprement parler un lieutenant. (Cf. Massaja, *Lectiones grammatic.*, p. 256.)

(162) Le Ouâdj ou Ouâg est un district du Tigré, au nord du Lâstâ, sur la rive droite du Takazzé, dont un affluent, le Tella, le traverse.

(163) Le Takazzé est une des plus grandes rivières d'Éthiopie qu'il traverse du sud-est au nord-ouest, séparant le Tigré de l'Amḥarâ : il prend sa source dans le Lâstâ et se jette dans le Nil sous le nom d'Atbara.

(164) La *Réunion des Apôtres* est une fête placée entre Pâques et la Pentecôte et appelée par les Grecs *Μεσοπεντεκοστή*. D'après l'*Abtélisat* (*Canones apostolorum*), ch. XXXVI, c'était le jour fixé aux évêques pour tenir chaque année un synode. (Cf. Ludolf, *Comment.*, p. 386; Dillmann, *Lexicon ling. æth.*, s. h. v°.)

(165) Aḥmadin (Aḥmed-Eddin احمد الدين) traversait le Siré, chargé du butin des églises qu'il avait pillées. (Cf. Bruce, *Voyage*, t. II, p. 181.)

(166) I Samuel, II, 4.

(167) **ወእምኢያብእዎ ፡ ኵለንታሃ ፡ ኢትዮጵያ ፡ ፈድፋደሰ ፡ ለሠየመት ፡ ትግሬ ፡** Toute l'Éthiopie et surtout les gouvernements du Tigré (furent délivrés) de ses incursions?

(168) Maṣouâ ou Massaouah est située dans une petite île en face d'Arkiko et commande l'entrée de l'Éthiopie. Depuis la conquête du Yémen, elle était aux mains des Turks.

(169) L'ambâ de Gêché fut pris par Moudjahid (مجاهد), gouverneur d'Arar (Harrar?) selon Bruce (*Voyage*, t. II, p. 182-183). Il fut guidé par un musulman au service des princes de la famille royale qui y etaient renfermés et qui furent tous massacrés.

(170) L'amlé (amolé ou amoulé) est une plaque de sel gemme, de la longueur d'un pied et de la largeur de trois quarts de pouce, qu'on extrait d'une plaine située entre l'Agamé et le pays des Danâkils. Elle sert de monnaie en Éthiopie, mais sa valeur augmente à mesure qu'on s'éloigne des dépôts de sel de l'est.

(171) Les princes de la lignée de Salomon.

(172) Les Éthiopiens donnent à chaque année le nom d'un évangéliste, ce qui forme des cycles de quatre ans.

(173) Pendant la période prospère du règne de Lëbna-Dëngël, c'est-à-dire jusque vers 1527, ce prince favorisa l'étude des lettres et s'occupa de faire traduire en gheez un grand nombre d'ouvrages écrits en arabe ou passés du grec dans cette langue. La deuxième année de son règne, Mikâèl le jeune, petit-fils d'Abbâ-Giyorgis, fils d'Abbâ Mikâèl, traduisit de l'arabe l'histoire et le martyre de Georges, dont l'Église éthiopienne célèbre la commémoration le 23 de miyâzyâ. Le récit des soixante-dix-neuf miracles de ce saint avait déjà été mis en gheez au temps d'Ëskëndër. (Cf. Wright, *Catal. of the ethiop. manusc.*, n°s 288 b, 289 2°, 290 2°, 291 2°, 292 2°.)

Le même Abbâ Mikâèl traduisit, de concert avec 'Ënbaqom (Habacuc), le commentaire de Jean Chrysostome sur l'épître aux Hébreux. Ce commentaire avait été mis du grec en arabe au XIe siècle par le diacre Abou'l-Fatḥ, fils de Fadhl. (Cf. Gildemeister, *Zeitschrift für die Kunde des Morgenlandes*, t. V, p. 517; Dillmann, *Catal. cod. Mus. Britann.*, n° 10; Ewald, *Zeitschrift für die Kunde des Morgenlandes, ibid.*, p. 184; d'Abbadie, *Catal. des manusc. éthiop.*, n°s 20, 166; Wright, *Catal. of the ethiop. manusc.*, n°s 313, 314 1°, 315 1°, 316 1°, 317 1°; Dillmann, *Verzeichniss der abyssinischen Handschriften*, n° 25.)

Quelque temps avant l'invasion maure, la quinzième année du règne de Lëbna-Dëngël, un certain Oualda-'Ali, fils d'Abou-Ësâ, traduisit sur une version hébraïque, dit-il, un commentaire syriaque sur les quatre évangiles, tiré en grande partie des œuvres d'Ephrem le Syrien, de Jean Chrysostome et de Cyrille d'Alexandrie. (Cf. Wright, *Catal. of the ethiop. manusc.*, n°s 308-312; Dillmann, *Verzeichniss der abyssinischen Handschriften*, n° 26.)

Les œuvres ascétiques de Jean Saba, surnommé le Vieillard spirituel, furent également traduites en éthiopien par l'ordre de Lëbna-Dëngël. Elles se composent de trente-deux, et, selon d'autres manuscrits, trente-sept leçons (dërsân) sur divers sujets : la surveillance de soi-même, la lutte pour arriver à la perfection, la fornication, le blasphème, la colère, les visites des bons ou mauvais anges aux solitaires, les véritables visions spirituelles, etc., de quarante-huit lettres du même saint (certains manuscrits n'en contiennent que quarante-cinq), enfin de trois nouveaux discours et d'une lettre de Jean Saba, auteur de cet ouvrage qui fait partie de ce qu'on ap pelle en Éthiopie les livres monastiques avec les écrits de Mar Yêsḥaq de Ninive et le Philoxios. (Cf. d'Abbadie, *Catal. des manusc. éthiop.*, nos 19, 23; Zotenberg, *Catal. des manusc. éthiop.*, no 115; Wright, *Catal. of the ethiop. manusc.*, nos 54, 331 3°, 336; Dillmann, *Verzeichniss der abyssinischen Handschriften*, nos 49, 50 2°, 51, 52.)

On peut également rapporter à l'époque de Lĕbna-Dĕngĕl la composition d'une Chronique allant depuis Mĕnilĕk jusqu'au 7 ḥĕdâr de la deuxième année du règne de ce prince (Rüppel, *Reise in Abyssinien*, t. II, p. 336). Enfin c'est sous ce prince que furent rédigées les Annales de Zarĕa-Yâʿqob, de Baĕda-Mâryâm, d'Ĕskĕnder, et sans doute aussi de Nâʿod.

(174) Galâoudéouos était allié par sa mère au chef des Agaous du Lâstâ.

(175) Le Tambèn est une province du Tigré, située à l'ouest du Géralta, entre le Ouarié au N., le Géva au S., qui le sépare de l'Enderta, et le Takazzé, dont ces deux rivières sont des affluents de droite.

(176) Bermudez s'était acquitté avec zèle de la mission dont il avait été chargé. Il fit arrêter Ṣagâ Za-Ab et ne le relâcha que sur la prière du roi de Portugal. Il obtint de ce dernier que Don Garcia de Noronha, qui était vice-roi des Indes, expédiât un corps de quatre cents soldats au secours de Galâoudéouos. Une maladie du patriarche retarda l'envoi de ces troupes, d'autant plus que D. Étienne de Gama, successeur de Noronha, se montrait moins désireux de sauver l'Éthiopie que de prendre des villes musulmanes. Il s'embarqua à Goa pour la mer Rouge, perdit soixante Portugais qui furent massacrés à Zeïlaʿ et, ayant échoué dans sa tentative de brûler la flotte turke réunie à Suez, il arriva devant Maṣouâ. Il trompa la perfidie de Nour, gouverneur d'Arkiko, et débarqua six cents hommes sous la conduite de Martin Correa. Cette troupe surprit la ville dont elle massacra tous les habitants : Nour (Eddin) Abou-ʿOthmân (Aba-Ĕsmân de la Chronique) fut tué d'un coup de mousquet. Sa tête fut envoyée en présent à la reine Sabla-Ouangèl (Épi de l'Évangile) qui était à Dĕbârouâ où les Portugais allèrent la retrouver. D. Étienne de Gama débarqua quatre cents hommes assistés d'un nombre considérable de valets d'armée; il en donna le commandement à son frère D. Christophe de Gama qui emmena avec lui le patriarche Bermudez. La Chronique est en désaccord avec les relations portugaises,

d'après lesquelles les Européens se seraient mis en marche malgré l'hiver. Ces dernières paraissent plus exactes. (Cf. la relation de Bermudez, *Breve Relação do embaixada que João Bermudez trouxo do emperador de Ethiopia*, Lisbõa, 1565, pet. in-4°. Cette relation extrêmement rare a été traduite en anglais par Purchas, *Pilgrim*, London, in-fol., 1625, t. II; sur cette version a été faite la traduction que La Croze a insérée dans son *Histoire du christianisme en Éthiopie*, p. 89-268; cf. également la relation de Lobo ap. Legrand, *Rel. hist. d'Abis.*, p. 90; Bruce, *Voyage*, t. II, p. 192-197.)

(177) Dĕbârouâ est le nom d'une ville et du canton du Ḥamâsèn, au nord du Tigré. C'est là que résidait le Bâḥar-Nagâch.

(178) Le titre d'Ité, abrégé de Itégé on Ĕtégé (ኢቴጌ ፡), est donné a celle des épouses du roi qu'il veut particulièrement honorer, après une cérémonie publique analogue au couronnement (cf. Ludolf, *Hist. æth.*, l. I, ch. 1, 66-69.)

(179) Anaṣâ, que Bruce (*Voyage*, t. II, p. 197) appelle Aïnal, est situé sur le territoire du Bâḥar-Nagâch. Grâñ, qui voulait empêcher la jonction des Portugais avec Galâoudéouos, s'efforça de vaincre séparément ses deux ennemis. Arrivé en présence de D. Christophe, le roi maure échangea avec lui des cartels injurieux. Les mousquets et le canon des Portugais leur donnèrent la victoire; Grâñ, qui eut un cheval tué sous lui, battit en retraite jusqu'à Membret. (Cf. Lobo, dans Legrand, *Relat.*, p. 90-92; Bruce, *Voy.*, t. II, p. 197-199, où il paraît avoir confondu les deux batailles.)

(180) La victoire serait restée aux Portugais dans cette seconde rencontre, mais ils étaient affaiblis par des escarmouches quotidiennes et par l'envoi d'un corps de quarante hommes à Maṣouâ pour garder leurs communications avec l'Inde. En outre, les Éthiopiens, leurs alliés, ne tinrent pas devant les armes à feu de Grâñ, qui avait reçu un renfort de deux mille aventuriers Arnautes, Turks ou Arabes. D. Christophe de Gama fut blessé au commencement de la bataille : les Portugais se firent tuer; le patriarche Bermudez, qui s'était empressé de fuir avec la reine, parvint heureusement près du roi, et fut rejoint par les débris de l'expédition, soldats et valets d'armée. Quant à Gama, livré par une musulmane qu'il avait avec lui, il refusa de soigner l'oncle et le neveu de Grâñ, blessés dans la dernière bataille, de déclarer où était le reste des Portugais et de se faire musulman. Après avoir souffert la torture, il fut décapité, sa

tête envoyée à Constantinople et son corps coupé en quartiers. M. Burton (*First Footsteps in East-Africa*, p. 312-315) a accusé Bruce d'avoir été injuste envers le P. Lobo et d'avoir terni sans fondement la mémoire de D. Christophe en rapportant sa liaison avec une femme turke bien que le jésuite portugais n'en ait pas fait mention. « The more truth-like pages of Father Lobo record us not such silly scandal against the memory of the brave and holy Portuguese. » Mais si le P. Lobo a omis, volontairement ou non, ce détail, le patriarche Bermudez, témoin oculaire, n'a pas négligé d'en parler (voir sa relation dans La Croze, p. 129), et son témoignage me paraît préférable à celui de l'auteur de la Relation historique. Si Bruce a été trop sévère pour ce dernier en l'appelant « ignorant peasant and liar, » ces reproches étaient mérités jusqu'à un certain point. Les informations historiques du P. Lobo sont sujettes à caution quand on le voit connaître si mal l'époque de Grâñ et le faire combattre pendant près d'un siècle contre l'Éthiopie : « Un More du côté du cap de Gardafuy se souleva vers le commencement du XVIe siècle et, soutenu par les Arabes et les Turcs qui lui envoyèrent de grands secours de Moca, il conquit presque toute l'Abissinie sur les empereurs *Alexandre, Nahum* (Nâ'od), *David et Claude* (1478-1543 !) et fonda le royaume d'Adel (qui existait depuis plus de deux siècles et demi !) (*Relation* du P. Lobo, dans Legrand, p. 89). On a accordé, particulièrement Ludolf et Salt, trop de crédit aux relations des missionnaires et des jésuites portugais et italiens, écrites sous l'influence de la passion et sans esprit critique. On sait quelles réclamations a soulevées le récit d'Alvarez; celui de Bermudez n'est pas non plus exempt d'erreurs. (Cf. sur la mort du général portugais, outre la relation de Bermudez, déjà citée, Ludolf, *Hist. æthiop.*, l. II, ch. XV; Lobo, *Relat. hist.*, p. 92-93; Bruce, *Voyage*, t. II, p. 199-203; Burton, *First Footsteps*, p. 313-314.)

(181) Galâoudéouos se montra fort affligé de la mort de D. Christophe : il distribua mille onces d'or aux Portugais qui purent le joindre et qui élurent pour chef Alfonse Caldeyra. Celui-ci, étant mort d'une chute de cheval, fut remplacé par le mulâtre Arius Diaz. (Bruce, *Voyage*, t. II. p. 203.)

(182) La bataille de Ouagarâ eut lieu sur un plateau des monts Lamalmon à l'O. du Samèn.

(183) Ṭalilâ est peut-être l'arabe Zhalil (ظليل).

(184) L'armée de Grâñ avait été affaiblie par le départ des Turks, frustrés dans leur espérance de tirer une rançon considérable de Gama. En même temps, les Portugais survivants brûlaient du désir de venger leur chef. Cette bataille n'a pas été mentionnée dans la relation incomplète de Lobo, suivie par M. Burton. (Cf. Bruce, *Voyage*, t. II, p. 203-204.)

(185) Darasgé est aujourd'hui un petit village à cinq heures de marche au S. O. de Gondar.

(186) Ouainâ-Dagâ (la colline de la vigne) est située dans la province de Foggara, à l'est du lac Tsânâ; son vin est renommé. (Cf. Krapf, *Reisen in Ost-Africa*, t. II, p. 349.)

(187) D'après les relations portugaises, Grâñ fut tué dans un bosquet. Galâoudéouos n'avait que 8,000 fantassins et 500 cavaliers; le roi musulman, 13,000 hommes; mais dès le début de la bataille, les armes à feu des Portugais portèrent le désordre dans l'avant-garde des musulmans. Grâñ s'avança pour rétablir le combat et fut reconnu par Pedro Leon, ancien serviteur de D. Christophe de Gama. Le Portugais le blessa mortellement d'un coup de mousquet, le suivit dans un bouquet d'arbres où il était allé mourir, lui coupa une oreille et retourna prendre part à la bataille qui fut si meurtrière pour les musulmans que quatorze Turks, dit-on, purent seulement s'échapper. Le lendemain, un officier éthiopien apporta au roi la tête de Grâñ, se vantant de l'avoir tué, mais son imposture fut découverte grâce à la précaution du soldat portugais. (Cf. Ludolf, *Hist. æth.*, l. II, ch. xv; Lobo, *Relat. histor.* ap. Legrand, p. 94-95; Bruce. *Voyage*, t. II, p. 205-206; Burton, *First Footsteps*, p. 316-318.) Une tradition chrétienne, qui a cours également chez les musulmans, prétend que, pour tuer le roi de Harrar, il fallut que tous les Portugais dirigeassent contre lui le feu de leurs fusils (Burton, *loc. laud.*). La vie d'Aḥmed Grâñ fut écrite par son secrétaire sous le titre de *Conquête du Ḥabach par l'imâm Aḥmed, fils d'Ibrahim El-Ghazi* (فتوح الحبش على يد امام المسلمين احمد بن ابرهيم الغازي) (d'Abbadie, *Catal. des mss. éthiop.*, n° 104).

(188) C'est à tort, comme on le voit par ce passage, que Bermudez dit dans sa Relation que Dël-Ouambarâ fut prise et donnée en mariage à Arius Diaz, le chef des Portugais. Cette erreur avait déjà été relevée par Bruce.

(189) Yorâm, qui venait rejoindre Grâñ, fut surpris et tué par

un corps d'armée placé en embuscade sur sa route. (Bruce, *Voyage*, t. II, p. 206-207.)

(190) 'Abbâs (عبّاس) était le gouverneur musulman du Sarâoué qui avait vaincu et tué Tasfâ-Lĕ'oul (voy. page 105).

(191) La querelle entre les catholiques romains et les Eutychéens eut pour origine l'envoi d'une ambassade au Kaire pour demander un patriarche jacobite. Bermudez, qui se regardait comme le seul patriarche légitime, attaqua les croyances de l'Église éthiopienne, insulta le roi qui l'avait vaincu dans des discussions religieuses et menaça de se retirer aux Indes avec tous les Portugais. Une partie de ceux-ci, toutefois, resta fidèle à Aṣnâf-Sagad. Leur chef même, Arius Diaz, prit le nom de Mârqos; mais les autres ayant tenté une nuit d'assassiner Galâoudéouos, ce dernier exila Bermudez dans le pays de Gafa où il se livra à des actes de barbarie qui faillirent le faire déporter sur un ambâ jusqu'à sa mort. Le roi se laissa fléchir par les prières d'Arius Souza qui avait remplacé Arius Diaz, mort dans une campagne contre les Gâllâs, et le patriarche romain d'Éthiopie, d'Alexandrie et de la mer partit de Dĕbarouâ et s'embarqua à Maṣouâ avec dix de ses compatriotes pour Goa, où ils arrivèrent heureusement. (Cf. Tellez, *Histor. geral*, l. II, ch. XXVI, XXVII; Codigni, *De Abbassinorum rebus*, l. III, ch. V; Ludolf, *Comment. ad hist. æth.*, p. 237; Bruce, *Voyage*, t. II, p. 209-212.)

(192) La Chronique anticipe sur les événements, en disant qu'Andryâs (André Oviédo) fut nommé patriarche par Galâoudéouos. Nous verrons plus loin (page 113) qu'il n'arriva à cette dignité que sous Malak-Śagad. Quoique Bermudez eût fait confirmer sa nomination par le pape, la maladresse de sa conduite en Éthiopie détermina Jules III à choisir un nouveau patriarche, après avoir refusé à Ignace de Loyola, fondateur de la Société de Jésus, l'autorisation de se charger de la mission d'Éthiopie. Le choix du pontife tomba sur Nuñez Barreto qui partit pour les Indes, porteur d'une lettre d'Ignace de Loyola pour Galâoudéouos. Elle se trouve dans l'Histoire du P. Tellez (l. II, ch. XXII) et Ludolf (*Comment. ad hist. æth.*, p. 470) en a reproduit une analyse faite par Maffei au seizième livre de son *Histoire des Indes*. L'objet principal de cette lettre, fort médiocre du reste, était de rattacher l'Église d'Éthiopie à celle de Rome. Arrivé à Goa, Nuñez Barreto jugea, d'après les rapports qu'on lui faisait du pays, qu'il n'était pas convenable d'exposer sa dignité de

patriarche à quelque affront : il envoya en conséquence, pour préparer les voies, André Oviédo, évêque d'Héliopolis, Jacobo Diaz, ambassadeur du vice-roi des Indes, Mascarenhas, le P. Rodrigo Gonçalez de la Société de Jésus, qui nous a laissé une relation de ce voyage, insérée dans l'Histoire du P. Tellez (l. II, ch. XXII) et de Codigni (l. II, ch. XVIII). Partie de Goa le 7 février 1555, la mission arriva auprès du roi le 17 mai de la même année. Elle fut bien accueillie d'Aṣnâf-Sagad, quoiqu'il eût espéré recevoir des soldats plutôt que des prêtres, et les discussions religieuses recommencèrent. Gonçalez composa un ouvrage où il résumait ses principaux arguments en faveur de l'Église romaine, et qui ne laissa pas de faire impression sur le roi. Celui-ci s'irrita même contre l'abouna qui lui en avait interdit la lecture. C'est à tort que Bruce (*Voyage*, t. II, p. 211-212) attribue cet écrit à Bermudez trop ignorant en matière de religion pour en être l'auteur. Pour répondre aux attaques que les missionnaires dirigeaient contre l'Église d'Alexandrie, le roi écrivit le traité connu sous le nom de *Confession du roi Claudius*, dans lequel il justifie ses coreligionnaires de l'accusation de se livrer à des pratiques juives. (Cf. Ludolf, *Grammatica æthiopica et Lexicon æthiopicum*, 1re édition, Oxford, 1661, et *Commentar. ad hist. æth.*, p. 237-241.) André Oviédo ayant appris que la mère d'Aṣnâf-Sagad était opposée au catholicisme, écrivit au prince deux ans après (22 juin 1557) pour neutraliser cette influence; il échoua, et le roi, instruit des conquêtes des Portugais, craignit que la soumission spirituelle de l'Éthiopie à la cour de Rome n'eût pour conséquence la domination temporelle du Portugal sur ses États. Aussi, deux ans après (1559), Oviédo, perdant patience, fulmina une censure contre les hérésies des Éthiopiens et les dénonça à l'Église et à ses chefs «*pour qu'ils sévissent contre eux dans leurs personnes et leurs biens s'ils ne préféraient user de miséricorde.*» Le patriarche Nuñez Barreto resta aux Indes, où il mourut; son rival Bermudez était retourné en Portugal, où il acheva sa vie en protestant de la légitimité de son titre. (Cf. outre Tellez et Codigni, Ludolf, *Hist. æth.*, l. III, ch. IX; *Commentar. ad hist. æth.*, p. 470-483; Legrand, *Relat. hist. d'Abiss.*, neuvième discours, p. 293-294; Bruce, *Voyage*, t. II, p. 213-215.)

(193) D'après le calcul de Bruce (*Voyage*, t. II, p. 207-208), cette éclipse aurait eu lieu le 24 janvier 1553.

(194) Le titre de Ouézaro, qui se donnait à la fois aux princes

et aux princesses de sang royal, a fini par devenir une appellation générale qu'on emploie en parlant à une femme mariée. (Cf. Isenberg, *Diction. of the Amharic lang.*, s. h. v°.)

(195) Nour était neveu d'Aḥmed Grâñ par sa mère et fils de Moudjaḥid tué sous Galâoudéouos. Dĕl-Ouambarâ était fille de Maḥfouzh tué sous Lĕbna-Dĕngĕl. Nour devint le sujet de nombreuses légendes dans le pays de Harrar; il passait pour s'entretenir avec Khidhr (Élie) et reçut le titre de Ouali. Après lui, le royaume d'Adal, ravagé par les incursions des Gâllâs, cessa de jouer un rôle dans l'histoire d'Éthiopie. (Cf. Burton, *First Footsteps*, p. 320.)

(196) Il était occupé à bâtir l'église de Dabra-Ouarq lorsqu'il reçut en 1559 le défi de Nour. (Cf. sur sa mort, Bruce, *Voyage*, t. II, p. 217-219; Burton, *First Footsteps*, p. 318-321.)

(197) Legrand (*Relat. hist. d'Abiss.*, p. 250) se trompe en faisant mourir Aṣnâf-Sagad dans un combat livré en 1558 contre les Gâllâs.

(198) Les controverses qui s'élevèrent en Éthiopie entre les partisans de l'Église d'Alexandrie et les missionnaires portugais ne furent pas étrangères à l'apparition d'ouvrages religieux empruntés à la littérature arabe. Le grand recueil connu sous le nom de Hâïmânota-Abaou (la foi des Pères) aurait été traduit à cette époque, par un certain Mabâ-Ṣyon, fils du Râs 'Amdou, s'il faut en croire Isenberg (*Diction. of the Amh. lang.*, p. 198). L'ouvrage composé en copte, d'après la préface du traducteur éthiopien, passa de là en arabe; il se compose de passages empruntés aux auteurs suivants, pour la plupart apocryphes : Doctrine des apôtres (*Didascalia Apostolorum*); Hiérothée, évêque d'Athènes; Aoutifas, patriarche de Constantinople; Arkaos, évêque de Leptis; Denys l'Aréopagite; Ignace; Grégoire le Thaumaturge; Grégoire, archevêque d'Arménie; Alexandre, patriarche d'Alexandrie; Athanase; Basile de Césarée; Grégoire de Nysse; Félix, pape; Jules Ier, pape; Innocent, pape; Silvestre, pape; Natalis; Éphrem le Syrien; Proclus de Cyzique, patriarche de Constantinople; Sévérianus de Gabales; Eupraxius d'Arménie; Jean, patriarche de Jérusalem; Théodatos d'Ancyre; Épiphane de Chypre; Grégoire de Nazianze; Jean Chrysostome; Théophile, patriarche d'Alexandrie; Cyrille, patriarche d'Alexandrie; Théodose, patriarche d'Alexandrie; Sévère, patriarche d'Antioche; Jacques de Saroug; Benjamin, patriarche d'Alexandrie; Jean, patriarche d'Alexandrie; Cyriaque, patriarche d'Antioche; Théodose, patriarche d'Antioche; Denys, patriarche

d'Antioche; Gabriel, patriarche d'Alexandrie; Cosmas, patriarche d'Alexandrie; Basile, patriarche d'Alexandrie; Macarios, patriarche d'Alexandrie; Ménas, patriarche d'Alexandrie; Jean, patriarche d'Antioche; Philothée, patriarche d'Alexandrie; Athanase, patriarche d'Antioche; Zacharie, patriarche d'Alexandrie; Sanutius (Chenouti), patriarche d'Alexandrie; Christodule, patriarche d'Alexandrie; Habib Abou-Raïta, évêque de Takrit; Abou-Zakarya Yaḥya; Jean de Bourlos. Ces divers extraits contiennent des lettres synodales, des homélies sur plusieurs points de religion, des passages de traités ascétiques et enfin la réfutation de quelques hérésies, particulièrement celles d'Arius, d'Apollinaire, de Nestorius, d'Eunomius et de Macédonius, et la profession de foi de Jacob Baradæus. (Cf. Dillmann, *Cat. cod. Bibl. mus. Brit.*, n° 14; d'Abbadie, *Catal. des mss. éth.*, n°s 15, 31, 93; Zotenberg, *Catal. des mss. éthiop.*, n°s 111 et 112; Wright, *Catal. of the eth. mss.*, n°s 144, 145, 146, 147; le texte complet des *Didascalia* publié par Platt, London, 1834, in-4°, et la Profession de foi de Jacob Baradæus par M. Cornill, *Die Glaubensbekenntniss des Jacob Baradäus in æthiopischer Uebersetzung*, — *Zeitsch. d. deutsch. Morgenländ. Gesellsch.*, t. XXXIII, p. 417-467.)

Le livre de l'Extrême-Onction (Maṣḥafa-Qandil) renfermant sept offices et le Rite de la Pénitence pour ceux qui ont renié la foi ou qui ont eu commerce avec des femmes non chrétiennes furent aussi traduits sous le règne de Galâoudéouos. (Cf. d'Abbadie, *Cat. des mss. éth.*, n° 213; Zotenberg, *Cat. des mss. éth.*, n° 78, 1°, 2°; Wright, *Cat. of eth. mss.*, n° 213.)

En 1553, un certain 'Ënbaqom traduisit sur la version arabe de Barsauma ben Abou'lfaradj le roman religieux connu sous le nom de Barlaam et Josaphat (Baralâm et Yëouâsëf). On sait, grâce aux travaux de MM. Laboulaye et Liebrecht, que S. Yoasaf, canonisé par l'Église catholique qui célèbre sa fête le 26 novembre, n'est autre que le Bouddha Sakiâ-Mouni. Les légendes que le moine Jean, assimilé par quelques-uns à Jean Damascène, traduisit peut-être directement du sanscrit, sont tirées du Lalita-Vistara. Sur le texte syriaque, aujourd'hui perdu, furent faites des versions arabe et grecque : cette dernière seule a été éditée, ainsi qu'une version française du moyen âge. (Cf. Boissonade, *Anecdota græca*, t. IV; Jean Damascène, *Œuvres*, éd. Migne, t. III, p. 857; d'Abbadie, *Catal. des mss. éth.*, n° XXI, 4°, où la date de la copie du livre (1630) est prise à tort pour celle de la composition de l'ouvrage; Zotenberg et Meyer, *Barlaam und Josaphat von Gui de Cambrai*, Stuttgardt, 1864; Littré,

Études sur les Barbares et le moyen âge, l. VI, ch. III; Max Müller, *Chips from a german Workshop*, t. IV, London, 1875, ch. III; Kirpitchnikov, *Les romans grecs de la littérature moderne; recherches sur Barlaam et Josaphat*, Kharkov, 1876, in-8°; Zotenberg, *Catal. des mss. éthiop.*, n° 140; Wright, *Cat. of the eth. mss.*, n°ˢ 275; 316, 3°.)

(199) Minâs avait été racheté sous le règne de son frère, malgré l'opposition des Maures établis en Éthiopie. Le pacha de Maṣouâ servit d'intermédiaire. Les Éthiopiens renvoyèrent un fils de Grañ, nommé ʿAli-Garâd, pris à la bataille de Ouaïnâ-Dagâ avec Ouaraba-Gouta, frère du roi d'Adal, et payèrent en outre 4,000 onces d'or. (Bruce, *Voyage*, t. II, p. 216.)

(200) Dans cette campagne, Minâs faillit être assassiné par deux bergers d'Ēbnât qui pénétrèrent la nuit dans sa tente.

(201) Tazkâro était l'aîné des fils naturels de Yâʿqob, frère aîné de Minâs, et mort avant Lĕbna-Dĕngĕl. Il fut proclamé roi par le Bâḥar-Nagâch, Yĕsḥaq, mécontent de la sévérité du nouveau prince. Yoḥannĕs, général des troupes royales, fut vaincu par les révoltés, qu'appuyaient secrètement les missionnaires catholiques. Mais ils furent battus par Minâs en personne dans les plaines du Ouagarâ, et Tazkâro, fait prisonnier, fut précipité du haut d'un pic de la chaîne du Lamalmon. (Cf. Ludolf, *Comment. ad hist.*, p. 241-242; Bruce, *Voyage*, t. II, p. 224.)

(202) Le Bâḥar-Nagâch implora l'alliance des Turks de Maṣouâ, à qui il livra Dĕbarouâ et le pays jusqu'à la mer, et celle des Portugais en se déclarant disposé à embrasser leur religion. Mécontent des troubles excités par les prédications des missionnaires, Minâs, qui d'abord avait bien accueilli Oviédo, lui défendit de faire de la propagande; il voulut ensuite le bannir du royaume, et, sur son refus de partir, faillit le tuer. Il l'exila, mais Oviédo, rassemblant les Portugais, alla rejoindre les Turks et les rebelles. La défaite de Zĕmour eut lieu en 1562. Les jésuites portugais, dans leur haine contre Minâs, et Ludolf, trompé par eux, ont rapporté faussement que le roi fut vaincu. Immédiatement après avoir battu le Bâḥar-Nagâch et son nouveau prétendant Yoḥannĕs, second fils naturel de Yâʿqob, Minâs marcha contre les Dĕbas. (Cf. Legrand, *Relat. d'Abis.*, p. 295; Bruce, *Voyage*, t. II, p. 225-238.)

(203) Les Dĕbas ou Dobas, qu'on rattache aux Chânqallâs, étaient

déjà renommés au temps d'Alvarez pour leur férocité. Chez eux, un homme ne pouvait se marier avant d'avoir tué douze chrétiens. Ils habitent sur les confins du Ouodjérat. (Cf. Salt, *Voy. en Abyssinie*, t. II, p. 14-15.)

(204) Ce fut dans son expédition contre les Dĕbas qu'atteint de la fièvre dans le pays de Ouâdj, Minâs mourut le 15 janvier 1563, laissant trois fils, Sartsa-Dĕngĕl, Tazkâro et Lĕsâna-Krĕstos (langue du Christ).

(205) Le compilateur anonyme de cette Chronique emploie, en parlant de Sartsa-Dĕngĕl, le pluriel respectueux.

(206) Les Azés appartiennent à la grande nation des Gâllâs. Le P. Lobo raconte (*Relat. d'Abiss.*, p. 66) que le patriarche Bermudez, chassé par le roi Galâoudéouos, annonça qu'en punition l'Éthiopie serait ravagée par une nuée de fourmis noires, où le jésuite n'a pas manqué de voir les Gâllâs; toutefois ils avaient déjà fait une apparition sur les frontières en 1542. Ils s'appellent eux-mêmes Ilmormas ou Ĕlmormas (fils d'Orma), du nom d'Orma, leur ancêtre mythique, qui aurait vécu un siècle seulement avant leur invasion. Cet Orma eut, dit-on, huit fils : Boréna, Toloma (ou Toulama), Libân, Goudroù, Djémma, Nónno, Hourroù et Amourroù, desquels descendent toutes les tribus gâllâs actuelles. Une autre tradition, racontée au missionnaire Krapf par le chef Gâllâ Tcharra, nomme Wolab l'ancêtre de cette race, et lui assigne neuf fils : Arousi, Karaiou, Djilla, Gelan, Abedjou, Woberi, Metta, Goumbidjou et Bedjafougik. La première liste, empruntée à l'évêque Massaja, paraît plus authentique, car on retrouve un certain nombre de noms analogues dans l'histoire d'Éthiopie. Une version qui a cours chez les Éthiopiens leur donne une autre origine : les esclaves fugitifs d'un certain Mathieu se seraient établis dans le royaume de Bâli, au sud de l'Éthiopie, et profitant des guerres des chrétiens contre Grâñ, ils se seraient emparés des provinces environnantes et auraient fini par menacer les royaumes d'Adal et d'Aksoum (Ludolf, *Hist. æth.*, l. I, ch. XVI). Cette légende offre une variante (Isenberg, *Diction. of Amhar. lang.*, p. 210-211; Krapf, *Reisen in Ost-Afrika*, t. I, p. 95; Schmidt, *Abriss. der Shoagallagrammatik*, *Zeitsch. der deutsch. morg. Gesel.*, t. XV, p. 225), les Gâllâs seraient fils d'un esclave et d'une princesse éthiopienne, fille de Zarĕa-Yâʿqob, que son père aurait exilée sur la montagne d'Endoto, près du fleuve Haouach, dans le Châouâ. Cette fable, in-

ventée probablement par mépris pour ces peuples, se trouve fréquemment dans l'histoire de l'Afrique orientale; c'est ainsi que, d'après Pline l'Ancien (*Hist. natur.*, l. VI, ch. XXXIV, § 4), la ville d'Adulis aurait été fondée par des esclaves égyptiens fugitifs. Une tradition analogue, citée par Munzinger (*Ostafrikanische Studien*, Schaffouse, 1865, in-8°, p. 454) et M. Reinisch (*Die Barea-Sprache*, Wien, 1874, in-8°, p. 3), fait descendre les Baréa-Chânqallas des esclaves abandonnés en Afrique par un ancien prophète. Les Gâllâs, dont le nom signifie «émigrés» (cf. celui des Ag'azis), s'étendent du 3e au 8e degré de latitude nord. Les musulmans expliquent à leur manière ce mot de Gâllâ. Mohammed ayant envoyé inviter Wolab, l'ancêtre des Ëlmormas, à adopter l'islam, le messager du prophète lui rapporta cette réponse : «Il a dit non» (قال لا, *qâl lâ* ou, selon la prononciation de l'Afrique orientale, *gâl lâ*), d'où ce nom resta comme punition aux descendants de Wolab. Leurs traditions nationales les font partir vers le XVIe siècle des bords d'une grande eau (Bargamo), soit la mer, soit plutôt l'un des grands lacs de l'Afrique équatoriale. Cette émigration eut peut-être pour cause des défaites, comme celle qui a chassé récemment leurs tribus des bords de l'Ozi et du Tana, devant les peuplades somalies de la côte (cf. Fischer, *Ueber die jetzigen Verhältnisse im südlichen Galla-Lande und Wito*, dans les *Mittheilungen der geograph. Gesellsch. in Hamburg*, 1876-1877, Hambourg, 1878, p. 347-362; Supplément, p. 1-12). A cette époque, ils n'avaient pas de chevaux, et ce ne fut qu'en arrivant sur les frontières de l'empire éthiopien qu'ils commencèrent à se former cette cavalerie qui les rend aujourd'hui si redoutables. Ils affaiblirent considérablement le royaume d'Adal, séparèrent les provinces de Kaffa et d'Ënâryâ aujourd'hui pays indépendants : de même la conquête du territoire de Oualaka mit une barrière entre le Châouâ et l'Éthiopie. Leur langue appartient au groupe dont fait partie l'Afar, le Somâli et les autres dialectes de la branche protosémitique : on y reconnaît cinq rameaux principaux, étroitement apparentés entre eux et dont deux seulement ont été l'objet de publications : 1° le dialecte des Gâllâs musulmans établis à l'est de l'Éthiopie et au nord du Châouâ : Oualos, Raïas, etc.; 2° le dialecte Ittoudia, parlé à l'est vers le pays des Somâlis et l'océan Indien par les Ittous, les Arousis, les Karaïous et les Alabas; 3° le dialecte Godjob, employé au sud de l'Éthiopie par les Goudrous et les habitants du pays d'Ënârya, de Metcha, de Koutcha, etc.; trois grammaires, des vocabulaires et des traductions partielles de la Bible ont été publiés dans cet idiome :

Krapf, *An outline of the elements of the Galla language*, London, 1840, in-8°; *Vocabulary of the Galla language*, London, 1842; Tutschek, *Dictionary and Grammatik of the Galla language*, Munich, 1844-45, 3 vol. in-12; Krapf, *Vocabularies of six East-African languages*, Tubingen, 1850, in-folio; Massaja, *Lectiones grammaticales*, Paris, 1867, in-8°; 4° le dialecte du Châouâ, presque entièrement inconnu avant le mémoire de M. Schmidt cité plus haut; 5° le dialecte de l'Équateur. D'abord peuple pasteur, les Gâllâs finirent par devenir agriculteurs sur certains points; toutefois ces derniers sont moins estimés de leurs compatriotes. Ils sont armés d'arcs, de lances et d'épieux dont la pointe est durcie au feu, car le fer est très rare chez eux; pour armes défensives, ils se servent d'un bouclier de cuir. Ils sont très braves: un nombre considérable d'entre eux occupa, comme nous le verrons plus loin, un rang important à l'armée et même à la cour d'Éthiopie. Leurs tribus, fort désunies entre elles, vivent sous le régime monarchique ou républicain. Dans celles-ci, le chef est élu pour une période de huit ans (*bottà*); il a le titre d'Abba-Boukoù (le père du sceptre), que Bruce (*Voyage*, t. II, p. 237) a identifié à tort avec leur roi; il n'a d'autres fonctions que de rendre la justice et de décider de la paix ou de la guerre; celle-ci est conduite par un chef spécial appelé Abba-Doúla (le chef des soldats), élu par les juges inférieurs nommés Gadàs. Dans les tribus monarchiques, le roi est appelé Mòti (Bruce: Moaty) ou Goïta. On les désigne nominalement ainsi que leurs guerriers par le nom de leur cheval, non par celui de leur père ou de leur fils (Arnaud d'Abbadie, *Douze ans de séjour dans la haute Éthiopie*, Paris, 1867, in-8°, p. 261, note; Beke, *An inquiry into M. Antoine d'Abbadie's Journey to Kaffa*, London, 1850, in-8°; Appendice, p. 42). La reine se nomme Gifti ou Gánni, mot d'origine sidama. Abba-Koró est le titre des gouverneurs de province, qui ont sous leur direction des chefs de district (Abba Génda); ceux-ci commandent à leur tour à des chefs inférieurs (Abba-Doúla). La conduite des armées en temps de guerre est confiée, comme dans les républiques, à un chef des soldats (Abba-Doúla) qui souvent est le roi lui-même. Les passages des frontières sont surveillés par un Abba-Kélla (chef de la Porte), et l'administration intérieure du royaume, moins la justice, est exercée par un Abba-Mizân (père de la Balance, de l'arabe ميزان; cf. Massaja, *Lection. grammaticales*, p. 261-268). Les tribus qui habitent sur la frontière orientale de l'Éthiopie ont en grande partie embrassé l'islamisme: celles établies dans le Châouâ et à l'intérieur de l'empire sont chrétiennes; mais la grande majorité, estimée à 8 millions, est païenne. Les Gâllâs n'adorent pas d'idoles, mais ils vénèrent une espèce de sycomore (Krapf: Woda; Bruce; Wantzé), dont l'un, Woda-Nabi, situé auprès du Haouach, est le théâtre de nombreux sacrifices, et diverses plantes du nom de Abbo. Le culte des arbres, du reste, et surtout du sycomore, joue un grand rôle dans les religions de l'Afrique orientale et de l'Arabie occidentale; ainsi le Sammourah, adoré comme une divinité par les Benou-Ghatafân et d'autres tribus (cf. Rasmussen, *Additamenta ad historiam Arabum*, Copenhague, 1821, in-4°, p. 71; Osiander, ap. *Zeitsch. d. deutsch. morgenl. Gesellsch.*, t. VII, p. 86; Lévy, *ibid.*, t. XIX, p. 432; et un conte Saho publié par M. Reinisch, *ibid.*, t. XXXII). Ils ont aussi du respect pour les serpents et les vautours. Leur être suprême, qu'ils appellent Wak, réside dans les nuages: il a au-dessous de lui deux divinités, l'une masculine, Oglie, l'autre féminine, Atatie. On sacrifie à la première en juin, à la seconde en septembre. Les Gâllâs croient aussi à l'existence de démons, principes des maladies, au nombre de 88, divisés en deux séries de 44 chacune, et commandés par l'un d'entre eux. Pour les chasser, ils ont recours à des sorciers appelés Kalidja ou Arîtou; d'autres ont pour fonction de faire tomber la pluie ou briller le soleil: on les nomme Kamaitou; cette superstition leur est commune avec un grand nombre de peuplades des bords du Nil blanc et des grands lacs. Il existe aussi chez eux des prêtres, Louba, qui d'après Ludolf, Bruce et notre chronique, exercent parfois l'autorité royale, et des inspirés, hommes ou femmes, Kallo, dont les exploits ont paru vraiment surnaturels (*præter naturale*) à certains missionnaires crédules. Ces diverses sortes de sorciers sont respectées chez eux; une autre, celle des Bouddas, qu'on accuse de se métamorphoser en hyènes, est au contraire en exécration : le seul soupçon d'être Boudda équivaut à une condamnation à mort. (Cf. sur les récits fabuleux qui courent sur les Bouddas, *The Life and adventures of Nathaniel Pearce*, London, 1831, in-8°, t. II, appendice 1.) Le P. Lobo, dans sa *Relation* (p. 66), appelle Oul la principale divinité des Gâllâs; ce nom ne se trouve que chez lui. Le docteur Beke s'est trompé complètement, comme le démontre le missionnaire Krapf, en concluant au christianisme dégénéré de ces peuples, d'après quelques emprunts que certaines tribus des frontières, les Goudrous par exemple, ont pu faire aux noms des saints éthiopiens. Leurs mœurs sont patriarcales: ils pratiquent l'hospitalité; le droit d'aînesse y règne dans une certaine mesure, ainsi que l'institution du lévirat. Ils pratiquent la circoncision et ont introduit en Éthiopie l'usage de l'éviration des prisonniers et des morts; la polygamie est permise, mais peu fréquente (cf. Ludolf, *Hist. æthiop.*, l. I, ch. XVI; Lobo, *Relat. d'Abiss.*, p. 21, 25, 66, 156; Bruce, *Voyage*, t. II, p. 233-236; Combes et Tamisier, *Voyage en Abyssinie*, t. III, ch. IX; Ferret et Galinier, *Voyage en Abyssinie*, Paris, 1847, in-8°, t. II, ch. XIII; Rochet d'Héricourt, *Second voyage dans le royaume de Choa*, IV° partie; Krapf, *Reisen in Ost-Afrika*, t. I, p. 92-107; Massaja, *Lettre sur la mission du pays des Gallas* dans les *Annales de la Propagation de la Foi*, janvier 1858, id. janvier 1865; Massaja, *Lectiones gram.*, loc. laud.; le P. Le Gall, *Les Abyssins et les Gallas*, *Études historiques et littér. des PP. de la Société de Jésus*, 1868, juillet et décembre; le P. des Avanchers, *Lettre écrite du pays des Gallas*; *Bullet. de la Soc. de géogr. de Paris*, mars 1869, p. 209-310; Schmidt, *Abriss. der Shoagallagrammatik*, loc. laud.).

(207) Le pays de Zouâï entoure le lac de ce nom, appelé aussi Djilalou et Lagi par les Gâllâs, dans le royaume de Gouraguech, au sud du Châouâ. Le lac renferme cinq îles où sont bâtis plusieurs monastères; lors de l'invasion de Grâñ, on y déposa un grand nombre de livres éthiopiens qui y existaient encore au temps de Sahla-Salâsé, roi du Châouâ, dépossédé par Théodoros. (Cf. Isenberg, *Dict. of the Amh. lang.*, p. 208; Krapf, *Reisen in Ost-Afrika*, t. I, p. 72.)

(208) Les Borans ou Borénas habitaient d'abord au sud-ouest de l'Éthiopie, sur la rive gauche de l'Abâï; de là, s'avançant vers l'orient, ils arrivèrent à l'est du Gojâm, entre l'Ambarâ et le Châouâ où ils sont encore établis aujourd'hui. La plupart d'entre eux ont embrassé l'islamisme. Leurs traditions les font descendre de Boréna, fils aîné d'Orma, l'ancêtre mythique de toutes les nations Gâllâs. C'est de cette famille que les plus nobles tribus ilmormas d'aujourd'hui: les Legambos, les Ouallos, les Ouara-Kallos, les Ouara-Aimanos, les Ëdjous et les Ayoubous, tirent leur origine. (Cf. Massaja, *Lection. grammat.*, p. 249-250.)

(209) Sur le Loubâ ou Loubo, voir note 206, p. 268. D'après Bruce (*Voyage*, t. II, p. 241), l'expédition aurait eu lieu contre les Djâouis ou Ëdjous, qui avaient envahi le Gojâm.

(210) Le Bizâmo est une ancienne province d'Éthiopie, séparée du Gojâm par l'Abâï et occupée par les Gâllâs.

(211) Les soldats et la milice du Dambyâ s'étaient ligués avec les Maures établis dans la province depuis le temps de Grâñ pour se soulever et abjurer le christianisme. 3,000 d'entre eux furent exécutés, ce qui fit avorter la rébellion. (Bruce, *Voyage*, t. II, p. 247.)

(212) Moḥammed était roi d'Adal et successeur de Nour, le vainqueur de Galâoudéouos : il envahit l'Éthiopie, assuré de l'appui du pacha de Maṣouâ et du Bâḥar-Nagâch Yĕsḥaq. Mais la promptitude de Sartsa-Dĕngĕl déconcerta ses mesures; le roi d'Éthiopie marcha d'abord contre le Bâḥar-Nagâch, le vainquit complètement, le força de chercher un asile chez les Turks et revint alors contre les musulmans de Harrar, qui ignoraient la défaite de leur allié. (Cf. Bruce, *Voyage*, t. II, p. 247-249.)

(213) Le roi d'Adal fut surpris près du Ouabi par l'arrivée de Sartsa-Dĕngĕl qui l'obligea de passer la rivière dans des conditions défavorables. Presque toute l'armée musulmane périt soit dans l'eau, soit sous le fer des Éthiopiens. Moḥammed parvint à s'enfuir avec un très petit nombre de soldats. Le roi d'Éthiopie le suivit, passa l'hiver à Zaḥondour sur la frontière, et se préparait à envahir le pays d'Adal, lorsqu'il fut rappelé par une invasion des Gâllâs Borans. (Cf. Bruce, *Voyage*, t. II, p. 247-249.)

(214) Le Madjo est une rivière du Gojâm, affluent de droite de l'Abâï.

(215) Les Abaṭis étaient une tribu Falâchâ. Ouaïnâ-Dagâ est célèbre par la défaite et la mort de Grâñ.

(216) Radĕèt était un chef Falâchâ dont il a déjà été question plus haut. Voir p. 116.

(217) Chât était un pays occupé par les Gâllâs.

(218) Kâlèf était le successeur de Radĕèt. Le pays de Bad est un territoire gâllâ.

(219) Sârkâ est le nom d'un canton et d'une ville du Gojâm où s'établirent plus tard les jésuites.

(220) Le royaume d'Ĕnâryâ (le Narea des Portugais), avec lequel l'Éthiopie a cessé depuis longtemps d'être en communication, appartenait sans doute à l'empire d'Aksoum et s'en détacha soit au IXe, soit au XVIe siècle. Il est arrosé par le Gibé, le Dambese, le Didesa, affluent de l'Abâï, et le Godjob, et occupé en partie par les Gâllâs ap-

partenant aux tribus de Limmoù, Agalo, Nónno et Bator. La capitale où réside le roi ou Souppera est Sarka. Le pays est très commerçant et très fertile, et l'influence de son prince s'étend sur les tribus environnantes. On y parle un dialecte gâllâ. On y trouve une caste peut-être formée de la population primitive, appelée Ouata; elle existe également plus au sud, dans le Kaffa, auprès du lac Tsânâ, sous le nom de Ouayto, et chez les Sidamas, sous celui de Mango. Les Ouatas sont considérés comme impurs; ils se nourrissent d'animaux dont la chair est réputée immonde et vivent en servage: ils n'ont d'autre emploi que de fournir leurs maîtres de bois et de charbon. Le nom d'Ënâryâ désigne chez les Gâllâs une montagne où résidait un roi d'origine amharique. A l'arrivée des Limmoùs (postérieure à l'expédition de Sartsa-Dēngēl?), il se retira dans le pays de Géra au sud-ouest de l'Ënâryâ et de là, plus au sud, dans le Kaffa, dont une province a gardé ce nom. Les habitants et le roi se convertirent aisément au christianisme que leur prêcha Sartsa-Dēngēl : celui-ci s'établit à Kouchnâî, où mourut son frère. Nous ignorons à quelle époque ce royaume fut de nouveau séparé de l'Éthiopie : à la fin du XVIIe siècle le roi Iyâsou y fit encore une expédition. Depuis les Portugais du XVIe siècle, deux seuls Européens parvinrent à y pénétrer, M. d'Abbadie et l'évêque Massaja. (Cf. Ludolf, *Hist. æth.*, l. I, ch. II, 14; ch. III, 18; *Comment. ad hist. æth.*, p. 87; Legrand, *Relat. d'Abiss.*, p. 202-203; Bruce, *Voyage*, t. II, p. 249-250; Isenberg, *Diction. of Amhar. lang.*, p. 204; Krapf, *Reisen in Ost-Afrika*, t. I, p. 83-90; Massajà, *Lect. gramm.*, p. 249; Ant. d'Abbadie, *Remarque sur une lettre du P. Léon des Avanchers*, dans le *Bulletin de la Société de géographie de Paris*, mars 1869, p. 310-311.)

(221) Les Oualos ou Wollos forment sept tribus et appartiennent à la grande famille des Borans ou Borénas, issus du fils aîné d'Orma. Ils sont réputés pour les plus guerriers, mais aussi pour les plus perfides et les plus cruels des Gâllâs. Ils habitent à l'est de l'Abyssinie, et, contenus un moment par l'énergie de Théodoros, ils ont fini, après la victoire des Anglais, par reprendre Magdala. Ils furent convertis à l'islam par un Arabe du nom de Debelo, et quelques-uns de leurs chefs, entre autres Râs Ali, jouèrent un rôle important dans l'histoire d'Éthiopie à la fin du XVIIIe et pendant la première moitié du XIXe siècle. (Cf. Krapf, *Reisen*, t. I, p. 106-107.)

(222) La défaite et la mort de Gouchn, successeur de Kâlèf, eu-

rent lieu dans les plaines du Ouagarâ. 4,000 Falâchâs succombèrent avec leur chef. (Cf. Bruce, *Voyage*, t. II, p. 250-251.)

(223) Les Ouambaryâs étaient une tribu chânqalla établie à l'ouest du lac Tsânâ.

(224) Quârâ est un district de la province du Dambyâ, au nord du lac de ce nom.

(225) Jân-Médâ (la plaine du roi) est un village du Foggara, au sud-est de Dabra-Tabor.

(226) Daḥono (éléphant) est le nom éthiopien de la ville d'Arkiko, située sur le continent, en face de Maṣouâ, et dont le Naïb perçoit un impôt sur les caravanes venant d'Éthiopie ou y allant.

(227) Bruce (*Voyage*, t. II, p. 253) le nomme Robel, et dit que le souvenir de cet exploit « fut écrit en lettres d'or dans les Annales de l'empire. » Toutefois, l'expression employée ici ne signifie que la notation du chant d'église, introduite, comme nous l'avons vu plus haut, par Azâj Gérâ et Azaj Râgouèl. Ces mots désignent sans doute aussi les hymnes composés en l'honneur d'un exploit, et je crois que c'est dans ce sens qu'il faut l'entendre ici. En effet les vers sont ici en amḥarique pur, et les Annales de l'empire étaient écrites en gheez, ou du moins en gheez mêlé d'amḥarique. (Cf. sur des chants de ce genre, Zotenberg, *Catal. des mss. éth.*, p. 218-219; Prætorius, *Die Amharische Sprache*, Halle, 1879, in-4°, p. 499-501.)

(228) Peut-être faut-il lire ici Légambo au lieu de Gambo. Il s'agirait alors d'une tribu gâllâ issue d'un fils de Boran et établie au nord-ouest du Châouâ, près des Oualos.

(229) La chronique présente ici une lacune allant des dernières années de Sartsa-Dĕngĕl à l'avénement de Sousnyos, et que je vais essayer de combler à l'aide des renseignements fournis par Ludolf, Bruce et les écrivains portugais.

(230) Le passage suivant est tiré du ms. 143 de la Bibliothèque nationale.

(231) Ĕbnât est situé dans le district de Belessen. Bruce (*Voyage*, t. II, p. 299) place cette expédition contre les Gâllâs après la défaite des Maraouâs, dont il va être parlé plus loin. Selon lui, la bataille se livra le 7 janvier 1608; l'armée royale était commandée par Sousnyos, son gendre le Kasmati Yolyos et Kĕfla-Krĕstos. Les

ennemis, qui avaient tout ravagé sur leur passage, perdirent 12,000 hommes et battirent en retraite. Legrand (*Relat. histor.*, p. 299) paraît avoir confondu avec les luttes contre le faux Yâʿqob cette campagne contre les Gâllâs qu'il fait vaincre par Sĕʿla-Krĕstos.

(232) Le Tigré s'était soulevé à la voix d'un moine. Le gouverneur du Tambèn, feignant d'entrer dans son parti, parvint à s'emparer de sa personne. Il le fit conduire au vice-roi du Tigré, qui l'envoya à la cour. Là, le rebelle eut le nez coupé. (Legrand, *Relat.*, p. 299.)

(233) Les Libâns prétendaient tirer leur origine de Libân, troisième fils d'Orma, père de leur race. Ils habitaient sur les frontières du Châouâ.

(234) ወለዮገሩ ፡ ?

(235) Après avoir trahi Yâʿqob, Za-Sĕlâsé avait suivi Sĕlṭân-Sagad; mais un jour, étant ivre, il rapporta que, d'après une prédiction, il devait tuer trois rois, que deux avaient déjà succombé et que le troisième n'échapperait pas. Ce propos fut redit au roi qui exila Za-Sĕlâsé sur l'amba d'Ouré; il parvint à s'échapper, et, à la tête de quelques brigands, il ravagea le Gojâm. Il fut tué dans une embuscade de Gâllâs Tolamas, et sa tête, envoyée à Sousnyos, fut exposée au bout d'une lance à Coga, la résidence royale. (Cf. Tellez, *Hist. geral*, l. III, ch. XXIX; Ludolf, *Hist. æth.*, l. II, ch. VII; Bruce, *Voyage*, t. II, p. 290-292.)

(236) La Chronique donne ici d'une manière succincte et obscure le récit d'événements que d'autres historiens racontent plus au long. Comme on n'avait pas retrouvé le cadavre de Yâʿqob, un imposteur, prétendant être ce prince, fils de Sartsa-Dĕngĕl, apparut aux environs du monastère de Bizan, entre Dĕbârouâ et la mer Rouge, dans la province du Bâḥar-Nagâch. Pour dissimuler ce que la différence de ses traits avec ceux du feu roi pouvait avoir de visible, il se cachait une partie du visage, comme si les blessures reçues à Lebart l'avaient défiguré. Sĕʿla-Krĕstos, gouverneur du Tigré, lui livra bataille sur les bords du Marab et le vainquit, mais l'imposteur parvint à se réfugier dans les montagnes. Une autre victoire n'eut pas plus de résultat, et même, pendant que les troupes éthiopiennes étaient occupées sur les frontières du Ḥamasèn, le centre de la province s'agitait. Le gouverneur demanda des secours au roi

son frère, qui vint en personne avec 530 cavaliers, le reste de ses soldats étant occupé à repousser les Chânqallâs et les Gongas. Mais en route, il dut marcher contre les Gâllâs Maraouâs, qui venaient de pénétrer dans le Bégamdĕr. Ce fut là qu'il essuya l'échec dont il est parlé dans la Chronique. Sa cavalerie, commandée par son frère Yamâna-Kĕsos (droite du Christ), fut repoussée, et les Gâllâs arrivèrent jusqu'au roi qui en tua un de sa main. Le combat recommença et fut terminé par la défaite des Maraouâs qui abandonnèrent le Bégamdĕr. (Cf. Tellez, *Hist.*, l. III, ch. XXXIV; Ludolf, *Hist. æth.*, l. II, ch. VII; Legrand, *Relat. hist.*, p. 300; Bruce, *Voyage*, t. II, p. 293-298.)

(237) Pendant la campagne contre les Maraouâs, le bruit de la mort du roi se répandit dans le Tigré, le faux Yâ'qob descendit du Ḥamasèn et, de concert avec le gouverneur d'Aksoum, ravagea le Siré; mais l'arrivée du Râs Sĕʿla-Krĕstos le fit battre en retraite. Après la bataille d'Ĕbnât, le roi marcha en personne contre le rebelle. Il fut rejoint par son frère et le P. Paĕz qu'il accueillit avec une faveur marquée, et alla se faire couronner à Aksoum. A cette nouvelle, le faux Yâʿqob se retira dans des cavernes inaccessibles où il ne vivait que de lait. Le roi chargea Amsâla-Krĕstos (image du Christ) de le réduire. Celui-ci eut recours à la ruse. Il séduisit, par la promesse du pardon, deux complices de l'imposteur, Amḥâ-Giyorgis (présent de Georges) et Zarĕa-Yoḥannĕs (rejeton de Jean), qui assassinèrent leur chef et portèrent sa tête à Sĕʿla-Krĕstos. (Legrand, *Relation*, p. 300-301; Bruce, *Voyage*, t. II, p. 299-306.)

Un autre imposteur, connu sous le nom de Tsagaxus (ጸጋ ፡ ክሮስ ፡), passa quelques années après en France, où il se donnait pour fils de Yâʿqob. Ailleurs, il prétendait avoir pour père Arzo, fils d'Abéto Ḥaouâryât, fils de Minâs. Son air imposant et son habileté le firent bien accueillir de Louis XIII et de la cour. Il mourut en 1638 d'une pleurésie, suivant les uns, des suites de ses débauches, d'après les autres. C'est pour lui qu'on fit l'épitaphe bien connue :

Ci gist du roi d'Éthiopie
L'original ou la copie.

Ses aventures ont été rapportées dans un livre rempli de faussetés et d'erreurs : *Les estranges evenemens du voyage de Son Altesse le serenissime prince Zaga-Christ d'Éthiopie*... par le sieur de Rechac, Paris, 1635. (Cf. aussi Ludolf, *Hist. æthiopica*, l. II, ch. VII; *Commentar. ad hist.*, p. 243-244.)

Malka-Ṣédèq était un des officiers de Malak-Sagad. On ignore les motifs de sa rébellion. A la tête de quelques soldats il partit du Ouagarâ et força Sinodâ, que le roi avait établi gouverneur de sa capitale en son absence, à fuir de Metcha à Tchelga, où demeurait ʿAbd el-Qâder, roi des Fougns du Sennaar, dépossédé par son frère Adlan. Ce peuple, venu peut-être de l'Afrique occidentale, avait fondé vers 1504 un royaume sur les ruines de l'État nubien de Dongolah. (Cf. sur les Fougns Bruce, *Voyage*, t. IV, p. 523 et suiv.; Cailliaud, *Voyage à Méroé et au fleuve Blanc*, Paris, 1826, in-8°, t. II, ch. XXXIV, il place en 1484 l'arrivée des Fougns; Trémaux, *Voyage en Éthiopie et dans le Soudan oriental*, Paris, in-8°, t. II, p. 189 et suiv.; dans une *Note sur les Fougns et leur idiome*, *Bulletin de la Soc. de géogr. de Paris*, 1865, t. II, p. 238-252, Lejean a essayé de rapprocher le vocabulaire des Fougns et des Goubbas de ceux de l'Afrique centrale et occidentale.) ʿAbd el-Qâder fournit à Sinodâ un corps de troupes qui fut presque entièrement exterminé par les rebelles. L'officier éthiopien n'échappa que grâce à la vitesse de son cheval. A cette nouvelle, Sousnyos fit partir son frère Yamâna-Kĕsos, qui donna à un de ses généraux, Zénobius, le gouvernement du Ouagarâ. (Bruce, *Voyage*, t. II, p. 307-309.)

Le prétendant récompensa Malka-Ṣédèq par le titre de Râs et lui nomma Za-Krĕstos pour lieutenant. La bataille fut livrée le 9 mars 1611. Après une lutte acharnée, Malka-Ṣédèq prit la fuite au moment où la victoire se déclarait pour lui. Il fut arrêté et tué dans le Bégamdĕr ainsi que Za-Krĕstos et Tansĕa-Krĕstos, ses officiers. Leurs têtes furent envoyées à Sousnyos. (Legrand, *Relation*, p. 300; Bruce, *Voyage*, t. II, p. 309-311.)

(238) Au commencement de son règne, Sousnyos résolut d'obtenir l'alliance et les secours du roi du Portugal. En conséquence, il fit venir à sa cour le jésuite Paĕz qui avait su se maintenir depuis quelques années à Frémonat; il célébra en présence du roi la messe selon le rite romain et obtint un territoire considérable au sud du lac Tsânâ dans le Dambyâ. Il y bâtit un couvent, et cette construction, aussi bien que celle d'un palais pour le roi, excita l'admiration des Éthiopiens. En 1607, Sĕlṭân Sagad adressa au pape Paul V et au roi d'Espagne et de Portugal des lettres où il rapportait les ravages des Gâllâs dans les provinces d'Éthiopie : en conséquence il demandait un corps de troupes espagnoles dans l'intérêt de la chrétienté. Ces lettres ont été rapportées par Tellez (*Historia geral*, l. III,

ch. XXXIII) et d'après lui par Ludolf (*Comment. ad hist. æth.*, p. 487-489). Il n'y est pas fait mention, comme l'observe Bruce (*Voyage*, t. II, p. 290), de la conversion du roi au catholicisme, quoi qu'en aient dit certains écrivains. (Cf. Ludolf, *Hist. æth.*, l. III, ch. x; Bruce, *Voyage*, t. II, p. 283-290; Legrand, *Relat. hist. d'Abissinie*, p. 298.)

(239) Les Zalabâsâs étaient une tribu des Agaous du Dâmot; la guerre conduite par Sĕʿla-Krĕstos dura deux ans.

(240) Le mot ቆጠኛ ። est traduit par Isenberg par *learness, a burning, blasting wind.* Peut-être s'agit-il d'une sorte de simoun. Ailleurs il semble avoir été employé dans le sens général d'épidémie ou de fléau.

(241) L'Atchafar est une province de l'Ambarâ située le long de la côte orientale du lac Tsânâ.

(242) Ville au nord du lac Tsânâ, dans la province de Fangia.

(243) Il existe au sud de ce même lac, sur les frontières de l'Agaoumdĕr, une ville de Dârâ. Il s'agirait donc encore ici de la guerre contre les Agaous. Aucun autre historien ne donne de détails sur cette campagne.

(244) Peut-être faut-il lire ici Ouaraña (ወሬኛ ። au lieu de ወሬንጧ ።); ce mot signifierait simplement «le révolté».

(245) Cette même année Sousnyos reçut du pape Paul V une réponse à la lettre qu'il lui avait écrite précédemment. Elle était datée du 4 janvier 1611. Le pontife lui faisait savoir qu'il avait appuyé ses demandes auprès du roi d'Espagne, dont une lettre datée du 15 mars 1609 était déjà arrivée en Éthiopie : il l'exhortait aussi à favoriser la religion catholique. Sousnyos répondit aussitôt, le 31 janvier 1613, pour annoncer l'envoi à Rome d'une ambassade composée du P. Antonio Fernandez de la Compagnie de Jésus et de Fĕkour-Ĕgziĕ. Pour éviter les Turks de Masouâ et de Zeïlaʿ, ils reçurent l'ordre de gagner par terre la ville de Mélinde, possession portugaise, à travers le pays des Gâllâs et des Zindjes. Ils pénétrèrent jusque dans l'Alaba, après avoir passé par l'Ĕnâryâ, le Zindjiro et le Kambat; mais le souverain musulman de cette dernière contrée les retint captifs et ne les renvoya qu'au bout de 9 ans et 7 mois. Les résultats de ce voyage ne furent pas perdus pour la science, car ce fut d'après les rapports du P. Fernandez que le P. d'Almeyda et son

abréviateur le P. Tellez insérèrent dans leur histoire les détails qu'elle renferme sur l'Ĕnâryâ, le Zindjiro et le Kambat. Une tentative en sens inverse, faite par le P. Lobo, qui voulut quelques années plus tard pénétrer en Éthiopie en partant de la côte du Zanguebar, échoua également.

Le frère du roi, Sĕ'la-Krĕstos, gouverneur du Gojâm, écrivit aussi la même année au pape Paul V pour lui annoncer qu'il était disposé ainsi que Sousnyos à professer ouvertement la religion catholique qu'ils pratiquaient secrètement, pourvu que Philippe III leur envoyât un secours de 1,000 Portugais, afin de combattre les révoltes qui ne manqueraient pas de s'élever. Le pape répondit à la lettre du roi, qui n'en put tirer que des exhortations et des promesses. (Cf. Tellez, *Hist. geral*, l. IV, ch. III et suiv.; Ludolf, *Hist. æth.*, l. II, ch. 16, *Commentar. ad histor.*, p. 487-492; Bruce, *Voyage*, t. II, p. 334-356.)

(246) Cette expédition, que Bruce place à tort en 1615, eut lieu à l'occasion d'un prétendu Yâ'qob, fils de de Malak-Sagad. Cet imposteur, dont le véritable nom était Amdo, fut arrêté par Takla Giyorgis, gouverneur du Samèn, et Asra-Krĕstos, gouverneur de Salamt, et transféré dans cette dernière ville; mais il fut délivré par Gédéouon, roi des Falâchâs, qui lui fournit des troupes. Sousnyos nomma son gendre Yolyos gouverneur du Samèn, du Ouagarâ et du Ouâg; mais un de ses officiers nommé Abram ayant été vaincu par le faux Yâ'qob, le roi d'Éthiopie vint en personne attaquer les Falâchâs. Il prit et détruisit Mesiraba, une de leurs forteresses, puis les deux ambâs de Hochi et de Za-Hankasé; Gédéouon finit par demander la paix; il l'obtint en livrant le faux Yâ'qob, qui fut crucifié, puis décapité. (Bruce, *Voyage*, t. II, p. 312-315.)

(247) Les noms des premiers maris d'Ité Ḥamalmâl étant rapportés d'une manière différente par les historiens, je ne crois pas devoir les donner ici. Il est constant toutefois que Sousnyos avait quatre frères utérins plus âgés que lui : Afa-Krĕstos (bouche du Christ), Sĕ'la-Krĕstos, Malka-Krĕstos et Yamâna-Krĕstos.

(248) Les tribus Chânqallas contre lesquelles marcha le prince étaient les Gongas et les Goubbas qui habitaient Belaya sur les bords du Nil bleu. Les premiers, qui portent aussi le nom de Goumouz, s'étendent jusqu'au Nil bleu qu'ils appellent Netza et forment sept tribus. Leur principal village se nomme Goubba. (Cf. Lejean, *Note*

sur les Fougns, p. 242-243.) L'expédition fut heureuse ainsi qu'une razzia faite sur les Agaous. Bruce (*Voyage*, t. II, p. 315) raconte différemment cette campagne; d'après lui, Sĕlṭân-Sagad, resté à Danqaz, aurait envoyé Kĕfla, le gouverneur du Gojâm, et Yonâèl, qui se révolta plus tard, à la tête des troupes, sans marcher en personne.

(249) Danqaz, qui fut quelque temps la capitale de l'Éthiopie, est une ville du Ouagarâ, à l'est de Gondar.

Une expédition contre les Gâllâs du Bizâmo, faite en 1617, débarrassa des Barbares le pays entre le Nil et l'Ĕnâryâ; mais elle provoqua pour l'année suivante une ligue des Gâllâs Borans et Bertoumas, contre lesquels le roi dut marcher en personne.

(250) C'est à tort que Bruce place cette campagne en 1617. Un fragment de la relation du P. Paëz, conservé par le P. Kircher dans son *Œdipe*, rapporte ces événements à l'année 1618. Ce fut pendant cette expédition que le jésuite portugais découvrit les sources de l'Abâï ou Nil bleu, dans le territoire de Sakalâ. On sait que Bruce, qui visita ces sources à la fin du XVIIIe siècle, chercha à s'attribuer l'honneur de cette découverte en passant sous silence le nom de son devancier. Sousnyos se dirigea d'abord vers le Gojâm, plus directement menacé par les Gâllâs Djâouis. Ces peuples prétendaient descendre d'Ĕdjou, un des fils de Boréna, fils d'Orma, et habitaient le Bizâmo. Ils le quittèrent pour entrer dans le Gojâm, où ils furent vaincus par Sĕ'la-Krĕstos au moment même où ils venaient de passer le Nil. Lorsque, après une marche forcée de trois jours, le roi arriva à Bad, il trouva l'ennemi en déroute et résolut de porter la guerre dans le Châouâ. Il alla camper à Dabra-Ouarq, pendant que son frère Sĕ'la-Krĕstos remportait une nouvelle victoire sur les Djâouis, près de la rivière Amka. (Cf. Legrand, *Relat. hist. d'Abis.*, p. 210-211; Bruce, *Voyage*, p. 318-319.)

Le reste de cette année fut occupé par une guerre contre les Fougns du Sennaar. Le roi de ce pays, 'Abd el-Qâder II, détrôné par son frère Adlan, s'était réfugié à Tchelga, ville éthiopienne, où il s'était créé une sorte de principauté. Son fils Badi I surnommé Abou-Arbat, qui chassa peu de temps après son oncle Adlan (1616), inquiet des bons rapports qui existaient entre son père et Sousnyos, envoya son général Nile Oued Ḥadjib qui avait tué Adlan à Karkong ravager les frontières éthiopiennes. Mais Sousnyos fit un traité secret avec Ḥadjib, chef des Arabes dépossédés par les

Fougns, et lorsque les chrétiens envahirent le Sennaar, il passa dans leur camp avec ses soldats. La ville nubienne de Serké fut détruite, et de nombreux captifs emmenés comme esclaves. Après ce succès, Sousnyos retourna à Danqaz, tandis que Oualda-Ḥaouâryât (fils des Apôtres), Malka-Krĕstos et Takla Giyorgis étaient chargés de continuer la guerre. Outre les Fougns, une armée de Chânqallâs fut détruite, et des quantités considérables d'esclaves furent le produit de cette campagne. Une nation d'Arabes nomades, qui habitait dans l'Atbara, autour de la ville de Mendera, fut également vaincue par le Bâḥar-Nagâch Gabra-Mâryâm (serviteur de Marie), et leur reine, Faṭmah, faite prisonnière, fut amenée devant Sousnyos qui la relâcha, après qu'elle eut reconnu sa suzeraineté comme l'avait fait Ḥadjib. (Bruce, *Voyage*, t. II, p. 322-331.)

(251) La faveur déclarée que les missionnaires trouvaient près de Sousnyos, le zèle intempérant des jésuites qui n'imitaient pas la sage conduite de leur chef, le P. Paëz, avaient déjà indisposé les partisans de l'Église nationale, lorsque la conversion déclarée de Sĕʿla-Krĕstos au catholicisme romain et l'arrêt du roi imposant à ses sujets le dogme des deux natures commencèrent cette longue lutte qui tourna au désavantage des étrangers. L'abouna Sĕmʿon et les principaux de la cour représentèrent en vain au prince la faute qu'il commettait. Le patriarche alla même jusqu'à l'excommunication: Sousnyos ne se laissa pas convaincre; les mécontents, à la tête desquels étaient Yamâna-Krĕstos, le frère du roi, Yolyos, son gendre, gouverneur du Ouagarâ, et l'eunuque Kĕfla-Ouaḥad, conspirèrent contre sa vie. Le prince échappa par hasard: les trois officiers s'enfuirent; mais pendant la campagne contre les Fougns, Yolyos se déclara le défenseur de la foi nationale, souleva le peuple du Ouagarâ et fut rejoint par l'abouna Sĕmʿon. Il fut tué dans une bataille au moment même où il pénétrait jusqu'à la tente du roi: sa tête, celle du patriarche massacré après le combat et celle de Kĕfla-Ouaḥad furent exposées à Danqaz. Yamâna-Krĕstos, livré à Afa-Krĕstos par les moines qui l'accompagnaient à Malka-Ambâ, fut amené à Sousnyos qui l'envoya prisonnier dans un ambâ de l'Amḥarâ. (Cf. Tellez, *Historia geral*, l. IV, ch. xv-xx; Ludolf, *Hist. æth.*, l. III, ch. x; Michaelis, *Sonderbarer Lebens-Lauff Herrn Peter Heylings, und dessen Reise nach Ethiopien*, von J.-H. Michaelis, Halle, 1724, in-12, p. 17-20; Bruce, *Voyage*, t. II, p. 353-366.)

Comme on le voit, la défaite des partisans d'Alexandrie n'arrêta pas Yonâèl, gouverneur du Bégamdĕr. Cependant la révolte ouverte ne commença qu'en 1620.

(252) Les Outhialés étaient une tribu gâllâ voisine des Oualos. Ils envahirent le Bégamdĕr, battirent les Éthiopiens, et outre Oualda-Ḥaouâryât, gendre du roi, ils tuèrent Amdo, le Kântiba du Dambyâ et Nile Oued Hadjib. (Cf. Bruce, *Voyage*, t. II, p. 332.)

(253) Le Bĕḥtouadad (Bitouadad des voyageurs modernes) est un des principaux grades militaires d'Éthiopie, supérieur à celui de Kantibâ (général).

(254) Un factum anonyme où les jésuites étaient appelés «parents de Pilate,» allusion à la foi romaine, et renfermant la défense des points de foi de l'Église alexandrine et celle de l'observation du Sabbat, récemment interdite par le roi, augmenta la persécution. (Voir le texte de cette lettre dans Ludolf, *Comment. ad hist. æth.*, p. 493-507.) Le roi manifesta de plus en plus son attachement aux missionnaires qui venaient d'être rejoints par deux des leurs (1618), les PP. Diégo de Matos et Antonio Bruni de Sicile. Les grands ayant essayé de faire revenir Sousnyos sur sa détermination furent accusés de trahison; il fit couper la langue à un moine nommé Abbâ Afa-Krĕstos, défenseur de l'eutychéisme, et battre de verges un de ses officiers, Bouko, pour l'obliger à apostasier. Yonâèl se retira dans des endroits inaccessibles lorsque le roi envahit le Bégamdĕr, et cette campagne n'eut pas de résultats. (Cf. Tellez, *Historia geral*, l. IV, ch. XX; *Nuove e curiose lettere dell'Etiopia annualmente al rever. P. N. Viteleschi*, 1617-1620, Florence, 1622; Ludolf, *Histor. æth.*, l. III, ch. X; Bruce, *Voyage*, t. II, p. 367-368.)

L'insurrection du Dâmot, qui éclata la même année, fut noyée dans le sang : Sĕ'la-Krĕstos, voulant faire exécuter l'ordonnance de Sousnyos sur le Sabbat, marcha contre les Agaous de ce pays où s'étaient réfugiés les plus ardents défenseurs de l'eutychianisme; 400 moines prirent les armes et se joignirent aux 12,000 révoltés qui essayèrent, mais sans succès, de résister aux 7,000 Éthiopiens, renforcés d'un corps de Portugais et armés de mousquets. Ils furent presque tous massacrés à la bataille d'Amid livrée le 6 octobre 1620. (Cf. Tellez, *Historia geral*, l. IV, ch. XXII; Ludolf, *Histor. æthiop.*, l. III, ch. X; Bruce, *Voyage*, t. II, p. 369-372.)

(255) Yonâèl s'étant réfugié chez les Gâllâs, la campagne du

roi contre ces peuples eut pour but de les forcer à abandonner sa cause. Néanmoins la violence n'ayant pas réussi, Sousnyos employa la trahison. Il acheta les protecteurs du rebelle qui le laissèrent tuer. (Cf. Tellez, *Historia geral*, l. IV, ch. XXI; Ludolf, *Hist. æth.*, l. III, ch. X; Bruce, *Voyage*, t. II, p. 369.) C'est la première fois qu'on trouve mentionnée dans les Annales d'Éthiopie l'émasculation d'un ennemi pour se procurer un trophée, pratique si fréquente depuis.

(256) Le Ouag était un des cinq cantons du pays des Agaous Thiaras, habité par une tribu de ce nom, dans le Lâstâ, près des sources du Takazzé.

(257) Ce fut cette même année qu'eut lieu la conversion du roi entre les mains du P. Paëz qui mourut peu après (mai 1622). Cette abjuration fut suivie d'une déclaration adressée à toute l'Éthiopie, et rédigée par le secrétaire Takla-Sëlâsé (plante de la Trinité). Sëlṭân Sagad y exposait les principes du catholicisme qu'il prétendait imposer à ses sujets et particulièrement le dogme des deux natures de J. C., qui faisait la principale différence entre l'Église de Rome et celle d'Alexandrie. Il y attaquait en même temps les Abounas ou métropolitains d'Éthiopie qui ne prêtaient que trop le flanc aux critiques par leurs vices et leur conduite scandaleuse, principalement l'Abouna Mârqos, l'Abouna Krëstodolou, l'Abouna Péṭros et enfin l'Abouna Sëm'on. (Cf. Tellez, *Historia geral*, l. IV, ch. XXIII-XXVII; Ludolf, *Hist æth.*, l. III, ch. X; Bruce, *Voyage*, t. II, p. 373-378.) La lettre a été publiée par Ludolf (*Comment. ad hist.*, p. 509-511) d'après Tellez (*Histor. geral*, l. IV, ch. XXVII), et par Legrand (*Relat. histor. d'Abiss.*, p. 498-501) d'après la *Relation* de Mendez (l. I, ch. XIII). Ces textes présentent des divergences peu considérables.

(258) Cette expédition contre les Falâchâs est placée par Bruce dans la treizième année du règne de Sousnyos. Depuis le Ouagarâ jusqu'aux frontières du Samèn, les Éthiopiens ravagèrent le pays, massacrant les hommes en état de porter les armes et réduisant en esclavage les femmes et les enfants. Un petit nombre échappa à grand'peine sous la conduite de Finéas. Les Falâchâs du Dambyâ, terrifiés par ces cruautés, embrassèrent sans difficulté le christianisme tel que le leur imposa le roi. (Cf. la *Relation* du patriarche Mendez dans l'*Histoire de ce qui s'est passé au royaume d'Éthiopie ès années 1624, 1625, 1626 tirées* (sic) *des lettres adressées au P. Vi-*

teleschi, général de la Compagnie de Jésus, Paris, 1629, in-12, p. 131-132; Bruce, *Voyage,* t. II, p. 316-319.)

(259) La Chronique commet ici un anachronisme d'un an, provenant de quelque incertitude sur la chronologie du règne de Sousnyos. Alfonse Mendez, à qui le roi écrivit en 1624 une lettre qui nous est parvenue, fut sacré à Lisbonne patriarche d'Éthiopie, et partit quelque temps après pour Diu. De là, il comptait gagner directement Maṣouâ, mais la crainte des Turks retenait les vaisseaux des Banians qui font le commerce entre l'Inde et l'Afrique orientale. A Diu, il trouva des lettres l'avertissant de ne passer ni par Saouâkin, ni par Maṣouâ, mais par Baylour, port du royaume des Danâkils, gouvernés à cette époque par un émir vassal du roi d'Éthiopie. Il se conforma à ces recommandations et, avec une suite de dix-huit personnes, parmi lesquelles Jérôme Lobo, l'historien du voyage, il débarqua à Baylour en mai 1625. La traversée du royaume des Danâkils fut extrêmement pénible, tant à cause de la difficulté des chemins que de l'avidité des habitants. Ce ne fut que le 21 juin 1625 que la caravane arriva à Frémonat. (Cf. Tellez, *Historia geral,* l. IV, ch. XXXII-XXXIV; Lobo, *Relation* dans Legrand, p. 29-63; Ludolf, *Hist. æth.,* l. III, ch. II; Bruce, *Voyage,* t. II, p. 379-382.)

(260) Qĕbryal était un homme de race royale, ou, d'après les jésuites, un Égyptien qui se donnait pour fils de Malak-Sagad et se proclamait le défenseur de l'Église alexandrine. Il fut chassé par Râs Sĕ'la-Krĕstos et fut tué en 1625 par les Gâllâs à qui il s'était confié. Le jésuite qui traduisit de l'italien la lettre du P. Gaspard Paĕz au général de la compagnie, ne comprenant pas le nom de Gallo (Gâllâ), fait mourir Qĕbryal de la main d'un «François». (Cf. la *Relation* de Paĕz et celle de Mendez dans l'*Histoire de ce qui s'est passé au royaume d'Éthiopie,* p. 5-6, 128-129, 141-143, 185-187; Michaëlis, *Peter Heylings Reise,* ch. XVII; Bruce, *Voyage,* p. 378-379.)

(261) L'entrée du patriarche romain à Danqaz eut lieu cette même année. Arrivés à Frémonat en juin 1625, Mendez et sa suite y passèrent quelques mois pour se remettre des fatigues du voyage, pendant que Sousnyos était occupé à combattre les rebelles. Enfin Alfonse se mit en route en novembre 1625 pour aller rejoindre la cour. Il arriva le 7 février 1626 après avoir reçu toute sorte d'hon-

neurs pendant sa marche. Il fut accueilli en grande pompe par Sĕ'la-Krĕstos revenu depuis peu du Samèn. Un jour fut fixé pour l'abjuration solennelle de la foi alexandrine : ce fut le 12 février, et le patriarche en a soigneusement décrit le cérémonial : il prononça un long discours dans lequel il exaltait la suprématie de l'Église romaine sur les autres entachées d'hérésie, particulièrement celle d'Alexandrie ; il termina en rappelant les tentatives faites par les empereurs précédents pour rétablir en Éthiopie l'autorité du pape. Le vice-roi Malkĕa-Krĕstos, que le roi avait chargé de répondre, fit à son tour l'éloge de la cour de Rome et de l'orthodoxie de ses doctrines, auxquelles il jura, au nom de son pays, de rester fidèlement attaché. Le roi reconnut la suprématie romaine, anathématisa les doctrines d'Eutychès, et promit obéissance au pape Urbain VIII. Son fils Fâsiladas (Basilidès) l'imita ; mais Sĕ'la-Krĕstos, qui devait en outre prêter avec les autres serment de fidélité à l'héritier du trône, ne le fit que sous la condition que le prince resterait catholique romain. Le lendemain, il fut décidé que la Pâque serait célébrée à la mode romaine, que les schismatiques et les hérétiques seraient considérés comme ennemis de l'État et que les prêtres seraient suspendus, s'ils n'avaient l'approbation du patriarche. (Cf. la *Relation* de Mendez, p. 145-164, dans l'*Histoire de ce qui s'est passé au royaume d'Éthiopie ;* Tellez, *Historia geral*, l. I, ch. I-IV, qui diffère sur plusieurs points de la Relation du patriarche ; Ludolf, *Hist. æth.*, l. III, ch. XI ; *Comment. ad histor.*, p. 511-523 ; Bruce, *Voyage*, t. II, p. 382-385.)

(262) La Ouézaro Malakotâouît, fille aînée du roi, avait épousé Éléos, gouverneur du Tigré, et mourut en couches. Cette mort et celle du prince Mârqos furent représentées par les partisans de la religion nationale comme un châtiment du ciel, qui punissait ainsi l'abjuration de Sousnyos, mais celui-ci persévéra dans sa ligne de conduite. (Cf. la *Relation* de Mendez, *op. laud.*, p. 164-165.)

(263) D'après Mendez (*Relation, op. laud.*, p. 176), ce ne fut pas le roi qui écrasa la révolte de Za-Manfas-Qĕdous ; mais le 1er juin 1626, on amena à la résidence royale ce chef chargé de chaînes ; 200 têtes des principaux d'entre les Falâchâs avaient déjà été apportées.

(264) Sakalâ est le chef-lieu d'un district de ce nom, situé dans l'Agaoumdĕr, auprès des sources de l'Abâï. Les habitants de ce pays sont encore aujourd'hui à demi païens.

(265) Bruce place en 1627 la mort de ce général. D'abord attaché

à la foi alexandrine, il finit par se convertir après avoir été battu de verges; et soit conviction sincère, soit ambition secrète, il se montra un des catholiques les plus dévots et les plus fanatiques. (Cf. *Histoire de ce qui s'est passé au royaume d'Éthiopie*, Relat. de 1624 et de 1625, p. 108-112 et 248-257.) Les Gâllâs feignirent d'attaquer le Dâmot dont il était gouverneur, puis ils s'éloignèrent brusquement, comme pour tenter une expédition contre l'Ënâryâ. Bouko licencia ses troupes; mais les ennemis, qui s'étaient retirés dans le Bizâmo, revinrent tout à coup, et le tuèrent avec les soldats qui lui restaient. Ils quittèrent ensuite le Dâmot, refusant la bataille que leur offrait Së'la-Krëstos pour venger ce désastre. (Cf. Bruce, *Voyage*, t. II, p. 391-395.)

(266) Peut-être faut-il entendre ici Takla-Giyorgis au lieu de Ouelda-Giyorgis (fils de Georges). La Chronique, continuant sa chronologie erronée, aurait rapporté à la vingt et unième année du règne de Sousnyos ce qui arriva en réalité la vingt-troisième (1628). Takla-Giyorgis, gendre du roi qui lui avait fait épouser sa fille la Ouézaro Ouangélâouit et lui avait donné le gouvernement du Tigré, mécontent de la conduite de sa femme et de l'indifférence avec laquelle son beau-père accueillait ses plaintes à ce sujet, se déclara le champion de la foi alexandrine. Il chercha à faire périr les Jésuites de Frémonat, mais ceux-ci, avertis à temps, ayant pu s'échapper, il ne put mettre à mort que son ancien chapelain, le P. Jacques. En même temps il fit brûler les chapelets, crucifix, missels, etc., dont les étrangers avaient introduit l'usage en Éthiopie. Le roi envoya contre lui un fervent catholique, Këba-Krëstos, à qui il donna le gouvernement du Tigré. Celui-ci fit diligence, et le 12 décembre 1628, il vainquit les ennemis grâce à une panique qui jeta le trouble chez les Gâllâs. Takla-Giyorgis, arrêté et envoyé à Sousnyos qui le condamna à mort, rentra dans le sein de l'Église catholique, dans l'espoir de sauver sa vie; mais le roi s'étant montré inexorable, il rétracta son abjuration et fut pendu avec sa sœur Adero qui l'avait encouragé dans son entreprise. Les dames de la cour et la reine elle-même intercédèrent en faveur de cette dernière, mais inutilement. (Cf. Lobo, *Relation*, ap. Legrand, p. 98-105; Tellez, *Historia geral*, l. V, ch. XI-XIII; Ludolf, *Hist. æthiop.*, l. III, ch. XI; *Comment. ad hist.*, p. 523-524; Michaëlis, *Peter-Heylings Reise*, ch. XXII; Bruce, *Voyage*, t. II, p. 395-403.)

(267) Les Agaous du Lâstâ, connus sous le nom de Thiarâs et

formant cinq cantons : Ouâg, Tettera, Dehânah, Gouliou et Louta, refusèrent d'adopter le catholicisme romain et mirent à leur tête un certain Malkĕa-Krĕstos, de race royale, élevé chez les Gâllâs. En 1629, Sousnyos fut vaincu par lui dans les montagnes du Ouâg, et son armée aurait été entièrement anéantie sans l'arrivée de Kĕba-Krĕstos qui protégea la retraite. (Cf. Tellez, *Historia geral*, l. V, ch. XV; Ludolf, *Histor. æth.*, l. III, ch. II; Bruce, t. II, p. 403-406; Michaëlis, *Peter Heylings Reise*, ch. XXVII-XXIX.)

(268) La campagne contre les Agaous du Lâstâ (1629) fut conduite par Sĕ'la-Krĕstos qu'on rappela de son exil déguisé dans le Gojâm, et qui battit les rebelles campés à cinq journées de marche de Danqaz. La Chronique ne mentionne pas la révolte de Lâĕka-Mâryâm (serviteur de Marie), parent du roi et nommé récemment gouverneur du Bégamdĕr. Il se déclara en faveur de la religion nationale, mais, vaincu par Fâsiladas et Sĕ'la-Krĕstos, il périt dans un précipice. Toutefois les armées royales essuyèrent deux sanglants échecs ; dans l'un, Kĕba-Krĕstos, gouverneur du Tigré, fut tué par les Agaous du Lâstâ et sa tête portée à Malkĕa-Krĕstos ; dans l'autre, Fĕqour-Ĕgziĕ, qui défendait le Dâmot, tomba sous les coups des Gâllâs du Bizâmo. (Cf. Tellez, *Historia geral*, l. V, ch. XVII; Ludolf, *Hist. æthiop.*, l. III, ch. II; Bruce, *Voyage*, t. II, p. 407-412.)

(269) Ce Sartsa-Kĕsos, que Bruce appelle Serka-Christos, était un ami du prince Fâsiladas, et avait été nommé gouverneur du Gojâm à la place de Sĕ'la-Krĕstos, disgrâcié encore une fois à cause de ses cruautés. Croyant que le fils du roi, qu'il savait secrètement attaché à la foi nationale, entrerait dans ses vues, Sartsa-Krĕstos le proclama roi et se déclara contre les Jésuites. Mais Fâsiladas refusa de s'associer à sa rébellion ; bien plus, il marcha contre lui à la tête d'une armée, le força à fuir dans le Dâmot et le fit prisonnier au moment où le révolté cherchait à passer le Nil pour se réfugier chez les Gâllâs. Sartsa-Krĕstos, transporté à Danqaz, y fut exécuté. (Cf. Tellez, *Hist. geral*, l. V, ch. XXIV-XXV; Ludolf, *Hist. æthiop.*, l. III, ch. II; Michaëlis, *Peter Heylings Reise*, ch. XXXV; Bruce, *Voyage*, t. II, p. 417-422.)

(270) A cette époque, Apollinaris d'Almeyda, évêque de Nicée, apporta en Éthiopie des lettres du pape Urbain VIII, adressées à l'occasion du jubilé à Sĕlṭân-Sagad (1627) et au patriarche Mendez (1628). Elles furent suivies (1630) d'une autre au prince Fâsiladas. Le pontife les félicitait de leurs efforts en faveur de la religion ca-

tholique. (Voir ces lettres dans Tellez, l. V, ch. XXII, et dans Ludolf, *Comment. ad hist. æth.*, p. 525-529.)

(271) Abréviation de Fâsiladas.

(272) Deux expéditions successives de Sousnyos dans le Lâstâ sont confondues ici par la Chronique. L'armée divisée en trois corps, sous le commandement du prince Fâsiladas, de Gabra-Krĕstos, gouverneur du Bégamdĕr, et du gouverneur du Tigré, pénétra dans le pays des rebelles, battit Malkĕa-Krĕstos, dont le meilleur général, Takla-Mâryâm, fut tué, et ne se retira que chassée par un froid extraordinaire. Mais les Agaous du Thiarâ ayant exterminé un corps de troupes du Bégamdĕr, cette province et le Lâstâ échappèrent à l'autorité royale. Sousnyos résolut alors d'entreprendre une nouvelle expédition, et ce fut à ce moment que son fils se fit l'interprète des sentiments de la nation contre la foi romaine. Déjà le roi avait tenté plusieurs accommodements, mais, sous la pression du patriarche Mendez, il n'osa pas proclamer la liberté de conscience. Il se borna d'abord à autoriser l'usage de la liturgie en langue éthiopienne, mais conforme à celle de l'Église de Rome, la célébration de quelques fêtes, moins la Pâque, aux dates fixées par les Orientaux, enfin le jeûne du mercredi en place de celui du samedi. A cette occasion, il dut lutter contre le patriarche catholique qui voyait avec regret la persécution se ralentir. Avant de tenter la seconde expédition contre le Lâstâ, le roi promit, s'il était vainqueur, de rétablir la foi alexandrine. Cette promesse anima les soldats, qui ne virent plus dans les Agaous que des révoltés, non des défenseurs de la croyance nationale. (Cf. Tellez, *Hist. geral*, l. V, ch. XXIX; Ludolf, *Hist. æthiop.*, l. III, ch. II; *Comment. ad hist. æth.*, p. 528-530; Michaëlis, *Peter Heylings Reise*, ch. XXXIX-LIV; Bruce, *Voyage*, t. II, p. 423-428.)

(273) Ce fut effectivement la vingt-septième année du règne de Sousnyos (1692) que ce prince, de retour du Lâstâ, proclama la liberté de conscience, malgré les efforts d'Alfonse Mendez. Cette décision fut accueillie avec une joie universelle, et Ludolf (*Hist. æthiop.*, l. III, ch. XII) a publié le chant populaire composé en l'honneur du rétablissement de l'Église d'Alexandrie :

Voici que les brebis d'Éthiopie ont échappé
Aux hyènes de l'Occident, grâce à l'enseignement de l'apôtre Marc
Et de Cyrille, colonnes de l'Église d'Alexandrie,
Réjouissez-vous, réjouissez-vous et chantez Alleluia,
L'Éthiopie a échappé aux hyènes de l'Occident.

Quant à Sousnyos, voulant rester fidèle au catholicisme et fatigué de lutter contre les sentiments de son peuple, il prit le sage parti d'abdiquer. Sa mort arriva le 7 septembre 1632.

(274) La littérature contemporaine de Sousnyos ne comprend guère que des ouvrages de polémique traduits pour la plupart du portugais. Les Jésuites furent aidés dans leurs travaux par Fëqour-Ëgzië que le roi avait tenté d'envoyer en Portugal par Mélinde. Ils transcrivirent en caractères gheez le texte latin de l'oraison dominicale et de la salutation angélique, et firent apprendre aux nouveaux convertis ces prières singulièrement déguisées (cf. Ludolf, *Comment. ad hist. æth.*, p. 493). Ils tentèrent aussi d'introduire dans ce pays les représentations scéniques qui florissaient dans leurs collèges d'Europe et d'Amérique, mais la première fois qu'ils firent apparaître des démons sur la scène, les assistants épouvantés s'enfuirent en criant : «Hélas! hélas! ils ont amené des diables.» (Ludolf, *Hist. æth.*, l. III, ch. II, Michaëlis, *Peter Heylings Reise*, ch. XXII; Bruce, *Voyage*, t. II, p. 390.)

Le P. Caldeira, de la résidence de Gorgora, dans le Dambyâ, écrivit une grammaire éthiopienne, aujourd'hui perdue, sur le modèle des grammaires latines (Relation de 1624, dans l'*Histoire de ce qui s'est passé au royaume d'Éthiopie*, p. 95). L'année suivante (1625), il traduisit une partie du rituel romain et composa avec le supérieur une concordance des calendriers romain et éthiopien. C'est probablement l'ouvrage connu sous le nom de Ḥasab Retou' (calcul exact), manuel chronologique, datant de la vingtième année de Sousnyos (cf. Wright, *Cat. of the eth. mss.*, n° 143). Les mêmes auteurs écrivirent aussi en *amḥarique* une instruction sur le jeûne. Le P. Caldeira, sur la demande du roi, revit, avec l'aide d'un Éthiopien instruit et bon catholique (Fëqour-Ëgzië?), la version éthiopienne du Nouveau Testament, faite par le supérieur de la mission et le P. d'Azevedo sur la Vulgate latine, afin de remplacer l'ancien texte d'Abbâ Salâmâ qui dérivait des Septante (*Relation, loc. laud.*, p. 225-227.) Des versions amḥariques de ces mêmes livres existaient déjà, et Sousnyos donna mille écus d'or (?) afin de créer une imprimerie éthiopienne (*ibid*).

En 1625, le P. d'Azevedo traduisit en amḥarique le Pré spirituel (de Jean Moschus?) et un traité populaire de la doctrine chrétienne, probablement celui de Bellarmin. Il composa en outre une grammaire amḥarique, la première dont il soit fait mention, celle de

Ludolf ne datant que de 1698 et Marinus Victorinus n'ayant donné que les paradigmes de deux temps dans cette langue. (*Chaldeæ seu æthiopicæ linguæ Institutiones*, 2e édition, Romæ, in-12, 1630, p. 43-46.)

Outre les travaux mentionnés plus haut, le même père, de la résidence de Ganata-Iyâsou, avait traduit en éthiopien, dès 1624, une partie du bréviaire, l'office de la Vierge, les exorcismes, un livre de sermons sur le symbole des apôtres, tiré de Bellarmin, et les annotations du P. Natal sur la vie de Jésus-Christ, des apôtres et des ermites. Le supérieur de cette communauté écrivit dans la même langue un traité sur l'immunité de l'Église. (*Relation d'Éthiopie*, op. laud., p. 105.)

(275) Aussitôt qu'il fut monté sur le trône, Fâsi'adas demanda en Égypte un patriarche jacobite, mais il se passa plus de deux ans avant que Rëzëq arrivât en Éthiopie, car en 1634, Peter Heyling, qui devait l'accompagner dans son voyage, écrivait à Hugo Grotius qu'il se disposait à partir avec lui. Sur ce luthérien qui parvint à s'introduire en Éthiopie et à y vivre dans une position honorable, on peut consulter le livre de Michaelis, *Sonderbarer Lebenslauff Herrn Peter Heyling's aus Lübec*, etc., in-12, Halle, 1724. (Cf. aussi Ludolf, *Hist. æth.*, l. III, ch. XIV, et *Comment. ad hist. æthiop.*, p. 551-554, où il a réfuté les erreurs commises par le P. Wansleb, à ce sujet, dans l'ouvrage intitulé *A brief account of the rebellions and the bloodshed in the empire of Ethiopia*, London, 1679, p. 27 et sqq.)

(276) L'avènement de Fâsiladas fut marqué par une vive réaction contre les missionnaires et leurs adhérents. Les premiers, y compris le patriarche Mendez, reçurent l'ordre de quitter leur résidence pour aller à Frémonat, le berceau du catholicisme en Éthiopie. Ce fut en vain que le patriarche catholique écrivit au roi des lettres (V. Tellez, l. VI, ch. III; Ludolf, *Comment. ad hist. æth.*, p. 532-534) où il s'efforçait d'arriver à une entente : Fâsiladas lui répondit (Tellez, *ibid.*; Ludolf, *Comment. ad hist. æth.*, p. 534-536) en énumérant les troubles occasionnés en Éthiopie par le zèle intempérant des Jésuites, les scandales qu'ils avaient causés en rebaptisant les hérétiques, en supprimant la communion sous l'espèce du vin, en changeant les jours de jeûne et la date de certaines fêtes, en violant quelques-unes des règles de discipline usitées dans l'Église éthiopienne, enfin en brisant les pierres d'autel et les arches vénérées par les Jacobites et en ordonnant une seconde fois des prêtres

et des diacres. Les missionnaires durent obéir et abandonner malgré eux les canons et les armes à feu dont, au dire de Ludolf, ils auraient eu quelque tentation de se servir. (Cf. Tellez, l. VI, ch. XXXVII; Ludolf, *Hist. æth.*, l. III, ch. XIV.)

(277) Ce ne fut qu'en 1633 que le patriarche Mendez retourna dans l'Inde. Arrivé, non sans risques, à Frémonat, il envoya quatre missionnaires solliciter à Goa les secours du vice-roi portugais pour détrôner Fâsiladas. Une expédition que ce gouverneur dirigea contre le roi vassal de Mombaz qui s'était révolté fit penser que les manœuvres des Jésuites avaient réussi : Fâsiladas envoya aux missionnaires de Frémonat l'ordre de quitter l'Éthiopie. Ceux-ci feignirent d'obéir, mais ils allèrent se mettre sous la protection du Bâḥar-Nagâch Yoḥannĕs Akay, qui avait pris part autrefois à la révolte de Takla-Giyorgis et n'avait pas fait sa soumission. Fâsiladas lui ayant offert son pardon s'il lui livrait les Jésuites, il refusa par un dernier scrupule, mais il les remit entre les mains des Turks qui les conduisirent à Maṣouâ et de là à Saouâkin où ils restèrent captifs jusqu'à ce qu'ils eussent payé une rançon au pacha. Fâsiladas conclut à cette époque avec le gouverneur turk de cette ville un traité pour fermer aux Portugais ce port et celui de Maṣouâ. C'est peut-être ce qui a donné lieu au bruit calomnieux répandu par les écrivains catholiques sur la prétendue conversion de ce prince à l'islamisme. Mendez écrivit le 19 juin 1634 à Fâsiladas une lettre où il accumulait les mensonges et les reproches de tout genre (cf. Tellez, l. VI, ch. XIV; Ludolf, *Comment. ad hist.*, p. 538-549). Les efforts tentés par les bannis furent complètement inutiles. Abandonnés par l'Espagne et le Portugal qui cherchait à reconquérir son indépendance, ils ne purent compter sur quelques révoltes bientôt étouffées par Fâsiladas. Ceux des Jésuites qui étaient restés en Éthiopie périrent en diverses occasions : parmi eux se trouvaient les PP. Gaspard Paëz et Cardeïra, dont il a été parlé plus haut : plusieurs prêtres parvinrent à se cacher dans quelques provinces. (Cf. Tellez, *Histor. geral*, l. VI, ch. XVII-XX; Ludolf, *Hist. æth.*, l. III, ch. XIV; *Comment. ad hist.*, p. 549-550; Lobo, *Relation*, p. 119-136, et la suite de sa Relation dans Legrand, p. 136-142; Bruce, *Voyage*, t. II, p. 441-448.)

(278) Le Chĕouâdâ est un district situé dans les montagnes du Samèn.

(279) Malgré la sage réserve du P. Tellez qui, tout en parlant

de la mort du Râs Së'la-Krëstos, déclare en ignorer la date et les circonstances, Bruce (*Voyage*, t. II, p. 440) n'hésite pas à la placer en 1632, et ce point semble être confirmé par notre Chronique; mais il faut reculer de plus de seize ans l'exécution de ce prince, car Bernard Nogueïra, le dernier prêtre catholique demeuré en Éthiopie après la mort ou l'exil des autres, écrivait de Maṣouâ, le 30 janvier 1649, à Alfonse Mendez, réfugié aux Indes, pour demander des secours au pape et au Portugal, tant en son propre nom qu'en celui du Râs Së'la-Krëstos qu'il avait vu au mois d'août 1648. (Cf. Legrand, *Relat. histor. d'Abissinie*, p. 150-152.) Les tentatives faites pour introduire en Éthiopie d'autres religieux que les jésuites, dont on accusait l'orgueil et la maladresse, furent inutiles. De six capucins français, envoyés par la Propagande et qui voulurent y pénétrer par Magadocho, sur la côte orientale d'Afrique, deux furent tués par les Gâllâs, deux autres lapidés en Éthiopie, et les deux derniers s'empressèrent de fuir de Maṣouâ où ils étaient arrivés. Trois nouveaux missionnaires furent décapités à Saouâkin; enfin Nogueïra, arrêté par ordre de Fâsiladas, fut pendu, et la mort du patriarche Mendez en 1656 ne contribua pas peu à faire oublier pour longtemps la mission d'Éthiopie. (Cf. Ludolf, *Hist æth.*, l. III, ch. XIV; Legrand, *Relat.*, p. 148-157; Bruce, *Voyage*, t. II, p. 447-448.)

(280) Dokit, sur la frontière du Bégamdër, est appelé Dobit par Bruce (*Voyage*, t. II, p. 449).

(281) Par un sentiment d'hostilité facile à comprendre, sinon à excuser, les écrivains ecclésiastiques portugais n'ont pas mentionné cette victoire de Fâsiladas, dont ils ont représenté le règne comme une suite de calamités. (Cf. Legrand, *Relat.*, p. 153-154.)

(282) Ëda-Krëstos était cousin du roi Fâsiladas; son père Yamâna-Kësos, frère utérin de Sousnyos, s'était toujours montré chaud partisan de la foi alexandrine.

(283) C'est à tort, comme l'a déjà remarqué Bruce (*Voyage*, t. II, p. 451), que Legrand (*Relation*, p. 154) rapporte, d'après les historiens portugais, que la campagne de Fâsiladas contre les Agaous fut malheureuse. Le combat eut lieu le 9 février 1636. Les tribus des Azanâs et des Zigams habitaient les deux cantons de ce nom dans l'Agaoumdër, au sud du lac Tsânâ, entre les vallées du Zinghéni et du Dourra, affluents de droite de l'Abâï.

(284) Cette ville, aujourd'hui habitée en grande partie par les

prêtres et les lettrés, ne tarda pas à remplacer les capitales éphémères, Tegoulet, Danqaz, Libo, etc., qui avaient précédé sa fondation. (Cf. la description qu'en ont donnée Pearce, *The life and adventures of Nathaniel Pearce*, t. I, p. 231-240; Heuglin, *Reise nach Abyssinien*, in-8°, Gotha, 1857, p. 49-52; Rüppel, *Reise in Abyssinien*, t. II, p. 79-141; Ferret et Galinier, *Voy. en Abyssinie*, t. II, ch. IX; Arn. d'Abbadie, *Douze ans de séjour dans la Haute-Éthiopie*, t. I, Paris, 1867, in-8°, ch. IV, p. 159-191; Raffray, *Abyssinie*, ch. VII, p. 205-315).

(285) Za-Mâryâm était un prince attaché au catholicisme, qui se révolta contre Fâsiladas, se joignit aux insurgés du Lâstâ, et se retrancha sur le mont Salam où les jésuites Bruni et Cardeïra le suivirent. Il fut tué dans une rencontre avec les troupes royales. (Cf. Legrand, *Relat. histor.*, p. 143.)

(286) **በከፍለይ ፡** Le texte est assez obscur. Il est probable qu'il se rapporte à l'insurrection de Galâoudéouos qui, à l'instigation des missionnaires portugais, songea à s'emparer de la couronne en tuant son frère. Il avait déjà fait venir d'Égypte un abouna quand sa trahison fut découverte. Il s'enfuit alors près de Lâëka-Mâryâm (serviteur de Marie) fils de Malkëa-Krëstos, qui n'avait pas encore fait sa soumission.

(287) Le Fit-aourâri commandait l'avant-garde de l'armée et les troupes employées pour harceler l'ennemi. (Cf. Isenberg, *Dictionary of the amharic language* s. h. v°; Massaja, *Lectiones grammaticales*, p. 258; Arn. d'Abbadie, *Douze ans de séjour*, t. I, p. 337-338.)

(288) Il fut déporté à Ouaḥni (Bruce, *Voyage*, t. III, p. 453). Ce passage dément formellement les calomnies des missionnaires portugais, recueillies par Legrand (*Relation*, p. 146-147), et d'après lesquelles Galâoudéouos aurait été arrêté sur de simples soupçons et décapité.

(289) Ĕmabèt (mère de la maison) est un titre qui se donnait aux princesses et aux femmes d'un rang élevé. (Cf. Isenberg, *Diction. of the amh. lang.*, s. h. v.)

(290) Le nom de Dankali (plur. arabe *Danâkil*) est donné par les Arabes aux populations Afar ou Ṭalṭal qui habitent le Samhar entre les montagnes du N. E. de l'Éthiopie et la mer Rouge. Ils appartiennent à la même famille que les Chohos et les Agaous; leur

ville principale est Tadjourra. Cf. sur ces peuples, Isenberg, *Abessinien*, Bonn, 1844, in-8°, t. I, ch. VI; Rochet d'Héricourt, *Voy. dans le pays d'Adel*, in-8°, Paris, 1841, ch. II et III; *Second voyage*, ch. II; Johnston, *Travels in Southern Abyssinia*, t. I, ch. III; Arn. d'Abbadie, *Douze ans de séjour*, t. I, p. 92; W. Münzinger, *Narrative of a journey through the Afar Country; Journ. of the Royal geogr. Society*, t. XXXIX, 1869, p. 188-232; Vivien de Saint-Martin, *Diction. géograph.*, t. I, p. 23-24 s. v. Afar; De Rivoyre, *Mer rouge et Abyssinie*, Paris, in-12, 1880, ch. XVIII, p. 234-240.

(291) Bruce dit au contraire (*Voyage*, t. II, p. 453) que ce fut Abbâ Mikâèl qui fut exilé à Sârkâ, sur les frontières du Sennâr. Le roi de ce pays était alors Arbat ou Rebat, fils de Bady I, qui régna de 1623 à 1650, ou suivant d'autres, à 1651. (Cf. Bruce, *Voyage*, t. IV, p. 532; Cailliaud, *Voyage à Méroé*, t. II, ch. XXXIV; Trémaux, *Voyage en Éthiopie*, t. II, p. 152.)

(292) Le nom de Nouvelle Terre ou Nouveau Monde (ሐዲስ ፡ ዓለም ፡) avait été donné à cette contrée par Râs Sĕ'la-Krēstos qui y avait pénétré pour la première fois en 1615, lors d'une expédition contre les Gâllâs. (Cf. Lobo, *Relation*, p. 109.)

(293) L'expédition de Bē'la-Krēstos contre les Dângēch et les Ouambaryâs eut une issue malheureuse. Ce général fut surpris, vaincu et obligé de battre en retraite. Les ennemis de Fâsiladas ne manquèrent pas d'exagérer cet échec. (Cf. Legrand, *Relation*, p. 156; Bruce, *Voyage*, t. II, p. 454-455.)

(294) Les Gongâs, sur lesquels on a raconté toutes sortes de fables, habitent au S. de l'Éthiopie. Certains écrivains voient en eux les restes des habitants primitifs du Zindjiro et du Kaffa, refoulés ou soumis par les Gâllâs. Ils sont encore païens et adorent surtout les fleuves. (Cf. Johnston, *Travels in Southern Abyssinia*, t. II, p. 432-438.)

(295) Les Gâllâs Ouaroménous sont les mêmes que les Worra-Himano ou Aïmano, mentionnés par M. Krapf (*Reisen in Ost-Afrika*, t. I, p. 121), et qui habitaient à l'E. de l'Éthiopie et au N. du Châouâ. Ils appartenaient à la grande fraction des Gâllâs Ouorras, comme les Ouorra-Kallos, et descendaient de Boréna, fils aîné d'Orma. (Cf. Massaja, *Lectiones grammaticales*, p. 250.)

(296) Chotal-Médâ signifie en amharique « la vallée du coutelas ».

Le missionnaire Krapf (*Reisen in Ost-Afrika*, t. I., p. 120) signale un Chotalmat (Chotal-médâ) situé près du fleuve appelé d'abord Gatira et qui séparait les Gâllâs Goras des Gâllâs Lĕgambos, au N. du Châouâ.

(297) Le Badjĕrond était un officier supérieur en grade à l'Alâka (colonel, chef de la milice) et inférieur au dadjazmâtch et au Fit-aourâri. (Cf, Arn. d'Abbadie, *Douze ans*, t. I, p. 341-342.)

(298) Les attributions du Blâtên-Gétâ (des deux mots amḥariques ብላቴን ፡ «serviteur» et ጌታ ፡ «seigneur») n'étaient pas clairement délimitées : souvent il remplissait le rôle de trésorier ou de lieutenant du roi : ce titre était surtout honorifique. (Cf. Massaja, *Lectiones grammaticales*, p. 256; Arn. d'Abbadie, *Douze ans*, t. I, p. 338-339.)

(299) Azazo, qui fut pendant quelque temps un lieu de sépulture pour le roi et les grands, est une petite ville du Dambyâ, au S. de Gondar.

(300) De 1665 à 1680. En parlant de ce prince, l'annaliste emploie le pluriel respectueux.

(301) Il est difficile de déterminer quels sont ces Francs expulsés par Yoḥannĕs. Bruce dit seulement qu'il rassembla et fit brûler les livres composés autrefois par les Jésuites (*Voyage*, t. II, p. 462).

(302) Yĕbâbâ, ville et canton sur la rive droite de l'Abâï au S. E. du Matcha, dans l'Amḥarâ.

303) C'est à cette date qu'il faut placer la lettre envoyée par Yoḥannĕs à Jean Mœtzuyker, gouverneur des Indes orientales hollandaises. Elle fut portée à Batavia avec quelques présents par l'Arménien Mourâd que nous retrouverons dans l'histoire des relations de Iyâsou avec la France. Le roi d'Éthiopie demandait dans cette lettre, datée de moḥarrem 1683, la continuation des bons rapports qui avaient existé entre la Hollande et son royaume, sous le règne de son père, et dont il faut peut-être faire remonter l'origine aux efforts de Peter Heyling. (Cf. Ludolf, *Comment.*, p. 244-245.)

(304) D'après Bruce (*Voyage*, t. II, p. 462-463), Iyâsou s'enfuit de Gondar parce qu'il partageait les opinions religieuses de l'abouna Krĕstodolou que son père venait de destituer.

(305) Les deux partis en présence étaient celui des moines de Dabra Libânos et celui des moines d'Éouosṭatéouos, dans le Gojâm.

La discussion roulait sur le mode et l'instant de l'incarnation du Christ. Suivant les premiers, le Christ était un Dieu, procédant du Père seul, uni à un corps humain et par là devenu le Messie (*union*). Les seconds soutenaient que le Christ était parfaitement Dieu et parfaitement homme, et que son corps était formé d'une substance particulière (ባሕርይ ፡) qui n'était ni consubstantielle à la nôtre, ni empruntée à sa mère (*onction*).

(306) Le Baqlo ou Bachilo est une rivière qui prend sa source dans les montagnes des Ĕdjous et se jette dans l'Abâï entre le Gojâm et le Bégamdĕr. (Cf. Krapf, *Reisen*, t. II, p. 215.)

(306 bis) Yoḥannĕs mourut le 19 juillet 1680. Sous son règne, un certain Yoḥannĕs, inconnu d'ailleurs, traduisit de l'arabe en gheez les actes de saint Mathias. (Cf. Wright, *Cat. of the eth. mss.*, n° 80.)

(307) Le couvent de Maguinâ est situé au N. O. de Gondar, sur une montagne du même nom dans la province de Tchelga. (Cf. Bruce, *Voyage*, t. IV, p. 333.)

(308) Iyâsou ayant appris que les Gâllâs Ĕdjous et Ouallos avaient envahi l'Amḥarâ jusqu'à Mélek-Chimfa, quitta Gondar, dont il laissa le commandement au Râs Atanâtéouos, et s'empara d'un défilé par où les ennemis devaient faire leur retraite. Il envoya ensuite une partie de son armée sous la direction du Dadj-Azmâtch (d'après Bruce, Qañ-Azmâtch) Dĕméṭros pour attirer les Gâllâs dans cette embuscade. Cet officier, ayant dépassé ses instructions, fut tué; mais le but de Iyâsou fut atteint, car il prit en queue les Ouallos occupés par l'autre corps d'armée, en tua 6,000 et fit de nombreux prisonniers. (Cf. Bruce, *Voyage*, t. II, p. 472-474.)

(309) Les Goudrous, qui habitent sur la rive gauche de l'Abâï le pays situé entre ce fleuve et le Gibbé, en face du Gojâm et du Dâmot, prétendent descendre du quatrième fils d'Orma, l'ancêtre des Gâllâs, et se divisent en six tribus : Loúkou, Lóya, Sérba, Amiliè, Mallóle, Andársa. (Cf. Massaja, *Lectiones grammaticales*, p. 250, 251.)

(310) Abbâ Ṭabdân était un des moines du couvent d'Éouosṭatéouos, dont Yoḥannĕs avait favorisé les doctrines. Iyâsou, au contraire, adopta celles de Dabra Libânos et déposa les fonctionnaires d'opinion opposée, entre autres l'Ĕthiagé Ṣagâ-Krĕstos et le 'Âqâbé-Sa'ât Quasṭanṭinos. Ouâlé (d'après Bruce et le ms. 143, Ouâli ዋሊ

p. ዋሌ ፡) était Gâllâ d'origine. L'usurpateur Yĕsḥaq était petit-fils de Sousnyos; il fut tué après sa défaite; Abbâ Ṭabdân et Ouâlé implorèrent et obtinrent leur pardon.

(311) Le monastère de Guandj est probablement le même que celui qui est appelé par Rüppel (*Reise in Abyssinien*, t. II, p. 209) Gangiamba (Gandj Amba), situé dans une des îles du lac Tsânâ et embelli par Fâsiladas.

(312) Le titre de Bâchâ, emprunté aux Turks (باشا ou پاشا), était donné aux officiers qui commandaient des troupes spéciales, par exemple celles qui étaient armées de mousquets. (Cf. Isenberg, *Diction. of the amhar. lang.*, s. h. v.) Aujourd'hui il ne correspond plus qu'au grade de caporal. (Raffray, *Abyssinie*, p. 184; *Sĕrata-Mangĕst*, fol. 45.)

(313) Le passage entre crochets est tiré du ms. 143.

(314) D'après Bruce (*Voyage*, t. II, p. 476-477), la conférence imposée par Iyâsou aurait eu lieu la même année que le synode, c'est-à-dire la cinquième du règne de ce prince.

(315) Les Gisâs et les Ouambaryâs sont deux tribus d'origine chânqallâ, qui habitent, suivant Bruce, l'extrémité S. O. de l'Éthiopie. Ils sont établis entre le Nil bleu, le Kouara, le Gouba et le Sennâr. Les premiers ont tiré leur nom du Nil qu'ils appellent Gisâ, comme les Agaous du Gech; de même que les Ouambaryâs, ils adorent la divinité du fleuve et un arbre, et parlent une langue particulière; ils vivent divisés en clans et font continuellement des excursions dans l'Agaoumdĕr pour en ramener des esclaves qu'ils vendent aux musulmans de Gouba. (Bruce, *Voyage*, t. II, p. 478-479.)

(316) Bruce (*Voyage*, t. II, p. 480) semble avoir lu Abéto-Krĕstos (አቤቶ ፡ ክርስቶስ ፡ au lieu de አበ ፡ ቤት ፡ ክርስቶስ ፡).

(317) La reine Sabla-Ouangèl (épi de l'Évangile) s'était montrée grande protectrice des lettres. Ce fut sous son inspiration que, la cinquième année du règne de Iyâsou, on traduisit de l'arabe le Faous Manfasâoui (Remède spirituel), composé par Michel, évêque d'Atrib et de Malig. Cet ouvrage, divisé en 35 chapitres, renferme des préceptes et des recommandations sur les divers péchés : l'orgueil, l'homicide, la fornication des laïques et des clercs, la sodomie, etc., et se termine par une série d'enseignements sur la communion, le baptême, le saint Chrême, les églises, la discipline des prêtres et

des clercs. Une rédaction maronite en karchouni renferme 54 chapitres. (Assemani, *Bibl. apost. Vatic.*, t. III, p. 1, p. 283. Cf. sur le texte éthiopien, Dillmann, *Cat. cod. Bibl. Bodl.*, p. VII; p. 16; *Verzeich. d. abyss. Handschr.*, n°s 42, B; 45; D'Abbadie, *Catal. des mss. éthiop.*, n° 115; Zotenberg, *Catal. des mss. éth.*, n° 122, 2°; Wright, *Cat. of the eth. mss.*, n°s 137; 331, 3°; 365, 3°; 371, 2°.) Il existe une autre version éthiopienne du Faous Manfasâoui, dont l'auteur et la date sont inconnus. (Cf. Dillmann, *Cat. æth. ms. Mus. Britann.*, n° 35, fol. 1; Zotenberg, *Catal. des mss. éth.*, n° 121, fol. 139; Wright, *Cat. of the eth. mss.*, n° 137, 10°.)

La même princesse fit encore copier ou traduire un certain nombre d'ouvrages qui nous sont parvenus, entre autres le Fatha-Nagast que, la cinquième année du règne de Iyâsou, Pierre fils de 'Abd es-Saïd, diacre, assisté d'Abrĕham fils de Hannâ-Naṭyân, fit passer de l'arabe en gheez. Ce livre fut composé, d'après le traducteur arabe Abou-Isḥaq ben Al-Assal, qui vivait au XIIIe siècle, par les Pères du concile de Nicée, sur la demande de l'empereur Constantin. Il se divise en deux parties : l'une, traitant des choses ecclésiastiques, comprend 22 chapitres; l'autre, des affaires civiles, se compose de 51 chapitres. Le 44e de la deuxième partie, sur les rois, a été publié et traduit par Arnold (*Libri Æthiopici Fetha-Negest cap. XLIV*, Halis Saxonum, 1841, in-4°). Aujourd'hui encore, c'est le code officiel de l'Éthiopie. (Cf. Dillmann, *Cat. cod. Bibl. Bodl.*, n. 26; Rüppel, *Reise in Abyssinien*, t. II, p. 185, et au sujet de la table de Rüppel, une note de Rödiger dans la Revue littéraire encyclopédique de Halle, *Hall. allgemeine Literaturzeit.*, März 1841, *Ergänzungsh.*, n° 23, p. 180; D'Abbadie, *Cat. des mss. éth.*, n°s 180, 200, 220; Zotenberg, *Cat. des mss. éthiop.*, n°s 122, 123, 124; Wright, *Cat. of the eth. mss.*, n°s 327, 2°; 365, 8°; 366, 367, 368, 369, 370, 371, 1°; 372, 373, 374; Dillmann, *Verzeichn. der Abyssin. Hands.*, n°s 42, A, 43, 44.) Il est impossible d'admettre, comme le fait Rüppel d'après quelques lignes obscures de Bruce, que Peter Heyling soit le traducteur de cet ouvrage. La biographie de cet aventurier, le seul Européen qui sut se maintenir en Éthiopie, biographie écrite par Michaelis (Halle, 1724, in-8°), mentionne seulement une traduction en amharique de l'Évangile de Jean (ch. XCV, p. 177). Comme l'a démontré Arnold (*op. laud.*, p. 4), il est peu probable que Peter Heyling, né à la fin du XVIe siècle, eût pu, âgé de plus de 80 ans, traduire un ouvrage aussi considérable. L'indication qui se trouve dans le ms. de la Bodléienne est formelle; l'ouvrage fut traduit par Pierre, fils de 'Abd es-Saïd. Cette même note détruit l'assertion d'Isenberg qui (*Diction. of amhar. lang.*, p. 212) fait remonter cette traduction au temps de Zarĕa-Yâ'qob.

Un manuscrit des quatre évangiles, orné de miniatures et qui a passé de la bibliothèque de Magdala au British Museum, avait été aussi écrit pour cette princesse et son mari Yoḥannĕs. (Wright, *Cat. of the eth. mss.*, n° 35.)

(318) Mĕṣrâḥâ est une des îles les plus pittoresques du lac Tsânâ. (Cf. Rüppel, *Reise*, t. II, p. 201.)

(319) Ce prêtre, qui se mêlait d'astrologie, avait annoncé que la comète présageait la mort du roi au milieu d'une expédition sanglante. L'itégé seule étant morte, Qaousṭos ne put supporter les railleries de Iyâsou sur sa superstition. Bruce place sa retraite à Werk-Leva, sur les frontières du Sennâr (*Voyage*, t. II, p. 482-483).

(320) La description suivante, empruntée à un voyageur moderne, peut expliquer cette ordonnance : « Les femmes montent à mule, à chevauchons, et mettent alors sous la stole des pantalons étroits du bas et descendant jusqu'aux talons. Le bas de ces pantalons est souvent brodé en soie de diverses couleurs. Lorsque les femmes de condition se présentent en public, elles s'encapuchonnent et se voilent d'un pan de la toge, de façon à ne laisser paraître que les yeux. » (Arnaud d'Abbadie, *Douze ans de séjour dans la Haute-Éthiopie*, t. I, p. 69.)

(321) Douqé est une des îles les plus importantes du lac Tsânâ, près du bord occidental. (Cf. Rüppel, *Reise*, t. II, p. 221.)

(322) Ces envoyés étaient des députés des moines bannis pour avoir embrassé le parti d'Abbâ-Ṭabdân (voir plus haut, p. 143). Le couvent de Dabra-Sĕmouna est situé dans le Gôjâm près de celui de Dabra-Ouarq. D'après Bruce (*Voyage*, t. II, p. 486), Abbâ Arka-Dĕngĕl aurait été supérieur du couvent de Dabra-Samayât.

(323) Le couvent de Dabra-Mâryâm est situé dans le Bĕgamdĕr.

(324) D'après Bruce (*Voyage*, t. II, p. 487), ce fut après le refus du patriarche d'assister à un synode avec des excommuniés que ceux-ci proposèrent au roi de convoquer un concile en l'absence d'Abbâ Sinodâ.

(325) Les Toulamâs ou Tolomas, nation gâllâ, rapportent leur

origine à Toloma, second fils d'Orma. (Massaja, *Lectiones grammaticales*, p. 249.)

(326) Les Mathiâs sont une tribu agaou qui occupe le pays situé sur les bords de l'Abâï, à l'endroit où ce fleuve entre dans le lac Tsânâ. (Cf. Arn. d'Abbadie, *Douze ans de séjour*, t. I, ch. x.)

(327) Dĕldĕi est un pont bâti par les Portugais auprès d'une des cataractes de l'Abâï, non loin de sa sortie du lac Tsânâ. (Cf. Rüppel, *Reise in Abyssinien*, t. II, p. 212; Raffray, *Abyssinie*, p. 251.)

(328) Ĕsté est une ville du Bĕgamdĕr. La Chronique ne donne qu'un résumé incomplet de la manœuvre de Iyâsou. Les détails suivants sont extraits de Bruce (*Voyage*, t. II, p. 489-491). Le roi feignit de marcher contre les Chânqallas du Nord-Ouest, et alla de Yĕbâbâ à Ĕsté où il avait donné rendez-vous au Qañ-Azmâtch Galâoudéouos, gouverneur du Tigré, et à d'autres officiers, pour endormir la défiance des Zigams; puis, brusquement, il rebroussa chemin, traversa à marches forcées le pays des Mathiâs, passa le Nil et tomba à l'improviste sur les Agaous auxquels il ne pardonnait pas d'avoir soutenu autrefois la cause de l'usurpateur Yĕsḥaq.

(329) Bruce (*loc. laud.*) porte à 6,000 bœufs l'amende infligée aux Zigams.

(330) Sur Gĕmdjâ-Bĕt, qui ne doit pas être confondu avec Gandjambâ, voy. note 427, p. 314.

(331) Dangĕl-Bar est un bourg situé sur le bord occidental du lac Tsânâ, dans la province d'Atchafar. Le roi avait donc fait le tour du lac dans sa double expédition avant de revenir à Gondar.

(332) Bruce dit (*Voyage*, t. II, p. 492) que ce Mazmour (psaume) était capitaine des gardes du roi.

(333) L'expédition du roi Iyâsou contre les Chânqallâs eut pour théâtre le pays situé entre le Takazzé, le Marab et le Barka. La partie inférieure de ce territoire est connue sous le nom de Kounama; le nord, sous le nom de Baréa et de Barka (cf. Münzinger, *Ostafrikanische Studien*, Schaffouse, 1864, in-8°; Reinisch, *Die Barea-Sprache*, Wien, 1874, in-8°, id., *Die Kunama-Sprache in Nord-Ost Africa*, Wien, 1881, in-8°). Tsaâda-Ambâ est un village chânqallâ bâti sur une colline entre le Marab et le Mogoreib, affluent du Barka.

(334) Chaque gouverneur de province, ayant le titre de dadjazmâtch, a droit à un certain nombre de timbales, proportionné à l'importance de sa juridiction. L'ordre avait été donné par Iyâsou l'année précédente, lorsqu'il voulait cacher ses desseins contre les Zigams. (Cf. Arn. d'Abbadie, *Douze ans*, t. I, p. 359-362.)

(335) Batkom est le chef-lieu d'un district de ce nom, situé sur les deux rives du Mogoreib.

(336) Bâïgâdâ, Dĕdâ, Katafé, Kaïkaladâ, Mâtirâgâ (Bruce : Moléraga), Megadarbé (Bruce : Mégazbé), Ganâ, Soli, Hambâ, Chaladâ et Lĕltĕ sont, d'après Bruce (*Voyage*, t. II, p. 494), les noms de tribus chânqallâs habitant le Batkom. W. Münzinger fait mention sur sa carte d'un pays d'Alommé : si on l'identifie avec l'Almou de la Chronique, il faut admettre que celle-ci ne nous a pas donné l'ordre exact de l'itinéraire de Iyâsou, car Alommé est situé au sud du Batkom.

(337) Samaro est situé sur la limite du Kounama et du pays des Baréas, au nord du Mogoreib.

(338) D'après Bruce (*Voyage*, t. II, p. 496), ce Turk appelé Moustafa Djabarti s'était aventuré avec peu de soldats jusqu'à Tsaâdâ-Ambâ, et ce fut après la destruction totale de ses troupes que les Chânqallâs prirent et détruisirent la ville de Dadjèn, pendant que Iyâsou s'emparait du Taka et se livrait à la chasse de l'éléphant.

(339) Les Musulmans à la solde de l'Éthiopie se nommaient Djabartis, du nom de la province de Djabarta (جبرت) dans l'Aoufât. Cf. cependant le mot እግብርታዊ፡ que M. Dillmann, *Lexic. æth.*, s. v. ገብረ, fait dériver de cette dernière racine. Leur chef à cette époque était un certain Qasim ; lors de la bataille livrée par les Tigréens aux Chânqallâs, il eut à subir seul avec ses hommes le choc des ennemis : tous se firent tuer pendant que le dadjazmâtch prenait la fuite.

(340) « Dans la montagne, au commencement de la saison des pluies, les Abyssins mettent à certains endroits le feu à des tas d'herbes sèches ; il se développe sur une grande étendue de terrain, détruisant les herbes et les arbustes, et contribue ainsi à fertiliser le pays. » (Isenberg, *Diction. of the amhar. lang.*, p. 78.)

(341) Adyabo, chef-lieu du district de ce nom, est une ville du Tigré, au nord du Siré, sur la rive gauche du Marab.

(342) Comme nous l'avons vu plus haut, ce Mourâd, d'origine arménienne, avait été chargé par Yoḥannĕs de porter une lettre au gouverneur de Batavia. C'était un agent à la fois politique et commercial du roi d'Éthiopie, comme l'avait été autrefois Mathieu, Arménien comme lui, au temps de Lĕbna-Dĕngĕl. Son neveu, Mourâd ben Magdeloun, servit, ainsi qu'on le verra plus loin, d'intermédiaire dans les relations que Iyâsou chercha à établir avec Louis XIV.

(343) La Hollande désigne ici les colonies néerlandaises des Indes Orientales. Sur l'envoi de ces cloches et leur description, cf. Ludolf (*Appendix ad histor. æth.*, Francfort, 1693, p. 81) et Rüppel (*Reise in Abyssinien*, t. II, p. 120). Elles se voyaient encore, il y a quarante ans, dans l'église de Saint-Cyriaque à Gondar.

(344) Le Ḥamâsèn est une province au N. E. du Tigré, voisine de l'ancien territoire du Bâḥar-Nagâch et renfermant les sources du Marab. Elle est peuplée en partie par les Baréas et dépend presque entièrement de l'Égypte.

(345) L'Ĕnfrâz est un district montagneux de l'Amḥarâ, sur le bord N. E. du lac Tsânâ : sa capitale est Ambâ-Mâryâm (cf. Bruce, *Voyage*, t. II, p. 437 ; t. IV, p. 437; Rüppel, *Reise*, t. II, p. 200-202). On ignore à quel crime la Chronique fait allusion.

(346) Bruce (*Voyage*, t. II, p. 500) a pris le nom de Qâla-Gand (qu'il appelle Kal-Kend) pour celui d'un chef gâllâ. La construction grammaticale de ce passage s'y oppose entièrement.

(347) Le Bâlâmbarâs (de l'amḥarique ባል ፡ እምባ ፡ ራስ ፡) désigne ordinairement un gouverneur de forteresse. (Cf. Massaja, *Lectiones grammaticales*, p. 258.)

(348) ቀድሑ ፡ ዠሎ ፡ አጠሬ ፡ ማየ ፡ በሌሊት ፡ እንበይኒ ፡ ኢትረክበት ፡ ለንጉሥ ፡ እንዘ ፡ ቀዋና ፡?

(349) Sur la disposition des églises éthiopiennes, cf. Ludolf (*Histor. æthiop.*, l. III, ch. VI; Raffray, *Abyssinie*, p. 300-304).

(350) Le mot ዕጣን ፡ ሞገር ፡, qui signifie l'action de brûler de l'encens, désigne des strophes de onze vers. (Cf. Ludolf, *Grammatica æthiopica*, l. VII.) Un poème connu sous le même nom célèbre la nativité du Christ. (Cf. Zotenberg, *Catal. des mss. éthiop.*, n° 119.)

(351) Botch est un village à l'ouest de Gondar dans la province de Dambyâ. (Cf. Krapf, *Reisen in Ost-Afrika*, t. II, p. 361.)

(351 *bis*) Peut-être le nom d'Itou désigne-t-il la tribu à laquelle appartenait ce Gâllâ. Les Itous habitent les deux rives du Haouach au N. E. du Châouâ. (Cf. Johnston, *Travels in Southern Abyssinia*, ch. XXIX, p. 440.)

(352) ንሥፈሕ ፡ ሰውሙ ፡ ፲ እዴ ፡ ወ ፭ እዴ ፡ ውኂበ ፡ ለዶጋ ፡ ዘቢሰ ፡?

(353) Il ne faut pas confondre ce Haouâryâ-Kēsos avec le secrétaire du roi Iyâsou, qui fut tué dans une bataille livrée aux Gâllâs.

(354) Le Liqa-Makuâsa (celui qui porte le vêtement du roi un jour de bataille) est un officier qui, au moment du combat, revêt le même costume que le prince afin de tromper l'ennemi. L'Anglais Bell, que Théodoros avait pris pour Liqa-Makuâsa, fut tué à ses côtés. (Cf. Krapf, *Reisen in Ost-Afrika*, t. II, p. 352.)

(355) L'église de Takla-Hâîmânot était située dans la partie N. E. de Gondar. (Cf. Rüppel, *Reisen*, t. II, p. 80.)

(355 *bis*) Malak-Sânqâ (en amharique, Porte royale de bois), située au sud du Bachilo entre le Bégamdēr et le Châouâ, est bâtie sur une montagne presque inaccessible. (Cf. Combes et Tamisier, *Voyage*, t. II, p. 208-213.)

(356) La carte du *Voyage en Abyssinie*, de Combes et Tamisier, place les Carrayou-Gâllâs (Karayou) dans le pays de Gedem au nord du Bali et du Châouâ, à l'est des Ouallo-Gâllâs et des Ēdjous.

(356 *bis*) Le Mērat ou Morat est un district du Châouâ propre. Peut-être faut-il voir ici dans Aboté-Za-Mērat le Morabiétiéd, autre district du Châouâ, mentionné par le missionnaire Krapf (*Reisen*, t. I, p. 62. Cf. également Combes et Tamisier, *Voyage en Abyssinie*, t. III, p. 211-231).

(357) Ganata-Giyorgis est un couvent de la province de Geché, à l'est de Makana-Sēlâsé.

(357 *bis*) Saouâkin, qui appartient aujourd'hui à l'Égypte, était sous les Turks le chef-lieu d'un pachalik relevant de celui du Hedjâz. La ville est à quatre journées de bateau de Suez, et, comme

tous les ports de la mer Rouge, renferme une population extrêmement mélangée. (Cf. Charles Didier, *Cinquante jours au désert*, Paris, 1857, in-12, ch. I; Junker, *Bericht über eine Fahrt auf der Sobat: Zeitschr. der Gesellschaft für Erdkunde*, t. XII, Berlin, 1877, p. 1; Prout, *General report on the province of Kordofan*, 1 vol. in-8°, Le Caire, 1878.)

(358) Peut-être y aurait-il lieu de rapprocher le mot ምርኳዝ ፡ non de l'amharique መርኩዝ ፡ «bâton, béquille, support», mais de l'arabe مركز «camp».

(359) Le Quallâ désigne chez les Éthiopiens le plat pays en opposition aux Dagâs (ደጋ ፡). Cf. d'Abbadie, *Douze ans de séjour*, t. I, p. 81-89.

(360) Les Tolas, comme les Natabs et les Doubanis, font partie des Chânqallâs du Takazzé et habitent au nord de ce fleuve, sur les frontières du Ouâlqâit. (Cf. Rüppel, *Reisen*, t. II, p. 152.)

(361) Maqdâlâ (ou Magdâlâ) est un ambâ du pays des Ouallo-Gâllâs, célèbre par le séjour et la mort de Théodoros. Voir la description qu'en a donnée Blanc, *Ma captivité en Abyssinie*, Paris, 1870, in-12, ch. XII.

(362) Bouré désigne peut-être le district que le missionnaire Krapf (*Reisen*, t. I, p. 138 et 135) appelle Bora, avec une capitale du même nom; situé dans le pays des Ouallo-Gâllâs, au nord du Bachilo. La famille des Gabar-Mâ (pluriel amharique Gabar-Motch) était d'origine gâllâ.

(363) Voir, sur l'expédition malheureuse de Bĕ'la-Krĕstos contre les Chânqallâs Dângĕch, p. 295, note 293.

(364) Si Nagadé n'est pas un nom de métier, ce mot désigne la capitale du district de Takadé (ou Sagadé) dont parle Rüppel (*Reisen*, t. II, p. 151).

(365) Bruce ne parle pas de cette ordonnance du roi Iyâsou qui eut pour but de mettre fin aux exactions dont souffrait le commerce intérieur de l'Éthiopie.

(366) Le 'Ĕqa-bèt (gardien de la maison) remplit à la fois les fonctions de trésorier et de majordome. (Cf. Massaja, *Lectiones grammaticales*, p. 257; Arn. d'Abbadie, *Douze ans*, t. I, p. 354.)

(367) Sur les divers termes que les Éthiopiens ont employés successivement dans les discussions de ce genre : ጠባይዕ ፡ (nature), ባ ሕርይ ፡ (substance), ህላዌ ፡ (essence), አካል ፡ (hypostase). cf. Ludolf, *Comment. ad hist. æth.*, p. 458 et sqq.; Gobat, *Journal d'un séjour en Abyssinie*, Paris, 1834, in-8°, p. 329, 349-350.

(367 bis) Guarabâ est un petit village au sud de Gondar, dans la direction du lac Tsânâ. (Cf. Krapf, *Reisen*, t. II, p. 348.)

(368) Le Sĕrâg-Masaré est d'après Rochet d'Héricourt, qui l'appelle Sratche messereh (*Voyage dans le pays d'Adal*, p. 288), l'officier chargé de réveiller le roi. Cette charge existe encore aujourd'hui dans le royaume de Choa. (Cf. *Sĕrata-Mangĕst*, fol. 45.)

(369) Kĕbrân est l'île la plus méridionale du lac Tsânâ. Elle est située au S. E. près de la sortie de l'Abâï.

(370) Ce fut cette même année qu'arriva en Éthiopie le médecin français Charles Poncet. Le roi ayant été atteint d'une sorte de scorbut (peut-être la maladie que la Chronique appelle *goudrou*), son facteur au Kaire, Ḥadji 'Ali, s'adressa au consul de France, M. de Maillet, qui lui recommanda Poncet comme médecin. Celui-ci quitta cette ville le 10 juin 1698, en compagnie du P. Brèvedent de la Société de Jésus. Les Capucins et les Franciscains se disputant alors la mission d'Éthiopie, les Jésuites espéraient les supplanter avec l'aide de Louis XIV. Mais leur espoir fut déçu, car le P. Brèvedent mourut à Bartcho, à une demi-journée de Gondar, où son compagnon arriva le 21 juillet 1699. Ce religieux était un homme adroit, doux, insinuant et propre à recommencer l'œuvre du P. Paëz. Poncet accomplit heureusement sa mission, il guérit le roi, qui le traita bien, mais il était tout à fait incapable de remplir les fonctions d'ambassadeur. Il parvint toutefois à ramener avec lui Mourâd ben Magdeloun, neveu du vieux Mourâd, et facteur du roi Iyâsou comme son oncle et Ḥadji-'Ali. Poncet nous a laissé la relation de son voyage (insérée dans les *Lettres édifiantes* à la suite des missions d'Égypte), et, si l'on doit reconnaître qu'elle est remplie d'exagérations et d'erreurs, du moins il faut remarquer, avec Bruce, qu'elle ne mérite pas les critiques malveillantes et ignorantes qu'en a faites Renaudot. (Cf. Legrand, *Relat.*, p. 157-163; Bruce, *Voyage*, t. II, p. 515, 529.)

(371) Toulou Amârâ (mont des Chrétiens) est une ville bâtie sur une colline, dans le territoire des Goudrous, au nord de l'Ënâryâ. Une tradition rapporte que, lors de l'invasion des Gâllâs, les habitants chrétiens (Amârâ) de la plaine se réfugièrent sur cette montagne qu'ils quittèrent plus tard pour aller en Éthiopie. On y aperçoit les restes d'un palais bâti par Iyâsou. (Voir, sur la position de cette ville, Beke, *An inquiry into M. d'Abbadie's Journey*, p. 17 et suiv.; Massaja, *Lection. grammat.*, p. 253.)

(372) Il s'agit probablement de quelque ouvrage de théologie, mais je n'ai rencontré ailleurs aucune indication sur ce livre.

(373) Le Kantibâ était gouverneur d'une ville importante. Dans quelques familles, ce titre était héréditaire. (Cf. Massaja, *Lectiones grammaticales*, p. 258.)

(374) Thiaqlâ-Manzo est une des îles du lac Tsânâ.

(375) Le Gibé (Givié ou Kibbé) est le nom que porte dans la partie supérieure de son cours le grand fleuve Omo ou Sobat, affluent du Nil blanc. Ses bords sont habités par des Gâllâs Nonnos, descendants d'un fils d'Orma, qui fut aussi l'ancêtre des Ouroumoùs, des Billos et des Illous qui se subdivisent en Illou-Garas et Illou-Algas. Selon quelques voyageurs modernes, le Gibé sert de limite septentrionale à l'Ënâryâ. (Cf. Beke, *An inquiry into M. Antoine d'Abbadie's Journey to Kaffa;* Massaja, *Lectiones grammaticales*, p. 251.)

(376) Les Gâllâs Bâsos étaient établis sur la rive droite de l'Abâï en face des Goudrous, contre lesquels l'expédition était probablement conduite.

(377) D'après le missionnaire Krapf, les Mathiâs (Mätscha) sont des populations d'origine gâllâ, habitant, comme leurs congénères les Soddos et les Betcho-Ouorebs, le pays autour des sources du Haouach. (Cf. aussi Rochet d'Héricourt, *Voyage dans le pays d'Adel*, p. 265.)

(378) Les Djâouis (ou Edju, Iedschu des voyageurs modernes) appartiennent à la grande famille des Borâns ou Borénas, issus du fils aîné d'Orma; ils sont en partie musulmans. De la rive gauche de l'Abâoui, en face du Dâmot, où ils apparurent pour la première fois, ils avancèrent successivement vers le N. E., et en 1842 le mis-

sionnaire Krapf les trouva établis dans les montagnes méridionales du Lâstâ. Nous les verrons jouer plus tard un rôle important comme gardes des souverains.

(379) Takla-Hâïmânot, fils aîné de Iyâsou qui lui avait confié le gouvernement de Gondar, venait de se révolter contre son père à l'instigation des grands et de sa mère, la Ouézaro Malakotâouit (divine).

(380) D'après Bruce (*Voyage*, t. II, p. 562), ce serait la reine Malakotâouit, et non Takla-Hâïmânot, qui aurait envoyé des assassins tuer Iyâsou.

(381) Le passage entre crochets est tiré du ms. 143.

(382) Au temps de Bruce, on montrait encore à Mĕṣrâḥa, île du lac Tsânâ, le cadavre du roi Iyâsou parfaitement conservé. (Bruce, *Voyage*, t. II, p. 562.)

(383) Outre les ouvrages cités plus haut (note 317) et composés sur l'ordre de la reine Sabla-Ouangèl, on ne trouve à signaler dans le règne de Iyâsou que les Annales de ce prince écrites par l'Azâj Za-Ouald, fils de Za-Kĕsos.

(384) Ce Jân-Ṣĕrâr avait été nommé, par Iyâsou, Azâj d'Ĕrâq Mâsarâ en 1701. Voy. p. 164.

(385) Ce fut cette même année (1705) que l'ambassadeur français Du Roule, qui se rendait à Gondar auprès du roi Iyâsou, fut assassiné dans le Sennâr. Comme nous l'avons vu plus haut (p. 306, note 370), Poncet avait ramené avec lui un neveu du vieux Mourâd, appelé Mourâd ben Magdeloun, qui, après avoir été cuisinier à Ḥaleb et avoir pratiqué toutes sortes de métiers, était devenu comme son oncle facteur du roi d'Éthiopie. Il était chargé de nouer des relations entre ce pays et la France. Mais son extérieur misérable excita la défiance du consul français au Kaire, qui s'attendait à recevoir un ambassadeur avec toute la suite conforme à ce titre et dont la vanité fut blessée par l'orgueil de l'ancien cuisinier arménien. Il travailla contre Poncet et contre Mourâd (voy. sa *Relation* et ses *Lettres* dans Legrand, *Relation d'Abissinie*, p. 359-413), et parvint à empêcher qu'on ne les choisît pour porter à Iyâsou les lettres de Louis XIV. Il refusa toutefois de se charger lui-même de cette ambassade et la fit confier à Le Noir du Roule, vice-consul à Damiette, qui s'embarqua sur le Nil le 9 juillet 1704. D'après un passage de Maillet (ap. Le-

grand, *Relat.*, p. 447), les Franciscains et les Capucins italiens, chargés de la mission d'Éthiopie à l'exclusion des Jésuites, excitèrent l'animosité des moines coptes d'Égypte et de Nubie contre l'ambassade française. En la faisant échouer, ils espéraient nuire au consul qui avait favorisé les entreprises de la Société de Jésus. L'un d'eux, le P. Joseph, avait pénétré en Éthiopie sous un déguisement et en avait rapporté deux lettres qu'il prétendait avoir été écrites par Adyâm-Sagad ou Iyâsou. (Voy. Legrand, *Relation*, p. 451-469; Zotenberg, *Catal. des mss. éthiop.*, nos 162 et 163.) Du Roule, conduit par un Arménien nommé Élias, et accompagné de quatre Français et de deux chrétiens indigènes, arriva à Sennâr vers la fin de mai, après avoir couru des dangers sur sa route. Il fut d'abord bien reçu par le roi Bady III el-Aḥmar, fils d'Ounsa ou Aouanseh II (1701-1726, ou selon d'autres 1699-1726), mais les manœuvres de ses ennemis et son ignorance des coutumes du pays, où il passa bientôt pour un sorcier chargé de dessécher le Nil, excitèrent contre lui le roi des Fougns. Lorsqu'il quitta Sennâr pour entrer en Éthiopie, il fut massacré avec toute sa suite. Élias, qu'il avait chargé de prévenir Iyâsou de son arrivée et qui avait trouvé Takla-Hâïmânot sur le trône, lui annonça l'assassinat de l'ambassadeur français. Le roi, qui avait écrit à Bady pour lui demander de laisser passer la mission, envoya une lettre au pacha du Kaire qu'il croyait complice de ce meurtre, et songea à venger sur le Sennâr et l'Égypte la mort de Du Roule; mais la rébellion de 'Âmda-Ṣyon et les catastrophes qui suivirent l'empêchèrent de donner suite à ce projet. (Cf. Legrand, *Relation d'Abissinie*, p. 359-489; Bruce, *Voyage*, t. II, p. 545-558, 563-576; t. IV, p. 534; Cailliaud, *Voyage à Méroé*, t. II, p. 256; Trémaux, *Voyage en Éthiopie*, t. II, p. 196-198.)

(386) La révolte de 'Âmda-Ṣyon était appuyée par les partisans du roi assassiné. Ce fut à Dangël-bar que le rebelle prit les insignes de la royauté. (Cf. Bruce, *Voyage*, t. II, p. 576-577.)

(387) እስ? ትት ፡ እንልቍ ፡ ዘዋት ፡ በይእቲ ፡ ዕለት ፡ ዳእሙ ፡ ይትልቍ ፡ በቱ ፡ ?

(388) Pendant la campagne de Dërmën contre l'usurpateur, le roi marchait sur le Gojâm pour prendre 'Âmda-Ṣyon à revers. Il avait eu auparavant la précaution de faire enfermer à Ouaḥni ses frères Dâouit, Yoḥannës et Yonatân. (Bruce, *Voyage*, t. II, p. 576.)

(389) Le rebelle cherchait à s'enfuir, soit chez les Agaous du

Dâmot, soit chez les Gâllâs, mais Dĕrmĕn lui ferma la route. Qabaro-Méda est une localité de la province de Mathiâ au sud du lac Tsânâ.

(390) Comme nous l'avons vu plus haut, Anoré et Yâ'qob avaient défendu la cause de Iyâsou.

(391) እምዐቄበ ፡ ዙሉ ፡ ከተማ ፡?

(392) Le mot ጐሽ ፡ «buffle» est expliqué dans le texte par Yadi, son synonyme (ዘውእቱ ፡ የዴ ፡), que Bruce a pris à tort pour un nom de pays. (Cf. *Voyage*, t. II, p. 579.)

(392 *bis*) Dans le *Voyage* de Combes et Tamisier (t. II, p. 149), il est fait mention d'un pays de Bora limité au nord par le Lâstâ. Peut-être y aurait-il lieu de l'assimiler à l'Abora de la Chronique, qui serait alors le Bora de Krapf rapproché du Bouré (voy. note 362, p. 305).

(393) Comme on l'a vu, les deux opinions de Dabrâ-Libânos et du Gojâm sur le mode d'incarnation du Christ se partageaient l'Éthiopie. En adoptant la dernière, le roi se séparait de l'opinion suivie par son frère Iyâsou et son neveu Takla-Hâïmânot. Peut-être ne s'était-il rallié aux doctrines du Gojâm, que professaient Malakotâouit, Dĕrmĕn et Pâoulos, que pour endormir la méfiance des meurtriers de son frère dont il voulait venger l'assassinat.

(394) Fârès, Tigé et les autres prisonniers avaient pris part au meurtre de Takla-Hâïmânot ou étaient suspects de complicité avec ses assassins.

(395) L'Alafâ est un district situé sur la côte occidentale du lac Tsânâ entre le Dagousa et le Mathiâ.

(396) D'après Bruce (*Voyage*, t. II, p. 584), cette église avait été fondée par le roi Iyâsou.

(397) Il mourut de la fièvre. (Bruce, *Voyage*, t. II, p. 585.)

(398) Yosṭos (1709-1714) était, par sa mère, petit-neveu du roi Iyâsou. Il avait rendu les derniers devoirs au cadavre de Takla-Hâïmânot et fait proclamer Téouoflos qui le nomma Dadjazmâtch du Samèn et du Tigré : après une courte disgrâce, il reçut le titre de Râs de l'intérieur du palais. Comme Za-Dĕngĕl et Sousnyos, il

chercha à s'appuyer sur les catholiques étrangers pour asseoir sa domination, mais sa mort interrompit ce projet.

(399) Ces fonctionnaires avaient cherché à profiter de l'éloignement de Yosṭos, occupé à la chasse à l'éléphant, pour conspirer contre lui. (Cf. Bruce, *Voyage*, t. II, p. 594.)

(400) Cette expédition fut dirigée contre les Chânqallâs Bâsas qui habitent les bords du Takazzé. (Cf. Bruce, *Voyage*, t. II, p. 594-619; Reinisch, *Die Kunama-Sprache*, p. 5.)

(401) Le Bét-Malo est situé dans le voisinage du Takazzé, près du territoire des Chânqallâs Bâsâs.

(402) C'est sans doute celle qui fut visitée par Rüppel (*Reise in Abyssinien*, t. II, p. 80) et qui se trouve au N. O. de la place du marché de Gondar.

(403) Thiĕnqin est un village chânqallâ au delà du Râs El-Fil, sur le chemin du Sennâr. (Cf. Bruce, *Voyage*, t. II. p. 621.) Il faut sans doute l'assimiler au Thiĕlqin ou Thiĕrqin dont il est question plus loin (voir n. 428 *bis*).

(404) Yosṭos, qui avait pénétré leur dessein, feignit d'être rétabli pour couper court à leurs complots. Mais ils restèrent en sa présence toute la journée, espérant surprendre des marques de faiblesse. Les soldats, trompés par l'offre qu'ils avaient faite au roi d'élever après sa mort son fils Fâsil au pouvoir, les assassinèrent pendant la nuit, les croyant partisans de Yosṭos. (Cf. Bruce, *Voyage*, t. II, p. 621-624.)

(405) Bakâfâ, qui était frère du nouveau roi, parvint à se cacher chez les Gâllâs.

(406) እደሪኘ ፡ désigne l'endroit où l'on reçoit les hôtes et où le prince donne audience. (Cf. Isenberg, *Diction. of the amhar. lang.*, s. h. v.)

(407) Le passage entre crochets est tiré du ms. 143.

(408) Aïnâ-Ĕgziĕ est un district du Ouâlqâït.

(409) C'étaient ces mêmes moines capucins qui, craignant de se voir enlever la mission d'Éthiopie par les jésuites, si l'ambassade de Du Roule réussissait, parvinrent, à l'aide des Coptes, à soulever la population du Sennâr, où ils étaient établis, et à faire assassiner l'am-

bassadeur français. Trois d'entre eux, dont les noms s'accordent avec ceux qui sont donnés par la Chronique : Liberato de Wies (Dâouit), préfet apostolique d'Autriche, Mikâèl-Pie de Zerba, de la province de Padoue, et Samuel de Beano, pénétrèrent en Éthiopie, et Yosṭos les établit dans le Ouâlqâït. Une brochure publiée à Rome par le capucin Théodore Valpi et citée par Bruce donne les mêmes détails sur leur mort. En outre, la lettre d'Élias Enoch, drogman arménien envoyé près de Iyâsou Ier pour préparer les voies à Du Roule et lui servir d'interprète, mentionne qu'avec ces trois missionnaires on lapida le quatrième fils de l'un d'eux, Mikâèl, enfant de six ans. On ignore le sort des autres fils de ce capucin. La traduction de la lettre d'Élias Enoch, adressée au consul Maillet, a été publiée par Legrand (*Relation historique*, p. 472; cf. aussi Bruce, *Voyage*, t. II, p. 629-635). Ce dernier reproche au P. Tellez de n'avoir pas parlé des missionnaires dans son histoire: le jésuite portugais ne méritait pas cette critique, puisqu'il était mort depuis un demi-siècle; les deux éditions de l'*Historia geral de Ethiopia alta* sont de 1650 et de 1660; l'exécution des missionnaires eut lieu en 1714. C'est à tort que Salt (*Voyage en Abyssinie*, t. II, p. 281) place ce fait en 1674.

(410) Le concile de Chalcédoine, tenu sous l'empereur Marcien, avait condamné la doctrine monophysite d'Eutychès et déposé Dioscore, patriarche d'Alexandrie, qui la défendait. Le pape Léon Ier s'était montré ennemi acharné de cette hérésie.

(411) Ce Dadjazmâtch Giyorgis était fils du Qañ-Azmâtch Giyorgis et d'une belle-sœur du roi Iyâsou. Pendant son exil, Dâouit avait été très lié avec son père et fit de ce Dadjazmâtch son favori en remplacement de son oncle Agné, gouverneur du Gojâm, mort depuis peu. (Cf. Bruce, *Voyage*, t. II, p. 636.)

(412) Le manuscrit corrige *maskaram* en *ḥĕdâr*.

(413) L'église de Ḥamara-Noḥ (arche de Noé) avait été fondée par Téouoflos la deuxième année de son règne (1708).

(414) L'Éthiopie étant le théâtre de nombreuses discussions sur le mode d'incarnation de Jésus-Christ (cf. Gobat, *Journal d'un séjour en Abyssinie*, ch. III), chaque nouvel Abouna, ainsi que chaque roi à son avènement, est tenu de faire sur cet article une proclamation appelée *Nagara-hâïmânot* (Parole de foi) qui décide duquel des deux partis dominant en Éthiopie le roi ou l'Abouna partage les

idées. Comme Dâouit ne voulait favoriser ni l'un ni l'autre, de peur d'exciter des troubles, il renvoya l'affaire à Giyorgis que les moines de Dabra-Libânos récusèrent comme partisan des doctrines de ceux d'Éouosṭâtéouos, leurs adversaires, puis à l'Abouna qui éluda la question en se déclarant du même avis que ses prédécesseurs. (Cf. Bruce, *Voyage*, t. II, p. 638.)

(415) L'église de Takla-Hâïmânot était située au N. E. de la place du marché (Adabâbâï) de Gondar. (Cf. Rüppel, *Reise in Abyssinien*, t. II, p. 80.)

(416) Le roi, irrité de la duplicité du patriarche et des troubles causés par les moines, chargea les Djâouis, Gâllâs musulmans, de disperser leur troupe. L'un des religieux ayant assuré qu'il voyait un chérubin défendant la maison de l'Ëthiagé, les autres se croyaient en sûreté sous cette protection céleste quand eut lieu le massacre. (Cf. Bruce, *Voyage*, t. II, p. 639-681.)

(417) Il faut lire du Bëḥt-Ouadad Giyorgis.

(418) La Chronique est ici assez confuse. D'après Bruce (*Voyage*, t. I, II, p. 642), le Qañ-Azmâtch (et non Dadjazmâtch) Lâtâ et ce Râs Giyorgis (qu'il ne faut pas confondre avec le Bëḥt-Ouadad du même nom, favori du roi) furent convaincus d'avoir tenté d'empoisonner le prince, à l'aide de Koutcho et d'un musulman. Tous furent exécutés, à l'exception de Lâtâ dont Bruce ne parle pas.

(419) Il faut admettre qu'il existait à cette époque deux Badjëronds du nom de Koutcho, car nous verrons plus loin (p. 196) un fonctionnaire de ce nom emprisonné à Aringo par ordre de Bakâfâ.

(419 bis) Les Alakâs sont des laïques chargés d'administrer les biens et de faire cultiver les propriétés appartenant à une église, et de subvenir avec les revenus à l'entretien des prêtres. (Cf. Combes et Tamisier, *Voyage*, t. III, p. 195; Rochet d'Héricourt, *Second voyage*, ch. v, p. 223.)

(420) Comme nous l'avons vu, c'était le secrétaire du roi qui était ordinairement annaliste officiel avec le titre d'Azâj. C'est sans doute à Abbâ Arsé que nous devons une partie de l'histoire de Bakâfâ, quoiqu'il ne soit pas nommé dans le ms. 32 de la Bodléienne.

(420 bis) Anqo est situé sur la rive gauche de l'Abâï, dans le ter-

ritoire des Gâllâs Borans, en face du Gojâm. (Cf. Combes et Tamisier, *Voyage*, t. III, p. 241.)

(421) Les Gâllâs Bâsos étaient depuis longtemps soumis à l'influence éthiopienne.

(422) Il ne faut pas confondre cette Oualata-Giyorgis avec celle qu'épousa Bakâfâ, dans des circonstances romanesques rapportées par Bruce (*Voyage*, t. II, p. 649-650), et qui portait aussi le nom de Bĕrhân-mogasa.

(423) D'après Bruce (*Voyage*, t. II, p. 651), ce complot aurait été ourdi contre Bakâfâ, pendant qu'il était malade dans le Quarâ, par sa sœur la Ouézaro Oualata-Roufâêl. Il est probable que ce nom de ዐዘሮ፡ est composé comme le titre de ሕዜሮ፡ (Cf. Isenberg, *Diction. of the amhar. lang.*, s. h. v°.)

(424) Ce nom de Kanisot désigne sans doute les esclaves noirs de la garde royale dont parle Bruce (*loc. cit.*).

(424 bis) Cette île, que Bruce (*Voyage*, t. III, p. 438) appelle Briguida, est située près de Gorgora, dans la partie septentrionale du lac Tsânâ.

(425) Le pays de Ouéré (Ouéré-bar) est sans doute le canton arrosé par la rivière Ouéré ou Ouéri qui prend sa source dans le Haramat et se jette dans le Takazzé. (Cf. Raffray, *Abyssinie*, p. 125.)

(425 bis) La carte du *Voyage en Abyssinie* de Ferret et Galinier mentionne dans le Lâstâ un pic du nom de Makkina situé près de la source du Takazzé.

(426) Peut-être s'agit-il ici de préparatifs en vue d'une chasse au buffle (ጎሽ፡).

(426 bis) Les Ĕdjâgras, les Boursâs et les Thiafantâs étaient des corps particuliers de l'armée éthiopienne.

(427) Du persan گنج, le trésor. (Cf. Isenberg, *Diction. of the amhar. lang.*, s. v. ግምጃ፡)

(428) Lors des guerres de ce prince contre Malkĕa-Krĕstos.

(428 bis) Thiĕrqin (Tcherkin, Tschelkin? des voyageurs européens) est situé au sud du district d'Armatchoho, entre le Ouâlqâit et le Takadi, près du pays des Chânqallâs. (Cf. Bruce, t. IV, p. 335.)

(429) Voir dans Bruce (t. IV, p. 350-351) la description d'une chasse au rhinocéros dans le pays de Thiërqin.

(429 bis) Le passage entre crochets est tiré du ms. 143.

(430) Arbâmbâ est situé sur le Ouohéni, affluent de droite de l'Atbarâ, au nord du lac Tsânâ.

(430 bis) Bakâfâ feignit volontairement cette maladie, afin de savoir quels étaient les sentiments des grands et du peuple. Mais il trouva trop de coupables pour pouvoir sévir, et se borna à pardonner. Cet événement eut lieu quelque temps après que Bërhân-Mogasa eut été nommée Itégé et après la naissance de Iyâsou, fils du roi. (Cf. Bruce, *Voyage*, t. II, p. 650-655.)

(431) Râs-gébêt paraît être le nom d'un appartement ou d'une partie du palais. Voir la description des palais de Gondar dans Arnaud d'Abbadie, *Douze ans*, t. I, p. 15; Raffray, *Abyssinie*, p. 298-299.

(432) Bakâfâ prévenait ainsi toute compétition dangereuse pour lui ou ses héritiers, car un prince mutilé ne pouvait pas monter sur le trône d'Éthiopie.

(433) La reine Bërhân-Mogasa tint cachée pendant quelque temps la mort de son mari afin d'assurer le trône à son fils Iyâsou. Le stratagème employé autrefois par le roi assura le succès de cette combinaison. Bakâfâ mourut en 1729; mais longtemps après, le bruit courait en Éthiopie qu'il était encore vivant et qu'un jour il devait apparaître pour rendre à l'autorité royale l'éclat qu'elle perdit après lui. (Cf. Bruce, *Voyage*, t. II, p. 658-659.)

ERRATA.

Page 10, *après* ለያግብእ ፡ ጽዮን ፡ ንጉሠ ፡ *ajoutez* ፳ ዓ ፡ ጠፍ ፡ ናቸው ። ውድም ፡ ረዓድ ፡ ካልእ ፡ ወልዱ ፡ ለይኩኖ ፡ አምላክ ፡ ንጉሥ ፡

P. 17, l. 29, *après* በሀየ ፡ ብዙኅ ፡ *ajoutez* ወርቅ ፡ ወብዙኅ ፡

P. 18, l. 7, *après* መንግሥቱ ፡ *ajoutez* ፴ወ፪ ፡ ወዕለታትኒ ፡

P. 23, l. 29, *après* አዝማች ፡ *ajoutez* ዘርእ ፡ ዮሐንስ ፡ ወከረመ ፡ ንጉሥ ፡ በቢዛሞ ፡ ወበ፲ወ፪ ፡ ዓመት ፡ ሞተ ፡ አዝማች ፡

P. 40, l. 14, *après* ፍኖተ ፡ መረብ ፡ *ajoutez* በፈለገ ፡ መረብ ፡ ወእምኒ ፡ ፍኖተ ፡ መረብ ፡

P. 49, l. 17, *après* ፷ወ፫ ፡ *ajoutez* ለሚያዝያ ፡

P. 50, l. 17, *après* ለንጉሥ ፡ ነገረ ፡ *ajoutez* ገፍዑ ፡ ለነገዶ ፡ ወሰሚዖ ፡ ነገረ ፡ ፋሬስ ፡

P. 51, l. 17, *après* በውእቱ ፡ ወርኅ ፡ *ajoutez* አዕረፈ ፡ አቡነ ፡ ሲኖዳ ፡ ጳጳስ ፡ በተንከል ፡ ወጽሩግ ፡ መሰሬ ፡ መልክአ ፡ ክርስቶስ ፡ በደሴተ ፡ ባሊላ ። ወዓዲ ፡ በውእቱ ፡ ወርኅ ፡

P. 57, l. 13, *après* ወልድየ ፡ *ajoutez* ተከለ ፡ ሃይማኖት ፡ ወእንግሥከምዎ ፡ እንበለ ፡ ፈቃድያ ፡

P. 58, l. 20, *après* አብ ፡ ሥሉስ ፡ *ajoutez* ወበሀየ ፡ አጥፍአ ፡ ዓይኖ ፡

P. 59, l. 29, *après* ይወስድዎ ፡ *ajoutez* ውስተ ፡ ጐዣም ፡ ወያንግሥዎ ፡

P. 68, l. 4, *après* ቀተለ ፡ *ajoutez* ወበገዘ ፡ ዓመት ፡ ሖረ ፡ ኀበ ፡ ሸንቅላ ፡ ቀተለ ፡

P. 69, l. 11, *après* ወረገዝዎሙ ፡ *ajoutez* ወቀተልዎሙ ፡

P. 75, l. 15, *après* በትእዛዘ ፡ ንጉሥ ፡ *ajoutez* ወሪተ ፡ ቤቶ ፡ ለሬስ ፡ ጊዮርጊስ ፡

P. 94, l. 32, *après* በዕለተ ፡ *ajoutez* በቀዳሚት ፡

P. 104, l. 21, *après* le paradis de Georges, *ajoutez* et le 7 de taḥsâs, Dabra-Ëgziabḥèr.

P. 105, l. 12, *après* beaucoup d'autres, *ajoutez* il y eut un butin innombrable et des prisonniers.

P. 135, l. 15, *après* de sa ville, *ajoutez* Abbâ Lĕbsa-Krĕstos (vêtement du Christ), docteur de Ṣelâlo (?), colonne de la foi, mourut.

P. 135, l. 16, *après* dix-septième année, *ajoutez* le prince ne sortit pas de sa ville.

P. 141, l. 8, *après* boissons, *ajoutez* et leur fit présent de splendides vêtements, de tuniques, de beaux caleçons.

P. 145, l. 28, *après* la guerre aux Zigams, *ajoutez* dans ce but, il se dirigea vers le Bégamdĕr, pour tromper l'ennemi, puis....

P. 212, l. 10, *après* Gondar, *ajoutez* La Pâque eut lieu le 3 de miyâzyâ. Ce jour-là Ṣabâti Sĕʿla-Kĕsos mourut à Dabra-Bĕrhân. Les magistrats vinrent d'Aringo à Gondar.

www.ingramcontent.com/pod-product-compliance
Ingram Content Group UK Ltd.
Pitfield, Milton Keynes, MK11 3LW, UK
UKHW031833260826
14628UKWH00001B/357

9 782013 626941